नवीन
अनुवाद-चन्द्रिका

AF516579

नवीन
अनुवाद-चन्द्रिका

चक्रधर नौटियाल 'हंस',

संस्कर्ता

जगदीशलाल शास्त्री

SINCE 1903

मोतीलाल बनारसीदास
पब्लिशिंग हाउस • दिल्ली

Email: mlbd@mlbd.in • Website: www.mlbd.in

*सोलहवाँ पुनर्मुद्रण : दिल्ली, **2022***
बाइसवाँ संशोधित संस्करण : दिल्ली, 1972

© मोतीलाल बनारसीदास पब्लिशिंग हाउस
सर्वाधिकार सुरक्षित

ISBN: 978-93-91024-60-4

मुद्रक एवं प्रकाशक
राजेन्द्र प्रकाश जैन *के द्वारा*
मोतीलाल बनारसीदास पब्लिशिंग हाउस
ए-44, नारायणा इंडस्ट्रियल एरिया, फेज़-1,
नई दिल्ली-110 028 (**भारत**)
Email: mlbd@mlbd.in
Website: www.mlbd.in

FOREWORD

Translation of one language into another is no easy task. A correct and faithful reproduction of ideas couched in one language into another different from it in various respects, is a sure test of one's proficiency in linguistic studies. Provision is, therefore, made at schools to give a grounding in translation at an early stage. For this purpose, a suitable book written on most modern lines has long been a desideratum. This is now supplied by Pt. Chakradhar Shaśtri who has very strenuously written this work for the help and guidance of the students preparing for the Higher Secondary and college Examinations.

The author has proceeded very methodically. Beginning with simpler things he comes ultimately to treat those which set up a standard for the Higher examinations. Of grammar only as much is given as is required by the students for purposes of translation. The author has used his best direction in the selection of the radical stems and the nominal bases. There are also ample exercises and copious vocabulary. The common errors which the beginner is liable to commit, are also put together and corrected. The author has also inserted the Sanskrit parallels of pretty large number of well known Hindi maxims and proverbs I hope the book will receive the warm welcome of the student community which it so well deserves.

CHARUDEVA SHASTRI

विषय-सूची

सम्पादकीय

प्रस्तुत कृति का विषय है—संस्कृत में अनुवाद कला का प्रशिक्षण। किन्तु अनुवाद का व्याकरण के साथ घनिष्ठ सम्बन्ध रहता है। अतः संस्कृत अनुवाद-कला के इस ग्रन्थ में संस्कृत व्याकरण के सभी अनुवादोपयोगी नियम भी आ गये हैं।

इस कृति में शब्दरूप, कारक, क्रियारूप, समास, तद्धित, कृदन्त आदि व्याकरण के प्रकरणों का सरल और सुगम बोध कराया गया है और इन्हीं प्रकरणों के साथ कई अभ्यास जोड़ दिये हैं जो अनुवादकला के शिक्षण में अत्यन्त उपयोगी हैं। इन अभ्यासों की सहायक टिप्पणियां भी अभ्यास वाले पृष्ठ के नीचे छाप दी गई हैं। इसके अशुद्धिसंशोधन, लोकोक्तिसंग्रह, संस्कृत व्यावहारिक शब्द, निबन्धरचना, परीक्षा प्रश्न-पत्र आदि प्रकरण अनुवाद के लिए अत्यन्त उपयोगी हैं।

यह बाईसवाँ संस्करण है। यह सख्या ही इसकी उपयोगिता का स्पष्ट प्रमाण है। पिछले संस्करणों में कुछ त्रुटियाँ रह गई थीं, उन्हें सूचित करने वाले विद्वानों के हम बहुत आभारी हैं। इस संस्करण में हमने उचित संशोधन और परिवर्तन कर दिये हैं। अतः इस संस्करण की उपयोगिता और भी बढ़ गई है

ओं नमः परमात्मने

तद्दिव्यमव्ययं धाम सारस्वतमुपास्महे ।

यत्प्रसादात्प्रलीयन्ते मोहान्धतमसश्छटाः ॥

विषय-प्रवेश

रचना का उद्देश्य—भारतीय संस्कृति का स्रोत एवं राष्ट्रभाषा हिन्दी तथा अन्य भारतीय भाषाओं की जननी, संस्कृत भाषा का अध्ययन यद्यपि उसके नियमबद्ध व्याकरण की दुरूहता के कारण कठिन हो गया है तथापि इस तथ्य को तो सभी देश-विदेशी भाषा-विशारदों ने स्वीकार किया है कि संस्कृत भाषा का व्याकरण अत्यन्त वैज्ञानिक एवं सुव्यवस्थित है। निःसंदेह उसके प्राचीन ढंग के अध्ययन तथा अध्यापन से आजकल के सुकुमार बालकों का अपेक्षित बुद्धिविकास नहीं होता और न उन्हें वह रुचिकर ही प्रतीत होता है। इस कठिनाई को ध्यान में रखते हुए हमने संस्कृत भाषा के अध्ययन एवं अध्यापन को आजकल के वातावरण के अनुकूल सरल तथा सुबोध बनाने का प्रयत्न किया है।

वाक्य-रचना—वाक्य-रचना में भाषा का प्रयोग होता है। भाषा ही एक ऐसा साधन है जिसके द्वारा मानव-समाज अपने भाव और विचार दूसरों पर प्रकट करता है। भाषा में वाणी का ही नहीं, अपितु संकेतों का भी समावेश है। लिखने और बालने में हम भाषा का ही प्रयोग करते हैं। भाषाएँ अनेक प्रकार की हैं, जैसे—सस्कृत, अंग्रेजी, हिन्दी, आदि।

'संस्कृत भाषा' उस भाषा को कहते हैं जो संस्कृत अर्थात् शुद्ध एवं परिमार्जित हो। भाषा वाक्यों से बनती है; वाक्य में अनेक शब्द रहते हैं और प्रत्येक शब्द में ध्वनियाँ[1] रहती हैं। उदाहरणार्थ—

"चन्द्रगुप्त एक प्रतापी राजा था।"—इस वाक्य में पाँच शब्द हैं और प्रत्येक शब्द में पृथक्-पृथक् ध्वनियाँ हैं। 'चन्द्रगुप्त' शब्द में 'च्+अ+न्+द्+र्+अ+ग्+उ+प्+त्+अ' ग्यारह ध्वनियाँ हैं। 'एक' में 'ए+क्+अ' तीन ध्वनियाँ हैं।

यह लिपि, जिसमें हम इन अक्षरों को लिख रहे हैं, 'देवनागरी' कहलाती है। आजकल संस्कृत भाषा तथा हिन्दी भाषा इसी लिपि में लिखी जा रही हैं। प्राचीन काल में संस्कृत भाषा ब्राह्मी लिपि में लिखी जाती थी।

स्वर और व्यंजन—ये ध्वनियों के दो भेद हैं। स्वर और व्यञ्जन में ध्वनि का अन्तर है। स्वर के बोलने में मुख-द्वार कम या अधिक खुलता है, वह बिलकुल बन्द या संकुचित नहीं किया जाता कि हवा रगड़ खाकर बाहर निकल सके। व्यञ्जन के उच्चारण में मुख-द्वार या तो सहसा खुलता है या इतना संकुचित हो जाता है कि हवा रगड़ खाकर बाहर निकलती है। इसी रगड़ या स्पर्श के कारण व्यंजन स्वरों से भिन्न हो जाते हैं। स्वर तीन प्रकार के होते हैं—ह्रस्व, दीर्घ और मिश्रित। दीर्घ स्वर के उच्चारण में ह्रस्व स्वर की अपेक्षा दुगुना समय लगता है। व्यंजनों को हल् अक्षर भी कहते हैं, जैसे—क्, ख्, ग् आदि। संस्कृत एवं हिन्दी भाषा में इन्हीं स्वरों, व्यजनों का उपयोग होता है।

स्वर {
अ इ उ ऋ ऌ—ह्रस्व (एकमात्रिक)
आ ई ऊ ॠ—दीर्घ (द्विमात्रिक)
ए ऐ ओ औ—मिश्रित[2]

१—मानव-वाणी के उस छोटे-से-छोटे अंश को ध्वनि कहते हैं, जिसके टुकड़े न किए जा सकें। ध्वनि के उस छोटे से लिखित अंश को ही वर्ण अथवा अक्षर कहते हैं।

२—मिश्रित स्वर विकृत और दीर्घ है, जैसे—अ+इ=ए।

व्यंजन —

(कु)	क्	ख्	ग्	घ्	ङ्—कवर्ग	स्पर्श[1]
(चु)	च्	छ्	ज्	झ्	ञ्—चवर्ग	
(टु)	ट्	ठ्	ड्	ढ्	ण्—टवर्ग	
(तु)	त्	थ्	द्	ध्	न्—तवर्ग	
(पु)	प्	फ्	ब्	भ्	म्—पवर्ग	
		य्	र्	ल्	व्—अन्तःस्थ	
		श्	ष्	स्	ह्—ऊष्म	

ं अनुस्वार
ँ अनुनासिक
: विसर्ग

२५ वर्ण—क् से लेकर म् तक वर्ण—स्पर्श कहलाते हैं। ४ वर्ण—य् र् ल् व्—अन्तःस्थ वर्ण हैं, अर्थात् इनके उच्चारण करने में भीतर से कुछ अधिक बल से साँस लानी पड़ती है। पाँचों वर्गों में प्रथम और द्वितीय अक्षर (क् ख् च् छ् आदि) तथा ऊष्म वर्णों (श्, ष्, स्, ह्) को **'परुष व्यंजन'** और शेष वर्णों (ग् घ् आदि] को **'कोमल-व्यंजन'** कहते हैं। व्यंजनों के दो और प्रकार हैं—**अल्पप्राण** तथा **महाप्राण**। पाँचों वर्गों के पहले और तीसरे वर्ण (क्, ग् च् आदि) अल्पप्राण हैं तथा दूसरे और चौथे वर्ण (ख्, घ्, छ्, झ् आदि) महाप्राण हैं। वर्गों के पञ्चम वर्ण (ङ् ञ् ण् न् म्) अनुनासिक व्यंजन कहलाते हैं। ध्वनि के विचार से वर्णों के कण्ठ आदि स्थान हैं।[2]

१—व्यंजन के उच्चारण में मुख के किसी न किसी भाग का दूसरे भाग से कुछ न कुछ स्पर्श अवश्य होता है, जैसे च् के उच्चारण में जिह्वा का तालु से तथा त् के उच्चारण में जिह्वा का दाँतों से स्पर्श होता है :

२—ध्वनि के विचार से वर्णों का स्थान—अ आः ह् क् ख् ग् घ् ङ् (कण्ठ)
इ ई य् श् च् छ् ज् झ् ञ् (तालु)
ऋ ॠ र् ष् ट् ठ् ड् ढ् ण् (मूर्धा)
लृ ल् स् त् थ् द् ध् न् (दन्त)
उ ऊ ⌣ प्⌣फ् प् फ् ब् भ् म् (ओष्ठ)
ए ऐ (कण्ठ तालु), ओ औ (कण्ठ ओष्ठ)

⌣क् ⌣ख् का स्थान जिह्वामूल (जीभ का मूलभाग) है।

अनुवाद—किसी भाषा के शब्दार्थ को दूसरी भाषा में प्रकट करने को अनुवाद कहते हैं ।

[अनु=पश्चात्, वद्=वाद=कहना; एक बात को फिर से कहना अर्थात् एक बात को अन्य शब्दों में कहना । इस यौगिक अर्थ के अनुसार अनुवाद एक भाषा से उसी भाषा में भी हो सकता है, परन्तु लोकव्यवहार में अनुवाद शब्द का योगरूढ अर्थ ही प्रसिद्ध है, अर्थात् एक भाषा के शब्दार्थ को दूसरी भाषा के शब्दार्थ में प्रकट करना ।]

अनुवाद-प्रणाली पर कुछ लिखने से पूर्व वाक्य में जो सुबन्त, तिङन्त आदि शब्द रहते हैं उनका विवेचन करना तथा कारकों पर प्रकाश डालना यहाँ पर उचित होगा ।

कारक (कर्त्ता, कर्म आदि)—"गोपाल पुस्तक पढ़ता है ।" इस वाक्य में पढ़नें वाला 'गोपाल' है । "राम ने रावण को मारा ।" इस वाक्य में मारने वाला 'राम' है । 'पढ़ना' और 'मारना' ये दो क्रियाएँ हैं । इन क्रियाओं के करने वाले 'गोपाल' और 'राम' हैं । क्रिया के करने वाले को **कर्ता** कहते हैं । अतः इन दो वाक्यों में 'गोपाल' और 'राम' कर्ता हैं ।

प्रथम वाक्य में पढ़ने का विषय 'पुस्तक' है और द्वितीय वाक्य में मारने का विषय 'रावण' है । 'पुस्तक' और 'रावण' के लिए ही कर्ताओं ने क्रियाएँ कीं, अतः मुख्यतः जिस चीज के लिए कर्ता क्रिया को करता है, उसको **कर्म** कहते हैं ।

'राजा ने अपने हाथ से ब्राह्मण को दान दिया ।' इस वाक्य में दान-क्रिया की पूर्ति हाथ से हुई, अतः हाथ **करण** हुआ । इसी वाक्य में दान-क्रिया 'ब्राह्मण' के लिए हुई, अतः 'ब्राह्मण' **सम्प्रदान** हुआ ।

"आम के वृक्षों से भूमि पर फल गिरे ।" इस वाक्य में वृक्षों से फल पृथक् हुए, अतः 'वृक्ष' **अपादान** हुआ । फल भूमि पर गिरे, अतः 'भूमि' अधिकरण हुई । आम का सम्बन्ध वृक्षों से है, अतः 'आम' **सम्बन्ध** हुआ ।

उपरिलिखित चार वाक्यों में 'पढ़ना' 'मारना' 'देना' और 'गिरना' क्रियाओं के सम्प्रदान में जिन कर्ता, कर्म आदि शब्दों का उपयोग हुआ है,

---

ङ्, ञ्, ण्, न, म् का स्थान कण्ठ, तालु, मूर्धा, दन्त और ओष्ठ के अतिरिक्त नासिका भी है ।

उन्हें **कारक** कहते हैं। कारक वह वस्तु है जिसका उपयोग क्रिया की पूर्ति के लिए किया जाता है। अतः सम्बन्ध का क्रिया के सम्पादन में सीधा सम्बन्ध न होने के कारण उसे कारक नहीं माना जाता, किन्तु कतिपय वैयाकरणों ने सम्बन्ध को भी कारक माना है।

कारकों को जोड़ने के लिये हिन्दी में 'ने' 'को' आदि चिह्न काम में आते हैं जो 'विभक्ति' (कारक-चिह्न) कहलाते हैं। संस्कृत में सात विभक्तियाँ और एक सम्बोधन होता है।

विभक्तियाँ (Case-signs)	कारक (Cases)	हिन्दी चिह्न
प्रथमा	कर्ता (Nominative)	ने
द्वितीया	कर्म (Accusative)	को
तृतीया	करण (Instrumental)	ने, से, द्वारा
चतुर्थी	सम्प्रदान (Dative)	के लिए
पञ्चमी	अपादान (Ablative)	से[२]
षष्ठी	सम्बन्ध (Genitive)	का, के, की
सप्तमी	अधिकरण (Locative)	में, पर
सम्बोधन	सम्बोधन (Vocative)	हे, अरे, आदि

हिन्दी में कर्ता, कर्म आदि सम्बन्ध दिखाने के लिए 'ने' 'को' आदि शब्द संज्ञा या सर्वनाम के पीछे जोड़ दिये जाते हैं, किन्तु संस्कृत में यह सम्बन्ध दिखाने के लिए संज्ञा या सर्वनाम का रूप ही बदल जाता है, जैसे—रामः (राम ने), रामम् (राम को), रामस्य (राम का)।

इन प्रथमा आदि विभक्तियों से कारकों का ही निर्देश नहीं होता, अपितु ये विभक्तियाँ वाक्य में प्रति, बिना, अन्तरेण, अन्तरा, ऋते, सह, साकम् आदि निपातों के योग से भी 'नाम' से परे प्रयुक्त होती हैं। ये विभक्तियाँ क्रमशः

१—कर्तृवाच्यप्रयोगे तु प्रथमा कर्तृकारके।
द्वितीयान्तं भवेत् कर्म कर्त्रधीनं क्रियापदम्॥
कर्ता कर्म च करणं च सम्प्रदानं तथैव च।
अपादानाधिकरणे चेत्याहुः कारकाणि षट्॥

२—जब पृथक् होने या हटने का ज्ञान हो तब अपादान (पञ्चमी) होता है और जब संज्ञा से क्रिया के साधन का ज्ञान हो तब करण (तृतीया) होता है।

स्वस्ति, स्वाहा, स्वधा, अलम् आदि अव्ययों के योग से भी व्यवहृत होती हैं। ऐसी दशा में इन्हें **"उपपद विभक्तियाँ"** कहते हैं।

कारकों को समझने के लिए छात्रों को अन्य भाषाओं का सहारा नहीं लेना चाहिए। उन्हें कारकों के ज्ञान अथवा शुद्ध संस्कृत भाषा के बोध के लिए संस्कृत साहित्य का परिशीलन करना चाहिए। कहाँ कौन सा कारक होना चाहिए, इसका ज्ञान शिष्टों अथवा प्रसिद्ध संस्कृत ग्रन्थकारों के व्यवहार से ही हो सकता है।

संस्कृत व्याकरण में सुबन्त और तिङन्त रूपों का प्रतिपादन किया गया है। छात्रों को ये कठिन और शुष्क प्रतीत होते हैं, क्योंकि सुबन्त तथा तिङन्त शब्दों के समस्त रूपों को याद कर लेना सुगम नहीं है। अतः हमने आचार्य पाणिनि के नियमों के आधार पर छात्रों के लिए वैज्ञानिक एवं सुव्यवस्थित ढंग पर विषय का प्रतिपादन किया है।

नाम या सुबन्त शब्दों के साथ सात विभक्तियों के तीन वचनों में २१ प्रत्यय लगते हैं। उन विभक्तियों का साधारण ज्ञान प्राप्त करने के लिये हम यहाँ पर 'सरित्' शब्द के रूप दे रहे हैं। इनमें प्रायः सभी प्रत्यय (सु को छोड़कर) अपने रूपों में स्पष्ट हैं।

सरित् (नदी)

	एकवचन	द्विवचन	बहुवचन
प्रथमा	सरित्	सरितौ	सरितः
द्वितीया	सरितम्	सरितौ	सरितः
तृतीया	सरिता	सरिद्भ्याम्	सरिद्भिः
चतुर्थी	सरिते	सरिद्भ्याम्	सरिद्भ्यः
पञ्चमी	सरितः	सरिद्भ्याम्	सरिद्भ्यः
षष्ठी	सरितः	सरितोः	सरिताम्
सप्तमी	सरिति	सरितोः	सरित्सु
सम्बोधन	हे सरित्	हे सरितौ	हे सरितः

सुबन्त के २१ प्रत्यय

	अर्थ	एकवचन	द्विवचन	बहुवचन
प्र०	(ने)	स् (सु)	औ	अस् (जस्)
द्वि०	(को)	अम्	औ (औट्)	अस् (शस्)
तृ०	(ने, से, द्वारा)	आ (टा)	भ्याम्	भिस्
च०	(के लिए)	ए (ङे)	भ्याम्	भ्यस्
पं०	(से)	अस् (ङसि)	भ्याम्	भ्यस्
ष०	(का, के, की)	अस् (ङस्)	ओस्	आम्
स०	(में, पर)	इ (ङि)	ओस्	सु (सुप्)

विकारी तथा अविकारी शब्द—ऊपर कहा जा चुका है कि वाक्य में अनेक शब्द रहते हैं; यथा (१)—"छात्रः सदा पुस्तकं पठति" (विद्यार्थी हमेशा पुस्तक पढ़ता है)। इस वाक्य को इस ढंग से भी कह सकते हैं—

(२) छात्रः सदा पुस्तकानि पठति (विद्यार्थी हमेशा पुस्तकें पढ़ता है)।

इन वाक्यों को देखने से ज्ञात होता है कि शब्दों में कुछ ऐसे शब्द हैं जिनके रूप हमेशा एक से रहते हैं, जैसे इन वाक्यों में 'सदा' शब्द है। कुछ शब्द ऐसे हैं जिनके रूपों में परिवर्तन हो जाता है, जैसे—छात्राः सदा पुस्तकानि पठन्ति (विद्यार्थी हमेशा पुस्तकें पढ़ते हैं)। यहाँ छात्रः पुस्तकं पठति—इन रूपों में परिवर्तन हो गया है किन्तु 'सदा' के रूप में परिवर्तन नहीं हुआ। अतः यह निष्कर्ष निकला कि—

जिन शब्दों के रूपों में किसी भी दशा में परिवर्तन या विकार नहीं होता वे **अव्यय** कहलाते हैं, जैसे ऊपर के वाक्यों में 'सदा' शब्द है। और जिन शब्दों के रूपों में परिवर्तन हो जाता है, वे **विकारी** शब्द कहलाते हैं।

विकारी शब्द अनेक प्रकार के होते हैं, उदाहरणार्थ—

राष्ट्रपतिः तुभ्यं सुन्दरं पारितोषिकम् अददात् (राष्ट्रपति ने तुम्हें सुन्दर इनाम दिया)।" इस वाक्य में **'राष्ट्रपतिः'** शब्द **संज्ञा** या **नाम** है; **तुभ्यम्** (तुझे) संज्ञा के स्थान पर आया है, अतः **सर्वनाम** है; 'सुन्दरम्' शब्द पारितोषिक (इनाम) की विशेषता बतलाता है, अतः **विशेषण** है; अददात् (दिया) किसी कार्य के करने को सूचित करता है, अतः **क्रिया** है।

शब्दों के भेद

- १. विकारी
  - (१) संज्ञा (रामः, नदी, अश्वः आदि)
  - (२) सर्वनाम (त्वम्-तू, अहम् मैं सः-वह आदि)
  - (३) विशेषण (सुन्दर, रक्त, दुष्ट आदि)
  - (४) क्रिया (पठति, गच्छति वदति आदि)
- २. अविकारी (यथा, तथा, यद्यपि, पुनः आदि)

वाक्य-रचना—"नलः दमयन्तीं परिणिनाय" (नल ने दमयन्ती से विवाह किया।) इस वाक्य में पहले कर्ता (नलः), फिर कर्म (दमयन्तीम्), और अन्त में क्रिया (परिणिनाय) आयी है। अतः संस्कृत के वाक्यों का क्रम भी हिन्दी के समान ही है—पहले कर्ता, फिर कर्म और अन्त में क्रिया। किन्तु हम ऊपर लिख आए हैं कि संस्कृत में विकारी शब्द अधिक हैं और अविकारी कम। अतः हम इन्हीं वाक्यों को इस प्रकार भी लिख सकते हैं—

(१) दमयन्तीं नलः परिणिनाय।
(२) परिणिनाय दमयन्तीं नलः।
(३) परिणिनाय नलः दमयन्तीम्।

इन वाक्यों में शब्दों का क्रम चाहे जैसा भी हो, 'नलः' कर्ता, 'दमयन्तीम्' कर्म और 'परिणिनाय' क्रिया ही रहती है। कारण, इन सब शब्दों में सुप् विभक्ति अथवा तिङ् विभक्ति रहती है, अतः इनके स्थान परिवर्तन करने से भी ये विभक्ति-चिह्नों द्वारा झट पहचाने जाते हैं। यह क्रम अंग्रेजी आदि अविकारी भाषाओं में नहीं पाया जाता। हिन्दी में अंग्रेजी के समान क्रिया का निश्चित स्थान रहता है। हिन्दी में क्रिया वाक्य के अन्त में आती है, किन्तु अंग्रेजी में कर्ता और कर्म के बीच। संस्कृत में अधिकांश शब्दों के विकारी होने के कारण (कर्ता, कर्म, क्रिया आदि) आगे पीछे भी आ सकते हैं और यह संस्कृत की अपनी विशेषता है।

अब इस वाक्य को देखिए—

धर्मज्ञो नलः सर्वगुणालङ्कृतां दमयन्तीं विधिना परिणिनाय। (धर्मात्मा नल ने सब गुणों से सम्पन्न दमयन्ती से विधिपूर्वक विवाह किया।)

इस वाक्य में 'धर्मज्ञ' शब्द 'नल' संज्ञा का विशेषण है और 'विधिना' शब्द 'परिणिनाय' क्रिया का विशेषण, अतः जिन शब्दों की ये विशेषता बतलाते हैं, उनके पूर्व ही इनका मुख्यतः प्रयोग होता है, अर्थात् संज्ञा शब्द का विशेषण उसके पूर्व और क्रिया-विशेषण क्रिया के पूर्व आता है, किन्तु कभी-कभी आगे पीछे भी इनका प्रयोग हो सकता है, जैसे—

नलः सर्वगुणालङ्कृतां विधिना परिणिनाय दमयन्तीम्।
नलः सर्वगुणालङ्कृतां दमयन्तीं परिणिनाय विधिना।

लिंग और वचन

उक्त वाक्यों में 'नल' एक ऐसा नाम है जिससे पुरुष जाति का बोध होता है, अतः यह शब्द पुंल्लिंग है।

'दमयन्ती' शब्द से स्त्री जाति का बोध होता है, अतः यह स्त्रीलिङ्ग शब्द है।

छात्रः पुस्तकानि क्रीणाति (विद्यार्थी पुस्तकें खरीदता है।) इस वाक्य में 'पुस्तकानि' शब्द से न तो पुरुष जाति का बोध होता है और न स्त्री जाति का, अतः यह शब्द नपुंसकलिंग है।

संस्कृत में लिंग-ज्ञान कोष की सहायता अथवा साहित्य के पारायण से ही होता है। लिंग के निर्धारण में 'लिंगानुशासनम्' में दिए गए नियम उपयोगी हैं।

संस्कृत में एक ही व्यक्ति या वस्तु के वाचक शब्द भिन्न-भिन्न लिंगों के हैं, यथा—तटः, तटी, तटम्—(तीनों का अर्थ किनारा है)। इसी प्रकार परिग्रहः, भार्या, कलत्रम्—(तीनों का अर्थ पत्नी है)। इसी भांति संगरः, आजिः, युद्धम्—(तीनों का अर्थ युद्ध है)।

कभी-कभी एक ही शब्द का कुछ अर्थभेद के कारण भिन्न-भिन्न लिंगों में प्रयोग होता है, यथा—सरस्वत् (पुंल्लिग) का अर्थ है समुद्र, किन्तु सरस्वती (स्त्रीलिंग) का अर्थ है नदी। अरण्यम् का अर्थ है वन, किन्तु अरण्यानी

का अर्थ है बड़ा वन । कृत् प्रत्यय भी लिंग-ज्ञान में सहायता देते हैं, किन्तु पूर्ण ज्ञान तो पाणिनि के लिंगानुशासन से ही हो सकता है।

उपर्युक्त वाक्यों में (दे० पृ० ९) 'नलः' या 'छात्रः' से एक संख्या का बोध होता है, अतः ये शब्द एकवचनान्त हैं। 'पुस्तकानि' से बहुत सी पुस्तकों का बोध होता है, अतः यह शब्द बहुवचनान्त है। संस्कृत में द्विवचन भी होता है, जैसे—छात्रः पुस्तके अक्रीणात् (छात्र ने दो पुस्तकें खरीदीं)। इस वाक्य में 'पुस्तके' द्विवचन है।

संस्कृत भाषा में श्रोत्र, चक्षुस्, कर, बाहु, स्तन, चरण आदि शब्द प्रायः द्विवचन में ही प्रयुक्त होते हैं, यथा—श्रान्तायास्तस्याश्चरणौ न प्रसरतः (उस थकी हुई के पाँव आगे नहीं बढ़ते)। कोमलविटपानुकारिणौ बाहू (उसकी भुजाएँ कोमल तरु शाखा के समान हैं।)

संस्कृत में अपने लिए बहुवचन का भी प्रयोग होता है, यथा—'वयमिह परितुष्टाः वल्कलैस्त्वं दुकूलैः' (भर्तृहरि) (मुझे छाल पहनकर ही सन्तोष है और तुझे महीन वस्त्र से)।

संस्कृत में कुछ ऐसे शब्द भी हैं जिनका बहुवचन में ही प्रयोग होता है तथा दार (पत्नी) पुं०, अक्षत (पूजार्ह अटूट चावल) पुं०, लाज (खील) पुं। इस प्रकार अप् (जल), सुमनस् (फूल) इन स्त्रीलिंग शब्दों का बहुवचन में ही प्रयोग होता है। गृह (पुं०) पांसु (धूलि) पुं०, धाना (भूने जौ) स्त्री०, सक्तु, असु (प्राण), (पुं०) प्रजा, प्रकृति (मन्त्रिगण, या प्रजावर्ग), स्त्री० कश्मीर (पुं०) शब्द बहुवचन में ही प्रयुक्त होते हैं। जब क्रिया से कोई वचन सूचित न हो तब एकवचन ही प्रयुक्त होता है, यथा—इदं ते कर्त्तव्यम्।

सर्वनाम शब्द—बातचीत करने में एक व्यक्ति वह होता है जो बातचीत करता है; दूसरा वह होता है जिससे बातचीत की जाती है और तीसरा (चेतन अथवा अचेतन) वह होता है जिसके विषय में बातचीत की जाती है। बोलने वाला उत्तम पुरुष, जिससे बातचीत की जाती है वह मध्यम पुरुष और जिसके विषय में बातचीत की जाती है वह प्रथम पुरुष अर्थात् अन्य पुरुष कहलाता है।

एकवचन	अहम् (मैं)	त्वम् (तू)	सः (वह) सा (वह) तत् (वह)
द्विवचन	आवाम् (हम दो)	युवाम् (तुम दो)	तौ (वे दो) ते (वे दो) ते (वे)
बहुवचन	वयम् (हम सब)	यूयम् (तुम)	ते (वे) ताः (वे) तानि (वे)

युष्मद् और अस्मद् को छोड़कर सर्वनाम शब्द तीनों लिंगों में विशेष्य के अनुसार होते हैं।

एक शब्द एकवचन में होता है किन्तु प्रथमा बहुवचन में भी प्रयोग मिलता है। जैसे—इत्येके। द्वि शब्द द्विवचन में और त्रि से लेकर अष्टादशन् तक शब्दों का बहुवचन में ही प्रयोग होता है। 'एक' से 'चतुर्' तक शब्दों का लिंग विशेष्य शब्द के अनुसार होता है, यथा—चत्वारः मानवाः, चतस्रः स्त्रियः, चत्वारि फलानि। इसके बाद लिंग का भेद नहीं होता, यथा—पञ्च मानवाः, पञ्च स्त्रियः, विंशतिः मानवाः, विंशतिः स्त्रियः।

एकोनविंशति से नवविंशति तक सभी शब्द एकवचनान्त स्त्रीलिंग हैं। इनके रूप एकवचन में ही चलते हैं। इकारान्त विंशति, षष्टि, सप्तति, अशीति, नवति आदि शब्दों के रूप 'मति' शब्द के समान होते हैं। तकारान्त त्रिंशत्, चत्वारिंशत्, पञ्चाशत् शब्दों के रूप 'सरित्' शब्द की भाँति होते हैं। शतम्, सहस्रम्, अयुतम्, लक्षम्, नियुतम् शब्द नपुंसक हैं।

संख्यावाचक शब्दों के सम्बन्ध में एक बात स्मरणीय है कि उनका तत्पुरुष समास में अन्य सुबन्तों के साथ समास नहीं हो सकता, यथा—'विंशतिर्नार्यः' शुद्ध है, किन्तु 'विंशतिनार्यः' अशुद्ध है। इस प्रकार 'शतं पुरुषाः' शुद्ध है, किन्तु 'शतपुरुषाः' यह समस्त शब्द अशुद्ध है। इसी भाँति 'सप्तसप्ततिर्नार्यः' शुद्ध है किन्तु 'सप्तसप्ततिनार्यः' अशुद्ध है। 'पञ्चाशतं फलानि क्रीणाति' शुद्ध है, किन्तु 'पञ्चाशत्फलानि' अशुद्ध है। हम कह सकते हैं कि 'शतस्य पुस्तकानां कियन्मूल्यम्' किन्तु 'शतपुस्तकानां कियन्मूल्यम्' यह प्रयोग अशुद्ध है। 'चत्वारिंशता कर्मकरैः परिखां खानयति' शुद्ध है, किन्तु 'चत्वारिंशत्कर्मकरैः परिखां खानयति' यह अशुद्ध है। यदि समास से संज्ञा का बोध होता हो तो संख्यावाचक शब्द के साथ समास हो सकता है, यथा सप्तर्षयः आदि।

तिङन्त पद (क्रिया)—"छात्रः पठति, बालकाः क्रीडन्ति" इन दो वाक्यों को देखने से ज्ञात होता है कि संस्कृत में तिङन्त क्रिया का लिंग नहीं होता; चाहे कर्ता पुंलिंग हो या स्त्रीलिंग या नपुंसकलिंग, किन्तु क्रिया एक-सी रहती है, यथा—बालकः क्रीडति, बालिका क्रीडति (बालक खेलता है, बालिका खेलती है); बालकः अगच्छत्, बालिका अगच्छत् (लड़का गया, लड़की गई)। हिन्दी भाषा में क्रियाओं के रूप कर्तृवाच्य में कर्ता के अनुसार तथा कर्मवाच्य

में कर्म के अनुसार पुंल्लिङ्ग एवं स्त्रीलिङ्ग में बदल जाते हैं, जैसे—लड़का जाता है, लड़की जाती है।

क्रिया के बिना कोई वाक्य नहीं होता; प्रत्येक वाक्य में एक क्रिया होती है (एकतिङ् वाक्यम्)। संस्कृत भाषा में लगभग २००० धातु हैं और वे १० गणों[1] (समूहों) में बँटी हैं। इनकी जटिलता इस कारण बढ़ गई है कि इनका प्रयोग तभी किया जाता है जब दस गणों का ठीक-ठीक ज्ञान हो। फिर प्रत्येक गण में ये धातु, परस्मैपद, आत्मनेपद और उभयपद में विभक्त हैं। पचति, पचते भ्वादिगणीय है और हन्ति अदादिगणीय, इनके रूप दोनों पदों में अलग-अलग चलते हैं। धातुओं के मूल रूप—पठति-पठतः-पठन्ति, अपठत्-अपठताम्-अपठन् आदि चलते हैं; इन्हीं के प्रत्ययान्त रूप भी चलते हैं, जैसे—णिजन्त में 'पाठयति' (पढ़ाता है) और सन्नन्त में 'पिपठिषति' (पढ़ने की इच्छा करता है)।

कुछ धातु सकर्मक होती हैं और कुछ अकर्मक। सकर्मक धातुओं के रूपों के साथ किसी कर्म की आकांक्षा रहती है, किन्तु अकर्मक धातुओं के रूपों के साथ नहीं रहती है।

संस्कृत भाषा में पद दो होते हैं—परस्मैपद तथा आत्मनेपद। परस्मैपद अर्थात् वह पद जिसका फल दूसरे के लिए होता है, जैसे सः पचति (वह पकाता है)। यहाँ पकाने की क्रिया का फल दूसरे के लिए होगा, पकाने वाले के लिए नहीं; किन्तु आत्मनेपद में क्रिया का फल अपने लिए होगा।

धातुओं के तीन वाच्य होते हैं—कर्तृवाच्य, कर्मवाच्य तथा भाववाच्य। भाववाच्य तभी होता है जब क्रिया अकर्मक हो। भाववाच्य में कर्ता तृतीयान्त होता है और क्रिया केवल प्रथम पुरुष के एकवचन में प्रयुक्त होती है। जैसे—

कर्तृवाच्य—सेवकः ग्रामं गच्छति (नौकर गाँव जाता है)।

कर्मवाच्य—मया पुस्तकं पठ्यते (मुझसे पुस्तक पढ़ी जाती है)।

भाववाच्य—मनुष्यैर्म्रियते (मनुष्यों से मरा जाता है)।

---

१. दस गण ये हैं—भ्वाद्यदादी जुहोत्यादिः दिवादिः स्वादिरेव च।
तुदादिश्च रुधादिश्च तनादिः क्री-चुरादयः॥

(१) भ्वादि, (२) अदादि, (३) जुहोत्यादि, (४) दिवादि, (५) स्वादि, (६) तुदादि, (७) रुधादि, (८) तनादि, (९) क्र्यादि और (१०) चुरादि।

संस्कृत भाषा में १० लकार[1] क्रियासूचक तथा आज्ञादि सूचक दोनों प्रकार के हैं। लट् आदि सब 'ल्' से आरम्भ होते हैं, अतः इनको लकार भी कहते हैं। इनमें से लोट् और विधिलिङ् आज्ञा, अनुज्ञा, विधान आदि अर्थों में प्रयुक्त होते हैं, यथा—गोपालः पठतु, पठेत् वा (गोपाल पढ़े)। आशीर्लिङ् आशीर्वाद अर्थ में आता है। लृङ् लकार हेतुहेतुमद्भूत (जहाँ एक क्रिया के होने पर दूसरी क्रिया हो) अर्थ में आता है, यथा—यदि त्वमपठिष्यः तदावश्यम् परीक्षायाम् उत्तीर्णोऽभविष्यः (यदि तुम पढ़ते तो अवश्य परीक्षा में उत्तीर्ण हो जाते)। इन चार लकारों के अतिरिक्त शेष लकार काल-सूचक हैं। लट् वर्त्तमान काल में होता है, यथा—देवः पठति (देव पढ़ता है)। तीन लकार[2] भूतकालसूचक हैं—लुङ् सामान्य भूत, लङ् अनद्यतन भूत और लिट् परोक्ष भूत में आता है।

संस्कृत भाषा में दस लकार अथवा वृत्तियाँ होती हैं। वे इस प्रकार हैं—

(१)	वर्तमानकाल	लट्	(Present)
(२)	अनद्यतनभूत	लङ्	(Past imperfect)
(३)	सामान्यभूत	लुङ्	(Aorist)
(४)	परोक्षभूत	लिट्	(Past perfect)

१—लट् वर्तमाने लेट् वेदे भूते लुङ् लङ् लिटस्तथा ।
विध्याशिषो तु लिङ्लोटौ लुट् लृट् लृङ् च भविष्यति ॥

इस कारिका में १० लकारों के अतिरिक्त लेट् भी है। लेट् का प्रयोग वैदिक भाषा में ही पाया जाता है।

२—संस्कृत व्याकरण में इन तीनों लकारों में अन्तर किया गया है। लुङ् सामान्य भूत में आता है अर्थात् सब प्रकार के भूतकाल में; लङ् अनद्यतन भूत में, अर्थात् जो बात आज से पहले की है। अतः व्याकरण की दृष्टि से 'अहमद्य पुस्तकमपठम्' (मैंने आज पुस्तक पढ़ी) अशुद्ध है। ऐसे स्थल पर लुङ् का प्रयोग होना चाहिए (अपाठिषम्)। लिट् का प्रयोग परोक्ष (जो आँख के सामने न हो) ऐतिहासिक बात के लिए होता है, यथा—रामः रावणं जघान (राम ने रावण को मारा)।

(५)	सामान्य भविष्यत्	लृट्	(Simple Future)
(६)	अनद्यतन भविष्यत्	लुट्	(First Future)
(७)	आज्ञा	लोट्	(Imperative mood)
(८)	विधि	विधिलिङ्	(Potential mood)
(९)	आशीर्वाद	आशीर्लिङ्	(Benedictive)
(१०)	क्रियातिपत्ति	लृङ्	(Conditional)

क्रियाओं की क्लिष्टता के कारण छात्र ही नहीं, अपितु कुछ अध्यापक भी तिङन्त क्रिया के स्थान पर कृदन्त शब्द का प्रयोग करते हैं, यथा 'सेवकः ग्रामं गतः (गतवान्)' किन्तु इसका अर्थ होगा—'सेवक गाँव को गया हुआ है या जा चुका है।' 'सेवक गाँव को गया' का अनुवाद' सेवकः ग्रामम् अगच्छत्' ही है। इसी प्रकार कुछ लोग क्लिष्टतर क्रियाओं से बचने के उद्देश्य से मुख्य क्रिया को बतलाने वाली धातु से व्युत्पन्न द्वितीयान्त शब्द के साथ तिङन्त 'कृ' का प्रयोग करते हैं। जैसे 'लज्जते' के स्थान पर 'लज्जां करोति', 'बिभेति के स्थान पर 'भयं करोति' परन्तु ऐसे प्रयोग त्याज्य हैं। क्योंकि 'लज्जां करोति' का अर्थ है 'लज्जा करता है' और 'भयं करोति' का अर्थ है 'भय पैदा करता है'। इनके शुद्ध प्रयोग हैं 'लज्जामनुभवति' तथा 'भयमनुभवति'।

धातुओं के रूप

अस्—होना (परस्मैपद)

वर्तमान काल (लट् लकार)

	एकवचन	द्विवचन	वहुवचन
प्रथम पुरुष	अस्ति (वह है)	स्तः (वे दो हैं)	सन्ति (वे हैं)
मध्यम पुरुष	असि (तू है)	स्थः (तुम दो हो)	स्थ (तुम हो)
उत्तम पुरुष	अस्मि (मैं हूँ)	स्वः (हम दो हैं)	स्मः (हम हैं)

प्रत्यय

प्र० पु०	(सः) ति	(तौ) तः	(ते) अन्ति
म० पु०	(त्वम्) सि	(युवाम्) थः	(यूयम्) थ
उ० पु०	(अहम्) मि	(आवाम्) वः	(वयम्) मः

अनद्यतन भूतकाल (लङ् लकार)

प्र० पु०	आसीत् (वह था)	आस्ताम् (वे दो थे)	आसन् (वे थे)
म० पु०	आसीः (तू था)	आस्तम् (तुम दो थे)	आस्त (तुम थे)
उ० पु०	आसम् (मैं था)	आस्व (हम दो थे)	आस्म (हम थे)

प्रत्यय

प्र० पु०	(सः)	त्	(तौ)	ताम्	(ते)	अन्
म० पु०	(त्वम्)	:	(युवाम्)	तम्	(यूयम्)	त
उ० पु०	(अहम्)	अम्	(आवाम्)	व	(वयम्)	म

पठ् पढ़ना (परस्मैपद)

वर्तमान (लट्) (क्रिया का संक्षिप्त रूप)

एकवचन	द्विवचन	बहुवचन		एकवचन	द्विवचन	बहुवचन
पठति	पठतः	पठन्ति	प्र० पु०	अति	अतः	अन्ति
पठसि	पठथः	पठथ	म० पु०	असि	अथः	अथ
पठामि	पठावः	पठामः	उ० पु०	आमि	आवः	आमः

अनद्यतन भूत (लङ्) (क्रिया का संक्षिप्त रूप)

एकवचन	द्विवचन	बहुवचन		एकवचन	द्विवचन	बहुवचन
अपठत्	अपठताम्	अपठन्	प्र० पु०	अत्	अताम्	अन्
अपठः	अपठतम्	अपठत	म० पु०	अः	अतम्	अत
अपठम्	अपठाव	अपठाम	उ० पु०	अम्	आव	आम

सामान्य भूत (लुङ्) (क्रिया का संक्षिप्त रूप)

अपाठीत्	अपाठिष्टाम्	अपाठिषुः	प्र० पु०	आईत्	आइष्टाम्	आइषुः
अपाठीः	अपाठिष्टम्	अपाठिष्ट	म० पु०	आईः	आइष्टम्	आइष्ट
अपाठिषम्	अपाठिष्व	अपाठिष्म	उ० पु०	आइषम्	आइष्व	आइष्म

परोक्ष भूत (लिट्) (क्रिया का संक्षिप्त रूप)

पपाठ	पेठतुः	पेठुः	प्र० पु०	आअ	एअतुः	एउः
पेठिथ	पेठथुः	पेठ	म० पु०	एइथ	एअथुः	एअ
पपाठ / पपठ	पेठिव	पेठिम	उ० पु०	आअ	एइव	एइम

सामान्य भविष्यत् (लृट्) (क्रिया का संक्षिप्त रूप)

पठिष्यति	पठिष्यतः	पठिष्यन्ति	प्र० पु०	(इ) स्यति	(इ) स्यतः	(इ) स्यन्ति
पठिष्यसि	पठिष्यथः	पठिष्यथ	म० पु०	(इ) स्यसि	(इ) स्यथः	(इ) स्यथ
पठिष्यामि	पठिष्यावः	पठिष्यावः	उ० पु०	(इ) स्यामि	(इ) स्यावः	(इ) स्यामः

अनद्यतन भविष्यत् (लुट्) (क्रिया का संक्षिप्त रूप)

पठिता	पठितारौ	पठितारः	प्र० पु०	(इ) ता	(इ) तारौ	(इ) तारः
पठितासि	पठितास्थः	पठितास्थ	म० पु०	(इ) तासि	(इ) तास्थः	(इ) तास्थ
पठितास्मि	पठितास्वः	पठितास्मः	उ० पु०	(इ) तास्मि	(इ) तास्वः	(इ) तास्मः

आज्ञा (लोट्) (क्रिया का संक्षिप्त रूप)

पठतु	पठताम्	पठन्तु	प्र० पु०	अतु	अताम्	अन्तु
पठ	पठतम्	पठत	म० पु०	अ	अतम्	अत
पठानि	पठाव	पठाम	उ० पु०	आनि	आव	आम

अनुज्ञा, आज्ञा (विधिलिङ्) (क्रिया का संक्षिप्त रूप)

पठेत्	पठेताम्	पठेयुः	प्र० प्र०	एत्	एताम्	एयुः
पठेः	पठेतम्	पठेत	म० पु०	एः	एतम्	एत
पठेयम्	पठेव	पठेव	उ० पु०	एयम्	एव	एम

आशीर्वाद (आशीर्लिङ्) (क्रिया का संक्षिप्त रूप)

पठ्यात्	पठ्यास्ताम्	पठ्यासुः	प्र० पु०	यात्	यास्ताम्	यासुः
पठ्याः	पठ्यास्तम्	पठ्यास्त	म० पु०	याः	यास्तम्	यास्त
पठ्यासम्	पठ्यास्व	पठ्यास्म	उ० पु०	यासम्	यास्व	यास्म

हेतु-हेतुमद्भाव (लृङ्) (क्रिया का संक्षिप्त रूप)

अपठिष्यत्	अपठिष्यताम्	अपठिष्यन्	प्र० पु०	(इ) स्यत्	(इ) स्यताम्	(इ) स्यन्
अपठिष्यः	अपठिष्यतम्	अपठिष्यत	म० पु०	(इ) स्यः	(इ) स्यतम्	(इ) स्यत
अपठिष्यम्	अपठिष्याव	अपठिष्याम	उ० पु०	(इ) स्यम्	(इ) स्याव	(इ) स्याम

आत्मनेपद—मुद् (प्रसन्न होना)

वर्तमान (लट्) (क्रिया का संक्षिप्त रूप)

एकवचन	द्विवचन	बहुवचन		एकवचन	द्विवचन	बहुवचन
मोदते	मोदेते	मोदन्ते	प्र० पु०	अते	एते	अन्ते
मोदसे	मोदेथे	मोदध्वे	म० पु०	असे	एथे	अध्वे
मोदे	मोदावहे	मोदामहे	उ० पु०	ए	आवहे	आमहे

अनद्यतन भूत (लङ्)				(क्रिया का संक्षिप्त रूप)		
अमोदत	अमोदेताम्	अमोदन्त	प्र० पु०	अत	एताम्	अन्त
अमोदथाः	अमोदेथाम्	अमोदध्वम्	म० पु०	अथाः	एथाम्	अध्वम्
अमोदे	अमोदावहि	अमोदामहि	उ० पु०	ए	आवहि	आमहि

सामान्य भूत (लुङ्)				(क्रिया का संक्षिप्त रूप)		
अमोदिष्ट	अमोदिषाताम्	अमोदिषत	प्र० पु०	(इ) स्त	(इ) साताम्	(इ) सत
अमोदिष्ठाः	अमोदिषाथाम्	अमोदिध्वम्	म० पु०	(इ) स्थाः	(इ)साथाम्	(इ) ध्वम्
अमोदिषि	अमोदिष्वहि	अमोदिष्महि	उ० पु०	(इ) सि	(इ) स्वहि	(इ) स्महि

परोक्ष भूत (लिट्)				(क्रिया का संक्षिप्त रूप)		
मुमुदे	मुमुदाते	मुमुदिरे	प्र० पु०	ए	आते	इरे
मुमुदिषे	मुमुदाथे	मुमुदिध्वे	म० पु०	इषे	आथे	इध्वे
मुमुदे	मुमुदिवहे	मुमुदिमहे	उ० पु०	ए	इवहे	इमहे

सामान्य भविष्यत (लृट्)				(क्रिया का संक्षिप्त रूप)		
मोदिष्यते	मोदिष्येते	मोदिष्यन्ते	प्र० पु०	(इ) स्यते	(इ) स्येते	(इ) स्यन्ते
मोदिष्यसे	मोदिष्येथे	मोदिष्यध्वे	म० पु०	(इ) स्यसे	(इ) स्येथे	(इ) स्यध्वे
मोदिष्ये	मोदिष्यावहे	मोदिष्यामहे	उ० पु०	(इ) स्ये	(इ) स्यावहे	(इ) स्यामहे

अनद्यतन भविष्यत् (लुट्)				(क्रिया का संक्षिप्त रूप)		
मोदिता	मोदितारौ	मोदितारः	प्र० पु०	(इ) ता	(इ) तारौ	(इ) तारः
मोदितासे	मोदितासाथे	मोदिताध्वे	म० पु०	(इ) तासे	(इ) तासाथे	(इ)ताध्वे
मोदिताहे	मोदितास्वहे	मोदितास्महे	उ० पु०	(इ) ताहे	(इ) तास्वहे	(इ)तास्महे

आज्ञा (लोट्)				(क्रिया का संक्षिप्त रूप)		
मोदताम्	मोदेताम्	मोदन्ताम्	प्र० पु०	अताम्	एताम्	अन्ताम्
मोदस्व	मोदेथाम्	मोदध्वम्	म० पु०	अस्व	एथाम्	अध्वम्
मोदै	मोदावहै	मोदामहै	उ० पु०	ऐ	आवहै	आमहै

अनुज्ञा, आज्ञा (विधिलिङ्)				(क्रिया का संक्षिप्त रूप)		
मोदेत	मोदेयाताम्	मोदेरन्	प्र० पु०	एत	एयाताम्	एरन्
मोदेथाः	मोदेयाथाम्	मोदेध्वम्	म० उ०	एथाः	एयाथाम्	एध्वम्
मोदेय	मोदेवहि	मोदेमहि	उ० पु०	एय	एवहि	एमहि

आशीर्वाद (आशीर्लिङ्) (क्रिया का संक्षिप्त रूप)

मोदिषीष्ट मोदिषीयास्ताम् मोदिषीरन् प्र. पु. (इ) ईष्ट (इ) ईयास्ताम् (इ)ईरन्
मोदिषीष्ठाः मोदिषीयास्थाम् मोदिषीध्वम् म. पु.(इ) ईष्ठाः(इ)ईयास्थाम्(इ)ईध्वम्
मोदिषीय मोदिषीवहि मोदिषीमहि उ. पु. (इ) ईय (इ) ईवहि (इ) ईमहि

हेतुहेतुमद्भाव (लृङ्) (क्रिया का संक्षिप्त रूप)

अमोदिष्यत अमोदिष्येताम् अमोदिष्यन्त प्र. पु. (इ) स्यत (इ)स्येताम् (इ)स्यन्त
अमोदिष्यथाः अमोदिष्येथाम् अमोदिष्यध्वम् म. पु.(इ)स्यथाः(इ)स्येथाम्(इ)स्यध्वम्
अमोदिष्ये अमोदिष्यावहि अमोदिष्यामहि उ. पु.(इ) स्ये (इ)स्यावहि(इ)स्यामहि

कृदन्तों का क्रिया के रूप में प्रयोग

धातुओं से बने हुए कृदन्त[1] भी क्रिया के स्थान पर प्रयुक्त होते हैं। क्रियाओं के १० लकार तीनों कालों को या आज्ञा, अनुज्ञा आदि को प्रकट करते हैं। यही कार्य कृदन्तों से होता है। शतृ और शानच्[2] वर्तमान क्रिया को प्रकट करते हैं, क्त और क्तवत् भूतकालिक क्रिया को, तव्य एवं अनीयर् आज्ञा तथा भविष्यत् काल की क्रिया को प्रकट करते हैं।

तव्य, अनीयर्, यत्—ये कृत् प्रत्यय भाववाच्य या कर्मवाच्य में होते हैं। ये सकर्मक धातु से कर्मवाच्य में तथा अकर्मक धातु से भाववाच्य में होते हैं। ऐसी दशा में कर्त्ता तृतीया विभक्ति में होता है और कर्म प्रथमा में, तथा तव्यादि प्रत्ययान्त शब्द के लिंग और वचन कर्म के अनुसार होते हैं, यथा—

सकर्मक धातु (कर्म में) }
छात्रैः पुस्तकानि पठितव्यानि।
मया बालिका द्रष्टव्या।
त्वया ग्रन्थः पठितव्यः।

---

१. भाववाचक कृदन्त शुद्ध क्रिया के द्योतक हैं जैसे—हासः, पाकः, रागः आदि। कर्तृवाचक कृदन्त क्रिया के कर्ता के द्योतक हैं, जैसे—पाठकः, पाचकः आदि। कर्मवाचक कृदन्त क्रिया के आधार कर्म को प्रकट करते हैं, जैसे—सुकरः (आसानी से किया जाने वाला कार्य)।

२. शतृ एवं शानच् का प्रयोग प्रायः विशेषण रूप में ही होता है, मुख्य वर्तमान क्रिया के रूप में नहीं।

अकर्मक धातु (भाव में)	शिशुना शयितव्यम् । त्वया न हसितव्यम् (हसनीयं वा) ।

अकर्मक धातु से कृदन्त प्रत्यय भाववाच्य में होता है और कृदन्त शब्द सदा नपुंसकलिंग और एकवचन में होता है । जैसे—शयितव्यम्, हसनीयम्, स्थातव्यम् ।

क्त (त), क्तवतु (तवत्)—क्त प्रत्यय सकर्मक धातु से कर्मवाच्य में होता है और अकर्मक धातु से कर्तृवाच्य में । यथा—अस्माभिः ग्रन्थः पठितः । छात्रैः पुस्तकानि पठितानि । दमयन्त्या लता दृष्टा ।

किन्तु 'बालिका सुप्ता' आदि वाक्यों में अकर्मक धातु के प्रयोग के कारण कृदन्त (सुप्ता आदि) पद कर्त्ता (बालिका आदि) के अनुसार होते हैं ।

क्तवतु (तवत्) प्रत्यय सकर्मक एवं अकर्मक धातुओं से कर्तृवाच्य में ही होता है, यथा—सः पुष्पं दृष्टवान्, सा पुष्पं दृष्टवती, स हसितवान्, सा हसितवती ।

शतृ और शानच्—शतृ प्रत्यय परस्मैपद में और शानच् प्रत्यय आत्मनेपद में होता है । ये प्रत्यय मुख्य क्रिया के रूप में न होकर विशेषण रूप में होते हैं, यथा—पठन् छात्रः (पढ़ता हुआ विद्यार्थी), शयानः बालः (सोता हुआ बालक) । ये भविष्यत्कालसूचक भी होते हैं, जैसे—पठिष्यन् छात्रः (वह छात्र जो पढ़ता हुआ होगा), एधिष्यमाणः पुरुषः (वह पुरुष, जो बढ़ता हुआ होगा)।

सुबन्त शब्दों की रूपावली

तिङन्त (पठति, पठतः, पठन्ति) शब्दों का वर्णन संक्षिप्त रूप से ऊपर किया गया है । सुबन्त (रामः, रामौ, रामाः) शब्दों के रूप यहाँ दिये जा रहे हैं । सुबन्त और तिङन्त शब्दों को ही पद कहते हैं (सुप्तिङन्तं पदम्) । सुबन्त शब्दों की सात विभक्तियों के तीन-तीन वचनों में २१ प्रत्ययों को पृथक्-पृथक् याद करने की अपेक्षा उनके मूल रूपों पर ध्यान देना चाहिए ।

पुंल्लिग में विभक्तियों के रूप

	एकवचन	द्विवचन	बहुवचन
प्रथमा	स् (:)	औ	अस् (अः)

द्वितीया		अम्	औ	अः[१]
तृतीया		(आ) एन[२]	भ्याम्	भिः (ऐस्)
चतुर्थी		ए[३]	भ्याम्	भ्यः
पञ्चमी	(अस्)	आत्[४]	भ्याम्	भ्यः
षष्ठी	(अस्)	स्य	ओस् (ओः)	आम्
सप्तमी		इ[५]	ओस् (ओः)	सु (षु)

पुंल्लिग-शब्द

(१) राम

प्र०	रामः (राम)	रामौ (दो राम)	रामाः (बहुत राम)
द्वि	रामम् (राम को)	रामौ (दो रामों को)	रामान् (रामों को)
तृ०	रामेण (राम ने)[६]	रामाभ्याम् (दो रामों ने)	रामैः (रामों ने)

---

१. अकारान्त, इकारान्त, उकारान्त और ऋकारान्त शब्दों को दीर्घ होकर अन्त में 'न्' हो जाता है। जैसे—रामान्, हरीन्, गुरून्, पितॄन्।

२. इकारान्त, उकारान्त शब्दों के अन्त में 'ना' होता है। जैसे—कविना, साधुना।

३. अकारान्त शब्द के अन्त में 'आय' होता है। जैसे—देवाय।

४. इकारान्त, उकारान्त और ऋकारान्त शब्दों के पञ्चमी और षष्ठी के एकवचन में इ उ ऋ को गुण होकर 'स्' को विसर्ग (:) होता है। जैसे—हरेः, गुरोः, पितुः।

५. इकारान्त तथा उकारान्त शब्दों के अन्त में 'औ' हो जाता है। जैसे—हरौ, कवौ; गुरौ, साधौ।

६. स्वरों (अ, आ, इ, ई, आदि); ह्, य्, व्, र्, कवर्ग (क्, ख् आदि), पवर्ग (प्, फ् आदि) आ और न् के बीच में आने पर भी र्, ऋ, ॠ और 'ष्' के बाद 'न्' को 'ण्' हो जाता है (अट्कुप्वाङ्नुम्व्यवायेऽपि)। इससे नपुंसकलिङ्ग शब्द की प्रथमा तथा द्वितीया के बहुवचन में, तृतीया के एकवचन में और षष्ठी के बहुवचन में, पुंलिङ्ग की तृतीया के एक० में तथा षष्ठी के बहु० में, स्त्रीलिङ्ग की षष्ठी के बहु० में 'न्' को 'ण्' हो जाता है। यथा—नपुं० में—गृहाणि, गृहेण, गृहाणाम्। पत्राणि, पत्रेण, पत्राणाम्। पुं० में—नृपेण, नृपाणाम्, हरिणा, हरीणाम्; स्त्री० में—नारीणाम्।

च०	रामाय (राम के लिए)	रामाभ्याम्(दो रामों के०)	रामेभ्यः(रामों के लिए)
पं०	रामात् (राम से)	रामाभ्याम् (दो रामों से)	रामेभ्यः रामों से)
ष०	रामस्य(राम का, के, की)	रामयोः (दो रामों का के)	रामाणाम्(रामों का, के)
स०	रामे (राम में, पर)	रामयोः(दो रामों में,पर)	रामेषु (रामों में, पर)
सं०	हे राम (हे राम)[1]	हे रामौ (हे दो रामो)	हे रामाः (हे रामो)

राम की भाँति इनके रूप चलते हैं—

नरः—मनुष्य
बालः—बालक
पुत्रः—पुत्र
जनकः—पिता
नृपः—राजा
प्राज्ञः—विद्वान्
सज्जनः —अच्छा आदमी
दुर्जनः—बुरा आदमी
खलः—दुष्ट

शिष्यः—शिष्य
सूर्यः—सूर्य
चन्द्रः—चाँद
खगः—पक्षी
करः—हाथ
पिकः—कोयल
वंशः—कुल
वानरः—बन्दर
गजः—हाथी

मयूरः—मोर
प्रश्नः—प्रश्न
क्रोशः—कोस
लोकः—संसार, लोग
धर्मः—धर्म
अनलः—आग
अनिलः—वायु
नक्रः—नाका
उपहारः—भेंट

(२) हरि (विष्णु)

	एकवचन	द्विवचन	बहुवचन
प्र०	हरिः	हरी	हरयः
द्वि०	हरिम्	हरी	हरीन्
तृ०	हरिणा	हरिभ्याम्	हरिभिः
च०	हरये	हरिभ्याम्	हरिभ्यः
पं०	हरेः	हरिभ्याम्	हरिभ्यः
ष०	हरेः	हर्योः	हरीणाम्
स०	हरौ	हर्योः	हरिषु
सं०	हे हरे	हे हरी	हे हरयः

इसी प्रकार—
कविः, मुनिः, विधिः (भाग्य), निधिः (खजाना), गिरिः (पर्वत), अग्निः, अरिः (शत्रु), नृपतिः (राजा) उदधिः(समुद्र), यतिः (योगी), असिः (तलवार,) अतिथिः (मेहमान), कपिः (बन्दर), पाणिः (हाथ), सेनापतिः, प्रजापतिः, रश्मिः (किरण), व्याधिः(रोग)आदि ।

१. सम्बोधन के एकवचन में विसर्ग नहीं होता ।

(३) सखि (मित्र)				(४) पति (स्वामी)[1]		
सखा	सखायौ	सखायः	प्र०	पतिः	पती	पतयः
सखायम्	सखायौ	सखीन्	द्वि०	पतिम्	पती	पतीन्
सख्या	सखिभ्याम्	सखिभिः	तृ०	पत्या	पतिभ्याम्	पतिभिः
सख्ये	सखिभ्याम्	सखिभ्यः	च०	पत्ये	पतिभ्याम्	पतिभ्यः
सख्युः	सखिभ्याम्	सखिभ्यः	पं०	पत्युः	पतिभ्याम्	पतिभ्यः
सख्युः	सख्योः	सखीनाम्	ष०	पत्युः	पत्योः	पतीनाम्
सख्यौ	सख्योः	सखिषु	स०	पत्यौ	पत्योः	पतिषु
हे सखे	हे सखायौ	हे सखायः	सं०	हे पते	हे पती	हे पतयः

(५) गुरु

				इसी प्रकार—
प्र०	गुरुः	गुरू	गुरवः	भानुः (सूर्य,) कृशानुः (आग),
द्वि०	गुरुम्	गुरू	गुरून्	विधुः (चन्द्रमा), शम्भुः, शिशुः,
तृ०	गुरुणा	गुरुभ्याम्	गुरुभिः	मृत्युः, मृदुः (कोमल), साधुः,
च०	गुरवे	गुरुभ्याम्	गुरुभ्यः	पांशुः (धूल), वायुः, पशुः, तरुः,
पं०	गुरोः	गुरुभ्याम्	गुरुभ्यः	(वृक्ष), इषुः (बाण,) शत्रुः,
ष०	गुरोः	गुर्वोः	गुरूणाम्	प्रभुः, बिन्दुः (बूंद), परशुः,
स०	गुरौ	गुर्वोः	गुरुषु	बाहुः आदि ।
सं०	हे गुरो	हे गुरू	हे गुरवः	

जिन शब्दों में ऋ, र् या ष् नहीं हैं उनमें 'न्' को 'ण्' नहीं होता । अतः 'साधु' शब्द की तृतीया के एकवचन में 'साधुना' और षष्ठी के बहुवचन में 'साधूनाम्' रूप होते हैं ।

(६) कर्तृ (करने वाला)

				इसी प्रकार—
प्र०	कर्ता	कर्तारौ	कर्तारः	नेतृ (ले जाने वाला),
द्वि०	कर्तारम्	कर्तारौ	कर्तॄन्	

१. पति शब्द के रूप तृतीया एक० में पत्या, चतुर्थी एक० में पत्ये, पञ्चमी और षष्ठी एक० में पत्युः और सप्तमी एक० में पत्यौ बनते हैं । ध्यान रखें कि ये रूप हरि शब्द के रूपों के समान नहीं हैं । किन्तु यदि पति शब्द किसी शब्द के अन्त में समस्त हो जाता है तो उसके सभी रूप हरि शब्द के समान चलते हैं । जैसे—भूपतिना (तृ० एक०), भूपतये (च० एक०), भूपतेः (पं० और ष० एक०), भूपतौ (स० एक०) ।

तृ०	कर्त्रा	कर्तृभ्याम्	कर्तृभिः	वक्तृ (बोलने वाला),
च०	कर्त्रे	कर्तृभ्याम्	कर्तृभ्यः	प्रष्टृ (पूछने वाला),
पं०	कर्तुः	कर्तृभ्याम्	कर्तृभ्यः	रक्षितृ (रक्षा करने-
ष०	कर्तुः	कर्त्रोः	कर्तृणाम्	वाला), श्रोतृ, (सुनने-
स०	कर्तरि	कर्त्रोः	कर्तृषु	वाला,) नप्तृ (नाती),
सं०	हे कर्तः	हे कर्तारौ	हे कर्तारः	सवितृ (सूर्य) आदि।

(७) पितृ (पिता)

				इसी प्रकार
प्र०	पिता	पितरौ	पितरः	
द्वि०	पितरम्	पितरौ	पितॄन्	भ्रातृ—भाई।
तृ०	पित्रा	पितृभ्याम्	पितृभिः	देवृ—देवर।
च०	पित्रे	पितृभ्याम्	पितृभ्यः	जामातृ—दामाद।
पं०	पितुः	पितृभ्याम्	पितृभ्यः	नृ—मनुष्य आदि
ष०	पितुः	पित्रोः	पितॄणाम्	
स०	पितरि	पित्रोः	पितृषु	
सं०	हे पितः	हे पितरौ	हे पितरः	

(८) गो (गाय या बैल)

प्र०	गौः	गावौ	गावः	
द्वि०	गाम्	गावौ	गाः	
तृ०	गवा	गोभ्याम्	गोभिः	
च०	गवे	गोभ्याम्	गोभ्यः	गो शब्द स्त्रीलिङ्ग में भी
पं०	गोः	गोभ्याम्	गोभ्यः	पुंलिङ्ग के समान ही चलेगा।
ष०	गोः	गवोः	गवाम्	
स०	गवि	गवोः	गोषु	
सं०	हे गौः	हे गावौ	हे गावः	

स्त्रीलिङ्ग-शब्द

(१) रमा

प्र०	रमा	रमे	रमाः	इसी प्रकार—लता,
द्वि०	रमाम्	रमे	रमाः	पाठशाला, क्रीडा, कथा, कन्या,
तृ०	रमया	रमाभ्याम्	रमाभिः	वसुधा (पृथ्वी), सुधा (अमृत),
च०	रमायै	रमाभ्याम्	रमाभ्यः	अजा (बकरी), व्यथा, बाला,

पं०	रमायाः	रमाभ्याम्	रमाभ्यः	प्रभा, कान्ता, श्रद्धा, निष्ठा
ष०	रमायाः	रमयोः	रमाणाम्	आदि।
स०	रमायाम्	रमयोः	रमासु	
सं०	हे रमे	हे रमे	हे रमाः	

(२) मति

				इसी प्रकार—
प्र०	मतिः	मती	मतयः	गतिः, श्रुतिः, (वेद)
द्वि०	मतिम्	मती	मतीः	स्मृतिः, भूमिः, ओषधिः,
तृ०	मत्या	मतिभ्याम्	मतिभिः	पङ्क्तिः धूलिः, अङ्गुलिः,
च०	मत्यै,मतये	मतिभ्याम्	मतिभ्यः	प्रीतिः, श्रेणिः, शान्तिः,
पं०	मत्याः,मतेः	मतिभ्याम्	मतिभ्यः	प्रकृतिः, शक्तिः, समितिः
ष०	मत्याः,मतेः	मत्योः	मतीनाम्	(सभा), नियतिः (भाग्य),
स०	मत्याम्,मतौ	मत्योः	मतिषु	व्रततिः (लता) आदि
सं०	हे मते	हे मती	हे मतयः	

(३) नदी

				इसी प्रकार—
प्र०	नदी	नद्यौ	नद्यः	गौरी, कुमारी, नारी, सखी,
द्वि०	नदीम्	नद्यौ	नदीः	पुत्री, रजनी, महिषी, प्राची,
तृ०	नद्या	नदीभ्याम्	नदीभिः	प्रतीची, कौमुदी (ज्योत्स्ना),
च०	नद्यै	नदीभ्याम्	नदीभ्यः	मही, मृगी, सिंही, नगरी,
पं०	नद्याः	नदीभ्याम्	नदीभ्यः	वापी, श्रीमती, दासी आदि।
ष०	नद्याः	नद्योः	नदीनाम्	
स०	नद्याम्	नद्योः	नदीषु	
सं०	हे नदि	हे नद्यौ	हे नद्यः	

लक्ष्मी शब्द की प्रथमा के एकवचन में विसर्ग होता है (जैसे, लक्ष्मीः)। शेष रूप नदी की भाँति होते हैं।

(४) स्त्री

प्र०	स्त्री	स्त्रियौ	स्त्रियः	'स्त्री' शब्द तथा 'नदी'
द्वि०	स्त्रियम्, स्त्रीम्	स्त्रियौ	स्त्रीः,स्त्रियः	शब्द में अन्तर यह है कि
तृ०	स्त्रिया	स्त्रीभ्याम्	स्त्रीभिः	'नदी' शब्द में स्वरादि
च०	स्त्रियै	स्त्रीभ्याम्	स्त्रीभ्यः	विभक्ति आने पर 'ई' के
पं०	स्त्रियाः	स्त्रीभ्याम्	स्त्रीभ्यः	स्थान में 'य्' हो जाता है।

ष०	स्त्रियाः	स्त्रियोः	स्त्रीणाम्
स०	स्त्रियाम्	स्त्रियोः	स्त्रीषु
सं०	हे स्त्रि	हे स्त्रियौ	हे स्त्रियः

यथा—नद्यौ, नद्यः। और 'स्त्री' शब्द में 'ई' के स्थान में 'इय्' होता है। यथा—स्त्रियौ, स्त्रियः।

(५) धेनु (गाय)

प्र०	धेनुः	धेनू	धेनवः
द्वि०	धेनुम्	धेनू	धेनूः
तृ०	धेन्वा	धेनुभ्याम्	धेनुभिः
च०	धेन्वै, धेनवे	धेनुभ्याम्	धेनुभ्यः
पं०	धेन्वाः, धेनोः	धेनुभ्याम्	धेनुभ्यः
ष०	धेन्वाः, धेनोः	धेन्वोः	धेनूनाम्
स०	धेन्वाम्, धेनौ	धेन्वोः	धेनुषु
सं०	हे धेनो	हे धेनू	हे धेनवः

इसी भाँति—

रेणुः (धूल), चञ्चुः (चोंच), तनुः, उडुः (तारा,) रज्जुः (रस्सी), हनुः (ठोडी) आदि।

(६) वधू (बहू)

प्र०	वधूः	वध्वौ	वध्वः
द्वि०	वधूम्	वध्वौ	वधूः
तृ०	वध्वा	वधूभ्याम्	वधूभिः
च०	वध्वै	वधूभ्याम्	वधूभ्यः
पं०	वध्वाः	वधूभ्याम्	वधूभ्यः
ष०	वध्वाः	वध्वोः	वधूनाम्
स०	वध्वाम्	वध्वोः	वधूषु
सं०	हे वधु	हे वध्वौ	हे वध्वः

इसी प्रकार—

चमूः (सेना), तनूः, (शरीर) श्वश्रूः (सास), जम्बूः (जामुन) आदि।

वधू आदि शब्दों के रूप 'नदी' की भाँति चलते हैं, केवल प्रथमा के एकवचन में विसर्ग का अन्तर है। यथा—नदी, वधूः।

(७) मातृ (माता)

प्र०	माता	मातरौ	मातरः
द्वि०	मातरम्	मातरौ	मातॄः
तृ०	मात्रा	मातृभ्याम्	मातृभिः
च०	मात्रे	मातृभ्याम्	मातृभ्यः
पं०	मातुः	मातृभ्याम्	मातृभ्यः
ष०	मातुः	मात्रोः	मातॄणाम्
स०	मातरि	मात्रोः	मातृषु
सं०	हे मातः	हे मातरौ	हे मातरः

मातृ (स्त्री०) शब्द भी 'पितृ (पुं०) शब्द की भाँति चलता है, केवल द्वितीया के बहुवचन में अन्तर है, यथा— पितॄन्, मातॄः।

(८) नौ (नाव)

प्र०	नौः	नावौ	नावः
द्वि०	नावम्	नावौ	नावः
तृ०	नावा	नौभ्याम्	नौभिः
च०	नावे	नौभ्याम्	नौभ्यः
पं०	नावः	नौभ्याम्	नौभ्यः
ष०	नावः	नावोः	नावाम्
स०	नावि	नावोः	नौषु
सं०	हे नौः	हे नावौ	हे नावः

ग्लौ (चन्द्रमा) (पुं०) के रूप भी 'नौ' (स्त्री०) की भांति चलेंगे, जैसे ग्लौः ग्लावौ ग्लावः ।

नपुंसकलिङ्ग-शब्द

(१) फल / (२) गृह (घर)

फलम्	फले	फलानि	प्र०	गृहम्	गृहे	गृहाणि
फलम्	फले	फलानि	द्वि०	गृहम्	गृहे	गृहाणि
फलेन	फलाभ्याम्	फलैः	तृ०	गृहेण	गृहाभ्याम्	गृहैः
फलाय	फलाभ्याम्	फलेभ्यः	च०	गृहाय	गृहाभ्याम्	गृहेभ्यः
फलात्	फलाभ्याम्	फलेभ्यः	पं०	गृहात्	गृहाभ्याम्	गृहेभ्यः
फलस्य	फलयोः	फलानाम्	ष०	गृहस्य	गृहयोः	गृहाणाम्
फले	फलयोः	फलेषु	स०	गृहे	गृहयोः	गृहेषु
हे फल	हे फले	हे फलानि	सं०	हे गृह	हे गृहे	हे गृहाणि

इसी प्रकार—

रत्नम्—मणि	सुवर्णम्—सोना	जलजम्—कमल	कुसुमम्—जल
विषम्—विष	मांसम्—मांस	नेत्रम्—आँख	उद्यानम्—बगीचा
तत्त्वम्—सचाई	नखम्—नाखून	मित्रम्—मित्र	नयनम्—आँख

बलम्, दुःखम्, सुखम्, नेत्रम्, पुष्पम्, पापम्, आकाशम्, भोजनम्, वचनम्, मौनम् आम्रम्, दाडिमम् आदि ।

(३) वारि (जल) / (४) दधि (दही)

वारि	वारिणी	वारीणि	प्र०	दधि	दधिनी	दधीनि
वारि	वारिणी	वारीणि	द्वि०	दधि	दधिनी	दधीनि
वारिणा	वारिभ्याम्	वारिभिः	तृ०	दध्ना	दधिभ्याम्	दधिभिः

वारिणे	वारिभ्याम्	वारिभ्यः	च०	दध्ने	दधिभ्याम्	दधिभ्यः
वारिणः	वारिभ्याम्	वारिभ्यः	पं०	दध्नः	दधिभ्याम्	दधिभ्यः
वारिणः	वारिणोः	वारीणाम्	ष०	दध्नः	दध्नोः	दध्नाम्
वारिणि	वारिणोः	वारिषु	स०	दध्नि,दधनि	दध्नोः	दधिषु
हे वारि(वारे)	हे वारिणी	हे वारीणि	सं०	हे दधि,हे दधे	हे दधिनी	हे दधीनि

इसी प्रकार—अक्षि (आँख), अस्थि (हड्डी), सक्थि (जाँघ) आदि ।

(५) मधु (शहद)

प्र०	मधु	मधुनी	मधूनि
द्वि०	मधु	मधुनी	मधूनि
तृ०	मधुना	मधुभ्याम्	मधुभिः
च०	मधुने	मधुभ्याम्	मधुभ्यः
पं०	मधुनः	मधुभ्याम्	मधुभ्यः
ष०	मधुनः	मधुनोः	मधूनाम्
स०	मधुनि	मधुनोः	मधुषु
सं०	हे मधो,हे मधु	हे मधुनी	हे मधूनि

इसी प्रकार—

वस्तु, अश्रु (आँसू), जानु (घुटना), तालु, दारु (लकड़ी), वसु (धन) अम्बु (पानी), सानु (पर्वत की चोटी), श्मश्रु (दाढ़ी), जतु (लाख) आदि ।

अकारान्त पुंल्लिग सर्वनाम 'सर्व' (सब)

प्र०	सर्वः	सर्वौ	सर्वे
द्वि०	सर्वम्	सर्वौ	सर्वान्
तृ०	सर्वेण	सर्वाभ्याम्	सर्वैः
च०	सर्वस्मै	सर्वाभ्याम्	सर्वेभ्यः
पं०	सर्वस्मात्	सर्वाभ्याम्	सर्वेभ्यः
ष०	सर्वस्य	सर्वयोः	सर्वेषाम्
स०	सर्वस्मिन्	सर्वयोः	सर्वेषु

नपुंसकलिंग की प्र०, द्वि०, तृ० में—

सर्वम् सर्वे सर्वाणि शेष पुंल्लिगवत्

इसी प्रकार—विश्व, अन्य, कतर, कतम, अन्यतर, इतर इत्यादि ।

अन्तर पर ध्यान दें—

देवाः	सर्वे
देवाय	सर्वस्मै
देवात्	सर्वस्मात्
देवानाम्	सर्वेषाम्
देवे	सर्वस्मिन्

आकारान्त स्त्रीलिंग 'सर्वा'

प्र०	सर्वा	सर्वे	सर्वाः
द्वि०	सर्वाम्	सर्वे	सर्वाः
तृ०	सर्वया	सर्वाभ्याम्	सर्वाभिः
च०	सर्वस्यै	सर्वाभ्याम्	सर्वाभ्यः

इसी प्रकार—

विश्वा, अन्या, कतरा, कतमा अन्यतरा, इतरा ।

अन्तर पर ध्यान दें—

पं०	सर्वस्याः	सर्वाभ्याम्	सर्वाभ्यः	लतायै	सर्वस्यै
ष०	सर्वस्याः	सर्वयोः	सर्वासाम्	लतायाः	सर्वस्याः
स०	सर्वस्याम्	सर्वयोः	सर्वासु	लतानाम्	सर्वासाम्
				लतायाम्	सर्वस्याम्

पुंल्लिंग **पूर्व** **स्त्रीलिंग**

पूर्वः	पूर्वौ	पूर्वे (पूर्वाः)	प्र०	पूर्वा	पूर्वे	पूर्वाः
पूर्वम्	पूर्वौ	पूर्वान्	द्वि०	पूर्वाम्	पूर्वे	पूर्वाः
पूर्वेण	पूर्वाभ्याम्	पूर्वैः	तृ०	पूर्वया	पूर्वाभ्याम्	पूर्वाभिः
पूर्वस्मै	पूर्वाभ्याम्	पूर्वेभ्यः	च०	पूर्वस्यै	पूर्वाभ्याम्	पूर्वाभ्यः
पूर्वस्मात्, पूर्वात्	पूर्वाभ्याम्	पूर्वेभ्यः	पं०	पूर्वस्याः	पूर्वाभ्याम्	पूर्वाभ्यः
पूर्वस्य	पूर्वयोः	पूर्वेषाम्	ष०	पूर्वस्याः	पूर्वयोः	पूर्वासाम्
पूर्वस्मिन्, पूर्वे	पूर्वयोः	पूर्वेषु	स०	पूर्वस्याम्	पूर्वयोः	पूर्वासु

नपुंसकलिंग

प्र०	पूर्वम्	पूर्वे	पूर्वाणि
द्वि०	पूर्वम्	पूर्वे	पूर्वाणि
तृ०	पूर्वेण	पूर्वाभ्याम्	पूर्वैः

शेष विभक्तियों में पुंल्लिग के समान।

उभ (दोनों) नित्य द्विवचन

	पुंल्लिग	स्त्रीलिंग तथा नपुंसकलिङ्ग
प्र०	उभौ	उभे
द्वि०	उभौ	उभे
तृ०	उभाभ्याम्	उभाभ्याम्
च०	उभाभ्याम्	उभाभ्याम्
पं०	उभाभ्याम्	उभाभ्याम्
ष०	भउयोः	उभयोः
स०	उभयोः	उभयोः

'उभय' शब्द के रूप एकवचन तथा बहुवचन में ही होते हैं, यथा—

उभयः	उभये
उभयम्	उभयान्
उभयेन	उभयैः
उभयस्मै	उभयेभ्यः

आदि।

विसर्ग की अशुद्धियां क्यों होती हैं ?

विभक्तियों में विसर्ग की अशुद्धियां इसलिए होती हैं कि छात्र इस बात का ध्यान नहीं रखते कि किसी भी शब्द की तृतीया, चतुर्थी और पञ्चमी के बहुवचन में तथा षष्ठी और सप्तमी के द्विवचन में विसर्ग अवश्य होता है। जैसे—देवैः, देवेभ्यः, देवयोः। परन्तु किसी भी शब्द की द्वितीया, तृतीया, चतुर्थी और सप्तमी के एकवचन में, (जैसे—देवम्, देवेन, देवाय, देवे), तृतीया, चतुर्थी और पञ्चमी के द्विवचन में (जैसे—देवाभ्याम्) और षष्ठी एवं सप्तमी के बहुवचन में (जैसे देवानाम्, देवेषु) कदापि विसर्ग नहीं होता।

अविकारी शब्द

(१) अव्युत्पन्न शब्द
अथ—मङ्गल, आरम्भ
इति—समाप्ति, हेतु
अति—अधिक
अपि—भी
अवश्यम्—जरूर
अद्य—आज
अधुना—अब
अलम्—बस
शनैः-शनैः—धीरे-धीरे
श्वः—कल (आने वाला)
ह्यः—कल (बीता हुआ)
साकम्, सह—साथ में
स्वयम्—अपने आप
हा—दुःख

(२)क-व्युत्पन्न (कृदन्त)
गातुम्—गाने के लिए
ज्ञातुम्—जानने के लिए
कर्तुम्—करने के लिए
पठितुम्—पढ़ने के लिए
हसितुम्—हँसने के लिए
कृत्वा—कर के

असकृत्—बार-बार
सकृत्—एक बार
आदि—वगैरह
इदानीम्—इस समय, अब
इव—भाँति, तरह
इह—यहाँ
किम्—क्या ? क्यों ?
च—और
चेत्—यदि
आरुह्य—चढ़कर
विलप्य—विलाप करके
परित्यज्य—छोड़कर
आगत्य—आकर

(२)ख-व्युत्पन्न (तद्धित)
अतः—इसलिए
इतः—यहाँ से
अग्रतः—आगे से
ततः—वहाँ से,
कुतः—कहाँ से
यतः—जहाँ से, क्योंकि
सर्वतः—सब ओर से
तथा—वैसे

तत्—पूर्वकथित
न, नो—नहीं
नमः—प्रणाम
पश्चात्—पीछे
पृथक्—अलग
प्रायः—बहुधा, अक्सर
वरम्—उत्तम, बेहतर
वा—अथवा, या
विना—वगैर
कथम्—कैसे
एकत्र—एक जगह
अत्र—यहां
तत्र—वहाँ
कुत्र—कहाँ
सर्वत्र—सब जगह
यत्र—यहाँ
द्वेधा—दो प्रकार से, दो भागों में
त्रेधा—तीन भागों में तीन प्रकार से
तावत्—तब तक
यावत्—जब तक
अनेकशः—अनेक बार

गत्वा—जाकर	यथा—जैसे	पञ्चकृत्वः—पाँच बार
पठित्वा—पढ़ कर	इत्थम्—इस प्रकार	
हसित्वा—हँस कर		

अव्यय (अविकारी शब्द) क्या है ?

अव्यय एक ऐसा शब्द है, जिसके तीनों लिङ्गों, सातों विभक्तियों तथा तीनों वचनों में किसी प्रकार का परिवर्तन नहीं होता, जैसा कि कहा भी है—

सदृशं त्रिषु लिङ्गेषु सर्वासु च विभक्तिषु ।
वचनेषु च सर्वेषु यन्न व्येति तदव्ययम् ॥

प्रथमोऽध्यायः

प्रथम अभ्यास

कर्ता (प्रथमा) (—, ने)

संज्ञा-शब्द

	एकवचन	द्विवचन	बहुवचन
पुंल्लिङ्ग	देवः	देवौ	देवाः
स्त्रीलिङ्ग	लता	लते	लताः
नपुंसकलिङ्ग	ज्ञानम्	ज्ञाने	ज्ञानानि

सर्वनाम शब्द

(पुंल्लिङ्ग, स्त्रीलिङ्ग तथा नपुं० में एक समान)

	एकवचन	द्विवचन	बहुवचन
अस्मद् (मैं)	अहम् (मैं)	आवाम् (हम दो)	वयम् (हम सब)
युष्मद् (तू)	त्वम् (तू)	युवाम् (तुम दो)	यूयम् (तुम सब)

	एकवचन		द्विवचन		बहुवचन	
तत् (वह) पुं०	सः	(वह)	तौ	(वे दो)	ते	(वे)
स्त्री०	सा		ते		ताः	
नपुं०	तत्		ते		तानि	
इदम् (यह) पुं०	अयम्	(यह)	इमौ	(ये दो)	इमे	(ये)
स्त्री०	इयम्		इमे		इमाः	
नपुं०	इदम्		इमे		इमानि	
किम् (कौन) पुं०	कः	(कौन ?)	कौ	(कौन ?)	के	(कौन सब ?)
स्त्री०	का		के		काः	
नपुं०	किम्		के		कानि	
यत् (जो) पुं०	यः	जो	यौ	(जो दो)	ये	(जो सब)
स्त्री०	या		ये		याः	
नपुं०	यत्		ये		यानि	

(१) भ्वादिगण

पठ्—(पढ़ना) परस्मैपद

वर्तमानकाल (लट्)*

	एकवचन	द्विवचन	बहुवचन
प्र० पु०	पठति (वह पढ़ता है)	पठतः (वे दो पढ़ते हैं)	पठन्ति (वे पढ़ते हैं)
म० पु०	पठसि (तू पढ़ता है)	पठथः (तुम दो पढ़ते हो)	पठथ (तुम पढ़ते हो)
उ० पु०	पठामि (मैं पढ़ता हूँ)	पठावः (हम दो पढ़ते हैं)	पठामः (हम पढ़ते हैं)

संक्षिप्त रूप

प्र० पु०	(सः)	अति	(तौ)	अतः	(ते)	अन्ति
म० पु०	(त्वम्)	असि	(युवाम्)	अथः	(यूयम्)	अथ
उ० पु०	(अहम्)	आमि	(आवाम्)	आवः	(वयम्)	आमः

इसी प्रकार कुछ भ्वादिगणीय धातुएँ

धातु	एकवचन	द्विवचन	बहुवचन
भू (भव्)—होना	भवति	भवतः	भवन्ति
लिख्—लिखना	लिखति	लिखतः	लिखन्ति
वद्—बोलना	वदति	वदतः	वदन्ति
हस्—हँसना	हसति	हसतः	हसन्ति
धाव्—दौड़ना	धावति	धावतः	धावन्ति
रक्ष्—रक्षा करना	रक्षति	रक्षतः	रक्षन्ति
क्रीड्—खेलना	क्रीडति	क्रीडतः	क्रीडन्ति

*(१) 'ति' 'सि' 'मि' और 'अन्ति' इनमें ह्रस्व 'इ' है, दीर्घ 'ई' मत लिखो। इन चारों ह्रस्व इकारों के बाद कभी विसर्ग (:) मत रखो। (२) तीनों पुरुषों के द्विवचन 'तः' 'थः' 'वः' में और उत्तम पुरुष बहुवचन के 'मः' में विसर्ग है, अन्यत्र नहीं।

गम्—जाना	गच्छति	गच्छतः	गच्छन्ति
आगम्—आना	आगच्छति	आगच्छतः	आगच्छन्ति
पत्—गिरना	पतति	पततः	पतन्ति
*नृत्—नाचना	नृत्यति	नृत्यतः	नृत्यन्ति

कर्ता—वाक्य में जिस व्यक्ति या वस्तु के विषय में कुछ कहा जाता है उसे **कर्ता** कहते हैं और वह प्रथमा विभक्ति में रखा जाता है। क्रिया का पुरुष और वचन कर्ता के अनुसार होते हैं।

संस्कृत-अनुवाद

इन वाक्यों को ध्यान से देखो—

(१) बालकः हसति (लड़का हँसता है)।

(२) यूयं कुत्र गच्छथ (तुम कहाँ जाते हो)?

(३) आवाम् अत्र क्रीडावः (हम (दो) यहाँ खेलते हैं)।

(४) भवन्तः कथं न पठन्ति (आप क्यों नहीं पढ़ते हैं)?

प्रथम वाक्य में 'हसति' क्रिया का कार्य 'बालकः' करता है, द्वितीय में 'गच्छथ' क्रिया का कार्य 'यूयम्' करता है, तृतीय में 'क्रीडावः' क्रिया का कार्य 'आवाम्' करता है और चतुर्थ वाक्य में 'पठन्ति' क्रिया का कार्य 'भवन्तः' करता है। ये चारों 'बालकः', 'यूयम्', 'आवाम्' और 'भवन्तः' कर्ता हैं क्योंकि क्रिया के करने वाले को कर्ता कहते हैं।

प्रथम वाक्य में 'हसति' क्रिया प्रथम पुरुष के एकवचन में है और उसका कर्ता 'बालकः' भी प्रथम पुरुष के एकवचन में; द्वितीय वाक्य में 'गच्छथ' क्रिया मध्यम पुरुष के बहुवचन में है और उसका कर्ता 'यूयम्' भी मध्यम पुरुष के बहुवचन में; तृतीय वाक्य में 'क्रीडावः' क्रिया उत्तम पुरुष के द्विवचन में है, और उसका कर्ता 'आवाम्' भी उत्तम पुरुष के द्विवचन में; चतुर्थ वाक्य में 'पठन्ति' क्रिया प्रथम पुरुष के बहुवचन में है और उसका कर्ता 'भवन्तः' भी प्रथम पुरुष के बहुवचन में है।

इससे निष्कर्ष यह निकला कि संस्कृत भाषा से अनुवाद करने में यदि कर्ता प्रथम पुरुष का हो तो क्रिया भी प्रथम पुरुष की और यदि कर्ता मध्यम

---

*नृत् (नृत्य) (नाचना)—दिवादिगणीय धातु है। इसके रूप भ्वादिगणीय धातुओं की भाँति चलते हैं, अतः इसे भ्वादिगणीय धातुओं के साथ रखा गया है।

पुरुष का हो तो क्रिया भी मध्यम पुरुष की और यदि कर्ता उत्तम पुरुष का हो तो क्रिया भी उत्तम पुरुष की होती है। इसके अतिरिक्त यदि कर्ता एकवचन में होता है तो क्रिया भी एकवचन में और कर्ता द्विवचन में होता है तो क्रिया भी द्विवचन में और कर्ता बहुवचन में होता है तो क्रिया भी बहुवचन में होती है। परन्तु भवान् (आप), भवन्तौ, (आप दो), भवन्तः (आप सब) के साथ क्रिया मध्यम पुरुष की नहीं लगती, जैसे कि त्वम्, युवाम्, यूयम् के साथ लगती है। अतः 'भवान् गच्छसि' अशुद्ध है, 'भवान् गच्छति' ही शुद्ध वाक्य है। इसी प्रकार 'भवन्तौ गच्छतः', 'भवन्तः गच्छन्ति' शुद्ध वाक्य हैं।

'बालकः हसति' इसी वाक्य को हम 'हसति बालकः' इस तरह भी कह सकते हैं। यह प्रणाली संस्कृत भाषा की अपनी विशेषता है, क्योंकि इसमें विकारी शब्दों का बाहुल्य है। अँगरेजी भाषा के वाक्य में पहले कर्ता, फिर क्रिया और अन्त में कर्म आता है; हिन्दी में पहले कर्ता, फिर कर्म और अन्त में क्रिया आती है; किन्तु संस्कृत में कर्ता, कर्म और क्रिया आगे-पीछे भी रखे जा सकते हैं, यथा—

भवान् कुत्र गच्छति? (आप कहाँ जाते हैं), अथवा—कुत्र गच्छति भवान्?

इन वाक्यों में क्रिया कर्त्ता के अनुसार है, अतः इन वाक्यों को **कर्तृवाच्य** कहते हैं।

संस्कृत में अनुवाद करो—

(क) १—गोपाल खेलता है। २—शकुन्तला हँसती है। ३—केशव धीरे-धीरे लिखता है। ४—बन्दर (वानराः) दौड़ते हैं। ५—हाथी (गजाः) यहाँ आते हैं। ६—घोड़े (अश्वाः) कहाँ जाते हैं? ७—पत्ते (पत्राणि) और फल गिरते हैं। ८—सुशीला क्या पढ़ती है? ९—रमेश और सुरेश खेलते हैं। १०—लड़के आते हैं और लड़कियाँ जाती हैं।

(ख) ११—वह जोर से (उच्चैः) हँसता है। १२—वे कहाँ जाते हैं? १३—तू कहाँ जाता है? १४—आप (भवन्तः) क्यों हँसते हैं? १५—तुम कहाँ जाते हो? १६—हम यहाँ नहीं खेल रहे हैं। १७—तुम इस प्रकार क्यों दौड़ते हो? १८—तुम दो क्यों नहीं खेलते हो? १९—वे अब क्यों नहीं पढ़ते हैं? २०—मैं इस समय नहीं खेलता हूँ। २१—वे अवश्य पढ़ते हैं। २२—हम सब अलग-अलग (पृथक्) पढ़ते हैं। २३—वह वैसे ही नाचती है। २४—आप यहाँ क्यों नहीं आते? २५—तुम सब पढ़कर (पठित्वा) खेलते हो।

द्वितीय अभ्यास

अनद्यतन भूत (लङ्)*

	एकवचन	द्विवचन	बहुवचन
प्र० पु०	अपठत् (उसने पढ़ा)	अपठताम् (उन दो ने पढ़ा)	अपठन् (उन्होंने पढ़ा)
म० पु०	अपठः (तूने पढ़ा)	अपठतम् (तुम दो ने पढ़ा)	अपठत (तुमने पढ़ा)
उ० पु०	अपठम् (मैंने पढ़ा)	अपठाव (हम दो ने पढ़ा)	अपठाम (हमने पढ़ा)

संक्षिप्त रूप

	एकवचन		द्विवचन		बहुवचन	
प्र० पु०	(सः)	अत्	(तौ)	अताम्	(ते)	अन्
म० पु०	(त्वम्)	अः	(युवाम्)	अतम्	(यूयम्)	अत
उ० पु०	(अहम्)	अम्	(आवाम्)	आव	(वयम्)	आम

इसी प्रकार

लिख्—लिखना	अलिखत्	अलिखताम्	अलिखन्
वद्—कहना	अवदत्	अवदताम्	अवदन्
हस्—हँसना	अहसत्	अहसताम्	अहसन्
धाव्—दौड़ना	अधावत्	अधावताम्	अधावन्
रक्ष्—रक्षा करना	अरक्षत्	अरक्षताम्	अरक्षन्
क्रीड्—खेलना	अक्रीडत्	अक्रीडताम्	अक्रीडन्
गम्—जाना	अगच्छत्	अगच्छताम्	अगच्छन्
आगम्—आना	आगच्छत्	आगच्छताम्	आगच्छन्
पत्—गिरना	अपतत्	अपतताम्	अपतन्
नृत्—नाचना (दि०)	अनृत्यत्	अनृत्यताम्	अनृत्यन्
भू (भव्)—होना	अभवत्	अभवताम्	अभवन्

भूतकाल—संस्कृत भाषा में भूतकाल के सूचक तीन लकार हैं—लिट् (परोक्षभूत), लङ् (अनद्यतन भूत) और लुङ् (सामान्य भूत)। संस्कृत व्याकरण में इन तीनों में अन्तर माना गया है। परोक्षभूत—अर्थात् वह बात जो

---

*अनद्यतन भूत (लङ्) में केवल मध्यम पुरुष के एकवचन में विसर्ग (:) होता है, और कहीं नहीं। हल् अक्षरों का पाँच स्थानों पर ध्यान रखो, जैसे—'अपठत्' में त् हलन्त अक्षर है।

आँख के सामने की न हो, एक प्रकार से ऐतिहासिक हो, उसमें लिट् होता है। जैसे—'रामो राजा बभूव'(राम राजा हुए)। अनद्यतन भूत—जो बात आज की न हो पिछले दिन की हो, उसमें लङ् होता है। जैसे 'देवदत्तः ह्यः काशीमगच्छत्' (देवदत्त कल काशी गया)। इस प्रकार व्याकरण की दृष्टि से 'रमा अद्य प्रातः पुस्तकमपठत्' (रमा ने आज सुबह पुस्तक पढ़ी) अशुद्ध वाक्य है। इस वाक्य के स्थान में 'रमा अद्य प्रातः पुस्तकमपाठीत्' शुद्ध वाक्य है किन्तु व्यवहार में यह भेद नहीं रह गया है। लङ् और लुङ् का किसी भेद के बिना प्रयोग किया जा रहा है, बल्कि लङ् का भूतकाल में प्रायः प्रयोग होता है।

भूतकाल के 'लङ्' का प्रयोग करते समय छात्र प्रायः भूल करते हैं। वे 'उसने पढ़ा' का अनुवाद 'तेन अपठत्' कर देते हैं। यहाँ पर 'उसने' का अनुवाद 'सः' होगा, क्योंकि प्रथमा विभक्ति का अर्थ भी 'ने' है, अतः इस वाक्य का अनुवाद 'सः अपठत्' होगा; इसी प्रकार कुछ अन्य उदाहरण—

१. शीला अपठत् (शीला ने पढ़ा)। २. तौ अवदताम् (उन दो ने कहा)। ३. ते अहसन् (वे हँसे)। ४. अहम् अधावम् (मैं दौड़ा)। ५. युवाम् अक्रीडतम् (तुम दो खेले)।

संस्कृत में अनुवाद करो

(क) १. बन्दर आया। २. लड़के दौड़े। ३. रमेश ने आज नहीं पढ़ा। ४. सोहन और श्याम वहाँ खेले। ५. गोपाल यहाँ क्यों नहीं आया? ६. देवेन्द्र कहाँ खेला? ७. पिता जी कल आये। ८. हम नहीं हँसे। ९. इस समय सोहन कहाँ गया? १०. कमला ने कल सायंकाल नहीं पढ़ा। ११. हाथी और घोड़े दौड़े। १२. छात्रों ने क्यों नहीं पढ़ा? १३. ईश्वर ने रक्षा की। १४. गुरु जी क्यों हँसे? १५. साधु ने क्या कहा?

(ख) १६. वे क्यों नहीं खेले? १७. तुम क्यों हँसे? १८. तूने क्या कहा? १९. हमने कुछ नहीं (किमपि न) पढ़ा। २०. तूने ऐसा क्यों लिखा? २१. शीला नहीं नाची। २२. वे दो कहाँ गये? २३. वे क्यों हँसे? २४. तुमने क्या पढ़ा? २५. क्या वह हँसी थी?

तृतीय अभ्यास

सामान्य भविष्यत् (लृट्)

प्र० पु० पठिष्यति (वह पढ़ेगा) पठिष्यतः (वे दो पढ़ेंगे) पठिष्यन्ति (वे पढ़ेंगे)
म० पु० पठिष्यसि (तू पढ़ेगा) पठिष्यथः (तुम दो पढ़ोगे) पठिष्यथ (तुम पढ़ोगे)
उ० पु० पठिष्यामि (मैं पढ़ूंगा) पठिष्यावः (हम दो पढ़ेंगे) पठिष्यामः (हम पढ़ेंगे)

संक्षिप्त रूप

प्र० पु०	(सः) इष्यति	(तौ) इष्यतः	(ते) इष्यन्ति
म० पु०	(त्वम्) इष्यसि	(युवाम्) इष्यथः	(यूयम्) इष्यथ
उ० पु०	(अहम्) इष्यामि	(आवाम्) इष्यावः	(वयम्) इष्यामः

इसी प्रकार—

धातु	एकवचन	द्विवचन	बहुवचन
लिख्—लिखना	लेखिष्यति	लेखिष्यतः	लेखिष्यन्ति
वद्—कहना	वदिष्यति	वदिष्यतः	वदिष्यन्ति
हस्—हँसना	हसिष्यति	हसिष्यतः	हसिष्यन्ति
धाव्—दौड़ना	धाविष्यति	धाविष्यतः	धाविष्यन्ति
रक्ष्—रक्षा करना	रक्षिष्यति	रक्षिष्यतः	रक्षिष्यन्ति
क्रीड्—खेलना	क्रीडिष्यति	क्रीडिष्यतः	क्रीडिष्यन्ति
गम्—जाना	गमिष्यति	गमिष्यतः	गमिष्यन्ति
आगम्—आना	आगमिष्यति	आगमिष्यतः	आगमिष्यन्ति
पत्—गिरना	पतिष्यति	पतिष्यतः	पतिष्यन्ति
नृत्—नाचना (दि०)	नर्तिष्यति	नर्तिष्यतः	नर्तिष्यन्ति
भू (भव्)—होना	भविष्यति	भविष्यतः	भविष्यन्ति

भविष्यत् काल—भविष्यत् काल के सूचक दो लकार हैं—लृट् (सामान्य भविष्यत्) और लुट् (अनद्यतन भविष्यत्)। यह अन्तर भी व्यवहार में नहीं रह गया है। लुट् का प्रयोग बहुत कम देखने में आता है, केवल लृट् का ही प्रयोग होता है।

लृट् बनाने का सरल ढंग यह है कि शुद्ध धातु पर 'इ' *लगाकर आगे 'ष्य' रखो और फिर वर्तमान काल की भांति 'ति' 'तः' 'न्ति' आदि प्रत्यय जोड़ दो।

उदाहरणार्थ—

१. देवः पठिष्यति (देव पढ़ेगा) २. वानराः धाविष्यन्ति (वानर दौड़ेंगे)। ३. पत्राणि पतिष्यन्ति (पत्ते गिरेंगे)। ४. त्वं कदा गमिष्यसि? (तू कब जायेगा?) ५. वयं क्रीडिष्यामः (हम खेलेंगे।) ६. के लेखिष्यतः (कौन दो लिखेंगी?)

---

*कुछ ऐसी भी धातुएँ हैं जिनमें 'इ' नहीं लगता, ऐसी दशा में शुद्ध धातु के आगे 'स्यति', 'स्यतः', 'स्यन्ति' लगेंगे; पा—पास्यति (पीयेगा), वत्स्यति (वास करेगा), दास्यति (देगा) आदि। ये अनिट् धातु कहलाती हैं।

संस्कृत में अनुवाद करो—

(क) १. गोविन्द कल आयेगा। २. श्यामा यहाँ नाचेगी। ३. हरि कल वहाँ दौड़ेगा। ४. घोड़े नहीं दौड़ेंगे। ५. लड़कियाँ जरूर नाचेंगी। ६. रमेश सुबह पढ़ेगा। ७. ईश्वर रक्षा करेगा। ८. पके हुए (पक्वानि) फल गिरेंगे। ९. कमला नहीं हँसेगी। १०. छात्र शाम को खेलेंगे। ११. हाथी यहाँ आयेंगे। १२. दो छात्र यहाँ पढ़ेंगे। १३. रजनी कब नाचेगी? १४. दो ब्राह्मण यहाँ आयेंगे। १५. मेहमान (अतिथयः) कल जायेंगे।

(ख) १६. तुम कब जाओगे? १७. मैं नहीं दौड़ूँगा। १८. तुम दो कब आओगे? १९. वे क्यों हँसेंगे? २०. मैं यहीं पढ़ूँगा। २१. हम नहीं जायेंगे। २२. वे कब नाचेंगी? २३. तुम सब वहाँ खेलोगे। २४. क्या आप यहाँ नहीं आयेंगे? २५. राजा (नृपः) रक्षा करेगा।

चतुर्थ अभ्यास

आज्ञार्थक लोट्

	एकवचन	द्विवचन	बहुवचन
प्र० पु०	पठतु (वह पढ़े)	पठताम् (वे दो पढ़ें)	पठन्तु (वे पढ़ें)
म० पु०	पठ (तू पढ़)	पठतम् (तुम दो पढ़ो)	पठत (तुम पढ़ो)
उ० पु०	पठानि (मैं पढ़ूं)	पठाव (हम दो पढ़ें)	पठाम (हम पढ़ें)

संक्षिप्त रूप

प्र० पु०	(सः)	अतु	(तौ)	अताम्	(ते)	अन्तु
म० पु०	(त्वम्)	अ	(युवाम्)	अतम्	(यूयम्)	अत
उ० पु०	(अहम्)	आनि	(आवाम्)	आव	(वयम्)	आम

इसी प्रकार

लिख्—लिखना	लिखतु	लिखताम्	लिखन्तु
वद्—कहना	वदतु	वदताम्	वदन्तु
हस्—हँसना	हसतु	हसताम्	हसन्तु
धाव्—दौड़ना	धावतु	धावताम्	धावन्तु
रक्ष्—रक्षा करना	रक्षतु	रक्षताम्	रक्षन्तु
क्रीड्—खेलना	क्रीडतु	क्रीडताम्	क्रीडन्तु
गम्—जाना	गच्छतु	गच्छताम्	गच्छन्तु

आगम्—आना	आगच्छतु	आगच्छताम्	आगच्छन्तु
पत्—गिरना	पततु	पतताम्	पतन्तु
नृत्-नाचना (दि०)	नृत्यतु	नृत्यताम्	नृत्यन्तु
भू (भव्)—होना	भवतु	भवताम्	भवन्तु

आज्ञार्थक लोट्—विधिलिङ् और लोट् लकार आज्ञा, अनुज्ञा तथा प्रार्थना आदि अर्थों के सूचक हैं। आशीर्वाद के अर्थ में भी लोट् का प्रयोग होता है।

उदाहरण

१—सुशीला गच्छतु (सुशीला जाये)। २—छात्राः क्रीडन्तु (विद्यार्थी खेलें)। ३—परमात्मा रक्षतु (ईश्वर रक्षा करे)। ४—यूयम् गच्छत (तुम जाओ)। ५—बालिकाः नृत्यन्तु (लड़कियाँ नाचें)। ६—गच्छाम किम्? (क्या हम जावें?)। ७—इदानीं छात्राः पठन्तु (इस समय छात्र पढ़ें)।

(विशेष अध्ययन के लिए आगे क्रिया-प्रकरण देखिये।)

संस्कृत में अनुवाद करो

१—गोपाल और कृष्ण पढ़ें। २—नौकर (सेवकः) जाये। ३—लड़के दौड़ें। ४—भगवान् क्षमा करे। ५—मैं जाऊँ? ६—हम खेलें? ७—वे न हँसें। ८—अब आप खेलें। ९—तुम लोग पढ़ो। १०—हम दो पढ़ें? ११—तुम दो मत हँसो। १२—तुम सब दौड़ो। १३—नर्तकियाँ (नर्तक्यः) नाचें। १४—क्यों हँसते हो? १५—यहाँ आओ। १६—वहाँ न जाओ। १७—दौड़ो मत। १८—हँसो मत। १९—पढ़ो। २०—आओ, नाचो। २१—अब खेलो मत, पढ़ो। २२—सब छात्र पढ़ें। २३—तुम वहाँ जाओ। २४—दो छात्र दौड़ें।

पञ्चम अभ्यास

कर्म कारक (द्वितीया) 'को'

संज्ञा शब्द

	एकवचन	द्विवचन	बहुवचन
पु०	देवम्	देवौ	देवान्
स्त्री०	लताम्	लते	लताः
नपुं०	ज्ञानम्	ज्ञाने	ज्ञानानि

	पुंल्लिंग			स्त्रीलिंग		
शब्द—	एकव०	द्वि०	बहुव०	एकव०	द्वि०	बहुव०
अस्मद्—	माम्	आवाम्	अस्मान्	माम्	आवाम्	अस्मान्
युष्मद्—	त्वाम्	युवाम्	युष्मान्	त्वाम्	युवाम्	युष्मान्
तद्—	तम्	तौ	तान्	ताम्	ते	ताः
इदम्—	इमम्	इमौ	इमान्	इमाम्	इमे	इमाः
किम्—	कम्	कौ	कान्	काम्	के	काः
यद्—	यम्	यौ	यान्	याम्	ये	याः
भवत्—	भवन्तम्	भवन्तौ	भवतः	भवतीम्	भवत्यौ	भवतीः

विधिलिङ्

	एकव०	द्विव०	बहुव०
प्र० पु०	पठेत्	पठेताम्	पठेयुः
म० पु०	पठेः	पठेतम्	पठेत
उ० पु०	पठेयम्	पठेव	पठेम

संक्षिप्त रूप

प्र० पु०	(सः)	एत्	(तौ)	एताम्	(ते)	एयुः
म० पु०	(त्वम्)	एः	(युवाम्)	एतम्	(यूयम्)	एत
उ० पु०	(अहम्)	एयम्	(आवाम्)	एव	(वयम्)	एम

भू(भव्)—होना	भवेत्	भवेताम्	भवेयुः
लिख्—लिखना	लिखेत्	लिखेताम्	लिखेयुः
वद्—कहना	वदेत्	वदेताम्	वदेयुः
हस्—हँसना	हसेत्	हसेताम्	हसेयुः
धाव्—दौड़ना	धावेत्	धावेताम्	धावेयुः
रक्ष्—रक्षा करना	रक्षेत्	रक्षेताम्	रक्षेयुः
क्रीड्—खेलना	क्रीडेत्	क्रीडेताम्	क्रीडेयुः
गम्—जाना	गच्छेत्	गच्छेताम्	गच्छेयुः
आगम्—आना	आगच्छेत्	आगच्छेताम्	आगच्छेयुः
पत्—गिरना	पतेत्	पतेताम्	पतेयुः
नृत्—नाचना(दि०)	नृत्येत्	नृत्येताम्	नृत्येयुः

इन वाक्यों को ध्यान से देखो—

(१) छात्राः गुरुं नमेयुः (छात्र गुरु को प्रणाम करें)।
(२) शिशुः दुग्धं पिबेत् (बच्चा दूध पीये)।
(३) सुधाकरः सुधां वर्षेत् (चन्द्रमा अमृत की वर्षा करे)।
(४) नृपः शत्रुं जयेत् (राजा शत्रु को जीते)।
(५) गुरुः शिष्यं प्रश्नं पृच्छेत् (गुरु शिष्य से प्रश्न पूछे)।

कर्म

जिस वस्तु या पुरुष के ऊपर क्रिया का फल (प्रभाव) समाप्त होता है उसे कर्म कारक कहते हैं और कर्म कारक में द्वितीया विभक्ति होती है (कर्मणि द्वितीया)।

"नृपः शत्रुं जयेत् (राजा शत्रु को जीते)। इस वाक्य में 'जीतना' क्रिया का फल 'नृपः (राजा)' कर्ता पर समाप्त न होकर 'शत्रु' पर समाप्त हुआ, क्योंकि शत्रु ही जीता जाएगा। अतः 'शत्रु' कर्म कारक हुआ और उसमें द्वितीया विभक्ति (शत्रुम्) हुई। जब क्रिया का व्यापार कर्ता पर ही समाप्त हो जाता है, तब क्रिया अकर्मक होती है। जैसे 'बालकः हसति' इस वाक्य में 'हँसने' का व्यापार कर्ता तक ही समाप्त हो जाता है, अतः 'हसति' अकर्मक क्रिया का रूप है।

कर्म का उपर्युक्त लक्षण ठीक नहीं, क्योंकि साहित्य में ऐसे अनेक उदाहरण हैं जिन पर क्रिया का फल तो समाप्त होता है, पर वे कर्मकारक नहीं माने जाते। "वह घर जाता है" यहाँ यद्यपि जाने का कार्य 'घर' पर समाप्त होता है तथापि 'घर' प्रायः कर्म नहीं माना जाता है और न 'जाना' ही सकर्मक क्रिया है। घर को कर्म मानने के लिए विशेष नियम है। पाणिनि के अनुसार कर्म की यह परिभाषा है—"कर्ता सबसे अधिक जिस पदार्थ को चाहता है वह कर्म है।" (कर्तुरीप्सिततमं कर्म)। यथा—पयसा ओदनं भुङ्क्ते (दूध से भात खाता है); यहाँ दूध की अपेक्षा भात कर्ता को अधिक पसन्द है।

उपपद विभक्तियाँ

कर्ता, कर्म, करण आदि कारकों से प्रथमा, द्वितीया, तृतीया आदि विभक्तियों का निर्देश होता है, किन्तु ये विभक्तियाँ वाक्य में प्रति, विना, अन्तरा, सह आदि निपातों तथा नमः, स्वाहा, अलम् आदि अव्ययों के योग से भी व्यवहृत होती हैं। ऐसी दशा में ये "उपपद विभक्तियाँ" कहलाती हैं। उपपद विभक्तियों के उदाहरण—

(१) अन्तरा, अन्तरेण और विना के साथ द्वितीया होती है (अन्तरान्तरेण युक्ते) यथा—

(अन्तरा) गंगां यमुनां चान्तरा प्रयागराजः अस्ति (गङ्गा और यमुना के बीच में प्रयागराज है)।

(अन्तरेण) ज्ञानमन्तरेण (ज्ञानं विना वा) नैव सुखम् (ज्ञान के विना सुख नहीं है)।

(२) अभितः, परितः, समया, निकषा, हा, प्रति, अनु और यावत् के साथ द्वितीया विभक्ति होती है। यथा—

(अभितः) प्रयागम् अभितः नद्यौ वहतः (प्रयाग के दोनों ओर नदियाँ बहती हैं)।

(समया, निकषा) वनं समया निकषा वा सरः वर्तते (वन के समीप एक तालाब है)।

(प्रति) दीनं प्रति दयां कुरु (दीन पर दया करो)।

(हा) हा नास्तिकं यः ईश्वरं न मन्यते (नास्तिक पर शोक है कि वह ईश्वर को नहीं मानता)।

(अनु) स्वामिनमनु सेवकः गच्छति (स्वामी के पीछे सेवक जाता है)।

(यावत्) स वनं यावत् गच्छति (वह वन तक जाता है)।

(३) गत्यर्थक (जाना, चलना आदि) धातुओं के साथ द्वितीया होती है। यथा—

कृषकः ग्रामं गच्छति (किसान गाँव जाता है)। सिंहः वनं विचरति (सिंह वन में घूमता है।)

(४) अधिशीङ्, अधिस्था, अध्यास् धातुओं के साथ द्वितीया होती है (अधिशीङ्स्थासां कर्म)। यथा—

शिष्यः आसनम् अधितिष्ठति, अध्यास्ते, अधिशेते वा (शिष्य आसन पर बैठता है या सोता है।)

*(५) उभयतः, सर्वतः, धिक्, उपर्युपरि, अधोऽधः, अध्यधि के साथ द्वितीया होती है। यथा—

---

*उभसर्वतसोः कार्या धिगुपर्यादिषु त्रिषु।
द्वितीयाम्रेडितान्तेषु ततोऽन्यत्रापि दृश्यते॥

नगरमुभयतः सर्वतः वा वनम्। (नगर के दोनों ओर या चारों ओर वन है)। धिक् नास्तिकं यः ईश्वरलीलां न पश्यति (नास्तिक को धिक्कार है जो ईश्वर की लीला को नहीं देखता)। उपर्युपरि लोकं हरिः (हरि लोक के ठीक ऊपर है। अधोऽधः लोकं पातालः (पाताल लोक के ठीक नीचे है)।

(६) समय और स्थानवाची शब्दों में द्वितीया होती है, यदि अन्त तक पूरे काल या मार्ग का ज्ञान हो (कालाध्वनोरत्यन्तसंयोगे)। यथा—रमेशः पञ्च वर्षाणि अधीते (रमेश पूरे पाँच वर्षों तक पढ़ता है)। क्रोशं गोमती नदी (गोमती नदी पूरे एक कोस की दूरी पर है)।

(७) एनप् प्रत्ययान्त शब्द की जिससे निकटता प्रतीत होती है, उसमें द्वितीया या षष्ठी होती है (एनपा द्वितीया)। जैसे—नगरं नगरस्य वा दक्षिणेन (नगर के दक्षिण की ओर); उत्तरेण यमुनाम् (यमुना के उत्तर)। तत्रागारं धनपतिगृहानुत्तरेणास्मदीयम् (वहाँ पर कुबेर के महलों के उत्तर में मेरा घर है)।

द्विकर्मक धातुएँ—"गोपः गां पयः दोग्धि" (ग्वाला गाय से दूध दुहता है।) 'गाय से' का अनुवाद पञ्चमी विभक्ति (गोः) द्वारा होना चाहिए था, किन्तु दुह् धातु का प्रयोग होने से पञ्चमी न होकर द्वितीया (गाम्) हो जाती है। इसी प्रकार निम्न १६ धातुएँ तथा इनके अर्थवाली धातुएँ द्विकर्मक हैं—

१—दुह् (दोहना) गोपः गां पयः दोग्धि (ग्वाला गाय से दूध दुहता है)।

२—याच् (माँगना) दरिद्रः राजानं वस्त्रं याचते (दरिद्र राजा से वस्त्र माँगता है)।

३—पच् (पकाना) सः तण्डुलान् ओदनं पचति (वह चावलों से भात पकाता है।)

४—दण्ड् (सजा देना) राजा चौरं शतं दण्डयति (राजा चोर को सौ रुपये जुर्माना करता है)।

५—रुध् (रोकना) व्रजमवरुणद्धि गाम् (वह व्रज में गाय को रोकता है)।

६—प्रच्छ् (पूछना) मुनिं मार्गं पृच्छति (मुनि से मार्ग पूछता है।)

७—चि(वटोरना) लतां चिनोति पुष्पाणि (बेल से फूल चुनता है।)

८—ब्रू (बोलना) शिष्यं धर्मं ब्रूते (शिष्य के लिए धर्म कहता है।)

९—शास् (शासन करना) गुरुः शिष्यं धर्मं शास्ति (गुरु शिष्य को धर्म की बातें बताता है)।

१०—जि (जीतना) शत्रुं शतं जयति (शत्रु से सौ रुपये जीतता है)।

११—मन्थ् (मथना) क्षीरसागरममृतं मथ्नन्ति (क्षीरसागर से अमृत मथते हैं)।

१२—मुष् (चुराना) चौरः राजानं सहस्रं मुष्णाति (चोर राजा के हजार रुपये चुराता है)।

१३—१४—नी, वह् (ले जाना) सः ग्राममजां नयति वहति वा (वह गाँव को बकरी ले जाता है)।

१५—हृ (चुराना) चौरः कृपणं धनमहरत् (चोर कंजूस का धन ले गया)।

१६—कृष् (खोदना) नराः वसुधां रत्नानि कर्षन्ति (लोग जमीन से रत्न निकालते हैं)।

संस्कृत में अनुवाद करो—

१—अलकनंदा तथा भागीरथी के बीच में देवप्रयाग है। २—मैं पत्र लिखता हूँ। ३—ग्राम के दोनों ओर वन हैं। ४—ज्ञान के विना मुख नहीं होता। ५—शकुन्तला ने पत्र लिखा। ६—सदा सच बोलना चाहिए। ७—छात्र दस वर्षों तक अध्ययन करता है (अधीते)। ८—सीता कोस भर चलती है। ९—नगर के नीचे-नीचे जल है। १०—विद्यालय के चारों ओर फूल हैं (सन्ति)। ११—नगर और विद्यालय के बीच में (अन्तरा) तालाब है। १२—सोहन घर को कब जायगा? १३—गुरु के पास शिष्य बैठा है। १४—राजा चोर को दण्ड देता है। १५—दुर्जन सज्जन को दुःख देता है। १६—विद्या धर्म की ओर जाती है। १७—परिश्रम के बिना विद्या नहीं होती है। १८—सिपाही (राजपुरुषः) वन तक (यावत्) चोर का पीछा करता है। १९—मेरा गाँव काशी के समीप है। २०—हम ईश्वर को नमस्कार करते हैं (नमस्कुर्मः)।

षष्ठ अभ्यास

करण कारक (तृतीया)—ने, से, द्वारा

संज्ञा-शब्द

	एकव०	द्विव०	बहुव०
पुं०	देवेन	देवाभ्याम्	देवैः
स्त्री०	लतया	लताभ्याम्	लताभिः
नपुं०	ज्ञानेन	ज्ञानाभ्याम्	ज्ञानैः

पुंल्लिग			स्त्रीलिंग		
एकव०	द्विव०	बहुव०	एकव०	द्विव०	बहुव०
मया	आवाभ्याम्	अस्माभिः	मया	आवाभ्याम्	अस्माभिः
त्वया	युवाभ्याम्	युष्माभिः	त्वया	युवाभ्याम्	युष्माभिः
तेन	ताभ्याम्	तैः	तया	ताभ्याम्	ताभिः
अनेन	आभ्याम्	एभिः	अनया	आभ्याम्	आभिः
केन	काभ्याम्	कैः	कया	काभ्याम्	काभिः
येन	याभ्याम्	यैः	यया	याभ्याम्	याभिः
भवता	भवद्भ्याम्	भवद्भिः	भवत्या	भवतीभ्याम्	भवतीभिः

अदादिगण

अस् (होना) परस्मैपद

वर्तमान (लट्)

	एकवचन	द्विवचन	बहुवचन
प्र० पु०	अस्ति (वह है)	स्तः (वे दो हैं)	सन्ति (वे हैं)
म० पु०	असि (तू है)	स्थः (तुम दो हो)	स्थ (तुम हो)
उ० पु०	अस्मि (मैं हूँ)	स्वः (हम दो हैं)	स्मः (हम हैं)

अनद्यतन भूत (लङ्)

प्र० पु०	आसीत् (वह था)	आस्ताम् (वे दो थे)	आसन् (वे थे)
म० पु०	आसीः (तू था)	आस्तम् (तुम दो थे)	आस्त (तुम थे)
उ० पु०	आसम् (मैं था)	आस्व (हम दो थे)	आस्म (हम थे)

आज्ञार्थक (लोट्)

प्र० पु०	अस्तु	स्ताम्	सन्तु
म० पु०	एधि	स्तम्	स्त
उ० पु०	असानि	असाव	असाम

भविष्यत् (लट्)—भविष्यति भविष्यतः भविष्यन्ति आदि ।

विधिलिङ्

प्र० पु०	स्यात्	स्याताम्	स्युः
म० पु०	स्याः	स्यातम्	स्यात
उ० पु०	स्याम्	स्याव	स्याम

हन् (मारना) वर्तमान (लट्)

प्र० पु०	हन्ति	हतः	घ्नन्ति
म० पु०	हंसि	हथः	हथ
उ० पु०	हन्मि	हन्वः	हन्मः

अनद्यतन भूत (लङ्)

प्र० पु०	अहन्	अहताम्	अघ्नन्
म० पु०	अहन्	अहतम्	अहत
उ० पु०	अहनम्	अहन्व	अहन्म

आज्ञार्थक (लोट्)				विधिलिङ्		
हन्तु	हताम्	घ्नन्तु	प्र० पु०	हन्यात्	हन्याताम्	हन्युः
जहि	हतम्	हत	म० पु०	हन्याः	हन्यातम्	हन्यात
हनानि	हनाव	हनाम	उ० पु०	हन्याम्	हन्याव	हन्याम

भविष्यत् (लृट्)—हनिष्यति हनिष्यतः हनिष्यन्ति आदि।

अदादिगणीय कुछ धातुएँ

	लट्	लङ्	लृट्	लोट्	विधिलिङ्
अद्—खाना	अत्ति	आदत्	अत्स्यति	अत्तु	अद्यात्
या—जाना	याति	अयात्	यास्यति	यातु	यायात्
स्ना—नहाना	स्नाति	अस्नात्	स्नास्यति	स्नातु	स्नायात्
भा—चमकना	भाति	अभात्	भास्यति	भातु	भायात्
रुद्—रोना	रोदिति	अरोदीत्	रोदिष्यति	रोदितु	रुद्यात्
दुह्—दोहना	दोग्धि	अधोक्	धोक्ष्यति	दोग्धु	दुह्यात्

इन वाक्यों को ध्यान से देखो—

(१) गोपालः जलेन मुखं प्रक्षालयति (गोपाल पानी से मुंह धोता है)।

(२) सेवकः स्कन्धेन भारं वहति (नौकर कन्धे पर भार ले जाता है)।

(३) शशिना सह याति कौमुदी (चाँदनी चाँद के साथ जाती है)।

(४) कुम्भकारः दण्डेन चक्रं चालयति (कुम्हार डंडे से चक्र चलाता है)।

(५) स्वर्णकारः स्वर्णेन अलङ्कारान् निर्माति (सुनार सोने से गहने बनाता है)।

(६) गोपालः अध्ययनेन अत्र वसति (गोपाल अध्ययन के लिए यहाँ रहता है)।

करण कारक (तृतीया)—क्रिया की सिद्धि में जो अत्यन्त सहायक होता है उसे करण कहते हैं (साधकतमं करणम्)। करण में तृतीया विभक्ति होती है और कर्मवाच्य या भाववाच्य के कर्त्ता में भी तृतीया होती है (कर्तृकरणयोस्तृतीया)। ऊपर के उदाहरण में (जलेन प्रक्षालयति) धोने में 'जल' अत्यन्त सहायक है, अतः उसमें 'तृतीया' विभक्ति हुई है। साधारण रूप से तो मुंह धोने में गोपाल अपने हाथ तथा जलपात्र दोनों की सहायता लेता है, हाथ न लगावेगा तो मुंह किस प्रकार धो सकेगा तथा जलपात्र न होगा तो जल किसमें रखेगा? अतः यह मानी हुई बात है कि गोपाल मुंह धोने में हाथ और जलपात्र की सहायता लेता है: किन्तु मुंह धोने में सबसे अधिक आवश्यकता पानी की है, अतः यहाँ अधिक सहायक हुआ कर्मवाच्य एवं भाववाच्य के कर्त्ता में तृतीया होती है, यथा—(कर्मवाच्य)—मया पुस्तकं पठ्यते।(भाववाच्य)—तेन हस्यते। इनका विस्तृत वर्णन द्वितीय अध्याय के पञ्चदश अभ्यास में दिया गया है।

'कर्मकारक' में बताया गया है कि 'सह, साकम्' आदि निपातों तथा अव्ययों के योग में भी ये विभक्तियाँ व्यवहृत होती हैं। अतः ये उपपद विभक्तियाँ कहलाती हैं। इनके कुछ उदाहरण यहाँ दिये जा रहे हैं—

१—जिस लक्षण (चिह्न) से किसी व्यक्ति या वस्तु का ज्ञान होता है, उस लक्षणबोधक शब्द में तृतीया विभक्ति होती है (इत्थंभूतलक्षणे); यथा—जटाभिस्तापसः (जटा से तपस्वी ज्ञात होता है), स्वरेण रामभद्रमनुहरति (स्वर में राम के समान है)।

२—यदि शरीर में किसी अंग में विकृति दिखाई पड़े तो विकृत अंग के वाचक शब्द में तृतीया विभक्ति होती है (येनाङ्गविकारः), यथा नेत्रेण काणः (आँख से काना), कर्णेन बधिरः (कान से बहरा)।

३—कारण (हेतु) बोधक शब्दों में तृतीया होती है, यथा—सः अध्ययनेन वसति (वह पढ़ने के लिए रहता है)। विद्यया यशः भवति (विद्या से यश होता है)। वास का हेतु 'अध्ययन' और यश का हेतु 'विद्या' है। गुणैः आत्मसदृशीं कन्यामुद्वहेत् (गुणों में अपने समान कन्या से विवाह करे)। सीता वीणावादनेन शीलामतिशेते (सीता वीणा बजाने में शीला से बढ़ गयी है)। सा श्रियमपि रूपेणातिक्रामति(वह सुन्दरता में लक्ष्मी से भी बढ़ चढ़ कर है)।

४—पृथक् (अलग), विना, नाना शब्दों के साथ द्वितीया, तृतीया तथा पञ्चमी, विभक्तियों में से कोई एक हो सकती है (पृथग्विनानानाभिस्तृतीयान्यतरस्याम्)। जैसे—दशरथो रामेण, रामात्, रामं वा विना नाजीवत्। कौरवाः पाण्डवेभ्यः पृथगवसन्। विना या वर्जन अर्थ के होने पर ही नाना के योग में द्वितीया, तृतीया या पञ्चमी होती है। जैसे—नाना नारीं निष्फला लोकयात्रा (स्त्री के विना जीवन निष्फल है)।

५—प्रकृति (स्वभाव) आदि क्रियाविशेषण शब्दों में तृतीया विभक्ति होती है (प्रकृत्यादिभ्यः उपसंख्यानम्)। यथा—मोहनः सुखेन जीवति (मोहन सुख से रहता है)। प्रकृत्या गवां पयः मधुरम् (स्वभावतः गौओं का दूध मीठा होता है)। स स्वभावेन कोमलः (वह स्वभाव से प्रिय है)।

६—किम्, कार्यम्, अर्थः, प्रयोजनम् और अलम् के साथ तृतीया होती है। यथा—धनेन किम् (धन से क्या ?), तृणेन अपि कार्यं भवति (तिनके से भी कार्य होता है), कोऽर्थः पुत्रेण जातेन यो न विद्वान् न धार्मिकः (उस पुत्र के पैदा होने से क्या लाभ, जो न विद्वान् हो और न धार्मिक हो) ? मूर्खाणां किं पुस्तकैः प्रयोजनम् (मूर्खों का पुस्तकों से क्या प्रयोजन) ? अलं हसितेन (हँसो मत)।

७—सह, साकम्, सार्धम्, समम् के साथ वाले शब्दों में तृतीया विभक्ति होती है (सहयुक्तेऽप्रधाने)। यथा—शिष्यः गुरुणा सह विद्यालयं गच्छति।

८—फलप्राप्ति(अपवर्ग) में भी तृतीया विभक्ति होती है। यथा—दशभिः वर्षैः अध्ययनं समाप्तम् (दस वर्षों में अध्ययन समाप्त हो गया)। अर्थात् दस वर्षों में अध्ययन का फल मिल गया।

९—तुल्य अर्थ में भी तृतीया विभक्ति होती है। यथा—स देवेन समानः (वह देव के समान है), धर्मेण सदृशः (धर्म के समान है)।

संस्कृत में अनुवाद करो—

१—वह कलम (लेखनी) से लिखता है। २—श्यामा जल से मुख धो रही है (प्रक्षालयति।) ३—सीता और लक्ष्मण के साथ राम वन को गये। ४—किस कारण यहाँ रहते हो (वससि) ? ५—इन्स्पेक्टर (निरीक्षकः) मोटर से (मोटरयानेन) पटना जायगा। ६—नाई (नापितः) उस्तरेसे (क्षुरेण) हजामत बनाता है (शिरः मुण्डयति)। ७—धन से ही मनुष्य दुःखी रहता है (सन्तपति)। ८—मनोरथों से कार्य सिद्ध नहीं होते हैं (सिध्यन्ति)। ९—पुत्र के विना माता दुःख से समय बिताती है (गमयति)। १०—बुरे लड़कों के साथ मत

खेलो। ११—रमेश स्वभाव से अच्छा (साधुः) है। १२—वह साबुन से (फेनिलेन) मुंह धोता है। १३—विद्यार्थी दोस्तों के साथ गेंद (कन्दुक) खेलते हैं। १४—वीरेन्द्र ने तलवार (खड्गेन) से चीते को (द्वीपिनम्) मारा। १५—जटा से वह तपस्वी लगता है (प्रतीयते)। १६—बालक बंदरों के साथ खेलते हैं। १७—राष्ट्रपति के साथ सेनापति यहाँ आया। १८—यात्रियों ने (यात्रिकाः) साधुओं के साथ स्नान किया। १९—बहुमत से प्रस्ताव स्वीकृत हो गया। २०—सिपाहियों ने लाठी से (यष्टिकया) चोरों को पीटा (अताडयन्)।

सप्तम अभ्यास

सम्प्रदान कारक (चतुर्थी) (को, के लिए)

संज्ञा-शब्द

	एकव०	द्विव०	बहुव०
पुं०	देवाय	देवाभ्याम्	देवेभ्यः
स्त्री०	लतायै	लताभ्याम्	लताभ्यः
नपुं०	ज्ञानाय	ज्ञानाभ्याम्	ज्ञानेभ्यः

सर्वनाम शब्द

पुंल्लिंग			स्त्रीलिंग		
एकव०	द्विव०	बहु०	एकव०	द्विव०	बहुव०
मह्यम्	आवाभ्याम्	अस्मभ्यम्	मह्यम्	आवाभ्याम्	अस्मभ्यम्
तुभ्यम्	युवाभ्याम्	युष्मभ्यम्	तुभ्यम्	युवाभ्याम्	युष्मभ्यम्
तस्मै	ताभ्याम्	तेभ्यः	तस्यै	ताभ्याम्	ताभ्यः
अस्मै	आभ्याम्	एभ्यः	अस्यै	आभ्याम्	आभ्यः
कस्मै	काभ्याम्	केभ्यः	कस्यै	काभ्याम्	काभ्यः
यस्मै	याभ्याम्	येभ्यः	यस्यै	याभ्याम्	याभ्यः
भवते	भवद्भ्याम्	भवद्भ्यः	भवत्यै	भवतीभ्याम्	भवतीभ्यः

(३) जुहोत्यादिगण

दा (देना), परस्मैपद

वर्तमान (लट्)

	एकव०	द्विव०	बहुव०
प्र० पु०	ददाति	दत्तः	ददति
म० पु०	ददासि	दत्थः	दत्थ
उ० पु०	ददामि	दद्वः	दद्मः

अनद्यतन भूत (लङ्)

प्र० पु०	अददात्	अदत्ताम्	अददुः
म० पु०	अददाः	अदत्तम्	अदत्त
उ० पु०	अददाम्	अदद्व	अदद्म

सामान्य भविष्यत् (लृट्)

प्र० पु०	दास्यति	दास्यतः	दास्यन्ति
म० पु०	दास्यसि	दास्यथः	दास्यथ
उ० पु०	दास्यामि	दास्यावः	दास्यामः

आज्ञार्थक लोट्

प्र० पु०	ददातु	दत्ताम्	ददतु
म० पु०	देहि	दत्तम्	दत्त
उ० पु०	ददानि	ददाव	ददाम

विधिलिङ्

प्र० पु०	दद्यात्	दद्याताम्	दद्युः
म० पु०	दद्याः	दद्यातम्	दद्यात
उ० पु०	दद्याम्	दद्याव	दद्याम

जुहोत्यादिगणीय कुछ अन्य धातुएँ

	लट्	लङ्	लृट्	लोट्	विधिलिङ्
धा—धारण करना	दधाति	अदधात्	धास्यति	दधातु	दध्यात्
अभि+धा—कहना	अभिदधाति	अभ्यदधात्	अभिधास्यति	अभिदधातु	अभिदध्यात्
वि+धा—करना	विदधाति	व्यदधात्	विधास्यति	विदधातु	विदध्यात्
भी—डरना	बिभेति	अबिभेत्	भेष्यति	बिभेतु	बिभीयात्
हा—छोड़ना	जहाति	अजहात्	हास्यति	जहातु	जह्यात्

इन वाक्यों को ध्यान से पढ़ो—

(१) उपदेशो हि मूर्खाणां **प्रकोपाय** न शान्तये (मूर्खों को उपदेश देना केवल उनका क्रोध बढ़ाना है, वह शान्ति के लिए नहीं होता)।

(२) **कृषकेभ्यः कर्मकरेभ्यश्च** कुशलं भूयात् (किसानों तथा मजदूरों का भला हो)।

(३) अलमिदम् **उत्साहभ्रंशाय** भविष्यति (यह उत्साह भंग करने के लिए पर्याप्त है)।

(४) अलं मल्लो मल्लाय (यह पहलवान उस पहलवान के जोड़ के लिए पर्याप्त है)।

(५) **आर्तत्राणाय** वः शस्त्रं न प्रहर्तुमनागसि (तुम्हारा हथियार पीड़ितों की रक्षा के लिए है, न कि निर्दोषों को मारने के लिए)।

(६) परोपकारः **पुण्याय** पापाय परपीडनम् (परोपकार पुण्य के लिए और दूसरे को सताना पाप के लिए होता है)।

(७) **इन्द्राय** वज्रं प्राहरत् (इन्द्र पर वज्र फेंका)। [जिस पर अस्त्र या शस्त्र फेंका जाता है (प्र+हृ), उसमें चतुर्थी होती है।]

सम्प्रदान कारक(चतुर्थी)—दान के द्वारा जिसे कर्ता सन्तुष्ट करना चाहता है, वह पदार्थ सम्प्रदान कहा जाता है (कर्मणा यमभिप्रैति स सम्प्रदानम्)। सम्प्रदान में चतुर्थी होती है। यथा—ब्राह्मणेभ्यः गाः ददाति (ब्राह्मणों को गौएँ देता है)। यहां गोदान कर्म के द्वारा ब्राह्मणों को ही सन्तुष्ट करना कर्ता को अभीष्ट है। सम्प्रदान का अर्थ है अच्छा दान; अर्थात् जिसमें दी हुई वस्तु सदा के लिए दी जाती है; दान दाता के पास वापस नहीं आता। "स रजकस्य वस्त्रं ददाति" (वह धोबी को कपड़े देता है)। इसमें वह कपड़े धोबी को सदा के लिए नहीं देता है, अपितु उन्हें वापस ले लेता है, इस कारण 'रजकस्य' में चतुर्थी* नहीं हुई। न केवल कर्म द्वारा, अपितु किसी विशेष क्रिया द्वारा जो अभिप्रेत हो वह भी सम्प्रदान समझा जाता है (क्रियया यमभिप्रैति. सोऽपि सम्प्रदानम्)। जैसे—'पत्ये शेते' यहाँ पर पति को अनुकूल बनाने की क्रिया का अभिप्रेत पति ही है, अतः पति सम्प्रदान हुआ।

सम्प्रदान कारक में ही चतुर्थी नहीं होती, अपितु उपपद विभक्तियों के साथ भी चतुर्थी होती है।

---

* 'के लिए' देखकर झट से चतुर्थी का प्रयोग नहीं करना चाहिए। 'तादर्थ्य' (एक वस्तु दूसरी वस्तु के लिए) में ही चतुर्थी होती है। अतः निम्न उदाहरणों में चतुर्थी नहीं हुई—(१) "नैष भारो मम"(यह मेरे लिए भार नहीं है)। (२) अप्युपहासस्य समयोऽयम् (क्या यह समय हँसी करने के लिए है)? (३) प्राणेभ्योऽपि प्रिया सीता रामस्यासीन्महात्मनः (महात्मा राम के लिए सीता प्राणों से भी प्यारी थी)। इन उदाहरणों में 'के लिए' है, किन्तु 'तादर्थ्य' नहीं है, अतः चतुर्थी नहीं हुई।

१—जिस प्रयोजन के लिए कोई क्रिया की जाती है उसमें चतुर्थी होती है (तादर्थ्ये चतुर्थी वाच्या) यथा—भक्तः मुक्त्यै हरिं भजति (भक्त मुक्ति के लिए हरि का भजन करता है)। बालः दुग्धाय क्रन्दति (बालक दूध के लिए रोता है)। धनाय प्रयतते (वह धन के लिए प्रयत्न करता है)।

२—रुच् (अच्छा लगना) तथा रुच् के अर्थ वाली धातुओं के योग में चतुर्थी होती है (रुच्यर्थानां प्रीयमाणः)। यथा—शिशवे क्रीडनकं रोचते (बच्चे को खिलोना अच्छा लगता है)। रमायै रामायणं रोचते (रमा को रामायण अच्छी लगती है)।

३—*क्रुध्, द्रुह्, ईर्ष्य्, असूय अर्थवाली धातुओं के साथ जिस पर क्रोध किया जाता है, उसमें चतुर्थी होती है (क्रुधद्रुहेर्ष्यासूयार्थानां यं प्रति कोपः)। यथा—गुरुः शिष्याय क्रुध्यति (गुरु शिष्य पर क्रोध करता है)। मूर्खः पण्डिताय द्रुह्यति (मूर्ख पण्डित से द्रोह करता है)। शिक्षकः छात्राय कुप्यति (अध्यापक छात्र पर क्रोध करता है)।

४—नमः, स्वस्ति, स्वाहा, स्वधा, अलम्, वषट् के योग में चतुर्थी होती है(नमःस्वस्तिस्वाहास्वधालंवषड्योगाच्च)। यथा—ईश्वराय नमः(ईश्वर को नमस्कार), नृपाय स्वस्ति (राजा को कल्याण हो), अग्नये स्वाहा, पितृभ्यः स्वधा, दुर्गा मधुकैटभाभ्याम् अलम्। इन्द्राय वषट्।

५—हित और सुख शब्दों के योग में चतुर्थी होती है। यथा—ब्राह्मणाय हितं सुखं वा भवेत् (ब्राह्मण का हित हो।

६—कथ् (कथय्), निवेदय्, उपदिश्, धारय (ऋणी होना) स्पृह्, कल्पते, संपद्यते (होना) के साथ चतुर्थी होती है। यथा—विद्या ज्ञानाय कल्पते, सम्पद्यते वा (विद्या जानने के लिए होती है)। गुरुः शिष्याय कथयति, उपदिशति वा। (गुरु शिष्य को उपदेश करता है)। स मह्यं शतं धारयति (उसे मेरे सौ रुपये देने हैं)। मुक्त्ये तपस्वी स्पृहयति (तपस्वी मुक्ति की इच्छा करता है)।

---

*क्रुध् आदि धातुओं के रूप "पठति—पठतः—पठन्ति" की भाँति चलेंगे। यथा—क्रुध्यति, कुप्यति, द्रुह्यति, ईर्ष्यति, असूयति, कथयति, उपदिशति, धारयति, क्रन्दति। 'रोचते' के रूप (पृष्ठ ५४) 'जायते' की भाँति चलेंगे।

७—निमित्त अर्थ में चतुर्थी होती है। यथा—विद्या **ज्ञानाय** भवति, **धनं च सुखाय** (विद्या ज्ञान के लिए और धन सुख के लिए होता है)।

८—समर्थ अर्थवाली धातुओं के साथ चतुर्थी होती है। यथा—प्रभवति मल्लो मल्लाय (एक पहलवान दूसरे पहलवान के साथ लड़ने को समर्थ है)।

९—तुम् के अर्थ में चतुर्थी होती है, यथा—सः यज्ञाय (यष्टुं) याति (वह हवन करने के लिए जाता है)।

१०—चतुर्थी के अर्थ में 'कृते' और 'अर्थम्' का भी प्रयोग होता है, यथा—पठनार्थम्; पठनस्य कृते (पढ़ने के लिए)।

संस्कृत में अनुवाद करो

१—मैं धन की इच्छा नहीं करता हूँ (स्पृहयामि)। २—सज्जन सदैव परोपकार की चेष्टा करता है (चेष्ट्)। ३—गुरु शिष्यों को उपदेश करता है। ४—बालक को लड्डू (मोदकः) अच्छा लगता है। ५—वह मूर्ख तुमसे ईर्ष्या करता है। ६—वह दुर्जन उस सज्जन से द्रोह करता है। ७—पिता पुत्र पर क्रोध करता है। ८—सोहन मेरा सौ रुपये का ऋणी है। ९—मुनि मोक्ष के लिए ईश्वर को भजता है। १०—राजा ने ब्राह्मणों को धन दिया। ११—इन्स्पेक्टर ने मोहन को इनाम (पारितोषिक) दिया। १२—विद्या ज्ञान के लिए होती है। १३—पढ़ने के लिए विद्यालय जाओ। १४—तुम मुझसे क्यों ईर्ष्या करते हो? १५—यह दवा (अगदम्) रोगी (रुग्ण) को दे दो। १६—वह धन की इच्छा करता है।। १७—घोड़े के लिए घास लाओ। १८—उन प्राचीन मुनियों के लिए नमस्कार हो। १९—ब्राह्मणों और गौओं का कल्याण हो। २०—उस रोगी को पतली-सी खिचड़ी (तरलं कृशरम्) दे दो। २१—उसे दस्त आते हैं (सः अतिसारकी), इससे लंघन ही अच्छा (लंघनं हितम्) है। २२—बालकों को भ्रमण अच्छा लगता है।

अष्टम अभ्यास

अपादान कारक (पञ्चमी) 'से'

संज्ञा शब्द

	एकव०	द्विव०	बहुव०
पुं०	देवात्	देवाभ्याम्	देवेभ्यः
स्त्री०	लतायाः	लताभ्याम्	लताभ्यः
नपुं०	ज्ञानात्	ज्ञानाभ्याम्	ज्ञानेभ्यः

सर्वनाम शब्द

पुंल्लिंग			स्त्रीलिंग		
एकव०	द्विव०	बहुव०	एकव०	द्विव०	बहुव०
मत्	आवाभ्याम्	अस्मत्	मत्	आवाभ्याम्	अस्मत्
त्वत्	युवाभ्याम्	युष्मत्	त्वत्	युवाभ्याम्	युष्मत्
तस्मात्	ताभ्याम्	तेभ्यः	तस्याः	ताभ्याम्	ताभ्यः
अस्मात्	आभ्याम्	एभ्यः	अस्याः	आभ्याम्	आभ्यः
कस्मात्	काभ्याम्	केभ्यः	कस्याः	काभ्याम्	काभ्यः
यस्मात्	याभ्याम्	येभ्यः	यस्याः	याभ्याम्	याभ्यः
भवतः	भवद्भ्याम्	भवद्भ्यः	भवत्याः	भवतीभ्याम्	भवतीभ्यः

(४) दिवादिगण

जन् (पैदा होना), आत्मनेपद

वर्तमान (लट्)

प्र० पु०	जायते	जायेते	जायन्ते
म० पु०	जायसे	जायेथे	जायध्वे
उ० पु०	जाये	जायावहे	जायामहे

अनद्यतन भूत (लङ्)

प्र० पु०	अजायत	अजायेताम्	अजायन्त
म० पु०	अजायथाः	अजायेथाम्	अजायध्वम्
उ० पु०	अजाये	अजायावहि	अजायामहि

सामान्य भविष्यत् (लृट्)

प्र० पु०	जनिष्यते	जनिष्येते	जनिष्यन्ते इत्यादि

आज्ञार्थक (लोट्) / विधिलिङ्

आज्ञार्थक (लोट्)				विधिलिङ्		
जायताम्	जायेताम्	जायन्ताम्	प्र० पु०	जायेत	जायेयाताम्	जायेरन्
जायस्व	जायेथाम्	जायध्वम्	म० पु०	जायेथाः	जायेयाथाम्	जायेध्वम्
जायै	जायावहै	जायामहै	उ० पु०	जायेय	जायेवहि	जायेमहि

दिवादिगणीय कुछ अन्य धातुएँ

	लट्	लङ्	लृट्	लोट्	विधिलिङ्
विद्—होना	विद्यते	अविद्यत	वेत्स्यते	विद्यताम्	विद्येत

युध्—लड़ना	युध्यते	अयुध्यत	योत्स्यते	युध्यताम्	युध्येत
सिव्—सीना	सीव्यति	असीव्यत्	सेविष्यति	सीव्यतु	सीव्येत्
नश्—नाश होना	नश्यति	अनश्यत्	नशिष्यति	नश्यतु	नश्येत्
नृत्—नाचना	नृत्यति	अनृत्यत्	नर्तिष्यति	नृत्यतु	नृत्येत्

इन वाक्यों को ध्यान से देखो—

(१) धीराः मनस्विनः न धनात्प्रतियच्छन्ति मानम् (धीर मनस्वी लोग धन के बदले मान को नहीं छोड़ते)।

(२) स्वार्थात् सतां गुरुतरा प्रणयिक्रियैव (सत्पुरुषों के लिए अपने प्रयोजन से मित्रों का प्रयोजन बड़ा है।

(३) नास्ति सत्यात्परो धर्मो नानृतात् पातकं महत् (सत्य से बढ़कर कोई धर्म नहीं, झूठ से बढ़कर कोई पाप नहीं)।

(४) असज्जनात् कस्य भयं न जायते (दुष्ट से किसको डर नहीं लगता) ?

(५) आमूलात् रहस्यमिदं श्रोतुमिच्छामि (आरम्भ से इस रहस्य को सुनना चाहता हूँ)।

(६) हिमालयात् गंगा प्रभवति (गंगा हिमालय से निकलती है)।

अपादान कारक (पञ्चमी)—जिससे कोई वस्तु पृथक् (अलग) हो, उसे अपादान कहते हैं (ध्रुवमपायेऽपादानम्)। अपादान में पञ्चमी होती है। यथा—वृक्षात् पत्राणि पतन्ति (पेड़ से पत्ते गिरते हैं)। यदि अपादान में पृथक्करण का भाव न हो तो पञ्चमी नहीं होती, जैसे—"कां वेलां त्वामन्वेष्यामि" (कितने समय से मैं तुम्हें ढूंढ़ रहा हूँ)। यहाँ पर 'वेला' अवधि नहीं है, अन्वेषण-क्रिया में व्याप्त काल है; अतः 'अत्यन्त संयोग' में द्वितीया हुई। इसी प्रकार "वृक्षशाखासु अवलम्बन्ते मुनीनां वासांसि" (मुनियों के वस्त्र वृक्ष की शाखाओं से लटक रहे हैं)। यहाँ पर वृक्षशाखा अपादान कारक नहीं, अपितु 'अधिकरण कारक' (वस्त्रों की अवलम्बन क्रिया का आधार) है।

१—भय और रक्षा के अर्थवाली धातुओं के साथ भय के कारण में पञ्चमी होती है, (भीत्रार्थानां भयहेतुः)। यथा—असज्जनात् कस्य भयं न जायते ? बालकः सिंहात् बिभेति।

२—जुगुप्सते, विरमति, प्रमाद्यति के साथ पञ्चमी होती है। (जुगुप्सा-विरामप्रमादार्थानामुपसंख्यानम्), सः **धर्मात्** प्रमाद्यति।

३—जिस वस्तु से किसी को हटाया जाय, उसमें पञ्चमी होती है (वारणार्थानामीप्सितः)। यथा—**यवेभ्यो** गां वारयति क्षेत्रे (खेत में जौ से गाय को हटाता है)। गुरुः शिष्यं पापात् वारयति।

४—जिस गुरु या अध्यापक से नियमपूर्वक विद्या सीखी जाय, उसमें पञ्चमी होती है (आख्यातोपयोगे)। यथा—**उपाध्यायात्** अधीते (गुरु से पढ़ता है)। **तेभ्योऽधिगन्तुं** निगमान्तविद्यां वाल्मीकिपार्श्वादिह पर्यटामि (उत्त०) (उन लोगों से वेद पढ़ने के लिए मैं वाल्मीकि के यहाँ से इस स्थान पर चली आयी हूँ)।

५—जायते,*प्रभवति, उद्गच्छति, उद्भवति, निलीयते, प्रतियच्छति के साथ पञ्चमी होती है। यथा—**प्रजापतेः** लोकः प्रजायते (प्रजापति से संसार पैदा होता है। **हिमालयात्** गंगा प्रभवति, उद्गच्छति वा (हिमालय से गंगा निकलती है। **राजपुरुषात्** चौरः निलीयते (सिपाही से चोर छिपता है)। **तिलेभ्यः** माषान् प्रतियच्छति (तिलों से उड़द बदलता है)।

६—अन्य, आरात्, इतर, (इनके अर्थ वाले शब्द भी), ऋते, (पूर्व आदि) दिशावाचक और कालवाचक तथा प्रभृति और बहिः शब्दों के साथ पञ्चमी होती है—अन्यारादितरर्तेदिक्)। यथा—ज्ञानात् ऋते न सुखम् (ज्ञान के विना सुख नहीं है)। नगरात् पूर्वः, पश्चिमः, उत्तरः, दक्षिणः, प्राक् (नगर से पूर्व की ओर)। शैशवात् प्रभृति सोऽतीव चतुरः (बचपन से वह बहुत चतुर है)। नगराद् बहिः (नगर से बाहर)।

७—तरप् अथवा ईयसुन् प्रत्ययान्त पद के द्वारा अथवा साधारण विशेषण या क्रिया द्वारा जिससे तुलनात्मक भेद दिखाया जाता है उसमें पञ्चमी होती है। यथा—**धनात्** ज्ञानं गुरुतरम् (धन से ज्ञान अच्छा है), देवात् रमेशः पटुतरः (देव से रमेश निपुण है)।

८—पृथक् और बिना के साथ पञ्चमी, द्वितीया और तृतीया विभक्तियाँ होती हैं (पृथग्विनानानाभिस्तृतीयाऽन्यतरस्याम्)। यथा—**स भ्रातुः** (भ्रातरम्, भ्रात्रा वा) पृथक् तिष्ठति; श्रमाद् (श्रमं श्रमेण वा) विना विद्या न भवति (परिश्रम के बिना विद्या नहीं आती)।

---

*जिससे कोई चीज पैदा होती है, उसमें सप्तमी विभक्ति भी होती है। जैसे—शुकनासस्यापि रेणुकायां तनयो जातः (काद०), परदारेषु जायेते द्वौ सुतौ कुण्डगोलकौ। (मनु० ३.१७४)।

९—दूर और समीपवाचक शब्दों में पञ्चमी, द्वितीया और तृतीया होती है (दूरान्तिकार्थेभ्यो द्वितीया च)। यथा—नगरात्, दूरात् दूरं दूरेण वा।

१०—जब ल्यप्-प्रत्ययान्त (आनीय, वीक्ष्य आदि) अथवा क्त्वा-प्रत्ययान्त (दृष्ट्वा, गत्वा आदि) क्रिया वाक्य में प्रकट नहीं की जाती, किन्तु छिपी रहती है तब उस क्रिया के कर्म आधारपञ्चमी में होते हैं। यथा—प्रासादात् प्रेक्षते अर्थात् प्रासादमारुह्य प्रेक्षते, (महल से देखता है)। आसनात् प्रेक्षते अर्थात् आसने उपविश्य प्रेक्षते(आसन पर बैठकर देखता है)। श्वशुराद् जिह्रेति अर्थात् श्वशुरं वीक्ष्य जिह्रेति (श्वशुर को देख कर लज्जा करती है)।

संस्कृत में अनुवाद करो—

१—बालक ऊँचे महल से गिर पड़ा। २—धर्म से सुख और अधर्म से दुःख होता है। ३—पेड़ से पके हुए (पक्वानि) फल गिर रहे हैं। ४—मैं सिंह से नहीं डरता हूँ, दुर्जन से डरता हूँ। ५—गङ्गा और यमुना हिमालय से निकलती हैं। ६—गांव से पश्चिम की ओर हरिजन रहते हैं। ७—तिलक जी बचपन से ही चतुर थे। ८—परीक्षा के पाँचवें दिन रमेश आ गया। ९—बनिया (वणिक्) चावलों (तण्डुल) से उड़द नहीं बदलता है। १०—गुरु शिष्य को पाप से हटाता है। ११—विद्यालय नगर से दूर नहीं है। १२—ब्रह्मा से (ब्रह्मणः) लोक पैदा होते हैं। १३—सज्जन पाप से घृणा करता है। १४—बालक माता से छिपता है। १५—उस नाटककार से यह कवि बहुत चतुर है। १६—घुड़सवार (सादी) घोड़े से गिर पड़ा। १७—गुरु से विद्या पढ़ो। १८—वह बाल्यकाल से यहीं रहता है। १९—गोविन्द श्याम से अधिक बुद्धिमान् (बुद्धिमत्तरः) है। २०—श्वशुर से बहू लज्जा करती है। २१—ज्ञान के बिना सुख नहीं है। २२—चोर सेंध लगाकर (सन्धिं छित्त्वा) चौकीदारों से (प्रहरिभ्यः) छिप गये (तिरोऽभवन्)। २६—मूढ़ मृत्यु से डरते हैं।

नवम अभ्यास

सम्बन्ध (षष्ठी) का, के, की

संज्ञा-शब्द

	एकव०	द्विव०	बहु०
पुं०	देवस्य	देवयोः	देवानाम्

स्त्री०	लतायाः	लतयोः	लतानाम्
नपुं०	ज्ञानस्य	ज्ञानयोः	ज्ञानानाम्

सर्वनाम शब्द

पुंल्लिग			स्त्रीलिंग		
एकव०	द्विव०	बहुव०	एकव०	द्विव०	बहुव०
मम	आवयोः	अस्माकम्	मम	आवयोः	अस्माकम्
तव	युवयोः	युष्माकम्	तव	युवयोः	युष्माकम्
तस्य	तयोः	तेषाम्	तस्याः	तयोः	तासाम्
अस्य	अनयोः	एषाम्	अस्याः	अनयोः	आसाम्
कस्य	कयोः	केषाम्	कस्याः	कयोः	कासाम्
यस्य	ययोः	येषाम्	यस्याः	ययोः	यासाम्
भवतः	भवतोः	भवताम्	भवत्याः	भवत्योः	भवतीनाम्

(५) स्वादिगण

सु (स्नान करना, या रस निकालना), परस्मैपद

वर्तमान (लट्)

प्र० पु०	सुनोति	सुनुतः	सुन्वन्ति
म० पु०	सुनोषि	सुनुथः	सुनुथ
उ० पु०	सुनोमि	सुनुवः, सुन्वः	सुनुमः, सुन्मः

अनद्यतन भूत (लङ्)

प्र० पु०	असुनोत्	असुनुताम्	असुन्वन्
म० पु०	असुनोः	असुनुतम्	असुनुत
उ० पु०	असुनवम्	असुनुव, असुन्व	असुनुम, असुन्म

सामान्य भविष्यत् (लृट्)

प्र० पु०	सोष्यति	सोष्यतः	सोष्यन्ति
म० पु०	सोष्यसि	सोष्यथः	सोष्यथ
उ० पु०	सोष्यामि	सोष्यावः	सोष्यामः

	आज्ञार्थक (लोट्)			विधिलिङ्		
प्र० पु०	सुनोतु	सुनुताम्	सुन्वन्तु	सुनुयात्	सुनुयाताम्	सुनुयुः
म० पु०	सुनु	सुनुतम्	सुनुत	सुनुयाः	सुनुयातम्	सुनुयात
उ० पु०	सुनवानि	सुनवाव	सुनवाम	सुनुयाम्	सुनुयाव	सुनुयाम

*श्रु (सुनना) परस्मैपद

वर्तमान (लट्)

प्र० पु०	शृणोति	शृणुतः	शृण्वन्ति
म० पु०	शृणोषि	शृणुथः	शृणुथ
उ० पु०	शृणोमि	शृणुवः, शृण्वः	शृणुमः, शृण्मः

अनद्यतन भूत (लङ्)

प्र० पु०	अशृणोत्	अशृणुताम्	अशृण्वन्
म० पु०	अशृणोः	अशृणुतम्	अशृणुत
उ० पु०	अशृणवम्	अशृणुव, अशृण्व	अशृणुम, अशृण्म

सामान्य भविष्यत् (लृट्)

प्र० पु०	श्रोष्यति	श्रोष्यतः	श्रोष्यन्ति आदि ।

आज्ञार्थक (लोट्) / विधिलिङ्

आज्ञार्थक (लोट्)				विधिलिङ्		
शृणोतु	शृणुताम्	शृण्वन्तु	प्र० पु०	शृणुयात्	शृणुयाताम्	शृणुयुः
शृणु	शृणुतम्	शृणुत	म० पु०	शृणुयाः	शृणुयातम्	शृणुयात
शृणवानि	शृणवाव	शृणवाम	उ० पु०	शृणुयाम्	शृणुयाव	शृणुयाम

स्वादिगणीय कुछ अन्य धातुएं

	लट्	लङ्	लृट्	लोट्	विधिलिङ्
शक्—सकना	शक्नोति	अशक्नोत्	शक्ष्यति	शक्नोतु	शक्नुयात्
चिञ्—चुनना	चिनोति	अचिनोत्	चेष्यति	चिनोतु	चिनुयात्
आप्—पाना	आप्नोति	आप्नोत्	आप्स्यति	आप्नोतु	आप्नुयात्
धूञ्—काँपना	धुनोति	अधुनोत्	धविष्यति	धुनोतु	धुनुयात्
क्षि—कम होना	क्षिणोति	अक्षिणोत्	क्षेष्यति	क्षिणोतु	क्षिणुयात्

इन वाक्यों को ध्यान से देखो—

(१) न हि **परगुणानां** विज्ञातारो बहवो भवन्ति (दूसरे के गुणों को जानने वाले बहुत कम होते हैं)।

(२) पुत्र, **लोकव्यवहाराणाम्** अनभिज्ञोऽसि (बेटा, तुम लोकव्यवहार को नहीं जानते)।

---

*यह भ्वादिगण की धातु है। किन्तु इसके रूप स्वादिगण की धातुओं के समान चलेंगे।

(३) गन्तव्या ते वसतिरलका नाम **यक्षेश्वराणाम्** (तुम्हें यक्षेश्वरों की नगरी अलका को जाना है।)

(४) विचित्रा हि **सूत्राणां** कृतिः पाणिनेः (पाणिनि के सूत्रों की रचना विचित्र है) !

(५) **अलसस्य** कुतो विद्या, **अविद्यस्य** कुतो धनम्। **अधनस्य** कुतो मित्रम् **अमित्रस्य** कुतः सुखम् (आलसी को विद्या कहाँ ? विद्या के बिना धन कहाँ ? धन के बिना मित्र कहाँ ? मित्र के बिना सुख कहाँ) ?

***सम्बन्ध (षष्ठी)**—स्वामी तथा भृत्य, जन्य तथा जनक, कार्य तथा कारण आदि सम्बन्ध दिखाने के लिए **षष्ठी** का प्रयोग होता है। उसका क्रिया से साक्षात् सम्बन्ध नहीं होता जैसा कि प्रथमा, द्वितीया आदि विभक्तियों का होता है। जैसे—मम पुस्तकम् (मेरी पुस्तक), गंगाया जलम् (गंगा का जल)।

षष्ठी विभक्ति से 'स्वामी' अथवा 'रखने वाले' का बोध होता है। जो वस्तु रखी जाती है अथवा जिस पर स्वामित्व होता है, वह प्रथमा में रखी जाती है। यथा— यस्य नास्ति स्वयं प्रज्ञा (जो स्वयं बुद्धि नहीं रखता), इमे नो गृहाः (ये हमारे घर हैं), स्खलनं मनुष्याणां धर्मः (गलती करना मनुष्य का स्वभाव है)।

१. हेतु शब्द के साथ षष्ठी होती है। यथा—अन्नस्य हेतोर्वसति (अन्न के कारण रहता है)।

२. अधिपूर्वक 'इ' (स्मरण करना), दय् (दया करना), ईश् (समर्थ होना) तथा इन्हीं अर्थों वाली अन्य धातुओं के कर्म में **षष्ठी** होती है (अधी-गर्थदयेशां कर्मणि) : यथा—मातुः स्मरति (माता की याद करता है)। स दरिद्रस्य दयते। प्रभवति निजस्य कन्यकाजनस्य महाराजः (महाराज अपनी पुत्री के ऊपर समर्थ हैं)।

---

*हिन्दी में 'का के की' से जो अर्थ व्यक्त होता है, उन सभी अर्थों का बोध षष्ठी नहीं करा सकती। जैसे—'सोने का बर्तन' का अनुवाद 'हैमपात्रम्' या 'हैमं पात्रम्' होगा न कि 'हेम्नः पात्रम्।' 'मिट्टी का बर्तन' का अनुवाद 'मृद्भाण्डम्' या 'मृण्मयं भाण्डम्' होगा न कि 'मृदः भाण्डम्। 'सबलो नरः' न कि 'बलस्य नरः'। 'वैशाखमासे' या 'वैशाखे मासे' न कि 'वैशाखस्य मासे'। 'महार्हं मुक्ताफलम्', 'मुम्बापुरी' 'मुम्बा नाम पुरी' ही शुद्ध प्रयोग हैं।

३. उपरि, उपरिष्टात्, अधः, अधस्तात्, पुरः, पुरस्तात्, पश्चात्, अग्रे, उत्तरतः, दक्षिणतः के साथ **षष्ठी** होती है (षष्ठ्यतसर्थप्रत्ययेन)। यथा—नगरस्य उत्तरतः, दक्षिणतः। तस्याः स्थित्वा कथमपि पुरः कौतुकाधानहेतोः। पतिव्रतानामग्रे कीर्तनीया सुदक्षिणा।

४. निमित्त अर्थ वाले शब्दों (निमित्त, कारण, प्रयोजन, हेतु) के साथ प्रायः सभी विभक्तियाँ होती हैं (निमित्तपर्यायप्रयोगे सर्वासां प्रायदर्शनम्)। यथा—किं निमित्तं वससि, केन निमित्तेन, **कस्मै** निमित्ताय, **कस्य** हेतोः, **कस्मात्** प्रयोजनात्, **केन** कारणेन ?

५. बहुतों में से एक छाँटने के अर्थ में, जिससे छाँटा जाय उसमें, **षष्ठी** होती है (यतश्च निर्धारणम्), यथा—**छात्राणां छात्रेषु** वा गोविन्दः श्रेष्ठः पटुतमो वा।

६. कृते (लिए), मध्ये, समक्षम्, अन्तरे, अन्तः के साथ **षष्ठी** होती है। यथा—**पठनस्य** कृते, **गुरोः** समक्षम्, **बालानां** मध्ये, **गृहस्य** अन्तः अन्तरे वा।

७. आशीर्वादसूचक शब्दों के साथ **षष्ठी** और **चतुर्थी** दोनों ही होती हैं, यथा—नपस्य नृपाय वा भद्रं, कुशलं वा भूयात्।

८. जिसका अनादर (तिरस्कार) करने के लिए कोई कार्य किया जाता है उसमें **षष्ठी** या **सप्तमी** होती है (षष्ठी चानादरे)। जैसे—रुदतः शिशोः, रुदति वा शिशौ, माता बहिरगच्छत् (रोते हुए बालक का तिरस्कार करके माता बाहर चली गई)।

९. अंशवाची षष्ठी—जिसके सम्पूर्ण का बोध कराने के लिए एक अंश का ही नाम लिया जाता है। जैसे—जलस्य बिन्दुः (जल की बूंद), गवां शतसहस्राणि (हजारों गायें), गृह्यतामेनयोरन्यतरा (दो में से एक स्वीकार कर ली जाय)। त्वमेव कल्याणि तयोस्तृतीया (हे कल्याणि, तुम्हीं तीसरी हो)।

संस्कृत में अनुवाद करो

१. हमारा गाँव नगर के निकट है। २. अनेक कवियों ने हिमालय की प्रशंसा की है। ३. गंगा का जल पवित्र और मधुर है। ४. वह पढ़ने के हेतु काशी में रहता है। ५. हिमालय भारतवर्ष की उत्तर दिशा में है। ६. गोपाल पिता को स्मरण करता है। ७. पुस्तकों में गीता श्रेष्ठ है और वेद सबसे प्राचीन हैं। ८. मूर्ख धन के निमित्त ही जीते हैं। ९. वह घर के आगे पृथ्वी खोदता है (खनति)। १०. मनुष्यों में ब्राह्मण श्रेष्ठ हैं। ११.

पक्षियों में कौवा (वायस) चतुर है और पशुओं में शृगाल। १२. परिश्रम का फल अवश्य मिलता है। १३. गुरु की निन्दा पाप है। १४. वह बकरी का (अजायाः) दूध चाहता है। १५. इस नगर के उत्तर की ओर गोमती है। १६. देवताओं ने भी भारत की प्रशंसा की। १७. बालक पिता का अनुकरण करता है (अनुकरोति)। १८. यह छात्रा सब में चतुर है। १९. वाराणसी के आम मीठे होते हैं। २०. बाग की शोभा देखो।

दशम अभ्यास

अधिकरण कारक (सप्तमी) (में, पर)

संज्ञा-शब्द

	एकवचन	द्विवचन	बहुवचन
पुं०	देवे	देवयोः	देवेषु
स्त्री०	लतायाम्	लतयोः	लतासु
नपुं०	ज्ञाने	ज्ञानयोः	ज्ञानेषु

सर्वनाम शब्द

पुंल्लिग			स्त्रीलिंग		
एकव०	द्विव०	बहुव०	एकव०	द्विव०	बहुव०
मयि	आवयोः	अस्मासु	मयि	आवयोः	अस्मासु
त्वयि	युवयोः	युष्मासु	त्वयि	युवयोः	युष्मासु
तस्मिन्	तयोः	तेषु	तस्याम्	तयोः	तासु
अस्मिन्	अनयोः	एषु	अस्याम्	अनयोः	आसु
कस्मिन्	कयोः	केषु	कस्याम्	कयोः	कासु
यस्मिन्	ययोः	येषु	यस्याम्	ययोः	यासु
भवति	भवतोः	भवत्सु	भवत्याम्	भवत्योः	भवतीषु

(६) तुदादिगण

तुद (दुःख देना), परस्मैपद

वर्तमान (लट्)

प्र० पु०	तुदति	तुदतः	तुदन्ति
म० पु०	तुदसि	तुदथः	तुदथ
उ० पु०	तुदामि	तुदावः	तुदामः

अनद्यतनभूत (लङ्)

प्र० पु०	अतुदत्	अतुदताम्	अतुदन्
म० पु०	अतुदः	अतुदतम्	अतुदत
उ० पु०	अतुदम्	अतुदाव	अतुदाव

सामान्य भविष्यत् (लृट्)

प्र० पु०	तोत्स्यति	तोत्स्यतः	तोत्स्यन्ति
म० पु०	तोत्स्यसि	तोत्स्यथः	तोत्स्यथ
उ० पु०	तोत्स्यामि	तोत्स्यावः	तोत्स्यामः

आज्ञार्थ (लोट्)

प्र० पु०	तुदतु	तुदताम्	तुदन्तु
म० पु०	तुद	तुदतम्	तुदत
उ० पु०	तुदानि	तुदाम	तुदाव

विधिलिङ्

प्र० पु०	तुदेत्	तुदेताम्	तुदेयुः
म० पु०	तुदेः	तुदेतम्	तुदेत
उ० पु०	तुदेयम्	तुदेव	तुदेम

तुदादिगणीय कुछ अन्य धातुएँ

	लट्	लङ्	लृट्	लोट्	विधिलिङ्
मिल्—मिलना	मिलति	अमिलत्	मेलिष्यति	मिलतु	मिलेत्
मुच्—छोड़ना	मुञ्चति	अमुञ्चत्	मोक्ष्यति	मुञ्चतु	मुञ्चेत्
सिञ्च्—सींचना	सिञ्चति	असिञ्चत्	सेक्ष्यति	सिञ्चतु	सिञ्चेत्
तृप्*—तृप्त होना	तृपति	अतृपत्	तर्पिष्यति	तृपतु	तृपेत्
विश्—प्रवेश करना	विशति	अविशत्	वेक्ष्यति	विशतु	विशेत्
प्रच्छ्—पूछना	पृच्छति	अपृच्छत्	प्रक्ष्यति	पृच्छतु	पृच्छेत्
इष्(इच्छ्)-चाहना	इच्छति	ऐच्छत्	एषिष्यति	इच्छतु	इच्छेत्

विशेष—तुदादिगण की धातुएँ भ्वादिगण की धातुओं के समान हैं। इनमें अन्तर इतना ही है कि भ्वादिगण में धातु की उपधा को अथवा अन्तिम स्वर को गुण होता है, किन्तु तुदादिगण में नहीं होता। तुदादिगणीय धातुओं के

*दिवादिगणीय तृप् धातु के रूप तृप्यति (लट्), अतृप्यत् (लङ्), तर्पिष्यति, त्रप्स्यति (लृट्), तृप्यतु (लोट्), तृप्येन् (विधिलिङ्), इस प्रकार चलेंगे।

रूप परस्मैपद में 'पठति' की भाँति और आत्मनेपद में 'सेवते' या 'जायते' की भाँति होते हैं।

(७) रुधादिगण

भुज् (भोजन करना), आत्मनेपद

वर्तमान (लट्)

	एकव०	द्विव०	बहुव०
प्र० पु०	भुङ्क्ते	भुञ्जाते	भुञ्जते
म० पु०	भुङ्क्षे	भुञ्जाथे	भुङ्ग्ध्वे
उ० पु०	भुञ्जे	भुञ्ज्वहे	भुञ्ज्महे

अनद्यतनभूत (लङ्)

प्र० पु०	अभुङ्क्त	अभुञ्जाताम्	अभुञ्जत
म० पु०	अभुङ्क्थाः	अभुञ्जाथाम्	अभुङ्ग्ध्वम्
उ० पु०	अभुञ्जि	अभुञ्ज्वहि	अभुञ्ज्महि

सामान्य भविष्यत् (लृट्)

प्र० पु०	भोक्ष्यते	भोक्ष्येते	भोक्ष्यन्ते
म० पु०	भोक्ष्यसे	भोक्ष्येथे	भोक्ष्यध्वे
उ० पु०	भोक्ष्ये	भोक्ष्यावहे	भोक्ष्यामहे

आज्ञार्थक (लोट्)				विधिलिङ्		
भुङ्क्ताम्	भुञ्जाताम्	भुञ्जताम्	प्र० पु०	भुञ्जीत	भुञ्जीयाताम्	भुञ्जीरन्
भुङ्क्ष्व	भुञ्जाथाम्	भुङ्ग्ध्वम्	म० पु०	भुञ्जीथाः	भुञ्जीयाथाम्	भुञ्जीध्वम्
भुनजै	भुनजावहै	भुनजामहै	उ० पु०	भुञ्जीय	भुञ्जीवहि	भुञ्जीमहि

रुधादिगणीय कुछ धातुएँ

	लट्	लङ्	लृट्	लोट्	विधिलिङ्
रुध्—रोकना	रुणद्धि	अरुणत्	रोत्स्यति	रुणद्धु	रुन्ध्यात्
भिद्—फाड़ना	भिनत्ति	अभिनत्	भेत्स्यति	भिनत्तु	भिन्द्यात्
छिद्—काटना	छिनत्ति	अच्छिनत्	छेत्स्यति	छिनत्तु	छिन्द्यात्

इन वाक्यों को ध्यान से पढ़ो—

(१) कस्मिन्नपि पूजार्हेऽपराद्धा शकुन्तला (शकुन्तला ने किसी गुरुजन के प्रति अपराध किया है)।

(२) योग्यसचिवे न्यस्तः समस्तो भरः (समस्त राज्यभार योग्य मन्त्री पर छोड़ दिया है)।

(३) न खलु न खलु बाणः सन्निपात्योऽयमस्मिन् (इस सुकुमार हरिण पर बाण मत छोड़ो)।

(४) पुरोचनो जतुगृहे अग्निमदात्, पाण्डवास्तु प्रागेव ततो निरक्रामन् (पुरोचन ने लाख के घर को आग लगा दी, किन्तु पाण्डव पहले ही वहाँ से निकल चुके थे)।

(५) यतीनां वल्कलानि **वृक्षशाखास्ववलम्बन्ते**, अतस्तपोवनेनानेन भवितव्यम् (मुनियों के वल्कल वृक्षों की शाखाओं से लटक रहे हैं, अतः यह तपोवन ही होगा।)

अधिकरण कारक (सप्तमी)—किसी क्रिया के आधार को अधिकरण कहते हैं। जहाँ पर या जिसमें वह कार्य किया जाता है वह अधिकरण है (आधारोऽधिकरणम्)। अधिकरण में सप्तमी विभक्ति होती है। यथा—**आसने** शोभते गुरुः (गुरु आसन पर शोभा देता है)। **गुहायां** वसति मुनिः (मुनि गुफा में रहता है)।

१—जब एक कार्य के हो जाने पर दूसरे कार्य का होना मालूम होता है तब हो चुके कार्य में सप्तमी होती है (यस्य च भावेन भावलक्षणम्)। यथा—**रामे वनं गते** दशरथः प्राणान् तत्याज (राम के वन चले जाने पर दशरथ ने प्राण त्याग दिए)। **सर्वेषु शयानेषु** विमला रोदिति (सब के सो जाने पर विमला रोती है)। **सूर्ये उदिते** कमलं प्रकाशते (सूर्य के उदित होने पर कमल खिलता है)।

२—जिसका अनादर करके कोई कार्य किया जाता है उसमें सप्तमी होती है(षष्ठी चानादरे), निवारयतोऽपि पितुः निवारयत्यपि पितरि वा रमेशोऽध्ययनं परित्यक्तवान् (पिता के मना करने पर भी उनका तिरस्कार करके रमेश ने पढ़ना छोड़ दिया।)

३—'विषय में' 'बारे में' 'अर्थ में' तथा समय-बोधक शब्दों में सप्तमी होती है। यथा—**मोक्षे** इच्छास्ति (मोक्ष के विषय में इच्छा है), **दिने प्रातःकाले मध्याह्ने, सायंकाले** कार्यं करोति, **शैशवे, यौवने, वार्धके** (समय में)।

४—निर्धारण में षष्ठी या सप्तमी होती है (यतश्च निर्धारणम्); यथा—जीवेषु (जीवानां वा) मानवाः श्रेष्ठाः, मानवेषु (मानवानां वा) पण्डिताः, कविषु (कवीनां वा) कालिदासः श्रेष्ठः। छात्रेषु (छात्राणां वा) कमलेशः पटुः (विद्यार्थियों में कमलेश चतुर है)।

५—संलग्नार्थक शब्दों (युक्तः, तत्परः, व्यापृतः आदि) तथा चतुरार्थक

शब्दों (कुशलः, निपुणः, पटुः आदि) के योग में सप्तमी होती है। यथा—**कार्ये** लग्नः, तत्परः। **शास्त्रे** निपुणः, दक्षः, प्रवीणः।

६—जिस फल की प्राप्ति के लिए कोई क्रिया की जाती है, वह फल यदि उस क्रिया के कर्म से युक्त हो तो उसमें सप्तमी विभक्ति होती है (निमित्तात्कर्मयोगे)। जैसे—"चर्मणि द्वीपिनं हन्ति दन्तयोर्हन्ति कुञ्जरम्। केशेषु चमरीं हन्ति सीम्नि पुष्कलको हतः।" यहाँ पर 'द्वीपिनम्' कर्म के साथ उसका 'चर्म' फलप्राप्ति है, उसी के लिए हत्या की जाती है। इसी प्रकार 'दन्तयोः', 'केशेषु' तथा 'सीम्नि' में भी सप्तमी हुई।

संस्कृत में अनुवाद करो—

१—विद्यालय में बालक और बालिकाएँ हैं। २—राम ने बचपन में विद्याएँ सीखीं। ३—गेंद के खेल (कन्दुक-प्रतियोगिता) में हमारा विद्यालय प्रथम आया। ४—हेडमास्टर ने सब छात्रों को (सर्वेषु छात्रेषु) मिठाई बाँटी (वितीर्णम्)। ५—सड़क (राजमार्ग) पर घोड़े दौड़ रहे हैं। ६—शरत्-काल में (शरदि) वन में मयूर नाचते हैं। ७—तुझ पर मेरा विश्वास है। ८—उसके गले (कण्ठ) में माला है। ९—क्या वह तुम्हें मार्ग में नहीं मिला? १०—तुम्हारी कक्षा में कौन लड़का प्रथम रहा? ११—विधान-भवन में विधान-सभा की बैठकें (उपनिवेशन) होती हैं। १२—मनुष्यों में ब्राह्मण श्रेष्ठ हैं और पशुओं में सिंह। १३—पशुओं में शृगाल बहुत चतुर है। १४—इस तालाब में कमल के फूल खिले हैं। १५—साधु को मोक्ष की कामना है। १६—जिसने जवानी (यौवन) में नहीं पढ़ा, वह बुढ़ापे (वार्धक) में क्या पढ़ेगा? १७—यौवन के मद में सभी अंधे हो जाते हैं। १८—फलों में आम (आम्र) उत्तम है। १९—जिस देश में तुम उत्पन्न हुए हो, वहाँ हाथी नहीं मारे जाते (न हन्यन्ते)। २०—मजदूर सायंकाल कार्य करेगा।

एकादश अभ्यास

सम्बोधन (प्रथमा) हे, भोः

	एकव०	द्विव०	बहुव०
पुं०	हे देव	हे देवौ	हे देवाः
स्त्री०	हे लते	हे लते	हे लताः
नपुं०	हे ज्ञान	हे ज्ञाने	हे ज्ञानानि

विशेष—सर्वनाम शब्दों का सम्बोधन नहीं होता।

(८) तनादिगण

कृ (करना) परस्मैपद

(लट्)				(लङ्)		
करोति	कुरुतः	कुर्वन्ति	प्र० पु०	अकरोत्	अकुरुताम्	अकुर्वन्
करोषि	कुरुथः	कुरुथ	म० पु०	अकरोः	अकुरुतम्	अकुरुत
करोमि	कुर्वः	कुर्मः	उ० पु०	अकरवम्	अकुर्व	अकुर्म

(लृट् में—करिष्यति करिष्यतः करिष्यन्ति आदि)।

(लोट्)				(विधि लिङ्)		
करोतु	कुरुताम्	कुर्वन्तु	प्र० पु०	कुर्यात्	कुर्याताम्	कुर्युः
कुरु	कुरुतम्	कुरुत	म० पु०	कुर्याः	कुर्यातम्	कुर्यात
करवाणि	करवाव	करवाम	उ० पु०	कुर्याम्	कुर्याव	कुर्याम

तनादिगणीय कुछ अन्य धातुएँ

	(लट्)	(लङ्)	(लृट्)	(लोट्)
तन् (फैलाना)	तनोति	अतनोत्	तनिष्यति	तनोतु
वन् (माँगना)	वनोति	अवनोत्	वनिष्यति	वनोतु
मन् (जानना)	मनुते	अमनुत	मनिष्यते	मनुताम्

(९) क्र्यादिगण

ग्रह् (पकड़ना), परस्मैपद

(लट्)				(लङ्)		
गृह्णाति	गृह्णीतः	गृह्णन्ति	प्र० पु०	अगृह्णात्	अगृह्णीताम्	अगृह्णन्
गृह्णासि	गृह्णीथः	गृह्णीथ	म० पु०	अगृह्णाः	अगृह्णीतम्	अगृह्णीत
गृह्णामि	गृह्णीवः	गृह्णीमः	उ० पु०	अगृह्णाम्	अगृह्णीव	अगृह्णीम

(लृट् में—ग्रहीष्यति ग्रहीष्यतः ग्रहीष्यन्ति आदि)।

(लोट्)				(विधिलिङ्)		
गृह्णातु	गृह्णीताम्	गृह्णन्तु	प्र० पु०	गृह्णीयात्	गृह्णीयाताम्	गृह्णीयुः
गृहाण	गृह्णीतम्	गृह्णीत	म० पु०	गृह्णीयाः	गृह्णीयातम्	गृह्णीयात
गृह्णानि	गृह्णाव	गृह्णाम	उ० पु०	गृह्णीयाम्	गृह्णीयाव	गृह्णीयाम

क्र्यादिगणीय कुछ अन्य धातुएँ

	(लट्)	(लङ्)	(लृट्)	(लोट्)
क्री—खरीदना	क्रीणाति	अक्रीणात्	क्रेष्यति	क्रीणातु

प्री—खुश करना	प्रीणाति	अप्रीणात्	प्रेष्यति	प्रीणातु
पू—पवित्र करना	पुनाति	अपुनात्	पविष्यति	पुनातु
वृ—स्वीकार करना*	वृणाति	अवृणात्	वरिष्यति	वृणातु
धू—काँपना	धुनाति	अधुनात्	धविष्यति	धुनातु
अश्—खाना	अश्नाति	आश्नात्	अशिष्यति	अश्नातु
मुष्—चुराना	मुष्णाति	अमुष्णात्	मोषिष्यति	मुष्णातु
बन्ध्—बाँधना	बध्नाति	अबध्नात्	भन्त्स्यति	बध्नातु
ज्ञा—जानना	जानाति	अजानात्	ज्ञास्यति	जानातु

विधिलिङ् में—(क्री) क्रीणीयात्, (प्री) प्रीणीयात्, (पू) पुनीयात्, (वृ) वृणीयात्, (धू) धुनीयात्, (अश्) अश्नीयात्, (मुष्) मुष्णीयात्, (बन्ध्) बध्नीयात्, (ज्ञा) जानीयात् ।

(१०) चुरादिगण

चुर् (चुराना) परस्मैपद

लट्

प्र० पु०	चोरयति	चोरयतः	चोरयन्ति
म० पु०	चोरयसि	चोरयथः	चोरयथ
उ० पु०	चोरयामि	चोरयावः	चोरयामः

लङ्

प्र० पु०	अचोरयत्	अचोरयताम्	अचोरयन्
म० पु०	अचोरयः	अचोरयतम्	अचोरयत
उ० पु०	अचोरयम्	अचोरयाव	अचोरयाम

लृट्

प्र० पु०	चोरयिष्यति	चोरयिष्यतः	चोरयिष्यन्ति
म० पु०	चोरयिष्यसि	चोरयिष्यथः	चोरयिष्यथ
उ० पु०	चोरयिष्यामि	चोरयिष्यावः	चोरयिष्यामः

लोट्

प्र० पु०	चोरयतु	चोरयताम्	चोरयन्तु
म० पु०	चोरय	चोरयतम्	चोरयत
उ० पु०	चोरयाणि	चोरयाव	चोरयाम

---

*स्वादिगणीय वृ (चुनना), वृणोति (लट्), अवृणोत् (लङ्), वरिष्यति (लृट्), वृणोतु (लोट्), वृणुयात् (वि० लिङ्) ।

विधिलिङ्

प्र० पु०	चोरयेत्	चोरयेताम्	चोरयेयुः
म० पु०	चोरयेः	चोरयेतम्	चोरयेत
उ० पु०	चोरयेयम्	चोरयेव	चोरयेम

चुरादिगणीय कुछ अन्य धातुएँ

	(लट्)	(लङ्)	(लृट्)	(लोट्)
गण्—गिनना	गणयति	अगणयत्	गणयिष्यति	गणयतु
कथ्—कहना	कथयति	अकथयत्	कथयिष्यति	कथयतु
भक्ष्—खाना	भक्षयति	अभक्षयत्	भक्षयिष्यति	भक्षयतु
तड्—पीटना	ताडयति	अताडयत्	ताडयिष्यति	ताडयतु
रच्—बनाना	रचयति	अरचयत्	रचयिष्यति	रचयतु
तुल् – तोलना	तोलयति	अतोलयत्	तोलयिष्यति	तोलयतु
पूज्—पूजा करना	पूजयति	अपूजयत्	पूजयिष्यति	पूजयतु
अर्च्—पूजा करना	अर्चयति	आर्चयत्	अर्चयिष्यति	अर्चयतु
आह्लाद्–खुश करना	आह्लादयति	आह्लादयत्	आह्लादयिष्यति	आह्लादयतु
चिन्त्—सोचना	चिन्तयति	अचिन्तयत्	चिन्तयिष्यति	चिन्तयतु
क्षल्—धोना	क्षालयति	अक्षालयत्	क्षालयिष्यति	क्षालयतु
वण्ट्—बाँटना	वण्टयति	अवण्टयत्	वण्टयिष्यति	वण्टयतु
घुष्–घोषणा करना	घोषयति	अघोषयत्	घोषयिष्यति	घोषयतु
प्री—खुश करना	प्रीणयति	अप्रीणयत्	प्रीणयिष्यति	प्रीणयतु
स्पृह्–इच्छा करना	स्पृहयति	अस्पृहयत्	स्पृहयिष्यति	स्पृहयतु
मृग्—ढूंढ़ना	मार्गयति	अमार्गयत्	मार्गयिष्यति	मार्गयतु
भूष्—सजाना	भूषयति	अभूषयत्	भूषयिष्यति	भूषयतु
वर्ण्–वर्णन करना	वर्णयति	अवर्णयत्	वर्णयिष्यति	वर्णयतु
लोक्—देखना	लोकयति	अलोकयत्	लोकयिष्यति	लोकयतु
सान्त्व्–शान्त करना	सान्त्वयति	असान्त्वयत्	सान्त्वयिष्यति	सान्त्वयतु
वुक्क्—भौंकना	बुक्कयति	अवुक्कयत्	वुक्कयिष्यति	बुक्कयतु

विधिलिङ् में—(गण्) गणयेत्, (कथ्) कथयेत आदि।

सम्बोधन (प्रथमा)

इन वाक्यों को ध्यान से पढ़ो—

(१) हे ईश्वर! देहि मे मुक्तिम् (ईश्वर, मुझे मुक्ति दो)।

(२) भो मित्र, क्षमस्व, अजानता मया एवं भाषितम् (मित्र, क्षमा करो, अज्ञानवश मैंने ऐसा कहा)।

(३) हे बाले क्व गन्तुमिच्छसि ? (बाला, कहाँ जाना चाहती हो ?)

(४) भो महात्मन्, किं भवता भोजनं कृतम् ? (महात्मन्, क्या आपने भोजन कर लिया ?)

(५) हे पुत्र, सदा सत्यं वद, धर्मं चर (पुत्र, सदा सच बोल और धर्म का आचरण कर)।

सम्बोधन (प्रथमा)—किसी को पुकार कर अपनी ओर आकृष्ट करने को सम्बोधन कहते हैं। सम्बोधन में प्रथमा विभक्ति होती है और सम्बोधनवाचक शब्द के पूर्व भोः, अरे, रे आदि चिह्न लगते हैं।

सर्वनाम शब्दों का सम्बोधन नहीं होता और अकारान्त शब्दों के संबोधन एकवचन में विसर्ग नहीं होता। आकारान्त और इकारान्त शब्दों के सम्बोधन एकवचन में ए (हे लते, हे हरे) और ईकारान्त शब्दों के सम्बोधन एकवचन में 'इ' (हे नदि) और उकारान्त शब्दों के सम्बोधन एकवचन में 'ओ' (हे साधो) हो जाता है।

संस्कृत में अनुवाद करो

१. महाराज, आपके राज्य में प्रजा को सुख है। २. मित्र, कल तुम हमारे घर आओगे ? ३. छात्रो, अपना पाठ ध्यान से पढ़ो। ४. बालको, गुरु की सेवा करो, फल मिलेगा। ५. लड़को, परिश्रम करो, अवश्य परीक्षा में उत्तीर्ण हो जाओगे। ६. प्रातः उठो, हाथ-पैर धोओ और पढ़ो। ७. विद्यार्थियो, अध्यापकों का उपदेश ग्रहण करो और उस पर चलो। ८. मित्र, आपके पिता कुशल से तो हैं ? (अपि कुशली···?) ९. पुत्र, कभी झूठ न बोल, सत्य पर चल। १०. लड़कियो, तुम आज स्कूल क्यों नहीं गयीं ? ११. महाशय, क्या कल मुझे दर्शन देंगे ? १२. बच्चो, समय पर उठो और व्यायाम करो। १३. पिताजी, मैं मेहनत करूँगा और परीक्षा में पास होऊँगा। १४. भरत, तुम्हारे जैसा (त्वादृशः) भाई संसार में नहीं है। १५. हे सीता, जंगल में कष्ट हैं, तुम घर पर ही रहो।

कारण बताओ कि काले टाइपवाले शब्दों में उल्लिखित विभक्तियां क्यों हुई हैं ?

(क) द्वितीया

१. दिवं च पृथ्वीं चान्तरान्तरिक्षम् (आकाश और पृथ्वी के बीच में अन्तरिक्ष है)। २. मामन्तरेण किं नु चिन्तयत्याचार्य इति चिन्ता मां बाधते (आचार्य मेरे विषय में क्या विचार करते होंगे, यह चिन्ता मुझे दुःख दे रही है)। ३. धिक् त्वां यः कार्यानुबन्धविचारमन्तरेण कार्यं करोषि (तुम्हें धिक्कार है जो कार्य के फल पर विचार किये बिना कार्य करते हो)। ४. परितः नगरं विद्यते एका परिखा या सदैव जलपूर्णा (नगर के चारों ओर एक खाई है जो सदैव पानी से भरी रहती है)। ५. मां प्रति त्वं नासि वीरः, त्वं हि कातरान्नातिभिद्यसे (मेरे विचार से तुम वीर नहीं हो, तुम तो एक कायर से अधिक भिन्न नहीं हो)।

६—विना वातं विना वर्षं विद्युत्पतनं विना।
विना हस्तिकृतान्दोषान्केनेमौ पातितौ द्रुमौ॥

आँधी, वर्षा और बिजली गिरने के बिना तथा हाथियों के उत्पात के बिना किसने इन दो वृक्षों को गिराया है?

(ख) तृतीया

७. शशिना सह याति कौमुदी सह मेघेन तडित् प्रलीयते (चाँदनी चन्द्रमा के साथ चली जाती है और मेघ के साथ बिजली)। ८. कष्टं व्याकरणम्, इदं हि द्वादशभिर्वर्षैः श्रूयते (व्याकरण कठिन है, यह बारह वर्षों में पढ़ा जाता है)। ९. सहस्रैरपि मूर्खाणामेकं क्रीणीत पण्डितम् (हजारों मूर्खों के बदले में एक पण्डित खरीदना अच्छा है)। १०. स स्वरेण रामभद्रमनुहरति (वह स्वर में प्यारे राम से मिलता-जुलता है)। ११. हिरण्येनार्थिनो भवन्ति राजानः, न च ते प्रत्येकं दण्डयन्ति (राजाओं को स्वर्ण की आवश्यकता रहती है, किन्तु वे सभी से तो जुर्माना नहीं लेते)।

(ग) चतुर्थी

१२. अलं मल्लो मल्लाय (वह पहलवान उस पहलवान के लिए काफी है)। १३. उपदेशो हि मूर्खाणां प्रकोपाय न शान्तये (मूर्खों को उपदेश देना केवल उनके क्रोध को बढ़ाना है, न कि उनकी शान्ति के लिए)। १४. नमस्तेभ्यः पुराणमुनिभ्यो ये मानवमात्रस्य कृते आचारपद्धतिं व्यरचयन् (उन प्राचीन मुनियों को प्रणाम है जिन्होंने मनुष्यमात्र के लिए आचरण के नियम बनाये)।

१५. गोभ्यो ब्राह्मणेभ्यश्च स्वस्ति (गौओं और ब्राह्मणों का कल्याण हो)। १६. अलमिदम् उत्साहभंगाय भविष्यति (यह उत्साह को गिराने के लिए काफी है)। १७. कृषकेभ्यः कर्मकरेभ्यश्च कुशलं भूयात् (किसानों और मजदूरों का भला हो)। १८. प्रभवति स एकेनैव हायनेन साहित्यमध्यमपरीक्षोत्तरणाय (वह एक ही वर्ष में साहित्य-मध्यमा परीक्षा में उत्तीर्ण होने के योग्य है)। १९. भवबन्धच्छिदे तस्यै स्पृहयामि न मुक्तये। भवान् प्रभुरहं दास इति यत्र विलुप्यते। (श्रीहनूमतः) (जिस मुक्ति में आप प्रभु हैं और मैं दास हूँ—यह भावना विलुप्त हो जाती है, भवबंधन के नाश के लिए, मैं उस मुक्ति की इच्छा नहीं करता)।

(घ) पञ्चमी

२०—धीरा मनस्विनो न धनात्प्रतियच्छन्ति मानम् (धीर मनस्वी लोग धन के बदले मान को नहीं छोड़ते)। २१—स्वार्थात् सतां गुरुतरा प्रणयिक्रियैव (सत्पुरुषों के लिए अपने प्रयोजनों से मित्रों का प्रयोजन ही बड़ा है)। २२—नास्ति सत्यात्परो धर्मो नानृतात् पातकं महत् (सत्य से बढ़कर कोई धर्म नहीं और झूठ से बढ़ कर कोई पाप नहीं)। २३—ग्रामादारादारामः यत्र व्यवसायान्निवृत्ता ग्रामीणा आरमन्ति (गाँव के पास एक बाग है, जहाँ काम धंधे से छुट्टी पाकर ग्रामवासी आनन्द मनाते हैं)। २४—ऋते वसन्तान्नापरः ऋतुराजः (वसन्त को छोड़ कर अन्य ऋतु को ऋतुराज नहीं कहते)। २५—मूर्खो हि चापलेन भिद्यते पण्डितात् (मूर्ख का चपलता के कारण पण्डित से भेद समझा जाता है)।

(ङ) षष्ठी

२६—तस्मै कोपिष्यामि यदि तं प्रेक्षमाणाऽऽत्मनः प्रभविष्यामि (उससे मैं क्रोध करूँगी, यदि मैं उसे देखती हुई अपने आपको वश में रख सकी)। २७—मया तस्य किमपराद्धं यः मां परुषमवादीत् (मैंने उसका क्या अपराध किया जो वह मुझे खोटी-खरी सुनाने लगा)? २८—तस्य दर्शनस्योत्कण्ठे, चिरं दृष्टस्य तस्य (मुझे उसके दर्शन की उत्कण्ठा है, उसे मिले हुए चिरकाल हो गया है)। २९—कोऽतिभारः समर्थानां किं दूरं व्यवसायिनाम् ? को विदेशः सविद्यानां कः परः प्रियवादिनाम् ? (कार्य में समर्थ लोगों के लिए क्या कठिन है ? व्यवसाय वाले लोगों के लिए क्या दूर है ? विद्वानों के लिए कौन-सा विदेश है ? प्रिय बोलने वालों के लिए कौन पराया है ?) ३०—कच्चिद्भर्तुः स्मरसि सुभगे,

त्वं हि तस्य प्रियेति (हे सुन्दरि, क्या तुम्हें अपने स्वामी की याद है कि तुम उसकी प्यारी हो)। ३१—त्वं लोकस्य वाल्मीकिः, मम पुनस्तात एव (तुम संसार के लिए वाल्मीकि हो, किन्तु मेरे तो तुम पिता हो)।

३२—दवदहनजटालज्वालजालाहतानाम्
परिगलितलतानां म्लायतां भूरुहाणाम्।
अयि जलधर! शैलश्रेणिशृंगेषु तोयं
वितरसि बहु कोऽयं श्रीमदस्तावकीनः॥

हे मेघ, तेरा यह कैसा गर्व है कि जंगल की आग की ज्वालाओं से जले हुए गलित लताओं वाले, मुरझाये हुए वृक्षों का अनादर करके तू पर्वतों के शिखरों को बहुत पानी देता है।

(च) सप्तमी

३३. पुरुषेषूत्तमो रामो भुवि कस्य न वन्द्यः (मानवों में श्रेष्ठ राम संसार में किसके नमस्कार-योग्य नहीं)? ३४—अहं पुनर्युष्मासु प्रेक्षमाणेषु एनं स्मर्तव्यशेषं नयामि (मैं तो तुम्हारे देखते ही देखते इस (कुमार वृषसेन) को मार डालता हूँ)। ३५—पौरवे वसुमतीं शासति कोऽविनयमाचरति प्रजासु) पौरव के पृथ्वी पर राज्य करते हुए कौन प्रजाओं के प्रति अनाचार करता है)? ३६—लतायां पूर्वलूनायां प्रसूनस्यागमः कुतः (लता के पहले ही कट जाने पर फूल कहाँ से आ सकते हैं)? ३७—अभिव्यक्तायां चन्द्रिकायां किं दीपिकापौनरुक्त्येन (शुभ्र ज्योत्स्ना में व्यर्थ दीपक जलाने से क्या लाभ)? ३८—विपदि हन्त सुधापि विषायते (विपत्ति में मित्र भी शत्रु हो जाते हैं)। ३९—जीवत्सु तातपादेषु नवे दारपरिग्रहे। मातृभिश्चिन्त्यमानानां ते हि नो दिवसा गताः (पिताजी के जीते जब हमारा नया-नया विवाह हुआ था, निश्चय ही हमारे वे दिन बीत गये जब हमारी माताएँ हमारी देख भाल करती थीं)। ४०—इदमवस्थान्तरं गते तादृशेऽनुरागे किं वा स्मारितेन (उस प्रकार के प्रेम के इस अवस्था में पहुँच जाने पर याद कराने में क्या)। ४१—चर्मणि द्वीपिनं हन्ति व्याधः (शिकारी चीते को चर्म के लिए मारता है)।

४२—गते भीष्मे हते द्रोणे कर्णे च विनिपातिते।
आशा बलवती राजन् शल्यो जेष्यति पाण्डवान्॥

भीष्म, द्रोण और कर्ण के मारे जाने पर, राजन् आशा ही बलवती है कि शल्य पाण्डवों को जीतेगा।

कारक (एक दृष्टि में)

प्रथमा—१. कर्त्ता में—शिशुः रोदिति। अहं पुष्पं पश्यामि।
२. कर्मवाच्य के कर्म में—वटुभिः पठ्यते वेदः, पशुभिः पीयते जलम्।
३. सम्बोधन में—भो गुरो ! क्षमस्व।
४. अव्यय के साथ—अशोक इति विख्यातः राजा सर्वजनप्रियः।
५. नाम मात्र में—आसीत् राजा विक्रमादित्यो नाम।

द्वितीया—१. कर्म में—प्रजां संरक्षति नृपः, सा वर्धयति पार्थिवम्।
२. ऋते, अन्तरेण, विना के साथ—विद्यामन्तरेण, विना, ऋते वा नैव सुखम्।
३. एनप् के साथ—तत्रागारं धनपतिगृहानुत्तरेणास्मदीयम्।
४. अभितः के साथ—अभितो भवनं वाटिका।
५. परितः के साथ—परितो ज्ञानिनं भक्ताः।
६. सर्वतः के साथ—सर्वतः पर्वतं वृक्षाः।
७. उभयतः के साथ—गोमतीमुभयतस्तरवः।
८. अन्तरा (बीच में) के साथ—अन्तरा त्वां च मां च सः।
९. समया, निकषा (समीप) के साथ—ग्रामं समया निकषा वा नदी।
१०. व्याप्ति के अर्थ में—मासमधीते। क्रोशं कुटिला नदी।
११. अनु के साथ—गुरुमनु शिष्यो गच्छेत्।
१२. प्रति के साथ—दीनं प्रति दयां कुरु।
१३. धिक् के साथ—धिक् पापं मूर्खजीवनम्।
१४. अधिशीङ् के साथ—चन्द्रापीडः मुक्ताशिलापट्टमधिशेते।
१५. अधिस्था के साथ—रमेशः गृहमधितिष्ठति (अथवा रमेशः गृहे तिष्ठति)।
१६. अध्यास् के साथ—नृपः सिंहासनमध्यास्ते (नृपः सिंहासने आस्ते)।
१७. अनु, उप पूर्वक वस् के साथ—हरिः वैकुण्ठमुपवसति, अनुवसति वा।
१८. आवस् एवं अधिवस् के साथ—अधिवसति काशीं विश्वनाथः। भक्तः देवमन्दिरम् आवसति।

१९. अभि-नि-पूर्वक विश् के साथ—मनो धर्मम् अभिनिविशते ।

२०. क्रियाविशेषण में—सत्वरं धावति मृगः । सयत्नं धर्ममाचरेत् ।

तृतीया—१. करण में—मः जलेन मुखं प्रक्षालयति । हस्तेन भुङ्क्ते ।

२. कर्मवाच्य कर्ता में—रामेण रावणो हतः ।

३. स्वभावादि अर्थों में—रामः प्रकृत्या साधुः । नाम्ना गोपालोऽयम् ।

४. सह, साकम्, सार्धम् के साथ—शशिना सह याति कौमुदी ।

५. सदृश के अर्थ में—धर्मेण सदृशो नास्ति बन्धुरन्यो महीतले ।

६. हेतु के अर्थ में—केन हेतुना अत्र वससि ?

७. हीन के साथ—विद्यया तु विहीनस्य किं वृथा जीवितेन ते ।

८. विना के साथ—श्रमेण हि विना विद्या लभ्यते न कथञ्चन ।

९. अलं के साथ—अलं महीपाल तव श्रमेण ।

१०. प्रयोजन के अर्थ में—धनेन किं यो न ददाति नाश्नुते ।

११. लक्षण-बोध में—जटाभिस्तापसोऽयं प्रतीयते ।

१२. फलप्राप्ति (अपवर्ग) में—पञ्चभिर्वर्षैर्न्यायमधीतम् । पञ्चभिर्दिनैः नीरोगो जातः ।

१३. विकृत अंग में—बालकश्चक्षुषा काणः कर्णाभ्यां बधिरश्च सः ।
पादेन खञ्जः वृद्धोऽसौ कुब्जा पृष्ठेन मन्थरा ॥

चतुर्थी—१. सम्प्रदान में—राजा ब्राह्मणाय धनं ददाति ।

२. निमित्त के अर्थ में—धनं सुखाय, विद्या ज्ञानाय ।

३. रुचि के अर्थ में—शिशवे क्रीडनकं रोचते ।

४. धारय् (ऋणी होना) के अर्थ में—स मह्यं शतं धारयति ।

५. स्पृह् के साथ—अहं यशसे स्पृहयामि ।

६. नमः, स्वस्ति के साथ—गुरवे नमः। नृपाय स्वस्ति ।

७. समर्थ अर्थवाली धातुओं के साथ—प्रभवति मल्लो मल्लाय ।

८. कल्प् (होना, बनाने में समर्थ होना) के साथ—ज्ञानं सुखाय कल्पते ।

९. तुम् के अर्थ में—ब्राह्मणः स्नानाय (स्नातुं) याति ।

१०. क्रुद्ध अर्थवाली धातुओं के साथ—गुरुः शिष्याय क्रुध्यति ।

११. द्रुह् अर्थवाली धातुओं के साथ—मूर्खः पण्डिताय द्रुह्यति ।

१२. असूय् (निन्दा) अर्थवाली धातुओं के साथ—दुर्जनः सज्जनाय असूयति ।

पञ्चमी—१. पृथक् अर्थ में—वृक्षात् फलानि पतन्ति । स ग्रामाद् आगच्छति ।

२. भय के अर्थ में—असज्जनात् कस्य भयं न जायते ?

३. ग्रहण करने के अर्थ में—कूपात् जलं गृह्णाति ।

४. पूर्वादि के योग में—स्नानात् पूर्वं न भुञ्जीत न धावेत् भोजनात् परम् ।

५. अन्यार्थ के योग में—ईश्वरादन्यः कः रक्षितुं समर्थः ?

६. उत्कर्ष-बोध में—जननी जन्मभूमिश्च स्वर्गादपि गरीयसी ।

७. विना, ऋते के योग में—परिश्रमाद् विना (ऋते) विद्या न भवति ।

८. आरात् (दूर या समीप) के योग में—ग्रामाद् आरात् सुन्दरमुपवनम् ।

९. प्रभृति के योग में—शैशवात्प्रभृति सोऽतीव चतुरः ।

१०. आङ् के साथ—आमूलात् रहस्यमिदं श्रोतुमिच्छामि ।

११. विरामार्थक शब्दों के साथ—न नवः प्रभुराफलोदयात् स्थिरकर्मा विरराम कर्मणः ।

१२. काल और मार्ग की अवधि में—विवाहात् नवमे दिने ।

१३. जायते आदि अर्थ में—बीजेभ्यः अङ्कुरा जायन्ते ।

१४. उद्भवति, प्रभवति, निलीयते प्रतियच्छति के साथ—हिमालयात् गंगा प्रभवति, उद्गच्छति वा । नृपात् चोरः निलीयते । तिलेभ्यः माषान् प्रतियच्छति ।

१५. जुगुप्सते, प्रमाद्यति के साथ—स पापात् जुगुप्सते । त्वं धर्मात् प्रमाद्यसि ।

१६. निवारण अर्थ में—मित्रं पापात् निवारयति ।

१७. जिससे कोई विद्या सीखी जाय उसमें—छात्रोऽध्यापकात् अधीते ।

षष्ठी—१. सम्बन्ध में—मूर्खस्य बहवो दोषाः सतां च बहवो गुणाः ।

२. कृदन्त कर्ता में—अञ्जनस्य क्षयं दृष्ट्वा वल्मीकस्य च संचयम् ।
अवन्ध्यं दिवसं कुर्यात् दानाध्ययनकर्मभिः ॥

३. तुल्यार्थ के साथ—रामस्य तुल्यो भुवि नास्ति राजा ।

४. कृदन्त कर्म में—अन्नस्य पाकः, धनस्य दानम् ।

५. स्मरणार्थक धातुओं के साथ—स मातुः स्मरति ।

६. दूर एवं समीपवाची शब्दों के साथ—नगरस्य दूरं, (नगराद् वा दूरम्) समीपम् सकाशम् वा ।

७. कृते, समक्षम्, मध्ये, अन्तरे, अन्तः के साथ—पठनस्य कृते, आचार्यस्य समक्षम्, बालानां मध्ये, गृहस्य अन्तरे अन्तः वा।

८. अतस् प्रत्यय वाले शब्दों के साथ—नगरस्य दक्षिणतः, उत्तरतः।

९. अनादर में—रुदतः शिशोः माता ययौ।

१०. हेतु शब्द के प्रयोग में—अन्नस्य हेतोर्वसति। निवासस्य हेतोर्याति।

सप्तमी—१. अधिकरण में—सभायां शोभते बुधः। आसने शोभते गुरुः।

२. भाव में—यत्ने कृते यदि न सिध्यति कोऽत्र दोषः?

३. अनादर में—रुदति शिशौ (रुदतः शिशोः वा) गता माता।

४. निर्धारण में—जीवेषु मानवाः श्रेष्ठाः, मानवेषु च पण्डिताः।

५. एक क्रिया के पश्चात् दूसरी क्रिया होने पर—सूर्ये उदिते विकसति कमलम्।

६. विषय के अर्थ में तथा समयबोधक शब्दों में—मोक्षे इच्छाऽस्ति। दिने, प्रातःकाले, मध्याह्ने, सायंकाले वा कार्यं करोति।

७. संलग्नार्थक शब्दों और चतुरार्थक शब्दों के साथ—कार्ये लग्नः, तत्परः। शास्त्रे निपुणः, प्रवीणः, दक्षः आदि।

इन वाक्यों को शुद्ध करो—

*१. ब्राह्मणः नृपात् धनं याचते। २. त्वम् गुरोः निन्दसि। ३. अहम् अस्मिन् नगरे आगच्छम्। ४. भवान् कथं चौरेण बिभेति? ५. इमां बालिकां पठनं रोचते। ६. पिता पुत्रं क्रुध्यति। ७. आचार्यः मामुपदिशति। ८. रामस्य विना अयोध्या शून्या बभूव। ९. मम भ्राता रजकाय वस्त्रमददात्। १०. सिंहः मृगस्य प्रति धावति। ११. तव साकं नाहं क्रीडिष्यामि। १२. पर्वतेभ्यः हिमालयः अत्युच्चः अस्ति। १३. नगरस्य बहिः विद्यालयोऽस्ति। १४. इमं प्रश्नं तस्मात् शिष्यात् पृच्छ। १५. बालक! अलं हसितस्य। १६. गुरुनन्दनः नेत्रस्य काणः। १७. विद्याया हीनस्य नरस्य किं प्रयोजनं जीवितस्य। १८. त्वं

---

*(शुद्धियाँ) १. नृपम्। २. गुरुम्। ३. इदं नगरम्। ४. चौरात्। ५. अस्यै बालिकायै। ६. पुत्राय। ७. मह्यम्। ८. रामं विना। ९. रजकस्य। १०. मृगं प्रति। ११. त्वया साकम्। १२. पर्वतेषु। १३. नगराद् बहिः। १४. तं शिष्यम्। १५. हसितेन। १६. नेत्रेण। १७. विद्यया हीनस्य नरस्य किं प्रयोजनं जीवितेन।

कथं मां कुप्यसि ? १९. गोपः गोः पयो दोग्धि । २०. देवेन्द्रः लेखिन्याः लिखति । २१. स स्वरात् स्वपितरम् अनुहरति । २२. उभयतः नगरात् नद्यौ वहतः । २३. स्वार्थलिप्ता जना धनेन मानं प्रतियच्छन्ति । २४. लतायाः पूर्वलूनायाः प्रसूनस्यागमः कुतः ? २५. सत्येन परो धर्मो नास्ति, असत्येन च महत्पापं नान्यत् । २६. इदं तव कथनम् ममोत्साहभ्रंशम् अलम् । २७. केशवः मार्गे गोविन्दममिलत् । २८. प्रातः प्रभृति वर्षा भवति, न चैषा विरमति ।

---

१८. मह्यम् । १९. गाम् २०. लेखन्या । २१. स्वरेण । २२. नगरम् २३. धनात् । २४. लतायां पूर्वलूनायाम् । २५. सत्यात्...असत्यात् । २६. उत्साहभ्रंशाय । २७. गोविन्देन (मिल् धातु अकर्मक है) । २८. प्रातः प्रभृति वर्षति देवः, न चैष विरमति । 'वर्षा भवति' प्रयोग व्याकरण-सम्मत होते हुए भी व्यवहार के प्रतिकूल है । संस्कृत-व्यवहार में 'वर्षा' नित्यबहुवचनान्त शब्द है और उसका अर्थ 'बरसात' है ।

सर्वनाम शब्द

अस्मद्

	एकव०	द्विव०	बहुव०
(प्र०)	अहम् (मैं)	आवाम् (हम दो)	वयम् (हम)
(द्वि०)	माम् (मुझको)	आवाम् (हम दो को)	अस्मान् (हमको)
(तृ०)	मया (मैंने)	आवाभ्याम् (हम दो ने)	अस्माभिः (हमने)
(च०)	मह्यम् (मेरे लिए)	आवाभ्याम् (हम दो के लिए)	अस्मभ्यम् (हमारे लिए)
(पं०)	मत् (मुझ से)	आवाभ्याम् (हम दो से)	अस्मत् (हम से)
(ष०)	मम (मेरा)	आवयोः (हम दो का)	अस्माकम् (हमारा)
(स०)	मयि (मुझ पर)	आवयोः (हम दो पर)	अस्मासु (हम पर)

युष्मद्

(प्र०)	त्वम् (तू)	युवाम् (तुम दो)	यूयम् (तुम सब)
(द्वि०)	त्वाम् (तुझको)	युवाम् (तुम दो को)	युष्मान् (तुम को)
(तृ०)	त्वया (तू ने)	युवाभ्याम् (तुम दो ने)	युष्माभिः (तुमने)
(च०)	तुभ्यम् (तेरे लिए)	युवाभ्याम् (तुम दो के लिए)	युष्मभ्यम् (तुम्हारे लिए)
(पं०)	त्वत् (तुझ से)	युवाभ्याम् (तुम दो से)	युष्मत् (तुम से)
(ष०)	तव (तेरा)	युवयोः (तुम दो का)	युष्माकम् (तुम्हारा)
(स०)	त्वयि (तुम पर)	युवयोः (तुम दो पर)	युष्मासु (तुम पर)

भवत् (आप)

पुंलिंग				स्त्रीलिंग		
एकव०	द्विव०	बहुव०		एकव०	द्विव०	बहुव०
भवान्	भवन्तौ	भवन्तः	प्र०	भवती	भवत्यौ	भवत्यः
भवन्तम्	भवन्तौ	भवतः	द्वि०	भवतीम्	भवत्यौ	भवतीः
भवता	भवद्भ्याम्	भवद्भिः	तृ०	भवत्या	भवतीभ्याम्	भवतीभिः

भवते	भवद्भ्याम्	भवद्भ्यः	च०	भवत्यै	भवतीभ्याम्	भवतीभ्यः
भवतः	भवद्भ्याम्	भवद्भ्यः	पं०	भवत्याः	भवतीभ्याम्	भवतीभ्यः
भवतः	भवतोः	भवताम्	ष०	भवत्याः	भवत्योः	भवतीनाम्
भवति	भवतोः	भवत्सु	स०	भवत्याम्	भवत्योः	भवतीषु*

तत् (वह), पुंल्लिंग

(प्र०) सः (वह)	तौ (वे दो)	ते (वे)
(द्वि०) तम् (उसको)	तौ (उन दो को)	तान् (उनको)
(तृ०) तेन (उसने)	ताभ्याम् (उन दो ने)	तैः (उन्होंने)
(च०) तस्मै (उसके लिए)	ताभ्याम् (उन दो के लिए)	तेभ्यः (उनके लिए)
(पं०) तस्मात् (उससे)	ताभ्याम् (उन दो से)	तेभ्यः (उनसे)
(ष०) तस्य (उसका)	तयोः (उनका)	तेषाम् (उनका)
(स०) तस्मिन् (उस पर)	तयोः (उन दो पर)	तेषु (उन पर)

तत् (वह)

नपुंसकलिंग				स्त्रीलिंग		
तत्	ते	तानि	प्र०	सा	ते	ताः
तत्	ते	तानि	द्वि०	ताम्	ते	ताः
तेन	ताभ्याम्	तैः	तृ०	तया	ताभ्याम्	ताभिः
तस्मै	ताभ्याम्	तेभ्यः	च०	तस्यै	ताभ्याम्	ताभ्यः
तस्मात्	ताभ्याम्	तेभ्यः	पं०	तस्याः	ताभ्याम्	ताभ्यः
तस्य	तयोः	तेषाम्	ष०	तस्याः	तयोः	तासाम्
तस्मिन्	तयोः	तेषु	स०	तस्याम्	तयोः	तासु

इदम् (यह)

पुं०				स्त्री०		
एकव०	द्विव०	बहुव०		एकव०	द्वि०	बहुव०
अयम्	इमौ	इमे	प्र०	इयम्	इमे	इमाः
इमम्	इमौ	इमान्	द्वि	इमाम्	इमे	इमाः

---

*नपुंसकलिंग में (प्र० द्वि० में) भवत् भवती भवन्ति और द्वितीया के बाद पुंल्लिंग के समान रूप चलेंगे। भवत् शब्द के साथ प्रथम पुरुष की क्रिया लगती है। यथा—भवान् गच्छतु (आप जायें)।

अनेन	आभ्याम्	एभिः	तृ०	अनया	आभ्याम्	आभिः
अस्मै	आभ्याम्	एभ्यः	च०	अस्यै	आभ्याम्	आभ्यः
अस्मात्	आभ्याम्	एभ्यः	पं०	अस्याः	आभ्याम्	आभ्यः
अस्य	अनयोः	एषाम्	ष०	अस्याः	अनयोः	आसाम्
अस्मिन्	अनयोः	एषु	स०	अस्याम्	अनयोः	आसु

[1]एतत् (यह)

पुंल्लिग				स्त्रीलिंग		
एषः	एतौ	एते	प्र०	एषा	एते	एताः
एतम्	एतौ	एतान्	द्वि०	एताम्	एते	एताः
एतेन	एताभ्याम्	एतैः	तृ०	एतया	एताभ्याम्	एताभिः
एतस्मै	एताभ्याम्	एतेभ्यः	च०	एतस्यै	एताभ्याम्	एताभ्यः
एतस्मात्	एताभ्याम्	एतेभ्यः	पं०	एतस्याः	एताभ्याम्	एताभ्यः
एतस्य	एतयोः	एतेषाम्	ष०	एतस्याः	एतयोः	एतासाम्
एतस्मिन्	एतयोः	एतेषु	स०	एतस्याम्	एतयोः	एतासु

[2]अदस् (वह)

पुंल्लिग				स्त्रीलिंग		
असौ	अमू	अमी	प्र०	असौ	अमू	अमूः
अमुम्	अमू	अमून्	द्वि०	अमुम्	अमू	अमूः
अमुना	अमूभ्याम्	अमीभिः	तृ०	अमुया	अमूभ्याम्	अमूभिः
अमुष्मै	अमूभ्याम्	अमीभ्यः	च०	अमुष्यै	अमूभ्याम्	अमूभ्यः
अमुष्मात्	अमूभ्याम्	अमीभ्यः	पं०	अमुष्याः	अमूभ्याम्	अमूभ्यः
अमुष्य	अमुयोः	अमीषाम्	ष०	अमुष्याः	अमुयोः	अमूषाम्
अमुष्मिन्	अमुयोः	अमीषु	स०	अमुष्याम्	अमुयोः	अमूषु

---

१. नपुंसकलिंग में एतत् शब्द की प्रथमा और द्वितीया विभक्तियों में एतत्, एते, एतानि और शेष विभक्तियां पुंल्लिग की भाँति होती हैं।

२. नपुंसकलिंग में अदस् शब्द की प्रथमा और द्वितीया विभक्तियों में अदः, अमू, अमूनि और शेष विभक्तियां पुंल्लिग की भाँति होती हैं।

[1]यत् (जो)

पुंल्लिग				स्त्रीलिंग		
यः	यौ	ये	प्र०	या	ये	याः
यम्	यौ	यान्	द्वि०	याम्	ये	याः
येन	याभ्याम्	यैः	तृ०	यया	याभ्याम्	याभिः
यस्मै	याभ्याम्	येभ्यः	च०	यस्यै	याभ्याम्	याभ्यः
यस्मात्	याभ्याम्	येभ्यः	पं०	यस्याः	याभ्याम्	याभ्यः
यस्य	ययोः	येषाम्	ष०	यस्याः	ययोः	यासाम्
यस्मिन्	ययोः	येषु	स०	यस्याम्	ययोः	यासु

[2]किम् (कौन) ?

पुंल्लिग				स्त्रीलिंग		
कः	कौ	के	प्र०	का	के	काः
कम्	कौ	कान्	द्वि०	काम्	के	काः
केन	काभ्याम्	कैः	तृ०	कया	काभ्याम्	काभिः
कस्मै	काभ्याम्	केभ्यः	च०	कस्यै	काभ्याम्	काभ्यः
कस्मात्	काभ्याम्	केभ्यः	पं०	कस्याः	काभ्याम्	काभ्यः
कस्य	कयोः	केषाम्	ष०	कस्याः	कयोः	कासाम्
कस्मिन्	कयोः	केषु	स०	कस्याम्	कयोः	कासु

सर्वनाम शब्द और उनका प्रयोग

सर्वनाम का प्रयोग सामान्यतया नाम के स्थान पर किया जाता है, किन्तु जब एक से अधिक बार नाम का प्रयोग करने की आवश्यकता होती है तब सर्वनाम का ही प्रयोग किया जाता है। वाक्य में एक ही शब्द की आवृत्ति सुन्दर नहीं होती। अतः नाम के स्थान पर सर्वनाम का प्रयोग करते हैं जो कि नाम के ही लिङ्ग, विभक्ति और वचन ग्रहण करते हैं (यो यत्स्थानापन्नः स तद्धर्माँल्लभते)।

---

१. नपुंसकलिंग में यत् की प्र० द्वि० विभक्तियों में यत्, ये, यानि और शेष विभक्तियाँ पुंल्लिग की भाँति होती है।

२. नपुंसकलिंग में किम् शब्द की प्र० द्वि० विभक्तियों में किम्, के, कानि और शेष विभक्तियाँ पुंल्लिग की भाँति होती है।

इदमादि सर्वनाम शब्दों में इदम् (यह), अदस् (वह), युष्मद् (तू, तुम), अस्मद् (मैं, हम) और भवान् (आप) इन सभी के रूप निम्नलिखित अर्थों में प्रयुक्त होते हैं—

१—समीप की वस्तु या व्यक्ति के लिए 'इदम्' शब्द, अधिक समीप की वस्तु या व्यक्ति के लिए 'एतद्', शब्द, सामने के दूरवर्ती पदार्थ या व्यक्ति के लिए 'अदस्' और परोक्ष (जो सामने नहीं है) के पदार्थ या व्यक्ति के लिए 'तद्' शब्द का प्रयोग किया जाता है। जैसा कि कहा गया है—

इदमस्तु सन्निकृष्टे समीपतरवर्ति चैतदो रूपम्।
अदसस्तु विप्रकृष्टे तदिति परोक्षे विजानीयात्॥

२—जिस व्यक्ति या वस्तु के सम्बन्ध में एक बार कुछ कह कर फिर उसके विषय में कुछ कहना हो तो द्वितीया विभक्ति में, तृतीया विभक्ति के एकवचन में, और षष्ठी तथा सप्तमी विभक्तियों के द्विवचन में इदम् शब्द के स्थान में 'एन' आदेश होता है। यथा—अनेन व्याकरणमधीतम् एनं छन्दोऽध्यापय (इसने व्याकरण पढ़ लिया है, अब इसे छन्द पढ़ाइये); अनयोः पवित्रं कुलम्, एनयोः प्रभूतं स्वम् (इनका पवित्र कुल है, इनके पास बहुत धन है)।

इदम् और एनत् के वैकल्पिक रूप—

पुं०—एनम्, एनौ, एनान्; एनेन, एनयोः, एनयोः।

स्त्री०—एनाम्, एने, एनाः; एनया, एनयोः, एनयोः।

नपुं०—एनत्, एने, एनानि; एनेन, एनयोः, एनयोः।

३—युष्मद् और अस्मद् शब्दों की द्वितीया, चतुर्थी और षष्ठी के एकवचन में क्रमशः 'त्वा, ते, ते—मा, मे, मे'; द्विवचन में क्रमशः 'वाम्, वाम्, वाम् 'नौ नौ, नौ और बहुवचन में क्रमशः 'वः, वः, वः, 'नः, नः, नः आदेश होते हैं।* इनको प्रयोग में लाने के नियम ये हैं—

ये सब आदेश (त्वा, ते, मे आदि) वाक्य या श्लोक के चरण के आरम्भ में, 'च, वा, हा, अह, एव' इन पांच अव्ययों के योग में और सम्बोधन के परे

---

*श्रीशस्त्वाऽवतु माऽपीह दत्तात्ते मेऽपि शर्म सः।
स्वामी ते मेऽपि स हरिः पातु वामपि नौ विभुः॥
सुखं वां नौ ददात्वीशः पतिर्वामपि नौ हरिः।
सोऽव्याद्वो नः शिवं वो नो दद्यात्सेव्योऽत्र वः स नः॥

नहीं होते। यथा वाक्यारम्भ में—मम गृहं गच्छ (मेरे घर जाओ); इसमें 'मम' के स्थान पर 'मे' का प्रयोग नहीं होता। पाँच अव्ययों के योग में—स त्वां मां च जानाति (वह तुझे और मुझे जानता है)। इदं पुस्तकं तवैवास्ति (यह पुस्तक तेरी ही है)। हा मम मन्दभाग्यम् (हाय मेरा दुर्भाग्य)। इनमें क्रमशः त्वा, मा, ते, मे आदेश नहीं हुए। सम्बोधन के ठीक परे—बन्धो, मम ग्राममागच्छ (भाई, मेरे गाँव चलो)। यहाँ 'मम' के स्थान पर 'मे' का प्रयोग नहीं होता।

४—जब 'च' आदि अव्ययों का युष्मद्-अस्मद् के 'त्वा ते, मा मे' आदि संक्षिप्त रूपों से कोई सम्बन्ध नहीं होता तब ये आदेश हो सकते हैं। यथा—केशवः शिवश्च मे इष्टदेवौ (केशव और शिव मेरे इष्टदेव हैं)। यहाँ 'मे' का सम्बन्ध इष्टदेव से है और 'च' केशव और शिव को एक वाक्य के साथ मिलाता है।

५—जब सम्बोधन के साथ कोई विशेषण हो तब युष्मद् और अस्मद् को उक्त आदेश हो सकते हैं। यथा—हरे दयालो नः पाहि (हे दयालु हरि, हमारी रक्षा करो)।

६—सम्मान के अर्थ में युष्मद् के स्थान पर भवत्[1] शब्द का प्रयोग होता है। यथा—"रक्तमुखेन स प्रोक्तः—भो भवान् अभ्यागतः अतिथिः तद् भक्षयतु (भवान्) मया दत्तानि जम्बूफलानि" (रक्तमुख ने उससे कहा—सुनिये, आप अभ्यागत और अतिथि हैं, अतः आप मेरे दिये हुए जामुन के फल खाइये)।

७—सम्मान बोध के अभाव में भी युष्मद् के स्थान में 'भवत्' शब्द का प्रयोग होता है। यथा—अहमपि भवन्तं किमपि पृच्छामि (मैं भी आपसे कुछ पूछता हूँ)।

८—सम्मान बोध होने से कभी-कभी 'भवत्' शब्द के पहले 'अत्र' और 'तत्र' का प्रयोग मिलता है। सम्मान का पात्र यदि उपस्थित हो तो 'अत्रभवत्' और उपस्थित न हो तो 'तत्रभवत्'। यथा—अत्रभवन्तः विदाङ्कुर्वन्तु, अस्ति तत्रभवान् भवभूतिः नाम काश्यपः (आप लोग यह जानें कि श्री पूज्यपाद भवभूति कश्यपगोत्रीय हैं)। अत्रभवान् वसिष्ठ आज्ञापयति (पूज्यपाद वसिष्ठ जी

---

१. भवत् शब्द यद्यपि मध्यम पुरुष के स्थान में प्रयुक्त होता है, तथापि उसके साथ सदा प्रथम पुरुष की क्रिया लगती है।

आज्ञा देते हैं) । अपि कुशली तत्रभवान् कण्वः ? (पूजनीय कण्वजी कुशल से तो हैं?)। अत्रभवान् प्रयागीयविश्वविद्यालय-कुलपतिः अभिभाषते (ये इलाहाबाद यूनिवर्सिटी के कुलपति महोदय भाषण कर रहे हैं)।

९—भवत् शब्द के पूर्व 'एषः' और 'सः' का भी प्रयोग होता है, यथा—*एष भवान् अत्र वर्तते (आप यहीं हैं) । स भवान् मामेतदुक्तवान् (श्रीमान् ने मुझे ऐसा कहा है)।

इन सर्वनामों के अतिरिक्त त्वत्, त्व, त्यद् आदि सर्वनाम भी हैं जिनका बहुत कम प्रयोग किया जाता है।

१०—युष्मद्, अस्मद् और भवत् शब्दों को छोड़कर सब सर्वनाम विशेष्य और विशेषण दोनों हो सकते हैं। यथा—सर्वस्य हि परीक्ष्यन्ते स्वभावा नेतरे गुणाः (सबके स्वभाव की ही परीक्षा होती है, अन्य गुणों की नहीं)। अतीत्य हि गुणान् सर्वान् स्वभावो मूर्ध्नि वर्तते (क्योंकि सब गुणों के ऊपर स्वभाव ही रहता है)। इन उदाहरणों में 'सर्वस्य' विशेष्य और 'सर्वान्' विशेषण है।

११—सर्वनाम शब्दों के बाद सम्बन्धार्थ में 'ईय' आदि प्रत्यय होते हैं। जैसे—मदीय, मामक, मामकीन (मेरा); अस्मदीय, आस्माक, आस्माकीन, (हमारा); त्वदीय, तावक, तावकीन (तेरा); युष्मदीय, यौष्माक, यौष्माकीण, भवदीय (तुम्हारा); स्वीय, स्वकीय (अपना); परकीय (दूसरे का); तदीय (उसका)।

कुछ अन्य सादृश्यवाचक विशेषण—मादृशः, मत्समः, (मुझ सा); अस्मादृशः, अस्मत्समः (हम सा); त्वादृशः, त्वत्समः, (तुझ सा); युष्मादृशः, युष्मत्समः (तुम सा); भवादृशः, भवत्समः (आप सा); ईदृशः (ऐसा), कीदृशः (कैसा) ?

१२—प्रश्नार्थक और आश्चर्यार्थक 'क्या' का अनुवाद 'किम्', 'अपि' 'चित्' अथवा 'चन' और 'ननु' से किया जाता है, यथा—

किमिदमापतितम् (ओ ! यह क्या आ पड़ा) ?

अपि गतः प्राध्यापकः (क्या प्रोफेसर साहब चले गये) ?

किमप्यस्ति, किञ्चिदस्ति अथवा किञ्चनास्ति (कुछ है) ?

ननु जलयानं गतम् (क्या जहाज चला गया) ?

---

*'एषः' और सः' के बाद अकार को छोड़कर कोई भी अक्षर रहे तो विसर्ग का लोप हो जाता है ।

१३—'यत्' शब्द के साथ 'तत्' शब्द का नित्य सम्बन्ध होता है (यत्त-दोर्नित्यसम्बन्धः), किन्तु जहाँ 'यत्' शब्द उत्तर के वाक्य में आता है वहाँ पूर्व के वाक्य में 'तत्' शब्द का रखना जरूरी नहीं, यथा—

सोऽयं तव पुत्रः आगतः यः देव्या स्वकरकमलैरुपलालितः (यह तुम्हारा वह पुत्र आगया, जिसका देवी ने अपने हस्तकमलों से लालन-पालन किया था। किन्तु षोडशवर्षीया आसीत् सा ब्रह्मचारिणोढा (जो सोलह वर्षों की थी उसके साथ ब्रह्मचारी ने विवाह किया)।

यत् वदामि तत् शृणु (जो कहता हूँ वह सुनो)। किन्तु—

शृणोमि यत् वदसि (सुनता हूँ जो कहते हो)।

१४—संस्कृत भाषा में 'यह' या 'ऐसा' का अनुवाद 'यत्' शब्द से होता है, किन्तु कभी-कभी 'इति' शब्द से भी होता है, यथा—

ममेति निश्चयो यदहं पठिष्यामि (मेरा यह निश्चय है कि मैं पढ़ूंगा)।

जर्मन-शासकस्य हिटलरस्यैषा दशा भविष्यतीति को जानाति स्म (यह कौन जानता था कि जर्मनी के शासक हिटलर की यह दशा होगी)।

हिन्दी में अनुवाद करो

१—ग्रामोपकण्ठे विमलापं सरोऽस्ति, तस्मिन्सुखं स्नान्ति ग्रामीणाः। २—रामो राज्ञां सत्तमोऽभूद्। स पितुर्वचनं पालयन् वनं प्राव्रजत्। ३—वृत्तेन वर्णनीया रमेशसुता कमला नाम। तां परोक्षमपि प्रशंसति लोकः। ४—अमुं पुरः पश्यसि देवदारुं पुत्रीकृतोऽसौ वृषभध्वजेन। ५—स सम्बन्धी श्लाघ्यः प्रियसुहृदसौ तच्च हृदयम्। ६—सिध्यन्ति कर्मसु महत्स्वपि यन्नियोज्याः संभावनागुणमवेहि तमीश्वराणाम्। ७—यदेते गृहागतेषु शत्रुष्वप्यातिथेया भवन्ति स एषां कुलधर्मः।

संस्कृत में अनुवाद करो—

१—पिता ने कहा—वह मेरा योग्य शिष्य है, प्रिय पुत्र है। २—भारत-वासी अपने घर आये हुए शत्रु का भी जो आतिथ्य करते हैं, वह उनका कुल-धर्म है। ३—इन प्राणों के लिए मनुष्य क्या पाप नहीं करता? ४—कोई जन्म से देवता होते हैं और कोई कर्म से। दोनों का (उभयेषामपि) दुबारा जन्म नहीं होता। ५—गुरुजी, मेरा अपराध क्षमा कीजिये। ६—महाराज क्या मुझे बुला रहे हैं? ७—जो जिसको प्यारा है, वह उसके लिए अपूर्व

वस्तु है (किमपि द्रव्यम्)। ८—गोपाल, तुम किस जगह से आ रहे हो? ९—मैं अच्छी तरह जानता हूँ कि आप हमारे रिश्तेदार (सम्बन्धी) हैं। १०—आप दोनों की मित्रता कब से (कदाप्रभृति) है? ११—देवता और असुर दोनों ही (उभये) प्रजापति की सन्तान हैं। इनका आपस में (मिथः) लड़ाई-झगड़ा होता रहा है। १२—कहिये, क्या यह आपका कसूर नहीं है? १३—तुम स्वयं यहाँ चले आना। १४—हे परमेश्वर, आप हमारी रक्षा करें। १५—क्या रेलगाड़ी (वाष्पयानम्) चली गई? १६—लड़को, तुम क्या पूछना चाहते हो? १७—वे तुम्हारे कौन होते हैं? १८—यह हाथी किसका है? १९—लीजिये, यह आपकी चिट्ठी है। २०—जो ठण्डक है वह पानी का स्वभाव है। (शैत्यं हि यत् सा प्रकृतिर्जलस्य)।

सन्धियाँ

ध्यान से देखें ये शब्द कैसे मिलते हैं—देव+अरिः=देवारिः। वाक्+ईशः=वागीशः। देवः+तिष्ठति=देवस्तिष्ठति। देव+इन्द्रः=देवेन्द्रः। तत्+श्रुत्वा=तच्छ्रुत्वा। हरः+अवदत्=हरोऽवदत्। यदि+अपि=यद्यपि। हरिम्+वन्दे=हरिं वन्दे। सः गच्छति=स गच्छति।

ऊपर के शब्दों को देखने से ज्ञात हुआ कि संस्कृत के प्रत्येक शब्द के अन्त में कोई स्वर, व्यंजन, अनुस्वार अथवा विसर्ग रहता है और उस शब्द के बाद जब किसी दूसरे शब्द के होने पर उनका मेल होता है, तब पूर्व शब्द के अन्त वाले स्वर, व्यञ्जन आदि में कुछ परिवर्तन हो जाता है। इस प्रकार का मेल हो जाने से जो परिवर्तन होता है, उसे **सन्धि** कहते हैं। इस परिवर्तन से कहीं पर, (१) दो अक्षरों के स्थान पर एक नया अक्षर हो जाता है, जैसे—रमा+ईशः=रमेशः; (२) कहीं पर एक अक्षर का लोप हो जाता है, जैसे—छात्राः+गच्छन्ति=छात्रा गच्छन्ति; और (३) कहीं पर दो अक्षरों के बीच में एक नया अक्षर आ जाता है, जैसे—धावन्+अश्वः=धावन्नश्वः। यहाँ एक 'न्' और आ गया।

*सन्धियाँ तीन प्रकार की हैं—स्वरसन्धि, व्यंजनसन्धि और विसर्गसन्धि।

---

*कुछ अध्यापक छात्रों में भ्रमात्मक प्रचार करते हैं कि वाक्य में सन्धि वैकल्पिक है और वे इस कारिका को उद्धृत करते हैं—"संहितैकपदे नित्या नित्या धातूपसर्गयोः। नित्या समासे, वाक्ये तु सा विवक्षामपेक्षते।" निःसन्देह यह कारिका वाक्य के अन्तर्गत पदों के बीच सन्धि को वैकल्पिक कहती है, किन्तु इसका विकल्प से होना सीमा-बद्ध है। संहिता शब्द का भाव है—स्वरों एवं व्यंजनों का एक-दूसरे के अनन्तर आना; परन्तु सन्धि के नियम तभी लागू होते हैं जब वाक्यगत शब्दों में संहिता हो अर्थात् विराम न हो। विराम होने पर सन्धि नहीं होती, यथा—"मित्र, एहि, अनुगृहाणेमं

स्वरसन्धि

एक स्वर के साथ दूसरे स्वर के मेल होने से जो परिवर्तन होता है, उसे स्वरसन्धि कहते हैं। स्वरसन्धि में निम्नलिखित सन्धियाँ मुख्य हैं—

१—दीर्घसन्धि

जब ह्रस्व या दीर्घ स्वर के बाद ह्रस्व या दीर्घ स्वर आये तब दोनों के स्थान में दीर्घ स्वर हो जाता है (अकः सवर्णे दीर्घः)। जैसे, रत्न+आकरः= रत्नाकरः।

यहाँ पर 'रत्न' के 'त्न' में जो ह्रस्व अकार है उसके बाद 'आकरः' का दीर्घ 'आ' आता है, इसलिए ऊपर के नियम के अनुसार दोनों (रत्न के ह्रस्व 'अ' और आकरः के दीर्घ 'आ') के स्थान में दीर्घ 'आ' हो गया। इसी प्रकार—

सुर+अरिः=सुरारिः।	गिरि+इन्द्रः=गिरीन्द्रः।
हिम+आलयः=हिमालयः।	क्षिति+ईशः=क्षितीशः।
दया+अर्णवः=दयार्णवः।	सुधी+इन्द्रः=सुधीन्द्रः।
विद्या+आलयः=विद्यालयः।	श्री+ईशः=श्रीशः।
गुरु+उपदेशः=गुरूपदेशः।	वधू+उत्सवः=वधूत्सवः।
लघु+ऊर्मिः=लघूर्मिः।	पितृ+ऋणम्=पितॄणम्।

२—गुणसन्धि

यदि 'अ' अथवा 'आ' के बाद ह्रस्व 'इ' या दीर्घ 'ई' हो तो दोनों के स्थान में 'ए' हो जाता है; और यदि ह्रस्व 'उ' या दीर्घ 'ऊ' हो तो दोनों के स्थान में 'ओ' हो जाता है; और यदि ह्रस्व 'ऋ' या दीर्घ 'ॠ' हो तो दोनों के स्थान में 'अर्' हो जाता है; और यदि ऌ हो तो दोनों के स्थान में 'अल्' हो जाता है (अदेङ्गुणः आद्गुणः)। इस सन्धि को गुणसन्धि कहते हैं। यथा— देव+इन्द्रः=देवेन्द्रः। यहाँ पर देव के 'व' में जो 'अ' है, उसके बाद इन्द्र की 'इ' आती है, इसलिए ऊपर के नियम के अनुसार दोनों (देव के 'अ' और इन्द्र की 'इ') के स्थान में 'ए' गुण हो गया। इसी प्रकार—

जनम्।" यहाँ भिव और एहि के बीच में विराम अपेक्षित है, परन्तु 'अनुगृहाण' और 'इमम्' के बीच में अवश्य सन्धि होती है। श्लोक के प्रथम और तृतीय चरणों के बाद शिष्टों ने विराम नहीं माना, अतः वहाँ अवश्य सन्धि होती है। बाणभट्ट एवं सुबन्धु के गद्यों में वाक्य के अन्तर्गत पदों में सदैव सन्धि मिलती है।

सुर + ईशः = सुरेशः । गंगा + उदकम् = गंगोदकम् ।
तथा + इति = तथेति । पीन + ऊरुः = पीनोरुः ।
रमा + ईशः = रमेशः । देव + ऋषिः = देवर्षिः ।
हित + उपदेशः = हितोपदेशः । महा + ऋषिः = महर्षिः ।

३—वृद्धिसन्धि

जब 'अ' या 'आ के बाद 'ए' या 'ऐ' हो तब दोनों (अ + ए या अ + ऐ) के स्थान में 'ऐ' हो जाता है और जब 'ओ' या 'औ' हो तब दोनों के स्थान में 'औ' हो जाता है (वृद्धिरादैच्, वृद्धिरेचि)। जैसे—

अद्य + एव = अद्यैव । महा + ओषधिः = महौषधिः ।
तथा + एव = तथैव । महा + औषधम् = महौषधम् ।
तण्डुल + ओदनम् = तण्डुलौदनम् ।

४—यण् सन्धि

(१) जब ह्रस्व इ या दीर्घ ई के बाद इ, ई को छोड़कर कोई दूसरा स्वर हो तब 'इ, ई' के स्थान में 'य्' हो जाता है (इको यणचि)।

(२) जब उ या ऊ के बाद उ ऊ को छोड़कर कोई दूसरा स्वर हो तब 'उ, ऊ' के स्थान में 'व्' हो जाता है (इको यणचि)।

(३) जब ऋ या ॠ के बाद ऋ ॠ को छोड़कर कोई दूसरा स्वर हो तब 'ऋ, ॠ के स्थान में 'र्' हो जाता है (इको यणचि)। जैसे—

(क) यदि + अपि = यद्यपि । (ख) अनु + अयः = अन्वयः ।
नदी + उदकम् = नद्युदकम् । गुरु + आदेशः = गुर्वादेशः ।
इति + आह = इत्याह । वधू + आदेशः = वध्वादेशः ।
प्रति + एकम् = प्रत्येकम् । (ग) पितृ + उपदेशः = पित्रुपदेशः ।
प्रति + उपकारः = प्रत्युपकारः । मातृ + अनुमतिः = मात्रनुमतिः ।

५—अयादि चतुष्टय

ए, ऐ, ओ, औ के बाद जब कोई स्वर आता है तब 'ए' के स्थान में 'अय्', 'ओ' के स्थान में अव्, 'ऐ' के स्थान में 'आय्' और 'औ' के स्थान में 'आव्' हो जाता है (एचोऽयवायावः)। जैसे—

शे + अनम् = शयनम् । भो + अति = भवति ।

ने + अनम् = नयनम् । बटो + ऋक्षः = बटवृक्षः ।
ने + अकः = नायकः । पौ + अकः = पावकः ।

६—पूर्वरूप

यदि किसी पद (सुबन्त या तिङन्त) के अन्त में 'ए' हो और उसके बाद ह्रस्व 'अ' हो तो 'अ' को पूर्वरूप (ए या ओ जैसा रूप) हो जाता है, और 'अ' के स्थान में पूर्वरूप-सूचक चिह्न (ऽ) लगता है (एङः पदान्तादति)। जैसे—

वृक्षे + अस्मिन् = वृक्षेऽस्मिन् । गुरो + अव = गुरोऽत्र ।
बालो + अवदत् = बालोऽवदत् । वने + अत्र = वनेऽत्र ।

७—प्रकृतिभाव

यदि द्विवचनान्त शब्द के अन्त में ई, ऊ, ए हो और उसके बाद यदि द्विवचनान्त शब्द के आदि में कोई स्वर हो तो ई, उ, ए ज्यों-के-त्यों रहते हैं (ईदूदेद् द्विवचनं प्रगृह्यम्), जैसे—

मुनी + इमौ = मुनी इमौ। गंगे + अमू = गंगे अमू ।
साधू + एतौ = साधू एतौ । (गंगेऽमू नहीं होता ।)

हल्सन्धि

(१) यदि कोई स्वर, या वर्ग के तीसरे, चौथे अक्षर अथवा य् र् ल् व् बाद में हों तो पूर्व पद के अन्तवाले क् च् ट् त् प् के स्थान में क्रमशः ग् ज् ड् द् ब् हो जाते हैं। (झलां जशोऽन्ते), जैसे—

वाक् + दानम् = वाग्दानम् । जगत् + ईशः = जगदीशः ।
दिक् + अम्बरः = दिगम्बरः । सत् + आचारः = सदाचारः ।
अच् + अन्तः = अजन्तः । तत् + धनम् = तद्धनम् ।
षट् + दर्शनम् = षड्दर्शनम् । जगत् + बन्धुः = जगद्बन्धुः ।
अप् + जम् = अब्जम् ।

(२) झलों (वर्गों के प्रथम, द्वितीय तृतीय और चतुर्थ) को जश् (अपने-अपने वर्ग का तृतीय अक्षर) होता है यदि बाद में झश् (वर्गों के तृतीय या चतुर्थ अक्षर) हों (झलां जश् झशि)। यथा—

ऋध् + धिः = ऋद्धिः । सिध् + धिः = सिद्धिः ।
क्षुभ् + धः = क्षुब्धः । (यह नियम पद के बीच में लगता है ।)

(३) यदि अनुनासिक अक्षरों को छोड़कर वर्ग के किसी अक्षर के बाद ह् हो तो उस अक्षर के स्थान में उसी वर्ग का तीसरा अक्षर (ग् ज् ड् द् ब्) और ह के स्थान में क्रमशः उसी वर्ग का चौथा अक्षर (घ् झ् ढ् ध् भ्) हो जाते हैं। (झयो होऽन्यतरस्याम्), जैसे—

वाक् + हरिः = वाग्घरिः। तत् + हितः = तद्धितः।
अच् + ह्रस्वः = अज्झ्रस्वः। अप् + हरणम् = अब्भरणम्।
षट् + हलानि = षड्ढलानि।

(४) जब स् या तवर्ग (त् थ् द् ध् न्) से पहले या बाद में श् या चवर्ग (च् छ् ज् झ् ञ्) कोई भी हो तब स् के स्थान में श् और तवर्ग के स्थान में चवर्ग होता है (स्तोः श्चुना श्चुः)। जैसे—

शिशुस् + शेते = शिशुश्शेते। तत् + छविः = तच्छविः।
कस् + चित् = कश्चित्। एतत् + जलम् = एतज्जलम्।
सत् + चरितम् = सच्चरितम्। बृहद् + झरः = बृहज्झरः।
शत्रून् + जयति = शत्रूञ्जयति। याच् + ना = याच्ञा।

(५) जब स् या तवर्ग के बाद में या पहले ष या टवर्ग आते हैं तब स् के स्थान में ष् और तवर्ग के स्थान में टवर्ग हो जाता है (ष्टुना ष्टुः)। जैसे—

रामस् + षष्ठः = रामष्षष्ठः। इष् + तः = इष्टः।
तत् + टीका = तट्टीका। राष् + त्रम् = राष्ट्रम्।
उत् + डयनम् = उड्डयनम्।

(६) यदि त् द् और न् के बाद 'ल्' आये तो त् द् न् के स्थान में ल् हो जाता है और न् के स्थान में अनुनासिक (ँ) हो जाता है (तोर्लिः)। जैसे—

उत् + लेखः = उल्लेखः। महान् + लाभः = महाँल्लाभः।
कश्चिन् + लभते = कश्चिल्लभते।

(७) यदि पद के अन्त में वर्गों के प्रथम वर्ण (क् च् ट् त् प्) के बाद में न या म आये तो वर्ग के पहले अक्षर के स्थान में उसी वर्ग का तीसरा या पाँचवाँ अक्षर हो जाता है और यदि प्रत्यय बाद में हो तो पाँचवाँ ही अक्षर होता है (यरोऽनुनासिकेऽनुनासिको वा)। जैसे—

दिक्+नागः=दिग्नागः, दिङ्नागः । जगत्+नाथः=जगद्नाथः, जगन्नाथः । वेगात्+नयति=वेगाद्नयति, वेगान्नयति । (प्रत्यय) वाक्+मयम्=वाङ्मयम् ।

(८) यदि पद के अन्त में 'म्' हो और उसके बाद व्यञ्जन हो तो 'म्' के स्थान में अनुस्वार हो जाता है, बाद में स्वर हों तो नहीं (मोऽनुस्वारः) ।
गृहम्+चलति=गृहं चलति, हरिम्+वन्दे=हरिं वन्दे ।
मृत्युम्+जयति=मृत्युं जयति, । मधुरम्+हसति=मधुरं हसति । सम्+गमः =संगमः ।

स्वर परे रहने पर म् स्वर के साथ मिल जाता है । जैसे—सम्+आचारः =समाचारः ।

(९) यदि पद के अन्त में 'न्' हो और उसके बाद च् छ् ट् ठ् त् थ् हो तो 'न्' के स्थान में अनुस्वार और च् छ् ट् ठ् त् थ् के स्थान में क्रमशः श्च, श्छ, ष्ट्, ष्ठ्, स्थ् हो जाते हैं (नश्छव्यप्रशान्) । जैसे—

कस्मिन्+चित्=कस्मिंश्चित् ।	महान्+ठक्कुरः=महांष्ठक्कुरः
महान्+छेदः=महांश्छेदः	पतन्+तरुः=पतंस्तरुः ।
चलन्+टिट्टिभः=चलंष्टिट्टिभः ।	क्षिपन्+थूत्कारः=क्षिपंस्थूत्कारः ।

(१०) जब पद के अन्तवाले 'त्' 'न्' के बाद 'श्' हो तो 'त्' के स्थान में 'च्' और 'न्' के स्थान में 'ञ्' तथा 'श्' के स्थान में 'छ्' हो जाता है । (शश्छोऽटि) । जैसे—

तत्+श्रुत्वा=तच्छ्रुत्वा, तच्श्रुत्वा ।
धावन्+शशः=धावञ्छशः, धावञ्शशः ।

(११) यदि ह्रस्व स्वर के बाद ङ् ण् न् हों और उनके बाद कोई स्वर हो तो एक-एक ङ् ण् न् के स्थान में दो-दो ङ् ण् न् हो जाते हैं । (ङमो ह्रस्वादचि ङमुण् नित्यम्) । यथा—

प्रत्यङ्+आत्मा=प्रत्यङ्ङात्मा ।	धावन्+अश्वः=धावन्नश्वः ।
सुगण्+ईशः=सुगण्णीशः ।	

(१२) यदि ह्रस्व स्वर के बाद छ् आये तो छ् के साथ एक च् मिल जाता है और दीर्घ स्वर के बाद च् मिलता भी है और नहीं भी मिलता । (छे च, पदान्ताद्वा) । यथा—
वृक्ष+छाया=वृक्षच्छाया । लक्ष्मी+छाया=लक्ष्मीच्छाया, लक्ष्मीछाया ।

विसर्गसन्धि

(१) यदि विसर्ग के बाद च् छ् हों तब विसर्ग के स्थान में श्, यदि विसर्ग के बाद त् थ् और स् हों तब विसर्ग के स्थान में स्, और यदि विसर्ग के बाद ट् ठ् हों तब विसर्ग के स्थान में ष् हो जाता है (विसर्जनीयस्य सः) और यदि विसर्ग के बाद श् ष् स् हों तो विसर्ग को विकल्प से श् ष् स् हो जाता है (वा शरि)। जैसे—

बालः + चलति = बालश्चलति। धनु + टंकारः = धनुष्टंकारः।
निः + छलः = निश्छलः। निः + सारः = निस्सारः, निःसारः
देवः + तिष्ठति = देवस्तिष्ठति। हरिः + शेते = हरिश्शेते, हरिःशेते।

(२) विसर्ग के पूर्व जब ह्रस्व अ हो और बाद में ह्रस्व अ या वर्ग का तीसरा, चौथा, पाँचवाँ अक्षर अथवा य् र् ल् व् ह् हों तब विसर्ग को 'उ' हो जाता है (अतो रोरप्लुतादप्लुते, हशि च)। इस उ को पूर्ववर्ती अ के साथ गुण करके ओ हो जाता है और बाद में यदि अ हो तो उस अ का लोप हो जाता है और ओ के बाद अ का लोपसूचक चिह्न (ऽ) लगता है। यथा—

यशः + अभिलाषी = यशोऽभिलाषी। यशः + दा = यशोदा।
देवः + अपि = देवोऽपि। मनः + भावः = मनोभावः।
कः + अवदत् = कोऽवदत्। बालः + वदति = बालो वदति।
मनः + गतः = मनोगतः। मनः + हरः = मनोहरः।

(३) यदि अकारपूर्व विसर्ग के बाद अ के अतिरिक्त कोई और स्वर हो तो अ के बाद विसर्ग का लोप हो जाता है और फिर सन्धि नहीं होती। यथा—

बालः + आगच्छति = बाल आगच्छति। अतः + एव = अतएव।
यशः + इच्छति = यश इच्छति। पुष्पेभ्यः + उद्यानम् = पुष्पेभ्य उद्यानम्।

(४) यदि आ के बाद विसर्ग हो और उसके बाद कोई स्वर अथवा वर्ग के प्रथम, द्वितीय अक्षरों को छोड़कर कोई अन्य अक्षर या य् र् ल् व् ह् हों तो विसर्ग का लोप हो जाता है। (अतोऽशि विसर्गस्य लोपः), यथा—

छात्राः + अपि = छात्रा अपि। अश्वाः + गच्छन्ति = अश्वा गच्छन्ति।
नराः + इच्छन्ति = नरा इच्छन्ति। नराः + हसन्ति = नरा हसन्ति।

(५) यदि विसर्ग के पहले अ आ को छोड़कर दूसरा स्वर हो और विसर्ग के बाद स्वर, या वर्ग के तीसरे, चौथे, पाँचवें अक्षर अथवा य् र् ल् व् ह् हों तो विसर्ग के स्थान में र् हो जाता है (इचोऽशि विसर्गस्य रः)। यथा—

निः + धनः = निर्धनः । निः + आधारः = निराधारः ।
बहिः + देशः = बहिर्देशः । भानुः + उदेति = भानुरुदेति ।
भानोः + मयूखाः = भानोर्मयूखाः ।

अ के बाद यदि र् से विसर्ग बना हो तो विसर्ग को र् हो जाता है । जैसे—

पुनः + अपि = पुनरपि । भ्रातः + आगच्छ = भ्रातरागच्छ ।
प्रातः + एव = प्रातरेव । मातः + देहि = मातर्देहि ।
स्वः + गतः = स्वर्गतः ।

(६) यदि र् के बाद र् हो तो पहले र् का लोप हो जाता है और उसके पूर्व स्वर को दीर्घ हो जाता है । (रो रि, ढ्रलोपे पूर्वस्य दीर्घोऽणः), यथा—
पुनर् + रचना = पुनारचना । भानुर् + राजते = भानू राजते ।
निर् + रोगः = नीरोगः । साधोर् + रुचिः = साधो रुचिः ।

(७) यदि 'सः' और 'एषः' के बाद अ से भिन्न कोई अक्षर हो तो विसर्ग का लोप हो जाता है (एतत्तदोः सुलोपोऽकोरनञ्समासे हलि) । यथा—

सः + पठति = स पठति । एषः + आगच्छत् = एष आगच्छत् ।
सः + उवाच = स उवाच । एषः + वदति = एष वदति ।
(स उवाच के बीच में विसर्ग का लोप होने से कोई अन्य सन्धि नहीं होती ।)

न् का ण् में परिवर्तन

ऋ, ॠ, र् और ष् इन चार वर्णों से परे न् को ण् होता है । जैसे—नृणाम्-नॄणाम्, चतसृणाम्, भ्रातॄणाम्, चतुर्णाम्, विस्तीर्णम्, दोष्णाम्, पुष्णाति ।

[1]ऋ ॠ र् और ष् से परे स्वर वर्ण, कवर्ग, पवर्ग, य्, व्, र्, ह् तथा आ और न् का व्यवधान होने पर भी—अर्थात् ये सब बीच में पड़ जायें तो भी—न् को ण् होता है (अट्कुप्वाङ्नुम्व्यवायेऽपि) । जैसे—कराणाम्, करिणा, गुरुणा, मृगेण, मूर्खेण, दर्पेण, रयेण, गर्वेण, प्रहाणाम् ।

पद के अन्त वाले न् को ण् नहीं होता । जैसे—रामान्, हरीन्, गुरून्, वृक्षान्, भ्रातॄन् ।

---

१. इनके अतिरिक्त अक्षरों का व्यवधान होने पर ण् नहीं होता । जैसे—अर्चना, किरीटेन, अर्थेन, स्पर्शेन, रसेन, दृढानाम्, अर्जनम् ।

स् का ष् में परिवर्तन

अ, आ से भिन्न स्वर, र् अथवा कवर्ग से परे आदेश और प्रत्यय के स् को ष् होता है। जैसे—मुनिषु, वधूषु, भ्रातृषु, देवेषु, अनैषीत्, दिक्षु, चतुर्षु,[1]

अनुस्वार, विसर्ग, श्, ष्, स् का व्यवधान होने पर अर्थात् इनके बीच में रहने पर भी स् को ष् होता है। यथा—हवींषि, धनूंषि, आशीःषु, आयुःषु, चक्षुःषु। किन्तु पुंसु में स् को ष् नहीं होता।

हिन्दी में अनुवाद करो और सन्धि-विच्छेद करके सन्धिनियम बताओ—

१. विषमप्यमृतं क्वचिद्भवेदमृतं वा विषमीश्वरेच्छया। २. पिबन्त्येवोदकं गावो मण्डूकेषु रुवत्स्वपि। ३. नाग्निस्तृप्यति काष्ठानां नापगानां महोदधिः। ४. प्राणव्ययाय शूराणां जायते हि रणोत्सवः। ५. अहं स ते परं मित्रमुपकारवशीकृतः। ६. यद्भवान्मधुरं वक्ति तन्मह्यं नाद्य रोचते। ७. शरदभ्रचलाश्चलेन्द्रियैरसुरक्षा हि बहुच्छलाः श्रियः। ८. सुखाच्च यो याति नरो दरिद्रतां धृतः शरीरेण मृतः स जीवति। ९. को नाम लोके स्वयमात्मदोषमुद्घाटयेन्नष्टघृणः सभासु। १०. विवक्षता दोषमपि च्युतात्मना त्वयैकमीशं प्रति साधु भाषितम्। ११. यास्यत्यद्य शकुन्तला पतिगृहं सर्वैरनुज्ञायताम्। १२. नाहं जानामि केयूरे नाहं जानामि कुण्डले। नूपुरे त्वभिजानामि नित्यं पादाभिवन्दनात्॥

संस्कृत में अनुवाद करो

१. मेरा भतीजा (भ्रातृव्यः) इस वर्ष लखनऊ विश्वविद्यालय में संस्कृत की एम० ए० परीक्षा में प्रथम रहा। (प्रथम इति निर्दिष्टोऽभूत्)। २. बुद्धिमान[2] पाठ को जल्दी कण्ठस्थ कर लेता है और देर तक याद रखता है। ३. कोसे जल से (कदुष्णेन जलेन) स्नान करो, इससे आपको सुख होगा। ४. यदि वह पाप को धोना चाहता है (प्रमार्ष्टुमिच्छति) तो उसे ब्राह्मण को दस गाय और एक बैल (वृषभैकादश गाः) देने चाहिएँ। ५. अमित तेजवाले और पापों से विशुद्ध (अमिततेजसः पूतपापाः) ऋषि भारत में रहते थे। *६. जितना

---

१. सात् प्रत्यय के स् को ष् नहीं होता। जैसे—नदीसात्, वायुसात्, भ्रातृसात्, वह्निसात्।

२. मेधावी क्षिप्रं स्मरति चिरं च धारयति।

*यथा यथाहं संस्कृतं वाङ्मयमधीये तथा तथास्मत्संस्कृतेर्गौरवं प्रति प्रत्यायितोऽजाये।

अधिक संस्कृत साहित्य का मैंने अध्ययन किया उतना ही अधिक मुझे अपनी संस्कृति पर विश्वास होता गया। ७. वह इतना चञ्चल (तथा चपलः) है कि एक क्षण भी चुपचाप (निश्चलम्) नहीं बैठ सकता। ×८. वह भले ही प्राणों को छोड़ दे पर शत्रु के आगे न झुकेगा। ९. अनुवाद करना विशेषज्ञों के लिए भी कठिन है (अनीषत्करोऽनुवादो विशेषज्ञैः) साधारण छात्रों का तो कहना ही क्या है (किं पुनः)? १०. सूर्य पूर्व में उदय होता है (उदेति) और पश्चिम में अस्त होता है (अस्तमेति), यह कथन मिथ्या है।

———

×कामं प्राणान् त्यजेत् न पुनरसौ शत्रोः पुरतो वैतसीं वृत्तिमाश्रयेत्।

द्वितीयोऽध्यायः

शब्दरूप-संग्रह (हलन्त), पुंल्लिंग

१—राजन् (राजा) २—महत् (बड़ा)

एकव०	द्विव०	बहुव०		एकव०	द्विव०	बहुव०
राजा	राजानौ	राजानः	प्र०	महान्	महान्तौ	महान्तः
राजानम्	राजानौ	राज्ञः	द्वि०	महान्तम्	महान्तौ	महतः
राज्ञा	राजभ्याम्	राजभिः	तृ०	महता	महद्भ्याम्	महद्भिः
राज्ञे	राजभ्याम्	राजभ्यः	च०	महते	महद्भ्याम्	महद्भ्यः
राज्ञः	राजभ्याम्	राजभ्यः	पं०	महतः	महद्भ्याम्	महद्भ्यः
राज्ञः	राज्ञोः	राज्ञाम्	ष०	महतः	महतोः	महताम्
राज्ञि, राजनि	राज्ञोः	राजसु	स०	महति	महतोः	महत्सु
हे राजन्	हे राजानौ	हे राजानः	सं०	हे महन्	हे महान्तौ	हे महान्तः

स्त्रीलिंग में नदी शब्द की भाँति महती, महत्यौ, महत्यः आदि रूप चलते हैं। नपुंसकलिंग की प्रथमा और द्वितीया में महत्, महती, महान्ति रूप होते हैं और शेष विभक्तियों के रूप पुंल्लिंग की भाँति होते हैं।

इसी प्रकार, धीमत् (बुद्धिमान), श्रीमत्, बुद्धिमत्, बलवत्, विद्यावत्, धनुष्मत्, सानुमत् (पहाड़), भास्वत् (सूर्य), मघवत् (इन्द्र), सरस्वत् (समुद्र), ज्ञानवत्, गतवत् आदि।

३—भगवत् (देवता, विष्णु)

प्र०	भगवान्	भगवन्तौ	भगवन्तः
द्वि०	भगवन्तम्	भगवन्तौ	भगवतः
तृ०	भगवता	भगवद्भ्याम्	भगवद्भिः
च०	भगवते	भगवद्भ्याम्	भगवद्भ्यः
पं०	भगवतः	भगवद्भ्याम्	भगवद्भ्यः
ष०	भगवतः	भगवतोः	भगवताम्

स०	भगवति			भगवतोः		भगवत्सु
सं०	हे भगवन्			हे भगवन्तौ		भगवन्तः

४—आत्मन् (आत्मा)				५—पठत् (पढ़ता हुआ)		
आत्मा	आत्मानौ	आत्मानः	प्र०	पठन्	पठन्तौ	पठन्तः
आत्मानम्	आत्मानौ	आत्मनः	द्वि०	पठन्तम्	पठन्तौ	पठतः
आत्मना	आत्मभ्याम्	आत्मभिः	तृ०	पठता	पठद्भ्याम्	पठद्भिः
आत्मने	आत्मभ्याम्	आत्मभ्यः	च०	पठते	पठद्भ्याम्	पठद्भ्यः
आत्मनः	आत्मभ्याम्	आत्मभ्यः	पं०	पठतः	पठद्भ्याम्	पठद्भ्यः
आत्मनः	आत्मनोः	आत्मनाम्	ष०	पठतः	पठतोः	पठताम्
आत्मनि	आत्मनोः	आत्मसु	स०	पठति	पठतोः	पठत्सु
हे आत्मन्	हे आत्मानौ	हे आत्मानः	सं०	हे पठन्	हे पठन्तौ	हे पठन्तः

स्त्रीलिंग में नदी की तरह पठन्ती, पठन्त्यौ, पठन्त्यः आदि रूप और नपुं० लिंग की प्र० द्वि० में पठत्, पठन्ती, पठन्ति और शेष विभक्तियों के रूप पुंल्लिग की भाँति होते हैं। पठत् शब्द की भाँति—पश्यत् (देखता हुआ), गच्छत् (जाता हुआ), वसत् (वास करता हुआ), पिबत् (पीता हुआ), पृच्छत् (पूछता हुआ), खादत् (खाता हुआ), चोरयत् (चोरी करता हुआ)।

६—श्वन् (कुत्ता)				७—युवन् (जवान आदमी)		
श्वा	श्वानौ	श्वानः	प्र०	युवा	युवानौ	युवानः
श्वानम्	श्वानौ	शुनः	द्वि०	युवानम्	युवानौ	यूनः
शुना	श्वभ्याम्	श्वभिः	तृ०	यूना	युवभ्याम्	युवभिः
शुने	श्वभ्याम्	श्वभ्यः	च०	यूने	युवभ्याम्	युवभ्यः
शुनः	श्वभ्याम्	श्वभ्यः	पं०	यूनः	युवभ्याम्	युवभ्यः
शुनः	शुनोः	शुनाम्	ष०	यूनः	यूनोः	यूनाम्
शुनि	शुनोः	श्वसु	स०	यूनि	यूनोः	युवसु
हे श्वन्	हे श्वानौ	हे श्वानः	सं०	हे युवन्	हे युवानौ	हे युवानः

मघवन् (इन्द्र) की विभक्तियाँ युवन् की तरह होती हैं।

८—पथिन् (मार्ग)				९—विद्वस् (विद्वान्)		
पन्थाः	पन्थानौ	पन्थानः	प्र०	विद्वान्	विद्वांसौ	विद्वांसः
पन्थानम्	पन्थानौ	पथः	द्वि०	विद्वांसम्	विद्वांसौ	विदुषः
पथा	पथिभ्याम्	पथिभिः	तृ०	विदुषा	विद्वद्भ्याम्	विद्वद्भिः

पथे	पथिभ्याम्	पथिभ्यः	च०	विदुषे	विद्वद्भ्याम्	विद्वद्भ्यः
पथः	पथिभ्याम्	पथिभ्यः	पं०	विदुषः	विद्वद्भ्याम्	विद्वद्भ्यः
पथः	पथोः	पथाम्	ष०	विदुषः	विदुषोः	विदुषाम्
पथि	पथोः	पथिषु	स०	विदुषि	विदुषोः	विद्वत्सु
हे पन्थाः	हे पन्थानौ	हे पन्थानः	सं०	हे विद्वन्	हे विद्वांसौ	हे विद्वांसः

इसी भाँति—श्रेयस् (अच्छा), कनीयस् (छोटा), ज्यायस् (बड़ा), प्रेयस् (प्रियतर)।

१०—चन्द्रमस् (चन्द्रमा) ११—करिन् (हाथी)

चन्द्रमाः	चन्द्रमसौ	चन्द्रमसः	प्र०	करी	करिणौ	करिणः
चन्द्रमसम्	चन्द्रमसौ	चन्द्रमसः	द्वि०	करिणम्	करिणौ	करिणः
चन्द्रमसा	चन्द्रमोभ्याम्	चन्द्रमोभिः	तृ०	करिणा	करिभ्याम्	करिभिः
चन्द्रमसे	चन्द्रमोभ्याम्	चन्द्रमोभ्यः	च०	करिणे	करिभ्याम्	करिभ्यः
चन्द्रमसः	चन्द्रमोभ्याम्	चन्द्रमोभ्यः	पं०	करिणः	करिभ्याम्	करिभ्यः
चन्द्रमसः	चन्द्रमसोः	चन्द्रमसाम्	ष०	करिणः	करिणोः	करिणाम्
चन्द्रमसि	चन्द्रमसोः	चन्द्रमस्सु-मःसु	स०	करिणि	करिणोः	करिषु
हे चन्द्रमः	हे चन्द्रमसौ	हे चन्द्रमसः	सं०	हे करिन्	हे करिणौ	हे करिणः

चन्द्रमस् की तरह—वनौकस् (वनवासी)। वेधस् (ब्रह्मा)। दिवौकस् (देवता)। दुर्वासस् (दुर्वासा ऋषि)।

करिन् की भाँति—गुणिन् (गुणवाला), शशिन् (चन्द्रमा), दण्डिन् (दण्डधारी), कुशलिन् (सुखी), पक्षिन् (पक्षी), स्वामिन् (स्वामी), शिखरिन् (पर्वत), मन्त्रिन् (मन्त्री)।

१२—पुंस् (पुरुष) १३—तादृश् (उस जैसा)

पुमान्	पुमांसौ	पुमांसः	प्र०	तादृक्	तादृशौ	तादृशः
पुमांसम्	पुमांसौ	पुंसः	द्वि०	तादृशम्	तादृशौ	तादृशः
पुंसा	पुम्भ्याम्	पुम्भिः	तृ०	तादृशा	तादृग्भ्याम्	तादृग्भिः
पुंसे	पुम्भ्याम्	पुम्भ्यः	च०	तादृशे	तादृग्भ्याम्	तादृग्भ्यः
पुंसः	पुम्भ्याम्	पुम्भ्यः	पं०	तादृशः	तादृग्भ्याम्	तादृग्भ्यः
पुंसः	पुंसोः	पुंसाम्	ष०	तादृशः	तादृशोः	तादृशाम्
पुंसि	पुंसोः	पुंसु	स०	तादृशि	तादृशोः	तादृक्षु
हे पुमन्	हे पुमांसौ	हे पुमांसः	सं०	हे तादृक्	हे तादृशौ	हे तादृशः

तादृश् की भाँति—ईदृश् (ऐसा), कीदृश् (कैसा), यादृश् (जैसा), त्वादृश् (तुझ जैसा), भवादृश् (आप जैसा), मादृश् (मुझ जैसा) इत्यादि ।

स्त्रीलिंग शब्द

१—वाक् (वाणी)				२—सरित् (नदी)		
वाक्-ग्	वाचौ	वाचः	प्र०	सरित्	सरितौ	सरितः
वाचम्	वाचौ	वाचः	द्वि०	सरितम्	सरितौ	सरितः
वाचा	वाग्भ्याम्	वाग्भिः	तृ०	सरिता	सरिद्भ्याम्	सरिद्भिः
वाचे	वाग्भ्याम्	वाग्भ्यः	च०	सरिते	सरिद्भ्याम्	सरिद्भ्यः
वाचः	वाग्भ्याम्	वाग्भ्यः	पं०	सरितः	सरिद्भ्याम्	सरिद्भ्यः
वाचः	वाचोः	वाचाम्	ष०	सरितः	सरितोः	सरिताम्
वाचि	वाचोः	वाक्षु	स०	सरिति	सरितोः	सरित्सु
हे वाक्	हे वाचौ	हे वाचः	सं०	हे सरित्	हे सरितौ	हे सरितः

वाक् शब्द की भाँति—शुच् (शोक), त्वच् (छाल), रुच् (कान्ति) आदि । सरित् शब्द की भाँति—हरित् (दिशा), योषित् (स्त्री), तडित् (बिजली) ।

३—विपद् (विपत्ति)				४—गिर् (वाणी)		
विपत्	विपदौ	विपदः	प्र०	गीः	गिरौ	गिरः
विपदम्	विपदौ	विपदः	द्वि०	गिरम्	गिरौ	गिरः
विपदा	विपद्भ्याम्	विपद्भिः	तृ०	गिरा	गीर्भ्याम्	गीर्भिः
विपदे	विपद्भ्याम्	विपद्भ्यः	च०	गिरे	गीर्भ्याम्	गीर्भ्यः
विपदः	विपद्भ्याम्	विपद्भ्यः	पं०	गिरः	गीर्भ्याम्	गीर्भ्यः
विपदः	विपदोः	विपदाम्	ष०	गिरः	गिरोः	गिराम्
विपदि	विपदोः	विपत्सु	स०	गिरि	गिरोः	गीर्षु
हे विपत्	हे विपदौ	हे विपदः	सं०	हे गीः	हे गिरौ	हे गिरः

विपद् शब्द की भाँति संपद्, शरद् (शरत् ऋतु), परिषद् (सभा) आदि । गिर् शब्द की भाँति—पुर् (नगर), धुर् (धुरा), द्वार् आदि ।

५—दिश् (दिशा)				६—पुर् (नगर)		
दिक्-दिग्	दिशौ	दिशः	प्र०	पूः	पुरौ	पुरः
दिशम्	दिशौ	दिशः	द्वि०	पुरम्	पुरौ	पुरः
दिशा	दिग्भ्याम्	दिग्भिः	तृ०	पुरा	पूर्भ्याम्	पूर्भिः
दिशे	दिग्भ्याम्	दिग्भ्यः	च०	पुरे	पूर्भ्याम्	पूर्भ्यः

दिशः	दिग्भ्याम्	दिग्भ्यः	पं०	पुरः	पूर्भ्याम्	पूर्भ्यः
दिशः	दिशोः	दिशाम्	ष०	पुरः	पुरोः	पुराम्
दिशि	दिशोः	दिक्षु	स०	पुरि	पुरोः	पूर्षु
हे दिक्	हे दिशौ	हे दिशः	सं०	हे पूः	हे पुरौ	पुरः

७—अप् (जल—केवल बहुवचन में)

प्र०	आपः	तृ०	अद्भिः	पं०	अद्भ्यः	स०	अप्सु
द्वि०	अपः	च०	अद्भ्यः	ष०	अपाम्	सं०	हे आपः

नपुंसकलिङ्ग शब्द

१—जगत्   २—नामन्

जगत्	जगती	जगन्ति	प्र०	नाम	नाम्नी-नामनी	नामानि
जगत्	जगती	जगन्ति	द्वि०	नाम	नाम्नी-नामनी	नामानि
जगता	जगद्भ्याम्	जगद्भिः	तृ०	नाम्ना	नामभ्याम्	नामभिः
जगते	जगद्भ्याम्	जगद्भ्यः	च०	नाम्ने	नामभ्याम्	नामभ्यः
जगतः	जगद्भ्याम्	जगद्भ्यः	पं०	नाम्नः	नामभ्याम्	नामभ्यः
जगतः	जगतोः	जगताम्	ष०	नाम्नः	नाम्नोः	नाम्नाम्
जगति	जगतोः	जगत्सु	स०	नाम्नि, नामनि	नाम्नोः	नामसु
हे जगत्	हे जगती	हे जगन्ति	सं०	हे नाम	हे नाम्नी, हे नामनी	हे नामानि

नामन् की भाँति हेमन् (सोना), दामन् (रस्सी)। प्रेमन् (प्यार)। लोमन् (रोम)। धामन् घर, तेज।

३—शर्मन् (कल्याण)   ४—ब्रह्मन् (परमात्मा)

शर्म	शर्मणी	शर्माणि	प्र०	ब्रह्म	ब्रह्मणी	ब्रह्माणि
शर्म	शर्मणी	शर्माणि	द्वि०	ब्रह्म	ब्रह्मणी	ब्रह्माणि
शर्मणा	शर्मभ्याम्	शर्मभिः	तृ०	ब्रह्मणा	ब्रह्मभ्याम्	ब्रह्मभिः
शर्मणे	शर्मभ्याम्	शर्मभ्यः	च०	ब्रह्मणे	ब्रह्मभ्याम्	ब्रह्मभ्यः
शर्मणः	शर्मभ्याम्	शर्मभ्यः	पं०	ब्रह्मणः	ब्रह्मभ्याम्	ब्रह्मभ्यः
शर्मणः	शर्मणोः	शर्मणाम्	ष०	ब्रह्मणः	ब्रह्मणोः	ब्रह्मणाम्
शर्मणि	शर्मणोः	शर्मसु	स०	ब्रह्मणि	ब्रह्मणोः	ब्रह्मसु
हे शर्मन्, हे शर्म	हे शर्मणी	हे शर्माणि	सं०	हे ब्रह्मन्, हे ब्रह्म	हे ब्रह्मणी	हे ब्रह्माणि

५—मनस् (मन)   ६—पयस् (पानी या दूध)

मनः	मनसी	मनांसि	प्र०	पयः	पयसी	पयांसि
मनः	मनसी	मनांसि	द्वि०	पयः	पयसी	पयांसि

मनसा	मनोभ्याम्	मनोभिः	तृ०	पयसा	पयोभ्याम्	पयोभिः
मनसे	मनोभ्याम्	मनोभ्यः	च०	पयसे	पयोभ्याम्	पयोभ्यः
मनसः	मनोभ्याम्	मनोभ्यः	पं०	पयसः	पयोभ्याम्	पयोभ्यः
मनसः	मनसोः	मनसाम्	ष०	पयसः	पयसोः	पयसाम्
मनसि	मनसोः	मनस्सु	स०	पयसि	पयसोः	पयस्सु
हे मनः	हे मनसी	हे मनांसि	सं०	हे पयः	हे पयसी	हे पयांसि

मनस् की भांति—तमस् (अन्धकार)। तेजस् (दीप्ति)। चक्षुष् (नेत्र)। तपस् (तप)। रजस् (धूलि)। वचस् (वचन)। वयस् (उम्र)। शिरस् (सिर)। वासस् (कपड़ा)। सरस् (तालाब)। नभस् (आकाश)। यशस् (कीर्ति)। रक्षस् (राक्षस) आदि।

७—धनुष् (धनुष)

प्र०	धनुः	धनुषी	धनूंषि
द्वि०	धनुः	धनुषी	धनूंषि
तृ०	धनुषा	धनुर्भ्याम्	धनुर्भिः
च०	धनुषे	धनुर्भ्याम्	धनुर्भ्यः
पं०	धनुषः	धनुर्भ्याम्	धनुर्भ्यः
ष०	धनुषः	धनुषोः	धनुषाम्
स०	धनुषि	धनुषोः	धनुष्षु
सं०	हे धनुः	हे धनुषी	हे धनूंषि

धनुष् की भांति आयुष्, हविष्, सर्पिष् (घी) आदि।

८—तादृश्—(उस जैसा)

प्र०	तादृक्	तादृशी	तादृंशि
द्वि०	तादृक्	तादृशी	तादृंशि (शेष पुंल्लिङ्ग की तरह)।

९—महत् (बड़ा)

प्र०	महत्	महती	महान्ति
द्वि०	महत्	महती	महान्ति (शेष पुंल्लिङ्ग की तरह)।

१०—मनोहारिन् (सुन्दर)

प्र०	मनोहारि	मनोहारिणी	मनोहारीणि
द्वि०	मनोहारि	मनोहारिणी	मनोहारीणि (शेष पुंल्लिङ्ग की तरह।)

१. विशेषण (निश्चित संख्यावाचक)

प्रथम अभ्यास

एक (केवल एकवचन)				द्वि (केवल द्विवचन)		
पुं०	स्त्री०	नपुं०		पुं०	स्त्री०	नपुं०
एकः	एका	एकम्	प्र०	द्वौ	द्वे	द्वे
एकम्	एकाम्	एकम्	द्वि०	द्वौ	द्वे	द्वे
एकेन	एकया	एकेन	तृ०	द्वाभ्याम्	द्वाभ्याम्	द्वाभ्याम्
एकस्मै	एकस्यै	एकस्मै	च०	द्वाभ्याम्	द्वाभ्याम्	द्वाभ्याम्
एकस्मात्	एकस्याः	एकस्मात्	पं०	द्वाभ्याम्	द्वाभ्याम्	द्वाभ्याम्
एकस्य	एकस्याः	एकस्य	ष०	द्वयोः	द्वयोः	द्वयोः
एकस्मिन्	एकस्याम्	एकस्मिन्	स०	द्वयोः	द्वयोः	द्वयोः

त्रि (तीन)				चतुर् (चार)		
पुं०	स्त्री०	नपुं०		पुं०	स्त्री०	नपुं०
त्रयः	तिस्रः	त्रीणि	प्र०	चत्वारः	चतस्रः	चत्वारि
त्रीन्	तिस्रः	त्रीणि	द्वि०	चतुरः	चतस्रः	चत्वारि
त्रिभिः	तिसृभिः	त्रिभिः	तृ०	चतुर्भिः	चतसृभिः	चतुर्भिः
त्रिभ्यः	तिसृभ्यः	त्रिभ्यः	च०	चतुर्भ्यः	चतसृभ्यः	चतुर्भ्यः
त्रिभ्यः	तिसृभ्यः	त्रिभ्यः	पं०	चतुर्भ्यः	चतसृभ्यः	चतुर्भ्यः
त्रयाणाम्	तिसृणाम्	त्रयाणाम्	ष०	चतुर्णाम्	चतसृणाम्	चतुर्णाम्
त्रिषु	तिसृषु	त्रिषु	स०	चतुर्षु	चतसृषु	चतुर्षु

सूचना—त्रि (तीन), चतुर् (चार), पञ्चन् (पाँच), षष् (छः), सप्तन् (सात), अष्टन् (आठ), नवन् (नौ), दशन् (दस) शब्दों का उच्चारण केवल बहुवचन में होता है।

पञ्चन् से दशन् तक संख्यावाचक शब्दों के रूप तीनों लिङ्गों में समान होते हैं।

पञ्च	षट्-ड्	सप्त	प्र०	अष्टौ अष्ट	नव	दश
पञ्च	षट्-ड्	सप्त	द्वि०	अष्टौ अष्ट	नव	दश
पञ्चभिः	षड्भिः	सप्तभिः	तृ०	अष्टाभिः अष्टभिः	नवभिः	दशभिः

पञ्चभ्यः	षड्भ्यः	सप्तभ्यः	च०	अष्टाभ्यः अष्टभ्यः	नवभ्यः	दशभ्यः
पञ्चभ्यः	षड्भ्यः	सप्तभ्यः	पं०	अष्टाभ्यः अष्टभ्यः	नवभ्यः	दशभ्यः
पञ्चानाम्	षण्णाम्	सप्तानाम्	ष०	अष्टानाम्	नवानाम्	दशानाम्
पञ्चसु	षट्सु	सप्तसु	स०	अष्टासु अष्टसु	नवसु	दशसु

११ एकादश
१२ द्वादश
१३ त्रयोदश
१४ चतुर्दश
१५ पञ्चदश
१६ षोडश
१७ सप्तदश
१८ अष्टादश
१९ { नवदश / एकोनविंशतिः
२० विंशतिः
२१ एकविंशतिः
२२ द्वाविंशतिः
२३ त्रयोविंशतिः
२४ चतुर्विंशतिः
२५ पञ्चविंशतिः
२६ षड्विंशतिः
२७ सप्तविंशतिः
२८ अष्टाविंशतिः
२९ { नवविंशतिः / एकोनत्रिंशत्
३० त्रिंशत्
३१ एकत्रिंशत्
३२ द्वात्रिंशत्
३३ त्रयस्त्रिंशत्

३४ चतुस्त्रिंशत्
३५ पञ्चत्रिंशत्
३६ षट्त्रिंशत्
३७ सप्तत्रिंशत्
३८ अष्टात्रिंशत्
३९ { नवत्रिंशत् / एकोनचत्वारिंशत्
४० चत्वारिंशत्
४१ एकचत्वारिंशत्
४२ { द्विचत्वारिंशत् / द्वाचत्वारिंशत्
४३ { त्रिचत्वारिंशत् / त्रयश्चत्वारिंशत्
४४ चतुश्चत्वारिंशत्
४५ पञ्चचत्वारिंशत्
४६ षट्चत्वारिंशत्
४७ सप्तचत्वारिंशत्
४८ { अष्टचत्वारिंशत् / अष्टाचत्वारिंशत्
४९ { नवचत्वारिंशत् / एकोनपञ्चाशत्
५० पञ्चाशत्
५१ एकपञ्चाशत्
५२ { द्विपञ्चाशत् / द्वापञ्चाशत्

५३ { त्रिपञ्चाशत् / त्रयःपञ्चाशत्
५४ चतुःपञ्चाशत्
५५ पञ्चपञ्चाशत्
५६ षट्पञ्चाशत्
५७ सप्तपञ्चाशत्
५८ { अष्टपञ्चाशत् / अष्टापञ्चाशत्
५९ { नवपञ्चाशत् / एकोनषष्टिः
६० षष्टिः
६१ एकषष्टिः
६२ द्विषष्टिः, द्वाषष्टिः
६३ { त्रिषष्टिः / त्रयःषष्टिः
६४ चतुःषष्टिः
६५ पञ्चषष्टिः
६६ षट्षष्टिः
६७ सप्तषष्टिः
६८ { अष्टषष्टिः / अष्टाषष्टिः
६९ { नवषष्टिः / एकोनसप्ततिः
७० सप्तति;
७१ एकसप्ततिः

७२ { द्विसप्ततिः / द्वासप्ततिः
७३ { त्रिसप्ततिः / त्रयःसप्ततिः
७४ चतुःसप्ततिः
७५ पञ्चसप्ततिः
७६ षट्सप्ततिः
७७ सप्तसप्ततिः
७८ { अष्टसप्ततिः / अष्टासप्ततिः
७९ { नवसप्ततिः / एकोनाशीतिः
८० अशीतिः
८१ एकाशीतिः

८२ द्वयशीतिः
८३ त्र्यशीतिः
८४ चतुरशीतिः
८५ पञ्चाशीतिः
८६ षडशीतिः
८७ सप्ताशीतिः
८८ अष्टाशीतिः
८९ { नवाशीतिः / एकोननवतिः
९० नवतिः
९१ एकनवतिः
९२ द्विनवतिः / द्वानवतिः
९३ { त्रिनवतिः / त्रयोनवतिः

९४ चतुर्णवतिः
९५ पञ्चनवतिः
९६ षण्णवतिः
९७ सप्तनवतिः
९८ { अष्टनवतिः / अष्टानवतिः
९९ { नवनवतिः / एकोनशतम्
१०० शतम्
१०१ एकाधिकशतम्
१०२ द्वयधिकं शतम्
११२ द्वादशाधिकं शतम्
१४० चत्वारिंशदधिकंशतम्
१९९ नवनवत्यधिकं शतम्

———

४०१ एकाधिकचतुःशतम् एकोत्तरचतुःशतम्
एकाधिकं चतुःशतम् एकोत्तरं चतुःशतम्।
५०२ द्वयधिकपञ्चशतम् द्वयुत्तरपञ्चशतम्
द्वयधिकं पञ्चशतम् द्वयुत्तरं पञ्चशतम्।
६०३ त्र्यधिकषट्शतम् त्र्युत्तरषट्शतम्
त्र्यधिकं षट्शतम् त्र्युत्तरं षट्शतम्।
७०४ चतुरधिकसप्तशतम् चतुरुत्तरसप्तशतम्
चतुरधिकं सप्तशतम् चतुरुत्तरं सप्तशतम्।
७९५ पञ्चनवत्यधिकसप्तशतम् पञ्चनवत्युत्तरसप्तशतम्
पञ्चनवत्यधिकं सप्तशतम् पचनवत्युत्तरं सप्तशतम्।
८०५ पञ्चाधिकाष्टशतम् पञ्चोत्तराष्टशतम्
पञ्चाधिकमष्टशतम् पञ्चोत्तरमष्टशतम्।
१३२४ चतुर्विंशत्यधिकत्रयोदशशतम् चतुर्विंशत्युत्तरं त्रयोदशशतम्।
७९६३५ पञ्चत्रिंशदधिकषट्शताधिकनवसहस्राधिकसप्तायुतम्।

२००=द्विशती, शतद्वयम्, शतद्वयी। ३००=त्रिशती, शतत्रयम्, शतत्रयी।
४००=चतुःशती, शतचतुष्टयम्, शतचतुष्टयी। ५००=पञ्चशती, शतपञ्चकम्।

६०० = षट्शती, शतषट्कम्। ७०० = सप्तशती, शतसप्तकम्। ८०० = अष्टशती, शताष्टकम्। ९०० = नवशती, शतनवकम्। १००० = सहस्रम्। १०,००० = अयुतम्। १,००,००० लक्षम्।

एकोनविंशतिः से लेकर नवनवतिः तक संख्यावाचक शब्द एकवचनान्त स्त्रीलिंग हैं। शतम् (सौ), सहस्रम् (हजार), अयुतम् (दस हजार), लक्षम् (लाख), नियुतम् (दस लाख), कोटि (करोड़), दशकोटिः (दस करोड़), अर्बुदम् (अरब), दशार्बुदम् (दस अरब), खर्वम् (खरब), दशखर्वम् (दस खरब), नीलम् (नील), दशनीलम् (दस नील), पद्मम् (पद्म), दशपद्मम् (दस पद्म), शंखम् (शंख), दशशंखम् (दस शंख)।

कुछ उदाहरण

१. अस्यां श्रेण्यां द्वाषष्टिश्छात्राः (इस कक्षा में ६२ विद्यार्थी हैं)।

२. अष्टाचत्वारिंशता संकलिता द्वात्रिंशदशीतिर्भवति। (अड़तालीस में बत्तीस जोड़ने से अस्सी होते हैं)।

३. दशशतात् व्यवकलितायां पञ्चाशति षष्टिरवशिष्यते (एक सौ दस में से पचास निकालने से साठ शेष रहते हैं।

४. अत्र षट्त्रिंशदधिकं शतं (षट्त्रिंशदुत्तरं शतं वा) वानराणामुपस्थितम् (यहाँ एक सौ छत्तीस बन्दर हैं)।

५. मम चत्वारि सहस्राणि पञ्चदश च स्वर्णमुद्राः सन्ति, अथवा मम पञ्चदशाधिकानि चत्वारि स्वर्णमुद्रासहस्राणि सन्ति (मेरे पास चार हजार पन्द्रह स्वर्णमुद्राएँ हैं)।

६. पञ्चविंशत्यधिकत्रयोदशशतकम् (पञ्चविंशत्यधिकत्रिशताधिकसहस्रं वा जनानामुपस्थितम्। (एक हजार तीन सौ पच्चीस मनुष्य उपस्थित हैं)।

७. विभक्तेरूर्ध्वमत्र देशे पञ्चत्रिंशत् कोटयो जनाः आसन्। (विभाजन के बाद इस देश की आबादी पैंतीस करोड़ के लगभग थी। एकोनषष्ट्युत्तरनवशत्युत्तरसहस्रतमे खिृस्ताब्दे भूयो जनसंख्यानं बभूव (सन् १९५९ में फिर नयी जनगणना हुई)।

२. विशेषण (क्रमवाचक)

पु० स्त्री० न०		पुं० स्त्री० न०	
प्रथमः-मा-मम्	(आद्यः, आदिमः) पहला-ली		
द्वितीयः-या-यम्	दूसरा-री	चतुर्थः-र्थी-र्थम्	चौथा-चौथी
तृतीयः-या-यम्	तीसरा-री	पञ्चमः-मी-मम्	पाँचवाँ-वीं

षष्ठः-षष्ठी-ष्ठम् छठा-ठी
सप्तमः-मी-मम् सातवाँ-वीं
अष्टमः-मी-मम् आठवाँ-वीं
नवमः-मी-मम् नौवाँ-वीं
दशमः-मी-मम् दसवाँ-वीं
एकादशः-शी-शम् ग्यारहवाँ-वीं
द्वादशः-शी-शम् बारहवाँ-वीं
त्रयोदशः-शी-शम् तेरहवाँ-वीं
चतुर्दशः-शी-शम् चौदहवाँ-वीं
पञ्चदशः-शी-शम् पन्द्रहवाँ-वीं
षोडशः-शी-शम् सोलहवाँ-वीं
सप्तदशः-शी-शम् सत्रहवाँ-वीं
अष्टादशः-शी-शम् अठारहवाँ-वीं

विंशतितमः-मी-मम्(विंशः)(बीसवाँ-वीं)
एकविंशतितमः-मी-मम्
(एकविंशः) इक्कीसवाँ-वीं
द्वाविंशतितमः-मी-मम् बाईसवाँ-वीं
त्रयोविंशतितमः-मी-मम् तेईसवाँ-वीं
चतुर्विंशतितमः-मी-मम् चौबीसवाँ-वीं
पञ्चविंशतितमः-मी-मम् पच्चीसवाँ-वीं
षड्विंशतितमः-मी-मम् छब्बीसवाँ-वीं
सप्तविंशतितमः-मी-मम् सत्ताईसवाँ-वीं
अष्टाविंशतितमः-मी-मम् अट्ठाईसवाँ-वीं
{नवविंशतितमः-मी-मम् / एकोनत्रिंशत्तमः-मी-मम्} उनतीसवाँ-वीं
त्रिंशत्तमः-मी-मम् तीसवाँ-वीं

एकोनविंशतितमः-मी-मम् उन्नीसवाँ-वीं, एकत्रिंशत्तमः-मी-मम् इकतीसवाँ-वीं

चत्वारिंशः, चत्वारिंशत्तमः (४०वाँ), पञ्चाशत्तमः (५०वाँ), षष्टितमः (६०वाँ), सप्ततितमः (७०वाँ), अशीतितमः (८०वाँ), नवतितमः (९०वाँ) शततमः (१००वाँ), सहस्रतमः (१०००वाँ)।

हिन्दी में अनुवाद करो

१. विक्रमवत्सराणां चतुरुत्तरे सहस्रद्वये (गते) शताब्दीविलुप्तं भारतं स्वातन्त्र्यं लब्धवान्। २—दशसहस्राणि पञ्चशतानि द्विषष्टिं चाष्टाभिः शतैश्चतुः पञ्चाशता गुणय। ३—अस्माकं श्रेण्यां दशाधिकं शतं छात्राः (११०) सन्ति। दयानन्दविद्यालये दशमश्रेण्यां दशशती (१०००) छात्राः सन्ति। ४—प्रयाग-विश्वविद्यालये पञ्चसप्तति (७५) छात्रेभ्यः पारितोषिकानि वितीर्णानि।

संस्कृत में अनुवाद करो

१—हजारों कुलनारियाँ (सहस्राणि कुलाङ्गनाः) भारत की स्वतन्त्रता के लिए हँसती-हँसती जेल में गयीं। २—दो कोड़ी बर्तन कलई कराये गये (द्वे विंशती पात्राणि त्रपुलेपम् अलभेताम्)। ३—आठवीं कक्षा का बीसवाँ (विंश-

तितमः) दसवीं कक्षा का तीसवाँ (त्रिंशत्तमः) छात्र यहाँ आवे। ४—नवीं कक्षा के पैंतीसवें छात्र को गुरुजी बुला रहे हैं। ५—उस पंक्ति का पाँचवाँ छात्र दौड़ में (धावनप्रतियोगितायाम्) प्रथम आया। ६—शायद वह यहाँ पाँचवें दिन आयेगा। ७—प्यारेलाल अपनी कक्षा में दूसरा रहा। ८—मनुस्मृति के अनुसार ब्राह्मण का आठवें, क्षत्रिय का ग्यारहवें और वैश्य का बारहवें वर्ष में उपनयन होना चाहिए।

द्वितीय अभ्यास

३—विशेषण (आवृत्तिवाचक)

'दुगुना' 'तिगुना' आदि आवृत्तिसूचक शब्दों के अनुवाद के लिए संस्कृत में संख्या शब्दों के बाद गुण' या 'गुणित' शब्दों को जोड़ना चाहिए, किन्तु आवृत्तिवाचक शब्दों से 'आवृत्ति' या 'आवर्तित' भी जोड़ दिया जाता है, जैसे—

(१) सोहनो व्यापारे द्विगुणं धनं लेभे (सोहन को व्यापार में दुगुना धन मिला।)

(२) अस्य भवनस्य उच्चता तस्मात् त्रिगुणा (इस मकान की ऊँचाई उससे तिगुनी है)।

(३) अस्मिन् विद्यालये चत्वारिंशद्गुणा अधिकाः छात्रा जाताः। (इस कालेज में चालीसगुने अधिक छात्र हो गये)।

(४) अस्य मार्गस्य दीर्घता शतगुणा (इस रास्ते की लम्बाई सौ गुनी है)।

(५) स धनं तावत् त्वत् सहस्रगुणं, लक्षगुणं, कोटिगुणं वा अधिकम् अर्जयतु परं न कीर्तिम् (वह तुमसे हजारगुना, लाखगुना या करोड़गुना धन कमा ले पर यश नहीं कमा सकता)।

(६) ब्रह्मचारिणः त्रिगुणां मौञ्जीं मेखलां धारयन्ति (ब्रह्मचारी तिहरी मूंज की तडागी बांधते हैं)।

(७) इयम् अजा द्विगुणया (द्विरावृत्तया) रज्ज्वा बद्धा (यह बकरी दुहरी रस्सी से बँधी है)।

(८) सा बाला त्रिरावृत्तं (त्रिरावर्तितं, त्रिगुणं, त्रिगुणितं वा) दाम धारयति (वह लड़की तिहरी माला पहने हुई है)।

४—विशेषण (समुदायबोधक)

जहाँ पर 'दोनों, चारों, तीसों, पचासों' आदि समुदायवाचक शब्द हों,

उनका अनुवाद संख्यावाचक शब्द के बाद 'अपि' जोड़ने से किया जाता है। जैसे—

(१) किं द्वावपि छात्रौ गतौ ? (क्या दोनों छात्र चले गये ?)

(२) अस्मिन् प्रकोष्ठे पञ्चत्रिंशदपि पठकाः पठनाय शक्नुवन्ति (इस कमरे में पैंतीस विद्यार्थी भी पढ़ सकते हैं)।

(३) पञ्चाशदपि सैनिका युद्धे हताः (पचासों सिपाही युद्ध में मारे गये)।

(४) किं त्वया षोडश अपि आणका व्ययिताः ? (क्या तूने सोलहों आने खर्च कर दिये ?)।

(५) अष्टापि चौराः पलायिताः (आठों चोर भाग गये)।

५—विशेषण (विभागबोधक)

प्रत्येक या 'सब' आदि शब्दों का अनुवाद संस्कृत में 'सर्व' या 'सकल' आदि शब्दों द्वारा किया जाता है। जैसे—

(१) अस्याः कक्षायाः सर्वे छात्राः पटवः सन्ति (इस दर्जे के सब छात्र चतुर हैं)।

(२) अस्या वाटिकायाः सर्वाणि आम्राणि मिष्टानि सन्ति (इस बाग के सब आम मीठे हैं)।

(३) सर्वे ब्राह्मणा आहूयन्ताम् (सब ब्राह्मणों को बुलाओ)।

(४) सर्वेभ्यः बालकेभ्यः प्रतिबालकं पारितोषिकं देहि (हर लड़के को इनाम दो)।

(५) प्रतिदिनं (दिने-दिने) पठितुं पाठशालामागच्छ (हर रोज पढ़ने के लिए स्कूल आया करो)।

(६) प्रतिब्राह्मणं पञ्च रूप्यकाणि देहि, अथवा सर्वेभ्यः ब्राह्मणेभ्यः पञ्च पञ्च रूप्यकाणि देहि (प्रत्येक ब्राह्मण को पाँच रुपये दो)।

६—विशेषण (अनिश्चित संख्यावाचक)

एक शब्द द्वारा—एकः संन्यासी न्यवसत्। एका नदी आसीत्।
एकस्मिन् वने एकः सिंहो न्यवसत्।

किम्, चित् शब्दों द्वारा—कश्चित् संन्यासी न्यवसत्। काचित् नदी आसीत्।
कस्मिंश्चिद् वने एकः सिंहो न्यवसत्।

एक तथा अपर शब्दों द्वारा—एकः उत्तीर्णः, अपरोऽनुत्तीर्णः।
एके मृताः, अपरे पलायिताः।

एक तथा अन्य शब्दों द्वारा—एकः हसति, अन्यो रोदिति ।
परस्पर, अन्योऽन्य शब्दों द्वारा—दुष्टा बालाः परस्परं (अन्योऽन्यं) कलहायन्ते ।
असज्जनाः परस्परं (अन्योऽन्यम्, इतरेतरं) गालीः ददति ।
सर्व आदि शब्दों द्वारा—सर्वे बाला अस्यां श्रेण्यामुत्तीर्णाः ।
सर्वाणि पुष्पाणि व्यकसन् । सर्वः स्वार्थं समीहते ।
बहु, आदि शब्दों द्वारा—
बहवः (बह्व्यः) बालिकाः सीवनं शिक्षन्ते ।
एतत् कार्यसाधनाय बहव उपायाः सन्ति ।
देशे बहवः रोगाः विद्यन्ते ।
कतिचित् या किम्+चित्, किम्+चन शब्दों द्वारा—
कतिचित् छात्रा उत्तीर्णाः ।
कानिचित् पुष्पाणि विकसितानि ।
काश्चन स्त्रियः विदुष्यः ।

७—विशेषण (परिमाणवाचक)

तोल (तुलामान) के शब्द—

रक्तिका, गुञ्जा—रत्ती
माषकः—माशा
तोलकः—तोला
षट्टङ्कः—छटांक
पादः—पाद

माप—

अङ्गुलम्—अंगुल
वितस्तिः—बालिश्त
पादः—फुट
हस्तः—हाथ

मूल्यवाचक शब्द—

वराटकः, वराटिका—कौड़ी
पादिका—पाई
पणः (पणकः)—पैसा
आणः (आणकः)—आना
द्व्याणी (द्व्याणकी)—दुअन्नी
चतुराणी (चतुराणकी)—चवन्नी
अष्टाणी (अष्टाणकी)—अठन्नी

समयबोधक—

पलम्—पल
क्षणः—क्षण
प्रहरः—(यामः)—पहर
विकला—सैकण्ड
कला—मिनट
घण्टा (होरा)—घण्टा
अहोरात्रः-त्रम्—दिन-रात
सप्ताहः—हफ्ता
पक्षः—पक्ष

रूप्यकम् (रूपकम्)—रुपया मासः—महीना
निष्कः (दीनारः)—सोने की मोहर वर्षम् (वत्सरः), अब्दः, शरत्, (बरस)

सेर, मन (मण), गज, मील आदि के लिए संस्कृत में शब्द नहीं मिलते, इसलिए अनुवाद में इन्हीं का प्रयोग किया जाता है, जैसे—

१—चतुर्मणपरिमिता व्रीहयः ।
२—वाजरस्य त्रीन् सेरान् आनय ।
३—सप्तगजपरिमितं वस्त्रं दीनाय देहि ।
४—शतमीलपरिमितोऽयं पन्थाः ।
५—सुवर्णस्य चत्वारः तोलका अलं भूषणाय ।
६—सेरः तण्डुलः ।
७—चत्वारः माषकाः सुवर्णम् ।
८—रूप्यकस्य चत्वारः षट्टङ्काः घृतम् ।
९—त्रीणि औंसानि आयोडीनम् ।

संस्कृत में अनुवाद करो—

१—विधानभवन की ऊँचाई उस मकान से चौगुनी है । २—यह मार्ग उस मार्ग से दुगुना है । ३—दोहरी रस्सी से पुलिस के सिपाहियों (राजपुरुषों) ने चोर को बाँधा । ४—दसवें दर्जे में इस वर्ष कौन छात्र पहला रहा ? ५—मैंने गणित के पर्चे में सौ में साठ नम्बर पाये । ६—हजारों मन गेहूँ विदेश से भारत को आया । ७—ताजमहल के बनाने में बादशाह शाहजहां ने करोड़ों रुपये खर्च किये । ८—यह तो उसका सौवाँ हिस्सा भी नहीं है । ९—कुछ लोग स्वभाव से आलसी होते हैं । १०—दयानन्द विद्यालय यहाँ से पाँच मील दूर है । ११—बीमार के लिए तीन औंस दवाई मोल लो । १२—मैं रात को दस बजे सोऊँगा । १३—इस बर्तन में दस सेर घी आ सकता है । १४—निरीक्षक ने हुक्म दिया कि छोटी कक्षाओं के एक-एक दर्जे में ४० से ज्यादा लड़के न बैठें । १५—आज कल रुपये के कितने चावल मिलते हैं ? १६—सन् १९३७ में रुपये का १५ सेर गेहूँ मिलता था, अब तीन सेर भी नहीं मिलता ।

तृतीय अभ्यास

८—विशेषण गुणवाचक

"विशेष्यं स्यादनिर्ज्ञातं निर्ज्ञातोऽर्थो विशेषणम् ।" ज्ञाप्य प्रधान होता है और उसे विशेष्य कहते हैं । जो ज्ञापक है वह अप्रधान है और विशेषण कहलाता है । कोई विशेष्य (द्रव्य) अपने सामान्य रूप में ही हमें ज्ञात होता है, वह अपने अन्तर्गत विशेष के रूप में अज्ञात होता है। अतः विशेषण ही निश्चित रूप या गुण के ज्ञापक होते हैं । 'नीलम् उत्पलम्' यहाँ नील विशेषण है और उत्पल को अनील (जो नीला न हो) से पृथक् करता है, अतः विशेषण है ।

इस प्रकार गुणवाचक शब्द को विशेषण कहते हैं। गुण शब्द से अच्छे और बुरे दोनों ही प्रकार के गुणों का ग्रहण होता है। हिन्दी में कहीं विशेषण का लिङ्ग बदलता है और कहीं नहीं बदलता है, जैसे—रमा बुद्धिमती है। यह सरला बालिका है। उस बालक की प्रकृति चंचल है। उसकी बुद्धि प्रखर है।

पर संस्कृत में यह नियम है—

यल्लिङ्गं यद्वचनं या च विभक्तिर्विशेष्यस्य।
तल्लिङ्गं तद्वचनं सैव विभक्तिर्विशेषणस्यापि॥

जो लिङ्ग, जो वचन और जो विभक्ति विशेष्य की होती है, वही लिङ्ग वही वचन और वही विभक्ति विशेषण की भी होती है।

शब्द	अर्थ	पुं०	स्त्री०	नपुं०
श्वेत	(सफेद)	श्वेतः	श्वेता	श्वेतम्
कृष्ण	(काला)	कृष्णः	कृष्णा	कृष्णम्
रक्त	(लाल)	रक्तः	रक्ता	रक्तम्
पीत	(पीला)	पीतः	पीता	पीतम्
हरित	(हरा)	हरितः	हरिता	हरितम्
मधुर	(मीठा)	मधुरः	मधुरा	मधुरम्
कटु	(कडुआ)	कटुः	कट्वी	कटु
अम्ल	(खट्टा)	अम्लः	अम्ला	अम्लम्
शीतल	(ठंडा)	शीतलः	शीतला	शीतलम्
उष्ण	(गर्म)	उष्णः	उष्णा	उष्णम्
लघु	(छोटा)	लघुः	लघ्वी	लघु
विशाल	(चौड़ा)	विशालः	विशाला	विशालम्
शोभन	(सुन्दर)	शोभनः	शोभना	शोभनम्
स्थूल	(मोटा)	स्थूलः	स्थूला	स्थूलम्
कृश	(दुर्बल)	कृशः	कृशा	कृशम्
मनोहर	(सुन्दर)	मनोहरः	मनोहरा	मनोहरम्
बुद्धिमत्	(बुद्धिमान)	बुद्धिमान्	बुद्धिमती	बुद्धिमत्
साधु	(अच्छा)	साधुः	साध्वी	साधु

(प्रथमा)

पुं० कश्चिद् दुष्टः नरः। कौचिद् दुष्टौ नरौ। केचिद् दुष्टाः नराः।

स्त्री० काचिद् दुष्टा स्त्री। केचिद् दुष्टे स्त्रियौ। काश्चिद् दुष्टाः स्त्रियः।
नपुं० किंचिद् दुष्टं जलम्। केचिद् दुष्टे जले। कानिचिद् दुष्टानि जलानि।

(प्रथमा)

पुं० अयं शोभनः नरः। इमौ शोभनौ नरौ। इमे शोभनाः नराः।
स्त्री० इयं शोभना स्त्री। इमे शोभने स्त्रियौ। इमाः शोभनाः स्त्रियः।
नपुं० इदं शोभनं पुष्पम्। इमे शोभने पुष्पे। इमानि शोभनानि पुष्पाणि।

(द्वितीया)

पुं० इमं शोभनं नरम्। इमौ शोभनौ नरौ। इमान् शोभनान् नरान्।
स्त्री० इमां शोभनां स्त्रियम्। इमे शोभने स्त्रियौ। इमाः शोभनाः स्त्रीः।
नपुं० इदं शोभनं पुष्पम्। इमे शोभने पुष्पे। इमानि शोभनानि पुष्पाणि।

(तृतीया)

पुं० अनेन शोभनेन नरेण। आभ्यां शोभनाभ्यां नराभ्याम्। एभिः शोभनैः नरैः।
स्त्री० अनया शोभनया स्त्रिया। आभ्यां शोभनाभ्यां स्त्रीभ्याम्। आभिः शोभनाभिः स्त्रीभिः।
नपुं० अनेन शोभनेन पुष्पेण। आभ्यां शोभनाभ्यां पुष्पाभ्याम्। एभिः शोभनैः पुष्पैः। [इसी प्रकार शेष विभक्तियाँ समझनी चाहिएँ।]

संस्कृत में अनुवाद करो—

१. विधाता (विधि) की सुन्दर सृष्टि उसकी महत्ता को प्रकट करती है। २. क्या तुम गर्म दूध पीना चाहते हो? ३. ईश्वर की माया क्या ही विचित्र है। ४. किसी निर्धन को वस्त्र दो। ५. खट्टी छाछ (तक्रम्) न पीओ, गर्म दूध पीओ। ६. गोपाल की साइकल (द्विचक्रिका) अच्छी है। ७. सूर्य कमलों को खिलाता है (उन्मीलयति)। ८. लाल घोड़ा काले घोड़े से आगे दौड़ रहा है। ९. यह चंचलनयन बालिका है। १०. तेरा हृदय कोमल नहीं है। ११. यह तालाब (तडाग) अति सुन्दर है। १२. तपस्वी ब्राह्मणों के लिए वस्त्र का प्रबन्ध करो। १३. किसी पेड़ पर एक वानर और एक कबूतर (कपोत) रहते थे। १५. नीले जलवाली यमुना के किनारे श्रीकृष्ण ने बिहार किया।

चतुर्थ अभ्यास

९—विशेषण (उत्कर्षापकर्षबोधक)

वाक्य में विशेषणों का प्रयोग तीन प्रकार से होता है—विशेषण या तो सामान्य होता है, या तुलनात्मक या अतिशयबोधक। जब विशेषण साधारण रीति से उत्कर्ष या अपकर्ष का बोधक हो तब **विशेषण** सामान्य कहलाता है।

१—**सामान्य विशेषण**; जैसे—(१)—अयं बालकः पटुः (उत्कर्ष)।
(२)—अयं दुष्टः नरः (अपकर्ष)।

२—**तुलनात्मक विशेषण**—जब दो की तुलना में एक की अधिकता या न्यूनता दिखलाई जाय तब विशेषण 'तुलनात्मक' कहलाता है और विशेषण के आगे 'तर' या 'ईयस्' प्रत्यय लगाया जाता है, यथा—

(१) गोपालः श्यामात् पटुतरः (उत्कर्ष)।
(२) नरः देवात् निकृष्टतरः (अपकर्ष)।
(३) आचार्यः पितुः महीयान् (महत्तरः) (उत्कर्ष)।

३—**अतिशयबोधक (विशेषण)**—जब दो से अधिक पदार्थों की तुलना में एक को अधिक या न्यून बतलाया जाय तब विशेषण 'अतिशयबोधक' कहलाता है और विशेषण के आगे 'तम' या 'इष्ठ' प्रत्यय लगाया जाता है, यथा—

(१) हिमालयः सर्वेषां पर्वतानां (सर्वेषु पर्वतेषु) उन्नततमः (उत्कर्ष)।
(२) बदरीफलं सर्वेषां फलानां (सर्वेषु फलेषु) निकृष्टतमम् (अपकर्ष)।
(३) महेशः सर्वेषां भ्रातृणां (सर्वेषु भ्रातृषु) कनिष्ठः (अपकर्ष)।

सामान्य	**तुलनात्मक**	**अतिशयबोधक**
साधुः	साधुतरः	साधुतमः
धीरः	धीरतरः	धीरतमः
महान्	महत्तरः	महत्तमः
शुक्लः	शुक्लतरः	शुक्लतमः
पटुः	पटुतरः, पटीयान्	पटुतमः, पटिष्ठः
प्रियः	प्रियतरः, प्रेयान्	प्रियतमः, प्रेष्ठः
गुरुः	गुरुतरः, गरीयान्	गुरुतमः, गरिष्ठः
लघुः	लघुतरः, लघीयान्	लघुतमः, लघिष्ठः
दीर्घः	दीर्घतरः, द्राघीयान्	दीर्घतमः, द्राघिष्ठः
दृढः	दृढतरः, द्रढीयान्	दृढतमः, द्रढिष्ठः
मृदुः	मृदुतरः, म्रदीयान्	मृदुतमः, म्रदिष्ठः
कृशः	कृशतरः, क्रशीयान्	कृशतमः, क्रशिष्ठः
वृद्धः	वर्षीयान्, ज्यायान्	वर्षिष्ठः, ज्येष्ठः

सामान्य	तुलनात्मक	अतिशयबोधक
अल्पः	अल्पीयान्, कनीयान्	अल्पिष्ठः, कनिष्ठः
बहुः	बहुतरः, भूयान्	बहुतमः, भूयिष्ठः
प्रशस्यः	श्रेयान्, ज्यायान्	श्रेष्ठः, ज्येष्ठः
युवा	कनीयान्, यवीयान्	कनिष्ठः, यविष्ठः
उरुः	उरुतरः, वरीयान्	उरुतमः, वरिष्ठः
स्थूलः	स्थूलतरः, स्थवीयान्	स्थूलतमः, स्थविष्ठः
दूरः	दूरतरः, दवीयान्	दूरतमः, दविष्ठः
क्षुद्रः	क्षुद्रतरः, क्षोदीयान्	क्षुद्रतमः, क्षोदिष्ठः
ह्रस्वः	ह्रसीयान्	ह्रसिष्ठः
साधुः	साधीयान्	साधिष्ठः
बलवान्	बलीयान्	बलिष्ठः
अन्तिकः	नेदीयान्	नेदिष्ठः
क्षिप्रः	क्षेपीयान्	क्षेपिष्ठः
बहुलः	बंहीयान्	बंहिष्ठः
स्थिरः	स्थेयान्	स्थेष्ठः
पृथुः	प्रथीयान्	प्रथिष्ठः
पापः (पापी)	पापीयान्	पापिष्ठः

अतिशय के अर्थ में क्रियाओं और अव्ययों के आगे भी 'तर' और 'तम' आम् के साथ (तराम्, तमाम्) लगाये जाते हैं। यथा—

क्रिया से—सीता हसतितराम् (सीता जोर से हँसती है)।

महेशः हसतितमाम् (महेश अत्यन्त हँसता है)।

अव्यय से—शीला उच्चैस्तरां हसति (शीला अधिक हँसती है)।

गोपालः उच्चैस्तमां हसति (गोपाल बहुत ऊँचे हँसता है)।

केशवः उच्चैस्तमाम् आक्रोशति, परं न कोऽपि शृणोति।

(केशव अत्यन्त ऊँचे चिल्ला रहा है, पर कोई नहीं सुनता)।

संस्कृत में अनुवाद करो

१—गोविन्द सब भाइयों में बड़ा है। २—कालिदास भारत में अन्य कवियों से श्रेष्ठ और शेक्सपीयर अंगरेजी साहित्य में सर्वोत्तम नाटककार और

कवि है। ३—तुम दोनों में कौन बड़ा है? ४—विमला और सीता में कौन अधिक चतुर है? ५—मोहन और गोपाल में कौन अधिक बुद्धिमान् है? ६—दिल्ली से लखनऊ आगरा की अपेक्षा अधिक दूर है। ७—हिमालय विन्ध्याचल से ऊँचा है। ८—संसार भर में कौन पहाड़ सब पहाड़ों में ऊँचा है। ९—दौड़ (धावनप्रतियोगिता) में देवेन्द्र सब से तेज है। १०—वह छोटा शिशु सभी बालकों में प्रिय है। ११—श्रेष्ठ मुनिजन कन्द और फलों द्वारा अपने सरल जीवन का निर्वाह करते हैं (वृत्तिं कल्पयन्ति)। १२—दिलीप ने युवा पुत्र रघु को राज्य सौंपा (अर्पयांबभूव) और स्वयं जङ्गल को चला गया (प्रतस्थे)। १३—उसने अपनी शारीरिक दुर्बलता का विचार न करते हुए परिश्रम किया। १४—अब तुम्हें समान गुणवाली (गुणैरात्मसदृशीम्) सोलह वर्ष की (षोडशहायनीम्) सुन्दर कन्या से विवाह करना चाहिए। १५—यदि तुम नित्य मृदु व्यायाम करोगे तो हृष्ट-पुष्ट हो जाओगे।

पञ्चम अभ्यास

१०—विशेषण (अजहल्लिग)

पूर्ववर्ती तृतीय अभ्यास में इस विषय का प्रतिपादन किया गया है कि विशेषण विशेष्य के अधीन होता है। जो विभक्ति, लिङ्ग अथवा वचन विशेष्य के होते हैं वे ही विशेषण के होते हैं; किन्तु कुछ ऐसे भी विशेषण हैं जो विशेष्य का अनुसरण नहीं करते, विशेष्य चाहे किसी भी लिङ्ग का हो किन्तु वे अपने लिङ्ग का (कभी-कभी वचन का भी) परित्याग नहीं करते। ऐसे शब्दों को अजहल्लिङ्ग विशेषण कहते हैं। यथा—

(१) आपः **पवित्रं परमं** पृथिव्याम् (पृथ्वी में जल बहुत पवित्र हैं)। यहाँ पर 'पवित्र' शब्द 'आपः' का विशेषण है, किन्तु नपुंसकलिङ्ग के एकवचन में प्रयुक्त हुआ है जब कि 'आपः' (विशेष्य) स्त्रीलिङ्ग शब्द है और बहुवचनान्त है। अतः यह विशेषण, विशेष्य से भिन्नलिङ्ग होने के साथ-साथ भिन्नवचन भी है।

(२) दुहिता **कृपणं** परम् (मनु०) (लड़कियाँ अत्यन्त दया की पात्र हैं)। इस उदाहरण में विशेष्य 'दुहिता' स्त्रीलिङ्ग है और विशेषण 'कृपणम्' नपुंसकलिङ्ग है।

(३) अग्निः **पवित्रं** स मां पुनातु। (अग्नि पवित्र है वह मुझे शुद्ध करे)।

यहाँ पर विशेष्य (अग्निः) पुंल्लिङ्ग है और विशेषण (पवित्रम्) नपुंसकलिङ्ग।

(४) वेदाः **प्रमाणम्** (वेद साक्षी हैं)। यहाँ पर 'प्रमाण' शब्द विशेषण है और नपुंसकलिङ्ग है, यद्यपि विशेष्य 'वेदाः' पुंल्लिङ्ग है।

(५) पाकिस्तानवासिन आरम्भत एव भारतवासिनां **शङ्कास्थानम्**। (पाकिस्तानी आरम्भ से ही भारतवासियों के लिए शंका का स्थान रहे हैं)।

(६) सतां हि सन्देहपदेषु वस्तुषु **प्रमाणम**न्तःकरणप्रवृत्तयः। सज्जनों के लिए अन्तःकरण की प्रवृत्तियाँ प्रमाण होती हैं)।

(७) मरणं प्रकृतिः शरीरिणां **विकृतिर्जीवित**मुच्यते बुधैः (विद्वान् कहते हैं कि मृत्यु मानव का स्वभाव है और जीवन विकार है)।

(८) अभिमन्युः **क्षत्ररत्नं** कुलस्यावतंसश्चासीत् (अभिमन्यु वीरजनों में रत्न और अपने वंश का भूषण था)।

(९) अविवेकः परमापदां **पदम्*** (अज्ञान विपत्तियों का सब से बड़ा कारण है)।

(१०) गुणाः **पूजास्थानं** गुणिषु न च लिङ्ग न च वयः (गुणियों के गुण ही पूजा के स्थान हैं, लिङ्ग और अवस्था नहीं)।

(११) उर्वशी सुकुमारं **प्रहरणं** महेन्द्रस्य, **प्रत्यादेशो** रूपगर्विताया: श्रियः। (उर्वशी इन्द्र का कोमल शस्त्र और रूपाभिमानिनी लक्ष्मी को लजाने वाली थी।)

(१२) यत्र समाजे मूर्खाः **प्रधानमुपसर्जनं** च पण्डिताः स चिरं नावतिष्ठते (जिस समाज में मूर्ख प्रधान होते हैं और पण्डित गौण, वह समाज अधिक समय तक नहीं ठहर सकता)।

(१३) **वरमेको** गुणी पुत्रो न च मूर्खशतान्यपि।
एकश्चन्द्रस्तमो हन्ति न च तारासहस्रकम्॥

(एक गुणी पुत्र अच्छा है, सैंकड़ों मूर्ख अच्छे नहीं, अकेला चाँद अँधेरे को दूर कर देता है, हजारों तारे नहीं।)

---

*पात्र, भाजन, पद, स्थान आदि शब्द कभी-कभी बहुवचन में भी प्रयुक्त होते हैं, यथा—भवादृशा एव भवन्ति भाजनान्युपदेशानाम् (आपके सदृश व्यक्ति ही उपदेश के पात्र होते हैं)। (कादम्बर्याम्)

संस्कृत में अनुवाद करो—

१. दूसरे की निन्दा मत करो, निन्दा करना पाप है। २. अच्छा शासक प्रजाओं के अनुराग का पात्र हो जाता है। ३. कोरी नीति कायरता है और कोरी वीरता जंगली जानवरों की चेष्टा है। ४. वह अँगूठी शकुन्तला को पति की ओर से भेंट की गयी थी। ५. परमात्मा की महिमा अनन्त है, वह वाणी और मन का विषय नहीं। ६. श्रीकृष्ण मेरा आश्रय है ७. पुत्र मेरा शरीर-धारी चलता फिरता जीवन है और सर्वस्व है। ८. आपका तो कहना ही क्या, आप तो विद्या के निधि और गुणों की खान हैं। ९. विपत्ति मित्रता की कसौटी है, सम्पत्ति में तो बनावटी मित्र बहुत मिलते हैं। १०. रमेश मेरा परम मित्र है।

षष्ठ अभ्यास

११—क्रिया-विशेषण

अव्यय चार प्रकार के होते हैं—(१) **उपसर्ग**—अति, अधि, अनु, अप, अपि, अभि आदि, (२) **क्रियाविशेषण**—अकस्मात्, अग्रतः, अतः, अत्र, अथ, अद्य, अन्तरा, अन्यथा आदि, (३) **समुच्चयबोधक शब्द**—च, तु, वा, किन्तु, चेत्, हि, आदि (४) **मनोविकारसूचक शब्द**—हन्त, आ, बत, हा, धिक् आदि।

क्रिया-विशेषण

भिन्नता करने वाला या भेदक विशेषण होता है। क्रिया में भिन्नता लाने वाले को क्रियाविशेषण कहते हैं। क्रियाविशेषण प्रायः नपुंसकलिङ्ग में प्रयुक्त होते हैं। यथा—

---

३. कातर्यं केवला नीतिः शौर्यं श्वापदचेष्टितम्। ४. अंगूठी-अंगुलीयकम्, भेंट-प्रतिग्रहः। ५. परमात्मनो महिमा परिच्छेदातीतः अतो वाङ्मनसयोरगोचरः (वाक् च मनश्चेति वाङ्मनसे-द्वन्द्वसमासः)। ६. श्रीकृष्णः शरणं मम। 'शरण' नपुं० एकवचन में प्रयुक्त होता है)। ७. पुत्रो मम मूर्तिसञ्चाराः प्राणाः सर्वस्वं च (जीवितार्थक 'प्राण' शब्द नित्य बहुवचनान्त है।) ८. निधि—निधानम्, खान-आकरः। ९. कसौटी—निकषः, बनावटी—कृत्रिमाणि। १०. रमेशः मम परं मित्रम्।

(१) तदा नेहरूमहोदयः सभायां देशभक्तिविषयं सविस्तरं विशदं च व्याख्यात् (उस दिन सभा में पण्डित नेहरू ने देशभक्ति के विषय पर विस्तार-पूर्वक और स्पष्टता से भाषण किया)।

(२) सुखमास्ताम्, तपोवनं ह्यतिथिजनस्य स्वगेहम् (आप आराम से बैठिए, तपोवन तो अतिथियों का अपना घर है)।

(३) साधु कृतं* पुत्र साधु, रक्षितं त्वया कालुष्यात्कुलयशः (शाबास, पुत्र शाबास, तूने अपने कुल को बट्टा नहीं लगने दिया)।

(४) इतो हस्तदक्षिणेऽवक्रं गच्छ क्षिप्रं लक्ष्मणपुरीयं विधानभवनमासादयिष्यसि (आप यहाँ से सीधे दाहिने हाथ जायँ, आप थोड़ी देर में लखनऊ के काउन्सिल हाउस में पहुँच जाएँगे)।

(५) साग्रहं, सप्रश्रयं चात्रभवन्तं प्रार्थयेऽत्रभवानत्ययेऽस्मिन्ममाभ्युपपत्तिं सम्पादयतु (मैं आपसे आग्रहपूर्वक और नम्रता से प्रार्थना करता हूँ कि आप इस संकट में मेरी सहायता करें)।

(अव्ययों को पीछे पृष्ठ २९-३० पर भी देखिए)

क्रिया-विशेषण के प्रकार

कुछ क्रियाविशेषण अव्ययों में परिगणित हैं, जैसे—विना, पृथक्, वृथा; कुछ सर्वनाम शब्दों से बनते हैं, जैसे—यथा, तथा, इदानीम्, तदानीम्; कुछ संख्यावाची शब्दों से बनते हैं, जैसे—द्विधा, त्रिधा; कुछ संज्ञाओं में तद्धित प्रत्यय लगाकर बनते हैं, जैसे—भस्मसात, पुत्रवत्। कुछ नपुंसकलिंग में एकवचनान्त संज्ञाओं से बनते हैं। जैसे—सुखम्, सत्यम्।

संस्कृत में अनुवाद करो—

१. पहले हम एक-दूसरे से समान रूप से मिलते थे, अब आप अफसर हैं और मैं आपके अधीन कर्मचारी। २. शिशु बहुत ही डर गया है, अभी तक होश में नहीं आया। ३. हे मित्र, यह बात हँसी में कही गई है, इसे सच मत

*'कृतम्' से वाक्य की पूर्ति होती है।

१. अब आप अफसर······स्वामी भवान्, अहं चाधिष्ठितो नियोज्यः। २. बहुत ही—बलवत्। ३. परिहासविजल्पितं सखे परमार्थेन न गृह्यतां वचः।

समझिए। ४. दूर तक देखो, निकट में ही दृष्टि मत रखो, परलोक को देखो, इस लोक को ही नहीं। ५. उसने यह पाप जान-बूझकर किया था, अतः आचार्य ने उसे त्याग दिया। ६. उसने मुझे जबर्दस्ती खींचा और पीछे धकेल दिया। ७. मैं बड़ी चाह से भाई के घर लौटने की प्रतीक्षा कर रहा हूँ। ८. नारद अपनी इच्छा से त्रिलोकी घूमता था और सभी वृत्तान्त जानता था। ९. वह अटक-अटक कर बोलता है, उसकी वाणी में स्वाभाविक दोष है। १०. तपोवन में स्थानविशेष के कारण विश्वास में आये हुए हिरन निर्भय होकर घूम रहे हैं।

---

४. दीर्घं पश्यत मा ह्रस्वं, परं पश्यत माऽपरम्। ५. जान-बूझकर—सकामम्। ६. जबर्दस्ती—हठात्, पीछे धकेल दिया—पृष्ठतः प्राणुदत्। ७. बड़ी चाह से—सोत्कण्ठम्, भाई के घर···प्रतीक्षा कर रहा हूँ—गृहं प्रति भ्रातुः प्रत्यावृत्तिं सोत्कण्ठं प्रतीक्षे। ८. अपनी इच्छा से—स्वैरम्। ९. अटक-अटक कर—स्खलिताक्षरम् (सगद्गदम्)। १०. विस्रब्धं हरिणाश्चरन्त्यचकिता देशागतप्रत्ययाः।

क्रिया-प्रकरण

सप्तम अभ्यास

वर्तमान काल—लट्

गम् (जाना) परस्मैपद				वृत् (होना) आत्मनेपद		
गच्छति	गच्छतः	गच्छन्ति	प्र० पु०	वर्तते	वर्तेते	वर्तन्ते
गच्छसि	गच्छथः	गच्छथ	म० पु०	वर्तसे	वर्तेथे	वर्तध्वे
गच्छामि	गच्छावः	गच्छामः	उ० पु०	वर्ते	वर्तावहे	वर्तामहे

इसी प्रकार—

***परस्मैपद**—पच् (पकाना) **पचति**, नम् (नमस्कार करना) **नमति**, दृश्-पश्य् (देखना) **पश्यति**, नि+सद् (बैठना) निषीदति, स्था (ठहरना) **तिष्ठति**, श्रु (सुनना) **शृणोति**, पा-पिब् (पीना) **पिबति**, पा (रक्षा करना) **पाति**, घ्रा-जिघ्र (सूंघना) **जिघ्रति**, स्मृ (याद करना) **स्मरति**, स्पृश् (छूना) **स्पृशति**, धा (धारण करना) **दधाति**, ब्रू (बोलना) **ब्रवीति**, स्वप् (सोना) **स्वपिति**, भ्रम् (घूमना) **भ्रमति भ्राम्यति**, भी (डरना) **बिभेति**, शक् (सकना) **शक्नोति**, हृ (ले जाना) **हरति**।

आत्मनेपद—सेव् (सेवा करना) **सेवते** वृध् (बढ़ना) **वर्धते**, मुद् (प्रसन्न होना) **मोदते**, सह् (सहना) **सहते**, आस् (बैठना) **आस्ते**, शीङ् (सोना) **शेते**, युध् (लड़ना) **युध्यते**, जन् (पैदा होना) **जायते**, मृ (मरना) **म्रियते**।

उभयपद—याच् (माँगना) **याचति-याचते**, नी (ले जाना) **नयति-नयते**,

---

*परस्मैपद का अर्थ है 'वह पद जो दूसरे के लिए हो' और आत्मनेपद का अर्थ है 'वह पद जो अपने लिए हो।' इसका आशय यह है कि जिस क्रिया का फल दूसरे के लिए हो वह परस्मैपद में और जिस का फल अपने लिए हो वह आत्मनेपद में होती है। कृषकः वपति (किसान बोता है)। इसमें 'बोना' क्रिया का फल दूसरे के लिए होगा, किसान के लिए नहीं।

हृ (ले जाना) **हरति-हरते**, भुज् (पालन करना) **भुनक्ति-भुङ्क्ते**, कृ (करना) **करोति-कुरुते**, चुर् (चुराना) **चोरयति-चोरयते**, कथ् (कहना) **कथयति-कथयते**, चिन्त् (चिन्ता करना) **चिन्तयति-चिन्तयते** ।

वर्तमान काल—"प्रारब्धोऽपरिसमाप्तश्च कालो वर्तमानः कालः" । वर्तमान काल की निरन्तर होती हुई क्रिया लट् लकार द्वारा कही जाती है। 'कह रहा है', 'खेल रहा है', 'सुन रहा है', 'खा रहा है', 'पी रहा है' । इन सबके अनुवाद में 'लट्' का ही प्रयोग होता है (प्रभाषते, क्रीडति, शृणोति, खादति, पिबति) । आजकल कुछ लोग ऐसे स्थानों पर 'शतृ, शानच्' प्रत्ययों का प्रयोग करते हैं और साथ में अस् धातु का लट्लकारान्त रूप । 'वह कह रहा है' का वे अनुवाद करते हैं—प्रभाषमाणोऽस्ति; 'खेल रहा है' का अनुवाद करते हैं—'क्रीडन्नस्ति'; 'सुन रहा है' का अनुवाद करते हैं 'शृण्वन्नस्ति' । ऐसा करना व्याकरण के सर्वथा विरुद्ध है । इन वाक्यों को ध्यान से पढ़ो—

(१) शिशुः सोत्कण्ठं स्मरति मातुः (बच्चा माता के दर्शन के लिए उत्कण्ठित) है ।

(२) दिष्ट्या पुत्रलाभेन वर्धते भवान् (आपको पुत्र-जन्म पर बधाई !) ।

(३) यो दीव्यति स परिदेवयते, अतो द्यूतं गर्हन्ते शिष्टाः (जो जुआ खेलता है वह पछताता है, इसी कारण सज्जन जुए की निन्दा करते हैं) ।

(४) गोपालः रमेशस्य षोडशीमपि कलां न स्पृशति । क्व भोजराजः क्व च कुब्जस्तैली ! (गोपाल का रमेश से क्या मुकाबला ? कहाँ राजा भोज, कहाँ कुबड़ा तेली !)

(५) इमां वेलां त्वामन्विष्यामि, क्व निलीयसे (मैं तुम्हें कितने समय से ढूंढ रहा हूँ, तुम कहाँ छिप जाते हो) ।

संस्कृत में अनुवाद करो

१. आश्चर्य है कि सुशिक्षित भी ऐसा व्यवहार करते हैं । २. मनुष्य अपने भाई बन्धुओं के प्रति पाप करने का कैसे साहस करता है ? ३. रात को चमकता हुआ (प्रकाशमानः) चाँद किसे प्यारा नहीं, सिवाय कामी और चोर के । ४. मैं दिन के दो बजे से पाठ याद कर रहा हूँ, अभी तक याद

२—पाप करने का…एनः समाचरितुं कथं क्रमते ?

३—अन्यत्र कामुकात् कुम्भीलकाच्च । ४—द्विवादनात् प्रभृति—

होने में नहीं आया। ५. व्यायाम से मनुष्य में स्फूर्ति और बल आता है और शरीर स्वस्थ रहता है। ६. विदेश जाते हुए पुत्र के सिर को माता चूमती है। ७. वह किसी का भी विश्वास नहीं करता, सदा शंकित रहता है। ८. यदि तू मांस खाता है (अश्नासि) तो तुझे इससे कुछ लाभ नहीं (नेदं तवोपकरोति)। ९. वह बीमार नहीं है, बीमार होने का बहाना करता है (आतुरतां व्यपदिशति)। १०. आजकल लोग मनुष्य की योग्यता का अनुमान उसके पहनावे (वेषः) से करते हैं (अनुमान्ति)। ११. तेरा पड़ोसी (प्रतिवेशिन्) गरीब है तू उसकी सहायता क्यों नहीं करता? १२—जो लक्ष्मी के पीछे भागता है, लक्ष्मी उससे दूर भागती है। १३. अधिक वर्षा के कारण हमारे मकान की छत (छदिः) टपकती रहती है (प्रश्च्योतति) जिससे हम बहुत तंग आ गये (आतङ्क्रामः)। १४. वह अँधेरी तंग गली में (संकटायां प्रतोलिकायाम्) रहता है। १५. उसकी बहुत सवेरे उठने की आदत है (महति प्रत्यूषे जागर्ति), तदनन्तर दातुन कर (दन्तान् परिमृज्य) सैर के लिए निकल जाता है (स्वैरविहारं निर्याति)।

अष्टम अभ्यास

भूतकाल—लुङ्, लङ्, लिट्

गम् (लुङ्) परस्मैपद				वृत् (लुङ्) आत्मनेपद		
अगमत्	अगमताम्	अगमन्	प्र० पु०	अवर्तिष्ट	अवर्तिषाताम्	अवर्तिषत
अगमः	अगमतम्	अगमत	म० पु०	अवर्तिष्ठाः	अवर्तिषाथाम्	अवर्तिध्वम्
अगमम्	अगमाव	अगमाम	उ० पु०	अवर्तिषि	अवर्तिष्वहि	अवर्तिष्महि
गम् (लङ्) परस्मैपद				**वृत् (लङ्) आत्मनेपद**		
अगच्छत्	अगच्छताम्	अगच्छन्	प्र० पु०	अवर्तत	अवर्तेताम्	अवर्तन्त
अगच्छः	अगच्छतम्	अगच्छत	म० पु०	अवर्तथाः	अवर्तेथाम्	अवर्तध्वम्
अगच्छम्	अगच्छाव	अगच्छाम	उ० पु०	अवर्ते	अवर्तावहि	अवर्तामहि
गम् (लिट्) परस्मैपद				**वृत् (लिट्) आत्मनेपद**		
जगाम	जग्मतुः	जग्मुः	प्र० पु०	ववृते	ववृताते	ववृतिरे

नाद्यापि पारयामि कण्ठे कर्तुम्। ६—शिरस्युपजिघ्रत्यम्बा। ७—न कमपि प्रत्येति शश्वच्च शङ्कते।

जगमिथ-जगन्थ	जग्मथुः	जग्म	म० पु०	ववृतिषे	ववृताथे	ववृतिध्वे
जगाम-जगम	जग्मिव	जग्मिम	उ० पु०	ववृते	ववृतिवहे	ववृतिमहे

	लट्	लुङ्	लङ्	लिट्
पच् (पकाना)	पचति	अपाक्षीत्	अपचत्	पपाच
पत् (गिरना)	पतति	अपातीत्	अपतत्	पपात
त्यज् (छोड़ना)	त्यजति	अत्याक्षीत्	अत्यजत्	तत्याज
हस् (हँसना)	हसति	अहासीत्	अहसत्	जहास
ग्रह् (पकड़ना)	गृह्णाति	अग्रहीत्	अगृह्णात्	जग्राह
दृश् (पश्य्) (देखना)	पश्यति	अद्राक्षीत्	अपश्यत्	ददर्श
नी (ले जाना)	नयति	अनैषीत्	अनयत्	निनाय
स्था (ठहरना)	तिष्ठति	अस्थात्	अतिष्ठत्	तस्थौ
वस् (रहना)	वसति	अवात्सीत्	अवसत्	उवास
हन् (मारना)	हन्ति	अवधीत्	अहन्	जघान
श्रु (सुनना)	शृणोति	अश्रौषीत्	अशृणोत्	शुश्राव
शीङ् (सोना)	शेते	अशयिष्ट	अशेत	शिश्ये
सह् (सहना)	सहते	असहिष्ट	असहत	सेहे
सेव् (सेवा करना)	सेवते	असेविष्ट	असेवत	सिषेवे
रुच् (अच्छा लगना)	रोचते	अरोचिष्ट	अरोचत	रुरुचे
वन्द् (नमस्कार करना)	वन्दते	अवन्दिष्ट	अवन्दत	ववन्दे
यत् (यत्न करना)	यतते	अयतिष्ट	अयतत	येते
कम्प् (काँपना)	कम्पते	अकम्पिष्ट	अकम्पत	चकम्पे
मृ (मरना)	म्रियते	अमृत	अम्रियत	ममार
शुभ् (शोभित होना)	शोभते	अशोभिष्ट	अशोभत	शुशुभे

भूतकाल(लुङ्, लङ्, लिट्)—वह गया, 'वह जा रहा था', 'उसने खाया', 'वह खा रहा था' आदि का अनुवाद करने के लिए संस्कृत में लुङ्, लङ् और लिट् का प्रयोग होता है।

लिट् का प्रयोग परोक्ष अर्थ में होता है अर्थात् जिस क्रिया को वक्ता ने स्वयं न देखा हो, यथा—जघान कंसं किल वासुदेवः (भगवान् कृष्ण ने कंस को मारा)। सम्राट् समुद्रगुप्तोऽश्वमेधेनेजे (ईजे) सम्राट् समुद्रगुप्त ने अश्वमेध यज्ञ किया।

इस नियम के अनुसार उत्तम पुरुष में 'लिट्' का प्रयोग नहीं होता, क्योंकि 'अपरोक्ष' क्रिया में लिट् नहीं होता। इस नियम का अपवाद भी है। **यदि कहने वाले को आवेश या उन्माद मे अपने किये का ध्यान न रहे तो लिट् का प्रयोग उत्तम पुरुष में हो सकता है, यथा—**

*कलिङ्गेष्ववात्सीः किम्? नाहं कलिङ्गान् जगाम। (क्या तुम कलिङ्ग देश में रहे थे? मैं वहाँ गया तक नहीं।) इसी प्रकार—बहु जगद पुरस्तात्तस्य मत्ता किलाहम् (मुझ पगली ने उसके सामने बहुत प्रलाप किया)।

सामान्य भूत में लुङ् लकार होता है और लङ् भी हो सकता है, किन्तु 'आसन्नपूर्णभूत' में केवल लुङ् ही हो सकता है, यथा—अद्यैवाहमस्य पुस्तकस्य पाठं समापम् (मैंने आज ही इस पुस्तक का पढ़ना समाप्त किया है)। इस वाक्य में लुङ् के अतिरिक्त किसी अन्य लकार का प्रयोग नहीं किया जा सकता। इसी प्रकार—कृष्णो बाल्य एवेदृशानि कौतुकान्यकार्षीत् यानि महान्तोऽपि पुरुषाः कर्तुं नाशकन् (कृष्ण ने बचपन में ऐसे-ऐसे कौतुक किये, जिन्हें बड़े-बड़े लोग नहीं कर पाये)। 'अपाम सोमममृता अभूम' (हमने सोमरस पिया है, हम अमर हो गये हैं)। (ऋग्वेदः)

निषेधार्थसूचक निपात माङ् (मा) के योग में केवल लुङ् का प्रयोग होता है। यदि 'माङ्' के साथ 'स्म' लगा हो तो 'लुङ्' के अतिरिक्त 'लङ्' के प्रयोग का भी विधान है। माङ् के योग में आगम (अ अथवा आ) का लोप हो जाता है, यथा—शब्दं मा कार्षीः (आवाज मत करो)। यहाँ पर 'अकार्षीः के 'अ' का लोप हो गया है। यह नियम लुङ् और लङ् में एक समान है। "मैवं स्म मनसि करोः" यहाँ 'मा' और 'स्म' के योग में लङ् का प्रयोग हुआ है। "मा ते विमार्गं गमन्निति समर्पयैतान् सुतान् प्रशस्याय शिक्षकाय (इन लड़कों को पढ़ाने लिए किसी सुयोग्य अध्यापक को सौंप दो, ताकि वे कहीं उलटे मार्ग पर न जायँ)।"

अनद्यतन (आज से पहले) भूतकाल के अर्थ में लङ् का प्रयोग होता है, यथा—इह भारते वर्षेऽशोको नाम सम्राडासीत् (भारत में अशोक नाम का सम्राट् हो चुका है)।

विशेष—(१) यदि धातु के पूर्व कोई उपसर्ग लगा हो तो पहले उस धातु के लङ् आदि लकार का रूप बनाकर बाद में उस प्रयोग के पूर्व उपसर्ग लगाया

---

*कलिङ्ग शब्द देशविशेष का वाचक होने से बहुवचन में प्रयुक्त हुआ है।

जाता है, जैसे ऊपर के वाक्य में "अन्वसरत्" है यहाँ पर पहले 'सृ' का लङ् में 'असरत्' रूप बना कर उसके पूर्व 'अनु' उपसर्ग लगा दिया गया है और फिर यणसन्धि की गयी है। (अनु+असरत्=अन्वसरत्)।

(२) साधारण भूतकाल के अर्थ में वर्तमान काल की क्रिया के बाद 'स्म' लगा दिया जाता है। पहले इसका प्रयोग किस्से कहानियों में होता था— "कस्मिश्चिद्वने एकः सिंहः प्रतिवसति स्म", किन्तु शनैः शनैः इसका प्रयोग अन्यत्र भी होने लगा।

संस्कृत में अनुवाद करो—

(लुङ् में) १. वह जो पौर्णमासी व्यतीत हुई उसमें याज्ञिक ने अग्न्याधान किया (अग्नीनाधित)। २. कण्व ऋषि आश्रम में नहीं हैं, वे शकुन्तला के दुर्भाग्य को टालने के लिए (दुर्दैवमथवा प्रतिकूलं दैवं शमयितुम्) गये हैं (अगात्)। ३—ज्योतियों का स्वामी सूर्य निकल आया है (उदगात्) दिशाएँ चमक उठीं (दिशश्चाराजिषुः)। ४—हे बालक, डरो मत (मा भैषीः) तुम्हारी माता आ गयी हैं। ५—हे पार्थ, कायर मत बनो (क्लैब्यं मा स्म गमः) यह तुम्हें शोभा नहीं देता (नैतत्त्वय्युपपद्यते)। ६—भोजन के समय को कभी मत टालो (मातिक्रमीः)। ७—राजा की मृत्यु का समाचार पाकर सारे नगर में न किसी ने कुछ पकाया (अपचि), न किसी ने स्नान किया (अस्नायि), न कुछ खाया (अभोजि), सब जगह सब रोते ही रहे (सर्वैररोदि)। ८—इस विश्वव्यापी युद्ध में न जाने कितने सैनिक मरे (योद्धारो निरधानिषत)। ९—मैं स्नान कर चुका हूँ अब भोजन करूँगा (अहमस्नासिषम्, इदानीं भोक्ष्ये)। —१० उस पर उन्होंने चोरी का अभियोग लगाया है, पर वह अभियोग निराधार है (ते तं मिथ्यैव चौर्येणाभ्ययुक्षत)।

(लिट् में) १—जब राम इस पृथ्वी पर राज्य करते थे (शशास) तब प्रजा बहुत प्रसन्न थी (ननन्द)। २—कण्व दुष्यन्त के आश्रम में पहुँचा (प्राप) कि उसकी दाहिनी आंख फड़क उठी (पस्पन्द)। ३—दिलीप ने रघु को राज्य सौंपा (न्यास) और स्वयं वन को चला गया (प्रतस्थे)। ४—जब मैं पागल था तो कहते हैं कि मैंने उसके सामने बहुत प्रलाप किया। ५—क्या तुम काम-रूप देश में रहे थे ? नहीं, मैं वहाँ गया तक नहीं। (ऊपर के उदाहरणों को देखें)।

(लङ् में) १—मेरी अंगुली में सूई चुभ गयी, जिससे अभी तक पीड़ा हो

रही है (सूच्या ममाङ्गुलिरविध्यत)। २—इस स्कूल में प्रविष्ट होने से पहले (प्रवेशात् प्राक्) मोहन तीन वर्ष तक (वर्षत्रयम्) गवर्नमेंट स्कूल में पढ़ता रहा (अपठत्)। ३—यदि तुम आसानी से परीक्षा में उत्तीर्ण हो सकते थे (परीक्षा सुप्रतरा) तो तुमने शिक्षक क्यों रखा (किमर्थं शिक्षकमयुङ्क्थाः) ? ४—उन्होंने मुझे वह स्थान छोड़ने को विवश किया (अत्याजयन्)। ५—कुमार को इन्द्र की सेना का नायक नियुक्त किया गया। ६—उन्होंने यश का लोभ किया (यशसि तेऽलुभ्यन्) पर वे इसे प्राप्त न कर सके (नाप्नुवन्)। ७—जब माता दृष्टि से ओझल हुई तब बच्चा बिलख-बिलख कर (प्रमुक्तकण्ठम्) रोने लगा। *८—क्या प्रधानाध्यापक जी के पहुँचने से पहले इंस्पेक्टर महोदय सातवीं कक्षा का निरीक्षण कर चुके थे? ९—पुराने क्षत्रिय पीड़ितों की रक्षा के लिए (आर्तत्राणाय) सदा सशस्त्र तैयार रहते थे (शश्वदुदायुधा आसन्)। १०—साधुओं की संगति से उनके सब पाप धोये गये (सर्वे पाप्मानोऽपूयन्त)।

नवम अभ्यास

भविष्यत् काल—लुट्, लृट्

गम् (लुट्) परस्मैपद				वृत् (लुट्) आत्मनेपद		
गन्ता	गन्तारौ	गन्तारः	प्र० पु०	वर्तिता	वर्तितारौ	वर्तितारः
गन्तासि	गन्तास्थः	गन्तास्थ	म० पु०	वर्तितासे	वर्तितासाथे	वर्तिताध्वे
गन्तास्मि	गन्तास्वः	गन्तास्मः	उ० पु०	वर्तिताहे	वर्तितास्वहे	वर्तितास्महे
गम् (लृट्)				वृत् (लृट्)		
गमिष्यति	गमिष्यतः	गमिष्यन्ति	प्र० पु०	वर्तिष्यते	वर्तिष्येते	वर्तिष्यन्ते
गमिष्यसि	गमिष्यथः	गमिष्यथ	म० पु०	वर्तिष्यसे	वर्तिष्येथे	वर्तिष्यध्वे
गमिष्यामि	गमिष्यावः	गमिष्यामः	उ० पु०	वर्तिष्ये	वर्तिष्यावहे	वर्तिष्यामहे

परस्मैपद	लुट्	लृट्	आत्मनेपद	लुट्	लृट्
पच्	पक्ता	पक्ष्यति	शीङ्	शयिता	शयिष्यते
पत्	पतिता	पतिष्यति	सह्	सोढा	सहिष्यते

---

*अपि प्रधानाध्यापकाऽऽगमनात् पूर्वं निरीक्षकमहाभागः सप्तमीं श्रेणीं परीक्षितवानासीत्? ऐसे स्थलों पर सम्पूर्ण भूत काल की क्रियाओं को प्रकट करने के लिए धातु से क्त-क्तवतु का प्रयोग करना चाहिए और साथ में अस् या भू के लङ् का प्रयोग।

त्यज्	त्यक्ता	त्यक्ष्यति	सेव्	सेविता	सेविष्यते
हस्	हसिता	हसिष्यति	रुच	रोचिता	रोचिष्यते
ग्रह्	ग्रहीता	ग्रहीष्यति	वन्द्	वन्दिता	वन्दिष्यते
दृश्	द्रष्टा	द्रक्ष्यति	यत्	यतिता	यतिष्यते
नी	नेता	नेष्यति	कम्प्	कम्पिता	कम्पिष्यते
वस्	वस्ता	वत्स्यति	मृ	मर्ता	मरिष्यते
हन्	हन्ता	हनिष्यति	शुभ्	शोभिता	शोभिष्यते
श्रु	श्रोता	श्रोष्यति	मुद्	मोदिता	मोदिष्यते
पा	पाता	पास्यति	वृध्	वर्धिता	वर्धिष्यते
नम्	नन्ता	नंस्यति	युध्	योद्धा	योत्स्यते

भविष्यत्काल—(लुट्, लृट्)—अनद्यतन भविष्यत् काल में लुट् लकार होता है, अर्थात् लुट् उस भविष्यत् काल की क्रिया को बतलाता है जो आज न होने वाला हो, यथा—श्वोहमितः प्रस्थाताहे, परश्वश्च गृहमासादयिताहे, ततश्च सप्ताहात्परेण कश्मीरान्प्रति प्रस्थाताहे। (मैं कल यहाँ से चल कर परसों घर पहुँचूंगा और वहाँ से एक सप्ताह बाद कश्मीर चला जाऊँगा।) सर्वावस्थागतस्त्वं सत्यं **वक्तासीति** दृढो मे प्रत्ययः। (प्रत्येक अवस्था में तुम सत्य बोलोगे यह मेरा पक्का निश्चय है।)

लृट् लकार साधारणतः भविष्यत् की क्रियाओं को सूचित करता है, विशेषतः उन क्रियाओं को जिनका आज से सम्बन्ध हो; यथा—**यास्यामि विचेष्यामि च बालम्**। (मैं जाता हूँ और बालक को ढूंढता हूँ)। इस वाक्य में आज की घटना का निर्देश है। यहाँ भविष्यत् का समीपवर्ती वर्तमान काल है, अतः यहाँ लट् का प्रयोग भी हो सकता है, यथा—अप्यस्मन्मण्डलात् प्रतिनिधिः सन् विधानसभाया उत्तरप्रदेशस्य सदस्य इति निर्वाचितमात्मानमिच्छसि ? (क्या आप उत्तरप्रदेश विधानसभा के सदस्य निर्वाचित होने के लिए हमारे इलाके से खड़े होंगे ?)

संस्कृत में अनुवाद करो

(लुट् में) १—जब कभी मुझे अवसर मिलेगा मैं वेदान्त सीखने का प्रयत्न करूँगा। २—स्वतन्त्र भारत अपनी निर्धनता और निरक्षरता को शीघ्र मिटा देगा। ३—हां, यह कब पढ़ेगा जो इस प्रकार पढ़ने में ध्यान नहीं देता ? ४—हम एक वर्ष बाद यज्ञ करेंगे (वर्षात्परेण यष्टास्महे) इस बीच में हम

सामग्री जुटा लेंगे (अत्रान्तरे सर्वान्सम्भारान्कर्तास्महे)। ५—ज्योतिषी कहते हैं कि तुम्हारे घर पुत्र पैदा होगा जो शत्रुओं के ऐश्वर्य को हर लेगा (शत्रुश्रियं हर्तेति)।

(लृट् में) १—यदि तुम अपने लड़कों का ध्यान न रखोगे (अवेक्षिष्यसे तनूजान्) तो वे अवश्य बिगड़ जायेंगे (सत्पथात् भ्रंशिष्यन्ति)। २—यदि तुम दाईं ओर जाओगे तो गढ़े में गिर जाओगे (पतिष्यसि)। ३—आगामी पूर्णिमा को एक बड़ा त्योहार मनाया जाएगा (अभिनन्दिष्यते)। ४—पाँच छः दिन में (पञ्चषैरहोभिः) हम स्वयं वहाँ जायेंगे और सारी बात की पड़ताल करेंगे (अनुसन्धास्यामः)। ५—आज या कल हम कलकत्ता जायेंगे पर ठीक निश्चित नहीं। ६—यदि तुम इस गहरे तालाब में तैरोगे (अवगाहिष्यसे) तो डूब जाओगे (निमङ्क्ष्यसि)। ७—कल मुझे इस स्कूल में काम करते उन्नीस वर्ष, सवा सात मास तथा पाँच दिन हो जायेंगे (एकोनविंशतिः समाः सपादसप्तमासाः पञ्च दिनानि च)। ८—जितना गुड़ डालोगे उतना ही मीठा होगा (अधिकस्याधिकं फलम्)। ९—धर्म तुम्हारी रक्षा करेगा और कुछ भी साथ न देगा। १०—वह उससे उपकृत है अन्यथा उसकी सहायता न करता।

दशम अभ्यास

सम्भावना और प्रवर्तना (लिङ् लोट्)

गम् (लोट्) परस्मैपद				वृत् (लोट्) आत्मनेपद		
गच्छतु	गच्छताम्	गच्छन्तु	प्र० पु०	वर्तताम्	वर्तेताम्	वर्तन्ताम्
गच्छ	गच्छतम्	गच्छत	म० पु०	वर्तस्व	वर्तेथाम्	वर्तध्वम्
गच्छानि	गच्छाव	गच्छाम	उ० पु०	वर्तै	वर्तावहै	वर्तामहै

गम् (विधिलिङ्) परस्मैपद				वृत् (विधिलिङ्) आत्मनेपद		
गच्छेत्	गच्छेताम्	गच्छेयुः	प्र० पु०	वर्तेत	वर्तेयाताम्	वर्तेरन्
गच्छेः	गच्छेतम्	गच्छेत	म० पु०	वर्तेथाः	वर्तेयाथाम्	वर्तेध्वम्
गच्छेयम्	गच्छेव	गच्छेम	उ० पु०	वर्तेय	वर्तेवहि	वर्तेमहि

गम् (आशीर्लिङ्) परस्मैपद				वृत् (आशीर्लिङ्) आत्मनेपद		
गम्यात्	गम्यास्ताम्	गम्यासुः	प्र० पु०	वर्तिषीष्ट	वर्तिषीयास्ताम्	वर्तिषीरन्
गम्याः	गम्यास्तम्	गम्यास्त	म० पु०	वर्तिषीष्ठाः	वर्तिषीयास्थाम्	वर्तिषीध्वम्
गम्यासम्	गम्यास्व	गम्यास्म	उ० पु०	वर्तिषीय	वर्तिषीवहि	वर्तिषीमहि

परस्मैपद				आत्मनेपद			
	लोट्	वि०लिङ्	आ०लिङ्		लोट्	वि०लिङ्	आ० लिङ्
पच	पचतु	पचेत्	पच्यात्	शीङ्	शेताम्	शयीत	शयिषीष्ट
पत	पततु	पतेत्	पत्यात्	सह्	सहताम्	सहेत	सहिषीष्ट
त्यज्	त्यजतु	त्यजेत्	त्यज्यात्	सेव्	सेवताम्	सेवेत	सेविषीष्ट
हस्	हसतु	हसेत्	हस्यात्	रुच्	रोचताम्	रोचेत	रोचिषीष्ट
ग्रह्	गृह्णातु	गृह्णीयात्	गृह्यात्	वन्द्	वन्दताम्	वन्देत	वन्दिषीष्ट
दृश्	पश्यतु	पश्येत्	दृश्यात्	यत्	यतताम्	यतेत	यतिषीष्ट
नी	नयतु	नयेत्	नीयात्	कम्प्	कम्पताम्	कम्पेत	कम्पिषीष्ट
वस्	वसतु	वसेत्	उष्यात्	मृ	म्रियताम्	म्रियेत	मृषीष्ट
हन्	हन्तु	हन्यात्	वध्यात्	शुभ्	शोभताम्	शोभेत	शोभिषीष्ट
श्रु	शृणोतु	शृणुयात्	श्रूयात्	मुद्	मोदताम्	मोदेत	मोदिषीष्ट
पा	पिबतु	पिबेत्	पेयात्	वृध्	वर्धताम्	वर्धेत	वर्धिषीष्ट
नम्	नमतु	नमेत्	नम्यात्	युध्	युध्यताम्	युध्येत	युत्सीष्ट

सम्भावना एवं प्रवर्तना (लोट्, लिङ्)—सम्भावना, प्रश्न, औचित्य, शपथ इच्छा आदि अर्थों में लोट् एवं विधिलिङ् का प्रयोग होता है। प्रवर्तना अर्थात् प्रत्यक्ष विधि, प्रार्थना, उपदेश, अनुमति, अनुरोध, आज्ञा आदि अर्थों में विधिलिङ् तथा लोट् का प्रयोग होता है।

सम्भावना—सम्भाव्यतेऽद्य पिता **आगच्छेत्** (शायद आज पिताजी आ जायें)। कदाचिदाचार्यः श्वः प्रयागं **गच्छेत्** (शायद गुरु जी कल प्रयाग चले जायें)।

प्रश्न—किमहं वेदान्त**मधीयीय** उत न्यायम् (क्या मैं वेदान्त पढ़ूं या न्याय)?

औचित्य—त्वं साधूनां सेवां **कुर्याः** (तुम साधुओं की सेवा करो)। तथा **कुरु** यथा निन्दा न **भवेत्** (ऐसा करो जिसमें निन्दा न हो)।

शपथ—यो मां पिशाच इति कथयति तस्य पुत्रा **म्रियेरन्** (म्रियन्ताम्) (जो मुझे पिशाच कहता है उसके पुत्र मर जायें)।

प्रार्थना—**छिन्धि** नः पाशान्। (कृपा करके आप मेरे फन्दे काट दीजिये)। **अभ्यन्तरमागच्छानि** आर्य (श्रीमन्, क्या मैं भीतर आ सकता हूँ)? दीने मयि दयां **कुरु** (मुझ गरीब पर दया कीजिए)।

आज्ञा—तीर्थोदकं च समिधः कुसुमानि दर्भान् स्वैरं वनादुप**नयन्तु** तपोधनानि (वे स्वेच्छा से तपस्या का धन, तीर्थों का जल, समिधाएँ, फूल, और कुशा घास ले आयें)। रमेश, स्वं पुस्तकं दशमे पार्श्वे समुद्घाट्य पठनम् **आरभस्व** (रमेश तुम अपनी पुस्तक के दसवें पृष्ठ को खोलो और पढ़ना शुरू करो)।

आशीर्वाद—आत्मसदृशं भर्तारं **लभस्व**, वीरसूश्च **भव** (परमात्मा करे तुम योग्य पति को प्राप्त करो और वीरजननी हो जाओ)। पुत्रोऽस्य **जनिषीष्ट** यः शत्रुश्रियं **हृषीष्ट** (ह्रियात्) (ईश्वर करे उसके घर पुत्र पैदा हो जो शत्रुओं की लक्ष्मी को हरण करे)।

उपदेश—सत्यं **ब्रूयात्** प्रियं **ब्रूयात्** (सच बोलो, मीठा बोलो)। सहसा **विदधीत** न क्रियाम् (बिना विचारे कार्य न करो)। सावधानो **भव**, शत्रुर्निभृतमवसरं प्रतीक्षते (सावधान रहो, शत्रु तुम्हारी घात में है)।

अनुरोध—इहासीत (**आस्ताम्**) तावद् भवान् (आप यहाँ बैठिए)।

अनुमति—उपदिशतु भवान् कथं तं **प्रसादयेयम्** ? (आप ही बतावें कैसे उसे प्रसन्न करूँ ?) अपि छात्रा गृहं **गच्छेयुः** (गच्छन्तु) ? (क्या विद्यार्थी घर जायें ?)

विधि—नान्यस्यापराधेनान्यस्य दण्ड**माचरेत्** (दूसरे के अपराध के लिए दूसरे को दण्ड न दे)। उदक्शिरा न **स्वप्यात्** (उत्तर की ओर सिर करके न सोओ)। ब्रह्मचारी मधु मांसं च **वर्जयेत्** (ब्रह्मचारी के लिए माँस और शहद वर्जित हैं)।

इच्छा—भवान् शीघ्रं नीरोगो **भवेत्** (**भवतु**) (मैं चाहता हूँ कि आप को शीघ्र आराम हो जाय)।

सामर्थ्य—जङ्घाकरिको दिनेन सप्त क्रोशान् **गच्छेत्** (यह हरकारा प्रतिदिन सात कोस दौड़ सकता है)। अनेन रथवेगेन पूर्वं प्रस्थितं वैनतेयमप्यासा**दयेयम्** (रथ की इस चाल से मैं पहले चले हुए गरुड़ को भी पकड़ सकता हूँ)।

प्राप्तकाल—**प्रसाधयतु** भवान् स्वां योग्यताम् (आपके लिए यह अच्छा अवसर है कि आप अपनी योग्यता दिखायें)।

कामचारानुज्ञा—अपि **याहि**, अपि **तिष्ठ** (तुम चाहो तो जा सकते हो चाहो तो ठहर सकते हो)।

संस्कृत में अनुवाद करो

(लोट्, लिङ्) १. शकुन्तला तुम सदाचार का अनुसरण करो। २. बेटी

धीरज धरो, अब डरने का कोई काम नहीं। ३. नाव में सबसे पहले चढ़ो और सबसे पीछे उतरो। ४. अपनी आय बढ़ाओ और खर्च कम करो। ५. यदि तुम चाहो तो यह काम समाप्त कर सकते हो। ६. पाँव धोकर ब्राह्मणों का भोजन परोस दो। ७. राजा ने आदेश किया कि ब्राह्मणों को भोजन के लिए (भोजनेन) यहाँ निमन्त्रित किया जाय। ८. नौकर से कह दो कि मेरा बिछौना बिछा दे, मुझे नींद आ रही है। ९. तुम्हारा मन धर्म में लगे और सत्य में निष्ठित हो। १०. आज का काम कल पर मत छोड़ो। ११. जो मान के योग्य हैं उनका मान करो, शत्रुओं को भी अनुकूल बनाओ। १२. आओ, हम इस मकान का सौदा करें। १३. या तो मुझे किराया (भाटकम्) दो या मकान खाली कर दो (परित्यज)। १४. इस अत्याचारी को गर्दन से पकड़ो और बाहर निकाल दो। १५. तुम मानो या न मानो पर सच बात तो यही है। १६. आश्चर्य है कि अन्धा भी पढ़ लिख सके। १७. उसे अपना घर गिरवी नहीं रखना चाहिए था कदाचित् कोई बन्धु उसकी सहायता करता। १८. अगर गुरु आ जायेंगे तो आशा है कि मैं दत्तचित्त होकर पढ़ूंगा। १९. अब तुम्हें समान गुणवाली सोलह वर्ष की सुन्दर कन्या से विवाह करना चाहिए। २०. सोने से पहले तुम्हें अपना पाठ याद कर लेना चाहिए। २१. ईश्वर करे, तुम अपने देश की सेवा करो। २२. मैं आपका शिष्य हूँ, आपकी शरण में आया हूँ, मुझे उपदेश दीजिए। २३. कृपया द्वार बन्द कर दो (पिधेहि द्वारम्), तेज आँधी (वात्या) चल रही है। २४. गोपाल, तुम युग-युग जीओ, तुमने मेरे बच्चे की जान बचाई। २५. हमारी प्रसन्नता के लिए दो चार कौर खा लीजिए।

---

१. शकुन्तले, आचारं तावत्प्रतिपद्यस्व। ३. सर्वप्रथमं नावमारोहत सर्वपश्चाच्च ततोऽवारोहत। ४. आयं वर्धय व्ययं च ह्रासय। ५. व्यवस्यतु भवान् इदं कृत्यम्। ६. पादनिर्णेजनं कृत्वा विप्रान् अन्नेन तर्पय। ८. शयनीयं रच्यताम्। ९. धर्मे ते धीयतां धीः, सत्ये च निस्तिष्ठतु। १०. अद्यतनं कार्यं श्वः कर्तास्मीति वादं परिहर। ११. मान्यान्मानय शत्रूनप्यनुनय। १२. क्रयविक्रयसंविदं करवावहै। १४. अर्धचन्द्रं दत्वा निस्सारयामुं जालमम्। १५. प्रतीहि वा न वा परं तथ्यं त्विदमेव। १७. तेन स्वगृहं नाऽऽधिकरणीयमासीत्। १८. गुरुश्चेदागच्छेत् आशंसे युक्तोऽधीयीय। १९. हृद्यां कन्यामुद्वहेत्। २१. सेविष्ठाः। २२. शिष्यस्तेऽहं शाधि मां त्वां प्रपन्नम्। २४. गोपाल, पुरुषायुषं जीव।

एकादश अभ्यास

हेतु-हेतुमद्भाव (क्रियातिपत्ति) लृङ्

गम् (लृङ्) परस्मैपद				वृत् (लृङ्) आत्मनेपद		
अगमिष्यत्	अगमिष्यताम्	अगमिष्यन्	प्र.पु.	अवर्तिष्यत	अवर्तिष्येताम्	अवर्तिष्यन्त
अगमिष्यः	अगमिष्यतम्	अगमिष्यत	म.पु.	अवर्तिष्यथाः	अवर्तिष्येथाम्	अवर्तिष्यध्वम्
अगमिष्यम्	अगमिष्याव	अगमिष्याम	उ.पु.	अवर्तिष्ये	अवर्तिष्यावहि	अवर्तिष्यामहि

इसी प्रकार

परस्मैपद—(पच्) अपक्ष्यत्, (पत्) अपतिष्यत्, (त्यज्) अत्यक्ष्यत्, (हस्) अहसिष्यत्, (ग्रह्) अग्रहीष्यत्, (दृश्) अद्रक्ष्यत्, (नी) अनेष्यत्, (वस्) अवत्स्यत्, (हन्) अहनिष्यत्, (श्रु) अश्रोष्यत्, (पा) अपास्यत्, (नम्) अनंस्यत्।

आत्मनेपद—(शीङ्) अशयिष्यत, (सह्) असहिष्यत, (सेव्) असेविष्यत, (रुच्) अरोचिष्यत, (वन्द्) अवन्दिष्यत, (यत्) अयतिष्यत, (कम्प्) अकम्पिष्यत, (मृ) अमरिष्यत, (शुभ्) अशोभिष्यत, (मुद्) अमोदिष्यत, (वृध्) अवर्धिष्यत (युध्) अयोधिष्यत।

हेतु-हेतुमद्भाव—जहाँ क्रियातिपत्ति (क्रिया की अनिष्पत्ति या न होना) कथनीय हो अथवा हेतु या वाक्यार्थ का झूठापन (न होना) झलकता हो, या जहाँ पर पूर्वगामी उपवाक्य की असत्यता कहनी हो वहाँ क्रियातिपत्ति में लृङ् का प्रयोग होता है। लृङ् लकार का भूत तथा भविष्यत् के अर्थ में व्यवहार होता है। [किन्तु चान्द्र वैयाकरण भविष्यत् काल में लृङ् का प्रयोग नहीं मानते। वे भविष्यत्काल में लृङ् के स्थान में लृट् का ही प्रयोग करते हैं।]

(१) वृष्टिश्चेदभविष्यत्, दुर्भिक्षं नाभविष्यत् (यदि समय पर वर्षा हो जाती तो अकाल न पड़ता।

(२) यदि सुरभिमवाप्स्यस्तन्मुखोच्छ्वासगन्धं, तव रतिरभविष्यत्पुण्डरीके किमस्मिन्? (यदि तुमने उसके साँस की सुगन्ध पायी होती तो क्या तुम्हारे मन में इस कमल के प्रति जरा भी रुचि हुई होती?) (विक्र०)

(३) निशाश्चेत्तमस्विन्यो नाभविष्यन् को नाम चन्द्रमसोर्गुणं व्यज्ञास्यत्? (यदि रातें अंधेरी न होतीं तो चन्द्रमा का गुण कौन जानता)?

(४) यदि राजा दुष्टेषु दण्डं नाधारयिष्यत् तदा किं ते प्रजा नोपापीडायिष्यन् (यदि राजा दुष्टों को दण्ड न देता तो क्या वे लोगों को पीडित न करते)।

(५) यदि दक्षिणाफ्रीकास्था गौराङ्गाः शासका आजन्मसिद्धानधिकारान् भारतीयेभ्योऽदास्यन् तदा द्वयोर्जात्योः शोभनो मिथः सम्बन्धोऽभविष्यत् (यदि दक्षिण अफ्रीका के गोरे शासक भारतीयों के जन्मसिद्ध अधिकारों को उन्हें दे देते तो दोनों जातियों का आपसी सम्बन्ध अच्छा हो जाता)।

संस्कृत में अनुवाद करो

१—यदि सूर्य न होता तो संसार में कौन जीवित रह सकता ? २—यदि दुर्योधन हठ न करता तो महाभारत का युद्ध न होता। ३—यदि वह अपने स्वास्थ्य का ध्यान रखता तो रोगी न होता। ४—यदि मैंने गुरुजी की आज्ञा मानी होती तो परीक्षा में उत्तीर्ण हो गया होता। ५—यदि पत्थर का बाँध न बनाया गया होता तो नदी नगर को बहा ले जाती। ६—यदि तुम मेरे घर आये होते तो मैं तुम्हें मधुर और स्निग्ध भोजन खिलाता। ७—यदि रावण सीता का अपहरण न करता तो राम के हाथों उसकी मृत्यु न होती। ८—यदि तू दुष्टों की संगति में न पड़ता तो सदाचार से न गिरता। ९—यदि छकड़ा दाईं ओर गया होता तो न उलटता। १०—यदि श्रीकृष्ण की सहायता प्राप्त न होती तो पाण्डव कौरवों को जीत न सकते। ११—यदि पहरेदार (यामिकाः) सावधान होते तो चोरी न हुई होती। १२—यदि मैं धनी होता तो अनाथों और विधवाओं की सहायता करता। १३—यदि हवा चलती होती तो गर्मी कम हो जाती। १४—यदि रोगी का उचित उपचार होता तो वह न मरता। १५—सप्त ऋषियों ने हिमालय से कहा—'यदि आप पृथ्वी को न संभाले होते तो भला वह सर्प अपने कोमल फण पर कैसे उसे उठा सकता ?' १६—क्या अरुण जगत् के अन्धकार को दूर कर सकता यदि भगवान् सूर्य ने उसे अपना सारथी न बनाया होता ?

२—हठ करना—आ+ग्रह्। ३—शरीरे चेदवाधास्यन्नासौ रुग्णोऽभविष्यत्। ४—गुरोश्चेदाज्ञामकरिष्यम्..... अभविष्यम्। ६—त्वञ्चेन्मम सदनमुपैष्यः मधुरं स्निग्धं चान्नं त्वामभोजयिष्यम्। ७—नासौ रामेण प्राणैर्व्ययोक्ष्यत। ८—दुश्चरितैश्चेन्न समगंस्यथाः सदाचारान्नाभ्रंशिष्यथाः। ९—दक्षिणेन चेदयास्यन्न शकटं पर्याभविष्यत्। १०—न चेत्कृष्णः साहाय्य व्यतरिष्यत्। १५—नामधास्यत् कथं नागो मृणालमृदुभिःफणैः। आरसातलमूलात्त्वमवालम्बिष्यथा न चेत् (कुमार०)। १६—किं वाऽभविष्यदरुणस्तमसां विभेत्ता तं चेत्सहस्रकिरणो धुरि नाऽकरिष्यत् ? (शाकु०)

द्वादश अभ्यास

प्रेरणार्थक (णिजन्त) क्रियाएँ

जब किसी क्रिया में प्रेरणा का अर्थ लाना हो तब धातु में णिच् प्रत्यय जोड़ देते हैं (करना से कराना, पढ़ना से पढ़ाना, पकाना से पकवाना प्रेरणा के अर्थ हैं)। यथा—देवदत्त ओदनं पचति (देवदत्त चावल पकाता है)। "यज्ञदत्तः पचन्तं देवदत्तं प्रेरयति—यज्ञदत्तः देवदत्तेन ओदनं पाचयति"(यज्ञदत्त देवदत्त से चावल पकवाता है।) णिच् में प्रेरणा आवश्यक है। यदि प्रेरणा का विषय न हो तो सामान्य क्रिया का प्रयोग होता है।

हमें कभी-कभी अकर्मक धातुओं से सकर्मक बनाने के लिए भी णिजन्त का प्रयोग करना पड़ता है, यथा—पार्वती अहर्निशं तपोभिर्ग्लपयति गात्रम् (पार्वती रात दिन तप द्वारा अपने शरीर को क्षीण कर रही है)। यहाँ पर अकर्मक क्रिया 'ग्लायति' का णिजन्त में 'ग्लपयति' सकर्मक प्रयोग है।

प्रेरणार्थक धातुओं के साथ मूल धातु के कर्ता में तृतीया होती है, कर्म में पूर्ववत् द्वितीया ही रहती है और क्रिया कर्ता के अनुसार होती है, यथा—(मूल) भृत्यः कार्यं करोति। (णिजन्त) देवदत्तः भृत्येन कार्यं कारयति।

प्रेरणार्थक धातु में शुद्ध धातु के अन्त में णिच् (अय) जोड़ दिया जाता है। धातु के अन्त में अय लगाकर प्रेरणार्थक बना लेते हैं। उसके रूप परस्मैपद में 'पठति' के समान और आत्मनेपद में 'जायते' के समान चलते हैं। णिजन्त धातुओं के रूप चुरादिगणीय धातुओं के समान होते हैं। धातु और तिङ् प्रत्ययों के बीच में 'अय' जोड़ दिया जाता है। णिजन्त धातुएँ प्रायः उभयपदी होती हैं, यथा—लट्—पाठयति, पाठयते। लङ्—अपाठयत्, अपाठयत। लृट्—पाठयिष्यति, पाठयिष्यते। लोट्—पाठयतु, पाठयताम्

अणिजन्त क्रिया का कर्ता णिजन्त क्रिया के साथ प्रायः तृतीया विभक्ति में होता है, यथा—

१—(रमेशः दोषं त्यजति) गुरुः रमेशेन दोषं त्याजयति।

२—(रामः मारीचं हन्ति) सीता रामेण मारीचं घातयति।

३—(नृपः धनं ददाति) मन्त्री नृपेण धनं दापयति।

४—(पिता क्रीडनकं क्रीणाति) बालः पित्रा क्रीडनकं क्रापयति।

५—(सुमन्त्रः रामं वनं नयति) राजा सुमन्त्रेण रामं वनं नाययति।

निम्नलिखित १२ धातुओं के णिजन्त प्रयोग में अणिजन्त क्रिया के कर्ता में द्वितीया विभक्ति ही होती है। हृ तथा कृ के साथ तृतीया अथवा द्वितीया विभक्ति होती है, यथा—

(१) गमन—(पाण्डवाः वनं गच्छन्ति) कौरवाः पाण्डवान् वनं गमयन्ति।

(२) [1]दर्शन—(बालः चन्द्रं पश्यति) माता बालं चन्द्रं दर्शयति।

(३) श्रवण—(नृपः गीतं शृणोति) गायिका नृपं गीतं श्रावयति।

(४) प्रवेश—(ब्रह्मचारी गृहं प्रविशति) आचार्यः ब्रह्मचारिणं गृहं प्रवेशयति।

(५) आरोहण—(सः वृक्षम् आरोहति) कृष्णः तं वृक्षम् आरोहयति।

(६) तरण—(नाविकः गङ्गामुत्तरति) सः नाविकं गङ्गामुत्तारयति।

(७) ग्रहण—(निर्धनः भोजनं गृह्णाति) भक्तः निर्धनं भोजनं ग्राहयति।

(८) प्राप्ति—(बालः नगरं प्राप्नोति) पिता बालं नगरं प्रापयति।

(९) ज्ञान—(आचार्यः शास्त्रं जानाति) आचार्यः शिष्यं शास्त्रं ज्ञापयति।

(१०) पठ् आदि अर्थों वाली—(छात्रः शास्त्रम् अधीते) गुरुः छात्रं शास्त्रमध्यापयति।

(११) पा—(शिशुः दुग्धं पिबति) माता शिशुं दुग्धं पाययति।

(१२) भोजन—[2]अद्, खाद्, भक्ष् को छोड़कर (कृष्णः अन्नं भुङ्क्ते) यशोदा कृष्णमन्नं भोजयति।

(क) हृ (भृत्यः भारं ग्रामं हरति) स्वामी भृत्यं (भृत्येन) भारं ग्रामं हारयति।

(ख) कृ (सेवकः कार्यं करोति) स्वामी सेवकेन (सेवकं) कार्यं कारयति।

नी और वह् धातु के प्रयोज्य कर्त्ता में द्वितीया न होकर तृतीया ही होती है। यथा भृत्यो भारं नयति वहति वा (स्वामी भृत्येन भारं नाययति वाहयति वा)।

---

१ जल्प, भाष्, आलप् के प्रयोज्य कर्ता में भी द्वितीया होती है, यथा—देवो रामं सत्यं जल्पयति।

२ 'अद्' और 'खाद्' के प्रयोज्य कर्ता में तृतीया भी होती है, यथा—माता शिशुना मिष्टान्नं खादयति आदयति वा।

विभिन्न अर्थों में—

सिंहः शिशुं भीषयते (शेर बच्चे को डराता है)।
यदुः दण्डेन शिशुं भाययति (यदु दण्ड से बच्चे को डराता है)।
विष्णुः बाणेन मधुं विस्माययति (विष्णु बाण से मधु को विस्मित करता है)।
सीता गीतेन जनान् विस्मापयते (सीता गीत से लोगों को विस्मित करती है)।

व्याधः मृगान् रजयति (शिकारी मृगों को मारता है)।
तपस्वी तृणेन मृगान् रञ्जयति (तपस्वी तृण से मृगों को तृप्त करता है)
यदुः खगान् रञ्जयति (यदु चिड़ियों को तृप्त करता है)।

स्था—स्थापयति	पच्—पाचयति	भी—भापयते	ह्री—ह्रेपयति
स्मृ—स्मारयति	पाल्—पालयति	चुर्—चोरयति	ह्वे—ह्वाययति
घ्रा—घ्रापयति	बुध्—बोधयति	रुह्—रोहयति	हा—हापयति
जन्—जनयति	ब्रू—वाचयति	स्ना—स्नपयति	भू—भावयति
सीव्—सेवयति	नी—नाययति	आरम्भ-आरम्भयति	मुष्—मोषयति
प्री—प्रीणयति	हन्—घातयति	दुष्—दोषयति दूषयति	जागृ-जागरयति

संस्कृत में अनुवाद करो—

१. सूर्य कमलों को विकसित करता है और कमलिनियों को बन्द करता है। २. पम्पा का दर्शन मुझ दुःखी को भी सुख का अनुभव कराता है। ३. विश्वामित्र ने राम का जनक की पुत्री सीता से विवाह कराया। ४. मैं दर्जी से एक चोला सिलाऊँगा। ५. आप अपने भाषण को समाप्त कीजिए, श्रोतृगण ऊब गये हैं। ६. नौकर धूप से पीड़ित स्वामी को शीतल जल से स्नान कराता है (स्नपयति)। ७. भक्त ग्रामवासियों को कथा सुनाता है। ८. गुरु शिष्यों को वेद पढ़ाता है। ९. मन्त्री राजा से प्रजा पर शासन करवाता है। १०. राष्ट्रपति ने नवयुवकों को भविष्य के संकटों से सचेत किया ११.

---

१. पङ्कजान्युन्मीलयति, कुमुदानि निमीलयति। २. सुखयति। ३. कौशिको रामेण सीतां पर्यणाययत्। ४. चोलकं सेवयिष्यामि। ५. अवमायय सपदि स्वाः गिरः, उद्विजन्ते श्रोतारः।

मुनिजन कन्दफलों द्वारा जीवन निर्वाह करते हैं। १२. माँ बच्चे को दूध पिलाती है और चाँद दिखाती है। १३. चपरासी मेरी डाक मेरे मकान पर प्रतिदिन सायंकाल पहुँचाता रहेगा (हारयिष्यति)। १४. पुरोहित अग्नि को साक्षी करके वर से वधू का मेल कराता है। १५. गायनाचार्य ने लड़कियों को गाना शुरू कराया।

त्रयोदश अभ्यास

सन्नन्त धातुएं

किसी कार्य करने की इच्छा का अर्थ बतलाने के लिए उस कार्य का अर्थ बतलाने वाली धातु के बाद सन् प्रत्यय लगाया जाता है, यदि दोनों (जैसे—'पढ़ना' और 'चाहना') क्रियाओं का कर्ता एक ही हो। इस नियम के अनुसार 'गोपालः रामस्य पठनमिच्छति' में 'पिपठिषति' नहीं होगा, क्योंकि 'पढ़ने वाला' और 'चाहनेवाला' एक ही कर्ता नहीं हैं, भिन्न-भिन्न कर्ता हैं।

'सन्' प्रत्यय लगाने पर धातु को द्वित्व होकर धातु के स्वरूप में कुछ अन्तर आ जाता है। परस्मैपद में धातु के रूप 'पठति' के समान और आत्मनेपद में 'जायते' के समान चलते हैं। सन्नन्त धातु के बाद 'आ' लगाने से संज्ञा शब्द बन जाते हैं, जैसे—'शास्त्रस्य जिज्ञासा', 'जलस्य पिपासा' और 'उ' प्रत्यय लगाने से विशेषण शब्द बन जाते हैं; जैसे—शास्त्रं जिज्ञासुः, जलं पिपासुः।

भू—बुभूषति—होने की इच्छा करता है	बुध्—बुभुत्सते—जानने की इच्छा करता है
श्रु—शुश्रूषते—सुनने की ,,	लिख्—लिलेखिषति—लिखने की ,,
ज्ञा—जिज्ञासते—जानने की ,,	पठ्—पिपठिषति—पढ़ने की ,,

१०—राष्ट्रपतिः राष्ट्रयुवजनमेष्यन्तीभिर्भीभिः प्राबोधयत्। १२—स्तन्यं पाययति। १४—अग्निं साक्षिणं कृत्वा। १५—संगीताचार्यो दारिकाभिर्गानमारम्भयत्।

ग्रह्—जिघृक्षति—ग्रहण करने की इच्छा करता है
लभ्—लिप्सते—पाने की ,,
ब्रू, वच्—विवक्षति—बोलने की ,,
हन्—जिघांसति—मारने की ,,
धा—धित्सति—धारण करने की ,,
दृश्—दिदृक्षते—देखने की ,,
क्री—चिक्रीषति—खरीदने की ,,
वि-धा—विधित्सति—करने की ,,
हृ—जिहीर्षति—हरने की ,,
दह्—दिधक्षति—जलाने की ,,
स्था—तिष्ठासति—ठहरने की ,,
मृ—मुमूर्षति—मरने की ,,

अधि+इ—अधिजिगांसते—अध्ययन की इच्छा करता है
पा—पिपासति—पीने की ,,
वि+जि—विजिगीषते—जीतने की ,,
रुद्—रुरुदिषति—रोने की ,,
प्रच्छ्—पिपृच्छिषति—पूछने की ,,
पच्—पिपक्षति—पकाने की ,,
कृ—चिकीर्षति—करने की ,,
भुज्—बुभुक्षते—खाने की ,,
जीव्—जिजीविषति—जीने की ,,
शी—शिशयिषते—सोने की ,,
स्वप्—सुषुप्सति—सोने की ,,

संस्कृत में अनुवाद करो—

१. तुम्हारा होंठ फड़क रहा है (स्फुरति), तुम कुछ पूछना चाहते हो (पिपृच्छिषसि)। २. यदि तुम बोलना चाहते हो (विवक्षसि) तो मैं तुम्हें समय दूंगा। ३. यदि तू राजाओं की कृपादृष्टि चाहता है (अनुग्रहं लिप्ससे) तो उनकी इच्छा के अनुकूल काम कर (तच्छन्दमनुवर्तस्व)। ४. उन्होंने युद्ध को टालना चाहा (पर्यजिहीर्षन्) तो भी शान्ति प्राप्त न कर सके (शमं लब्धुं नाशक्नुवन्)। ५. तुझ पतितात्मा ने दोष बताने की इच्छा करते हुए भी शिव के विषय में एक बात अच्छी कह दी। ६. विधाता ने मानो सौन्दर्य को एक स्थान पर देखने की इच्छा रखते हुए उसका निर्माण किया। ७. मनुष्य कर्म करता हुआ ही सौ वर्ष जीने की इच्छा करे। ८. दूसरे दिन अपने अनुचर के भाव को जानने की इच्छा से मुनि (वसिष्ठ) की होम-धेनु ने

५—विवक्षता दोषमपि च्युतात्मना त्वयैकमीशं प्रति साधु भाषितम्। ६—सा निर्मिता विश्वसृजा प्रयत्नादेकस्थसौन्दर्यदिदृक्षयेव। ७—कुर्वन्नेवेह कर्माणि जिजीविषेच्छतं समाः (यजुर्वेदे)। ८—अन्येद्युरात्मानुचरस्य भावं जिज्ञासमाना मुनिहोमधेनुः...गौरीगुरोर्गह्वरमाविवेश (रघुवंशे)।

हिमालय की गुफा में प्रवेश किया। ६. सभी प्राणी जीने की इच्छा करते हैं, मरने की इच्छा कौन करता है? १०. जो दुर्जन को वश में करने की इच्छा करता है वह कौतुक से विष पीना चाहता है, कालानल को स्वेच्छा से चूमना चाहता है और नागराज को आलिंगन करने का यत्न करता है।

चतुर्दश अभ्यास

यङन्त धातुएँ

क्रिया को बार-बार करने अथवा अतिशय दिखाने के लिए धातु के बाद यङ् प्रत्यय लगा देते हैं। यङ् प्रत्यय लगने से धातु को द्वित्व हो जाता है और धातु के रूप में कुछ परिवर्तन हो जाता है, यथा—पुनः पुनः पिबति पेपीयते। यङन्त धातुओं के लट्, लोट् आदि लकारों में 'जायते, जायताम्' की भाँति रूप होते हैं।

यङ् प्रत्यय धातु में दो प्रकार से जोड़ा जाता है। एक को जोड़ने से परस्मैपद में रूप चलते हैं और दूसरे को जोड़ने से आत्मनेपद में। परस्मैपद वाले रूप प्रायः वैदिक साहित्य में, आत्मनेपद के रूप लौकिक संस्कृत में मिलते हैं। यङन्त धातु के दस लकारों में रूप इस प्रकार हैं—बुध्—(लट्) बोबुध्यते। (लिट्) बोबुधाञ्चक्रे। (लुट्) बोबुधिता। (लृट्) बोबुधिष्यते। (लोट्) बोबुध्यताम्। (लङ्) अबोबुध्यत। (लिङ्) बोबुध्येत। (लङ्) अबोबुधिष्ट।

नी—नेनीयते—बार-बार ले जाता है जि—जेजीयते—बार-बार जीतता है
तप्—तातप्यते—अत्यन्त तपता है दश्—दन्दश्यते—बार-बार डसता है
घ्रा—जेघ्रीयते—बार-बार सूंघता है गै—जेगीयते—बार-बार गाता है
दह्—दन्दह्यते—बार-बार जलाता है स्मृ—सास्मर्यते— ,, याद करता है
पच्—पापच्यते—बार-बार पकाता है शी—शाशय्यते— ,, सोता है
कृ—चेक्रीयते—बार-बार करता है चल्—चञ्चल्यते— ,, चलता है
रुद्—रोरुद्यते—बार-बार रोता है कृष्—चरीकृष्यते— ,, खेती करता है।

१०—हालाहलं खलु पिपासति कौतुकेन कालानलं परिचुचुम्बिषति प्रकामम्।
व्यालाधिपं च यतते परिरब्धुमद्धा यो दुर्जनं वशयितुं कुरुते मनीषाम्॥

नृत्—नरीनृत्यते—बार-बार नाचता है वृध्—वरीवृध्यते—बार-बार बढ़ता है
दृश्—दरीदृश्यते—बार-बार देखता है हन्—जङ्घन्यते—बार-बार मारता है
दा—देदीयते—बार-बार देता है जप्—जञ्जप्यते—बार-बार जपता है
सिच्—सेषिच्यते—बार-बार सींचता है गम्—जङ्गम्यते—टेढ़ा-मेढ़ा चलता है

संस्कृत में अनुवाद करो—

१—वह बार-बार खेती करता है, किन्तु दुर्भाग्यवश उसे लाभ नहीं होता है। २—बन जाते समय सीता बार-बार रोती थी। ३—सोहन अपने खेतों को बार-बार सींचता है, और अन्न पैदा करता है। ४—वह सुन्दरी बार-बार नाचती है और लोग बार-बार उसे देखते हैं। ५—शोकाग्नि उसे बार-बार जलाती है। ६—मन्दिरों में भक्त बार-बार ईश्वर का गीत गाता है। ७—मौनी पुनः-पुनः माला जपता है। ८—श्यामा फूल को बार-बार सूंघती है। ९—किसान बार-बार खेती करता है। १०—पृथ्वीराज ने शत्रु को बार-बार जीता और क्षमा करके छोड़ दिया।

पञ्चदश अभ्यास

नाम-धातुएं

किसी सुबन्त (संज्ञा आदि) के बाद जब कोई प्रत्यय जोड़ कर धातु बना लेते हैं तब उसे नाम-धातु कहते हैं। नाम-धातुओं के विशेष-विशेष अर्थ होते हैं—

पुत्रीयति (पुत्र+क्यच्—आत्मनः पुत्रमिच्छति) पुत्र की इच्छा करता है।

कृष्णति (क्विप्—कृष्ण इव आचरति) कृष्ण की तरह आचरण करता है।

लोहितायते-यति (लोहित+क्यष्) लाल हो जाता है।

मुण्डयति (मुण्ड+णिच्—मुण्डं करोति) मूंडता है।

क्यच्—जिस चीज की इच्छा करे उस चीज के सूचक शब्द के बाद क्यच् प्रत्यय जोड़ा जाता है, यथा—

गङ्गीयति (गङ्गा+क्यच्—गङ्गाम् आत्मनः इच्छति) अपने लिए गंगा की इच्छा करता है।

राजीयति, कवीयति, नदीयति, वधूयति आदि।

कुटीयति प्रासादे राजा (राजा महल को कुटी समझता है)।

क्यङ्—'जैसा वह करता है ऐसा ही यह करता है, इस अर्थ को प्रकट करने के लिए क्यङ् (य) जोड़ दिया जाता है, यथा—

कृष्णायते (कृष्ण+क्यङ्, कृष्ण इव आचरति) कृष्ण की तरह आचरण करता है।

गर्दभी अप्सरायते। यशायते, यशस्यते। विद्वायते, विद्वस्यते। कुमारीव आचरति कुमारायते। शब्दं करोति शब्दायते। कलहायते।

क्यङ्प्रत्ययान्त शब्द आत्मनेपद में चलते हैं।

षोडश अभ्यास

कर्तृवाच्य, कर्मवाच्य एवं भाववाच्य

संस्कृत में वाच्य तीन हैं—कर्तृवाच्य, कर्मवाच्य और भाववाच्य। सकर्मक धातुओं के रूप दो वाच्यों में होते हैं—कर्तृवाच्य में और कर्मवाच्य में। अकर्मक धातुओं के रूप भी दो वाच्यों में होते हैं—कर्तृवाच्य में और भाववाच्य में।

१. कर्तृवाच्य में कर्ता मुख्य होता है और क्रिया कर्ता के अनुसार चलती है, कर्ता में प्रथमा और कर्म में द्वितीया होती है।

२. कर्मवाच्य में कर्म मुख्य होता है और कर्म के अनुसार ही क्रिया का पुरुष, वचन और लिङ्ग होते हैं। कर्मवाच्य में कर्ता में तृतीया, कर्म में प्रथमा और क्रिया कर्म के अनुसार होती है।

३. भाववाच्य में कर्ता में तृतीया और क्रिया में प्रथम पुरुष का एकवचन ही होता है।

कर्मवाच्य और भाववाच्य में सार्वधातुक लकारों—लट्, लोट्, लङ् और विधिलिङ्—में (धातु और प्रत्यय के बीच में) 'य' लगा दिया जाता है (सार्वधातुके यक्)। धातु का रूप आत्मनेपद में चलता है। लृट् में 'य' नहीं लगाया जाता। सार्वधातुक लकारों में धातु में 'य' लगाकर उसके रूप जायते, जायताम्, अजायत, जायेन की भाँति चलेंगे। लृट् में 'स्यते' या 'इष्यते' लगेगा।

(पठ्) पठ्यते, पठ्यताम्, अपठ्यत, पठ्येत, पठिष्यते।

(गम्) गम्यते, गम्यताम्, अगम्यत, गम्येत, गंस्यते।

कर्मवाच्य 'गम्'

लट्				लोट्		
गम्यते	गम्येते	गम्यन्ते	प्र०पु०	गम्यताम्	गम्येताम्	गम्यन्ताम्
गम्यसे	गम्येथे	गम्यध्वे	म०पु०	गम्यस्व	गम्येथाम्	गम्यध्वम्
गम्ये	गम्यावहे	गम्यामहे	उ०पु०	गम्यै	गम्यावहै	गम्यामहै

लृट्				लङ्		
गंस्यते	गंस्येते	गंस्यन्ते	प्र०पु०	अगम्यत	अगम्येताम्	अगम्यन्त
गंस्यसे	गंस्येथे	गंस्यध्वे	म०पु०	अगम्यथाः	अगम्येथाम्	अगम्यध्वम्
गंस्ये	गंस्यावहे	गंस्यामहे	उ०पु०	अगम्ये	अगम्यावहि	अगम्यामहि

क्रिया दो प्रकार की होती है, सकर्मक और अकर्मक। जिन क्रियाओं के कर्म हों, क्रिया का व्यापार और फल एक में न रहें उन्हें सकर्मक कहते हैं। जिनके कर्म न हों, व्यापार और फल एक ही में रहें उन्हें अकर्मक कहते हैं, यथा —सकर्मक—'बालः चन्द्रं पश्यति' इस वाक्य मे 'पश्यति' क्रिया का व्यापार 'बाल' में है और 'पश्यति' क्रिया का फल 'चन्द्र' में। अकर्मक—'शिशुः शेते' इस वाक्य में 'सोना' क्रिया का व्यापार और सोना क्रिया का फल शिशु में ही है।

कुछ कर्मवाच्य क्रियाएँ	कुछ भाववाच्य क्रियाएँ
ग्रह् (लेना)—गृह्यते	अस् (होना)—भूयते
प्रच्छ् (पूछना)—पृच्छ्यते	जागृ (उठना)—जागर्य्यते
वच् (कहना)—उच्यते	शी (सोना)—शय्यते
पॄ (भरना)—पूर्यते	वस् (रहना)—उष्यते
पठ् (पढ़ना)—पठ्यते	मस्ज् (डूबना)—मज्ज्यते
श्रु (सुनना)—श्रूयते	स्मृ (याद करना)—स्मर्य्यते
कथ् (कहना)—कथ्यते	हस् (हँसना)—हस्यते
पा (पीना)—पीयते	स्था (ठहरना) स्थीयते
नी (ले जाना)—नीयते	भी (डरना)—भीयते

संस्कृत में अनुवाद करो

१. मैंने उसको देखा—मुझसे वह देखा गया। २. रमेश क्यों नहीं पढ़ता है? रमेश से क्यों नहीं पढ़ा जाता है? ३. तुम गुरु की आज्ञा क्यों नहीं मानते हो? ४. क्या तुमसे यह पुस्तक नहीं पढ़ी जाती? ५. बिल्ली चूहे का पीछा करती है। ६. सज्जन सबसे आदर पाते हैं। ७. काम किससे किया जाता है? ८. मुझसे नहीं ठहरा जाता। ९. तुम क्यों रोते हो? १०. वह क्या जानता है? ११. ऐसा सुना जाता है। १२. लोभ से क्रोध पैदा होता है। १३. उससे पुस्तकें क्यों नहीं पढ़ी जातीं? १४. क्या शिशु सो गया? १५. सज्जन अपने द्वारा बड़ों की सेवा करते हैं।

सप्तदश अभ्यास
वाच्य-परिवर्तन

कर्तृवाच्य की क्रिया यदि सकर्मक हो तो कर्मवाच्य में और यदि अकर्मक हो तो भाववाच्य में बदल दी जाती है। कर्म अथवा भाववाच्य की क्रियायें कर्तृवाच्य में बदली जा सकती हैं, यथा—स ग्रामं गच्छति (कर्तृ०), तेन ग्रामः गम्यते (कर्म०)। स रोदिति (कर्तृ०), तेन रुद्यते (भाव०)। इसी प्रकार कर्मवाच्य या भाववाच्य उलटने से कर्तृवाच्य हो जाते हैं।

वाच्यपरिवर्तन करते समय क्रिया, उसका कर्ता, कर्ता के विशेषण, कर्म और कर्म के विशेषण, इन सभी में परिवर्तन हो जाता है, यथा—(कर्तृवा०) सुशीलः बालः स्वकीयं पाठं पठति। (कर्मवा०) सुशीलेन बालेन स्वकीयः पाठः पठ्यते (सुशील बालक से अपना पाठ पढ़ा जाता है)। इस वाक्य में कर्ता, कर्म, उनके विशेषण और क्रिया में परिवर्तन हुए हैं।

वाच्यपरिवर्तन करते समय इन बातों पर ध्यान दें—

१—पहले कर्ता, कर्म और क्रिया ढूंढो।

२—फिर कर्ता, कर्म और क्रिया के विशेषणों को देखो।

३—फिर देखो कि क्रिया किस वाच्य की है।

४—क्रिया देखकर वाच्य स्थिर करो। [कृत्य प्रत्ययान्त (तव्य, अनीय, यत्) की क्रिया कर्तृवाच्य में कभी नहीं होती।]

जब कर्तृवाच्य और कर्मवाच्य में क्रिया का एक ही प्रकार का रूप हो, जैसे—ग्रामं गतः (कर्तृ०), तेन ग्रामः गतः (कर्म०), तब कर्ता और कर्म को देखकर वाच्य स्थिर करो।

५—यदि कर्ता में तृतीया और कर्म में प्रथमा हो तो वाक्य कर्मवाच्य में है; अकर्मक धातु के साथ यदि कर्ता में तृतीया हो तो वाक्य भाववाच्य में है, और यदि कर्ता में प्रथमा और कर्म में द्वितीया हो तो वाक्य कर्तृवाच्य में है।

६—क्रिया जिस काल या जिस लकार की होगी वाच्यान्तर में भी वह उसी काल और उसी लकार की होगी, जैसे—स उक्तवान् (कर्तृ०), तेन उक्तम् (कर्म०)। सा गच्छति (कर्तृ०), तया गम्यते (कर्म०)।

७—कर्ता या कर्म का जो विशेषण होगा उसमें वही विभक्ति और वचन होंगे जो कर्ता और कर्म के होंगे, यथा—शयाना भुञ्जते मूर्खाः (कर्तृ०), शयानैः मूर्खैः भुज्यते (मूर्ख लेटे-लेटे खाते हैं)।

वाच्यान्तररचना

कर्मवाच्य बनाने में प्रथमान्त कर्ता को तृतीयान्त और द्वितीयान्त कर्म को प्रथमान्त कर देते हैं, कर्तृवाच्य में जो क्रिया कर्ता के अनुसार होती है उसे कर्म के अनुसार बना देते हैं, यथा—अहं शिशुं पश्यामि (कर्तृ०), मया शिशुः दृश्यते (कर्म०)—मैं बच्चे को देखता हूँ।

भूतकाल में क्त प्रत्यय द्वारा भी कर्तृवाच्य से कर्मवाच्य बनाया जाता है, यथा—अहं सिंहम् अपश्यम् (कर्तृ०), मया सिंहो दृष्टः (कर्म०)।

कृत् प्रत्ययान्त क्रियापद के रूप विशेषण के समान चलते हैं। उनके कर्ता और कर्म में जो लिङ्ग, वचन और कारक होते हैं, वे ही उनमें भी होते हैं, जैसे—सा कथितवती। त्वया ग्रन्थः पठितः। तेन ग्रामो गन्तव्यः इत्यादि।

कर्तृवाच्य 'क्तवतु' प्रत्ययान्त क्रिया को कर्मवाच्य या भाववाच्य में क्त प्रत्ययान्त कर देते हैं, यथा—पाण्डवा वनं गतवन्तः (कर्तृ०), पाण्डवैः वनं गतम् (कर्म०) (पाण्डव वन में गये)। अहं प्रस्थितवान् (कर्तृ०), मया प्रस्थितम् (भाव०) (मैंने यात्रा की)।

कर्तृवाच्य की क्त प्रत्ययान्त क्रिया को कर्मवाच्य, या भाववाच्य बनाने में केवल विभक्ति बदलनी पड़ती है, अर्थात् कर्ता में प्रथमा के स्थान पर तृतीया और कर्म में द्वितीया के स्थान पर प्रथमा और क्रिया कर्म के अनुसार होती है, यथा—स काशीं गतः (कर्तृ०), तेन काशी गता (कर्म०)।

द्विकर्मक धातु का वाच्यान्तर

(गौणे कर्मणि दुह्यादेः) द्विकर्मक धातु में कर्मवाच्य बनाने में दुह्, याच्, पच्, दण्ड्, रुध्, प्रच्छ्, चि, ब्रू, शास्, जि, मन्थ्, मुष् धातुओं के अकथित अर्थात् अप्रधान या गौण कर्म (Indirect object) में प्रथमा विभक्ति होती है, क्रिया उसी कर्म के अनुसार होती है और प्रधान कर्म (Direct object) में परिवर्तन नहीं होता, यथा—गोपः गां दुग्धं दोग्धि (कर्तृ०), गोपेन गौः दुग्धं दुह्यते (कर्म०)। छात्रः गुरुं धर्मं पृच्छति (कर्तृ०), छात्रेण गुरुः धर्मं पृच्छ्यते (कर्म०)। सः माणवकं पन्थानं पृच्छति (कर्तृ०), तेन माणवकः पन्थानं पृच्छ्यते (कर्म०)। यहाँ पर 'गां', 'गुरुं' तथा 'माणवकं' गौण कर्म हैं।

(प्रधाने नीहृकृष्वहाम्) द्विकर्मक नी, हृ, कृष् और वह् धातुओं के प्रधान कर्म (Direct object) में प्रथमा होती है, गौण कर्म (Indirect object)

ज्यों का त्यों रहता है, यथा—कर्मकरः भारान् गृहं वक्ष्यति (कर्तृ०), कर्मकरेण भाराः गृह वक्ष्यन्ते (कर्म०) (मजदूर बोझ घर ले जायगा)।

द्विकर्मक णिजन्त धातु का वाच्यान्तर

(बुद्धिभक्षार्थयोः शब्दकर्मकाणां निजेच्छया) बुद्ध्यर्थक, भक्षार्थक और शब्दकर्मक धातुओं के दोनों कर्मों में से प्रयोक्ता को विकल्प है जिसमें चाहे उसमें प्रथमा कर दे, यथा—गुरुः छात्रं धर्मं बोधयति (कर्तृ०), गुरुणा छात्रः धर्मं बोध्यते, (अथवा) गुरुणा छात्रं धर्मः बोध्यते (कर्मवाच्य)।

अन्य द्विकर्मक णिजन्त धातुओं के कर्मवाच्य बनाने में प्रयोज्य कर्म में प्रथमा होती है यथा—गोविन्दो भृत्यं ग्रामं गमयति (कर्तृ०), गोविन्देन भृत्यः ग्रामं गम्यते (कर्म०) (गोविन्द नौकर को गाँव भेज रहा है)।

कर्तृवाच्य में जिन धातुओं के प्रयोज्य कर्ता में तृतीया होती है कर्मवाच्य में उनके अणिजन्त अवस्था के कर्म में प्रथमा होती है। यथा—श्रीकृष्णः पार्थेन जयद्रथं घातयति (कर्तृ०)(श्रीकृष्ण अर्जुन से जयद्रथ को मरवाता है)। श्रीकृष्णेन पार्थेन जयद्रथः घात्यते (कर्म०) (श्रीकृष्ण द्वारा अर्जुन से जयद्रथ मरवाया जाता है)।

हिन्दी में अनुवाद और वाच्यपरिवर्तन करो—

१—सहैव दशभिः पुत्रैर्भारं वहति गर्दभी। २—जलानि सा तीरनिखातयूपा वहत्ययोध्यामनुराजधानीम्। ३—अपां हि तृप्ताय न वारिधारा स्वादुः सुगन्धिः स्वदते तुषारा। ४—मृत्योर्बिभेषि किं बाल न स भीतं विमुञ्चति। ५—न्याय्यात्पथः प्रविचलन्ति पदं न धीराः। ६—तौ दम्पती स्वां प्रति राजधानीं प्रस्थापयामास वशी वसिष्ठः। ७—किं तया क्रियते धेन्वा या न सूते न दुग्धदा। ८—न पादपोन्मूलनशक्तिरंहः शिलोच्चये मूर्च्छति मारुतस्य। ९—भूषणाद्युपचारेण प्रभुर्भवति न प्रभुः। १०—स बाल आसीद्वपुषा चतुर्भुजः। ११—प्रजां संरक्षति नृपः सा वर्धयति पार्थिवम्। १२—पूर्वस्मादन्यवद्भाति भावाद्दाशरथिं स्तुवन्। १३—परायत्तः प्रीतेः कथमिव रसं वेत्तु पुरुषः। १४—सा सीतामङ्कमारोप्य भर्तृप्रणिहितेक्षणाम्। मामेति व्याहरत्येव तस्मिन् पातालमभ्यगात्। १५—नोलूकोऽप्यवलोकते यदि दिवा सूर्यस्य किं दूषणम्।

सोपसर्ग धातुएँ

क्रिया के साथ भिन्न-भिन्न उपसर्गों के लगाने से वाक्य में सौष्ठव एवं

चमत्कार आ जाता है, साधारण धातुओं के प्रयोग की अपेक्षा सोपसर्ग धातुओं के प्रयोग से भाषा मँजी हुई और परिष्कृत लगती है। साथ ही साथ छात्र धातुओं के अर्थ और रूपावली को कण्ठस्थ करने के परिश्रम से बच जाते हैं। उपसर्ग लगाने से धातुओं का अर्थ बदल जाता है, जैसे—'हृ' का अर्थ 'हरण करना' है, 'प्र' उपसर्ग लगने से उसका अर्थ 'प्रहार करना' हो जाता है, 'आ' उपसर्ग लगने से 'भोजन करना' तथा 'सम्' उपसर्ग लगने से 'नाश करना' हो जाता है। अतः कहा गया है—

उपसर्गेण धात्वर्थो बलादन्यत्र नीयते।
प्रहाराहार-संहार-विहार-परिहारवत् ॥

उपसर्ग लगाने से कहीं अकर्मक धातुएँ सकर्मक हो जाती हैं और उनके अर्थ में विलक्षणता आजाती है। यथा—अकर्मक 'भू' का अर्थ है, 'होना' किन्तु 'अनु' उपसर्ग लगाने से यह सकर्मक हो जाती है। इसका अर्थ 'अनुभव करना' हो जाता है, जैसे—पातकी दुःखमनुभवति (पापी दुःख भोगता है)।

[२] धातु के साथ उपसर्ग लगाने से तीन परिवर्तन होते हैं—

(१) क्रिया का अर्थ बिलकुल बदल जाता है, जैसे—विजयः—पराजयः, उपकारः—अपकारः, आहारः—प्रहारः, (२) क्रिया के अर्थ में विशिष्टता आ जाती है, जैसे—गमनम्—अनुगमनम्, (३) क्रिया के ही अर्थ का अनुवर्तन हो जाता है, वसति—अधिवसति, उच्यते—प्रोच्यते।

अय् (जाना), परा+अय् (भागना) अश्वारोहः पलायते।

---

१. प्रादि उपसर्ग और उनके मुख्य अर्थ—प्र (अधिक), पर (उल्टा पीछे), अप (दूर), सम् (अच्छी तरह), अनु (पीछे), अव (नीचे, दूर), निस् (बिना, बाहर), दुस् (कठिन), दुर् (बुरा), वि (बिना, अलग), आङ् (तक, कम), नि (नीचे), अधि (ऊपर), अपि (निकट), अति (बहुत), सु (सुंदर), उद् (ऊपर), अभि (ओर), प्रति (ओर, उल्टा), परि (चारों ओर), उप (निकट)।

२. धात्वर्थं बाधते कश्चित् कश्चित् तमनुवर्तते।
तमेव विशिनष्टयन्य उपसर्गगतिस्त्रिधा ॥

अर्थ् (माँगना) प्र + अर्थ् (प्रार्थना करना) स्वर्गतिं प्रार्थयन्ते । (गीतायाम्)

अभि + अर्थ् (इच्छा करना) यदि सा तापसकन्यका अभ्यर्थनीया ।(शाकुंतले)

अभि + अर्थ् (प्रार्थना करना) माम् अनभ्यर्थनीयमभ्यर्थयते । (मालवि०)

अस् (फेंकना)—अभि + अस् (अभ्यास करना) छात्रः पाठमभ्यस्यति ।

निर् + अस् (हटाना) सः घूतं निरस्यति ।

आप् (पाना)—

वि + आप् (फैलना) रजः आकाशं व्याप्नोति ।

सम् + आप् (पूरा होना) यावत्तेषां समाप्येरन् यज्ञाः पर्याप्तदक्षिणाः ।(रघु०)

आस् (बैठना)—

अधि + आस् (बैठना) स राजसिंहासनमध्यास्ते ।

उप + आस् (पूजा करना) भक्तः शिवमुपास्ते ।

अनु + आस् (सेवा करना) सखीभ्यामन्वास्यते । (शाकुन्तले)

इ (जाना)—

अव + इ (जानना) अवेहि मां किङ्करमष्टमूर्तेः । (रघुवंशे)

प्रति + इ (विश्वास करना) सः मयि न प्रत्येति ।

उत् + इ (उदय होना) उदेति सविता ताम्रस्ताम्र एवास्तमेति च ।

उप + इ (प्राप्त करना) उद्योगिनं पुरुषसिंहमुपैति लक्ष्मीः । (पञ्चतन्त्रे)

अभि + इ (सामने आना) स स्वामिनमभ्येति ।

अनु + इ (पीछे जाना) सेवकः स्वामिनमन्वेति ।

अप + इ (दूर होना) सूर्योदयेऽन्धकारोऽपैति ।

अभि + उप + इ (प्राप्त होना) व्यतीतकालस्त्वहमभ्युपेतस्त्वामर्थिभावादिति मे विषादः । (रघुवंशे)

ईक्ष् (देखना)—

अप + ईक्ष् (ध्यान रखना) किमपेक्ष्य फलं पयोधरान्ध्वनतः प्रार्थयते मृगाधिपः ।

उप + ईक्ष् (ध्यान न रखना) अलसः कर्त्तव्यमुपेक्षते ।

परि + ईक्ष् (परीक्षा लेना) अग्नौ परीक्ष्यते स्वर्णं काव्यं सदसि तद्विदाम् ।

प्रति + ईक्ष् + (प्रतीक्षा करना) क्षणं प्रतीक्षस्व यावदागच्छामि ।

निर् + ईक्ष् (देखना) सा साग्रहं त्वां निरैक्षत ।

अव + ईक्ष् (आदर करना, ध्यान रखना) त्रिदिवोत्सुकयाप्यवेक्ष्य माम् ।

अव + ईक्ष् (देख भाल करना) स कदाचिदवेक्षितप्रजः । (रघुवंशे)

कृ (करना)—

अनु + कृ (नकल करना) सर्वाभिरन्याभिः कलाभिरनुचकार तं वैशम्पायनः।

अधि + कृ (अधिकार करना) ते नाम जयिनो ये शरीरस्थान् रिपूनधिकुर्वते।

अप + कृ (बुराई करना) अथवा सैनिकाः केचिदपकुर्युर्युधिष्ठिरम्। (महा०)

प्र + कृ (कथा करना) यो रामायणं प्रकुरुते स खलु साधिष्ठमुपकरोति लोकस्य।

उत् + आ + कृ (डराना) श्येनो वर्तिकामुदाकुरुते।

तिरस् + कृ (अनादर करना) किमर्थं तिरस्करोषि माम्?

नमस् + कृ (नमस्कार करना) देवदेवं नमस्कुरु।

प्रति + कृ (उपाय करना) आगतं तु भयं वीक्ष्य प्रतिकुर्याद् यथोचितम्।

उप + कृ (सेवा करना) भक्तः शिवमुपकुरुते।

उप + कृ (उपकार करना) किं ते भूयः प्रियमुपकरोतु पाकशासनः?

सा लक्ष्मीरुपकुरुते यया परेषाम्। (किरात०)

वि + कृ (विकार पैदा करना) चित्तं विकरोति कामः।

मरणं प्रकृतिः शरीरिणां विकृतिर्जीवितमुच्यते बुधैः। (रघु०)

परि + (ष्) + कृ (सजाना) रथो हेमपरिष्कृतः। (महाभारते)

अलम् + कृ (शोभा बढ़ाना) रामचन्द्रः वनमिदं पुनरलङ्करिष्यति?

आविष् + कृ (प्रकट करना) वायुयानमिदं केन धीमताऽऽविष्कृतं भुवि।

निर् + आ + कृ (हटाना) स निराकरोति दोषान्।

च्विप्रत्ययान्त कृ—

१—अङ्गीकृतं सुकृतिनः परिपालयन्ति।

२—वीरवरः देव्यै स्वपुत्रमुपहारीकरोति।

३—सफलीकृतं भवता मम जीवितं शुभागमनेन।

४—स्थिरीकरोमि ते वासस्थानम्।

५—कदा रामभद्रो वनमिदं सनाथीकरिष्यति?

६—विरहकथाऽऽकुलीकरोति मे हृदयम्।

गम् (जाना)—

गम्—(जाना) काव्यशास्त्रविनोदेन कालो गच्छति धीमताम्। (हितोपदेशे)

अनु + गम् (पीछा करना) वत्स मामनुगच्छ।

अव + गम् (जानना) नावगच्छामि ते मतिम्।

अधि+गम् (प्राप्त करना) अधिगच्छति महिमानं चन्द्रोऽपि निशापरि-
गृहीतः। (मालविकाग्निमित्रे)

तेभ्योऽधिगन्तुं निगमान्तविद्यां वाल्मीकिपार्श्वादिह पर्यटामि। (उत्तर०)

अभि+उप+गम् (स्वीकार करना) अपीमं प्रस्तावमभ्युपगच्छसि ?

अभि+आ+गम् (आना) अस्मद्गृहानद्यैकोऽभ्यागतोऽभ्यागमत्।

आ+गम् (आना) स्नानार्थं स नदीमागच्छेत्।

प्रति+गम् (लौटना) कदा स प्रतिगमिष्यति ?

प्रति+आ+गम् (लौटना) माणवकः कुटीरं प्रत्यागच्छति।

निर्+गम् (बाहर जाना) स गृहान्निर्गतः।

सम्+गम् (मिलना) (क) संगत्य कलं क्वणन्ति पक्षिणः।

(ख) प्रयागे यमुना गङ्गां संगच्छति।

उत्+गम् (ऊपर जाना, उड़ना) पक्षी आकाशमुदगच्छत्।

प्रति+उद्+गम् (अगवानी के लिये जाना) लङ्कातो निवर्तमानं श्रीरामं
भरतः प्रत्युज्जगाम।

ग्रह् (लेना)

नि+ग्रह् (दंड देना) शीघ्रमयं दुष्टवणिक् निगृह्यताम्।

अनु+ग्रह् (कृपा करना) गुरो मामनुगृहाण।

वि+ग्रह् (लड़ाई करना) विगृह्य चक्रे नमुचिद्विषा बली य इत्थमस्वा-
स्थ्यमहर्दिवं दिवः। (शिशुपालवधे)

प्रति+ग्रह् (स्वीकार करना) तथेति प्रतिजग्राह प्रीतिमान्सपरिग्रहः।
आदेशं देशकालज्ञः शिष्यः शासितुरानतः॥ (रघुवंशे)

चर् (चलना)—

अति+चर् (विरुद्ध आचरण करना) पुत्राः पितॄनत्यचरन् नार्यश्चात्यचरन्
पतीन्।

आ+चर् (व्यवहार करना) प्राप्ते तु षोडशे वर्षे पुत्रं मित्रवदाचरेत्।

अनु+चर् (पीछा करना) सत्यमार्गमनुचरेः।

उत्+चर् (कहना) स धर्मोपदेशं नोच्चरते।

परि+चर् (सेवा करना)।

सम्+चर् (आना जाना) भूयांसो जना मार्गेणानेन सञ्चरन्ते।

प्र+चर् (प्रचार होना) यावत्स्थास्यन्ति गिरयः सरितश्च महीतले।
तावद्रामायणकथा लोकेषु प्रचरिष्यति॥

उप+चर् (सेवा करना) पार्वती अहोरात्रं शिवमुपचचार।

चि (चुनना)—

उप+चि (बढ़ाना) अधोऽधः पश्यतः कस्य महिमा नोपचीयते।

अप+चि (घटना) राजहंस तव सैव शुभ्रता चीयते न च न चापचीयते।

अव+चि (चुनना) सा उद्याने लताभ्यो बहूनि कुसुमान्यवाचिनोत्।

निस्+चि (निश्चय करना) वयं निश्चिनुमः न वयं विश्रमिष्यामो यावन्न स्वातन्त्र्यं लभामहे।

अभि+उद्+चि (इकट्ठा होना) अभ्युच्चितास्तर्काः प्रभावुका भवन्ति।

आ+चि (बिछाना) भृत्यः शय्यां प्रच्छदेनाचिनोति।

उप+चि (बढ़ाना) मांसाशिनो मांसमेवोपचिन्वन्ति न प्रज्ञाम्।

विनिस्+चि (निश्चय करना) निश्चेतुं शक्यो न सुखमिति वा दुःखमिति वा। (उत्तर०)

सम्+चि (इकट्ठा करना) रक्षायोगादयमपि तपः प्रत्यहं संचिनोति (शाकु०)

प्र+चि (पुष्ट होना) स पुष्टिप्रदमन्नं भुङ्क्ते तस्मात्प्रचीयन्ते तस्य गात्राणि।

ज्ञा (जानना)—

अनु+ज्ञा (आज्ञा देना) तत् अनुजानीहि मां गमनाय। (उत्तररामचरिते)

प्रति+ज्ञा (प्रतिज्ञा करना) हरचापारोपणेन कन्यादानं प्रतिजानीते।

अव+ज्ञा (अनादर करना) अवजानासि मां यस्मादतस्ते न भविष्यति।
मत्प्रसूतिमनाराध्य प्रजेति त्वां शशाप सा॥ (रघु०)

अप+ज्ञा (इनकार करना) शतमपजानीते।

सम्+ज्ञा (आशा करना) शतं सञ्जानीते।

तॄ (तैरना)—

अव+तॄ (उतरना) अवतरति आकाशाद् वायुयानम्।

उत्+तॄ (पार करना) स अनायासं गङ्गामुदतरत्।

वि+तॄ (देना) वितरति गुरुः प्राज्ञे विद्याम्। (उत्तररामचरिते)

सम्+तॄ (तैरना) स हि घटिकाप्रायं नद्यां सन्तरेत्।

दिश् (देना)—

आ+दिश् (आज्ञा देना) गुरुः शिष्यान् आदिशति।

उप+दिश् (उपदेश देना) उपदिशतु भवान् धर्मशास्त्रम्।

सम्+दिश् (सन्देश देना) किं सन्दिशति स्वामी ?

निर्+दिश् (बताना) यथाभिलषितं स्थानं निर्दिशेत् ।

दा (देना)—

आ+दा (ग्रहण करना) नृपतिः प्रकृतीरवेक्षितुं व्यवहारासनमाददे युवा।
नादत्ते प्रियमण्डनाऽपि भवतां स्नेहेन या पल्लवम् । (शाकु०)

आ+दा (कहना शुरू करना) अर्थ्यामर्थपतिर्वाचमाददे वदतां वरः ।
(रघु०)

*धा (धारण करना)—

अभि+धा (कहना) पयोऽपि शौण्डिकीहस्ते वारुणीत्यभिधीयते । (हितोपदेशे) ।

अपि+धा (बन्द करना) द्वारं पिधेहि अतिकालमागतास्ते मा प्रविक्षन्निति ।

अव+धा (ध्यान देना) गोपालः स्वाध्याये नावधत्ते ।

सम्+धा (सन्धि करना) बलीयसा शत्रुणा सन्दध्यात्, विगृह्णानो हि ध्रुवमुत्सीदेत् ।

सम्+धा (मिलाना) कुण्डले सन्दधाति ।

वि+धा (कार्य करना) सहसा विदधीत न क्रियाम् । (किराते)

वि+परि+धा(बदलना) विपरिधेहि वासांसि, मलिनानि तानि जातानि ।

आ+धा (गिरवी रखना) धनमिच्छामि, तन्मया साधवे स्वं गृहमाधातव्यम्भविष्यति ।

परि+धा (पहनना) उत्सवे नरः नवं वस्त्रं परिदधाति ।

नि+धा (विश्वास रखना) निदधे विजयाशंसां चापे सीतां च लक्ष्मणे ।

नि+धा (नीचे रखना, समाप्त करना आदि) सलिलैर्निहितं रजः क्षितौ । पादं निदधाति ।

नि+धा (अमानत रखना) काशीं गच्छामि, अवशिष्टं धनं विश्वस्ते ग्रामवणिजि निधास्यामि ।

नी (ले जाना) ।

अनु+नी (मनाना) अनुनय मित्रं कुपितम् ।

---

*विपूर्वो धा करोत्यर्थे अभिपूर्वस्तु भाषणे ।
मेलने चापि सम्पूर्वो निपूर्वः स्थापने मतः ॥

अभि+नी (अभिनय करना) गोपालः सीतायाः भूमिकामभिनयेत् ।

आ+नी (लाना) आनय जलं पूजायै ।

उप+नी (लाना) उपनयति मुनिकुमारकेभ्यः फलानि । (कादम्बर्याम्)

उप+नी (उपनयन करना) माणवकमुपनयते ।

उप+नी (काम में लाना) कर्मकरानुपनयते ।

उप+नी (समर्पण करना) स न्यस्तशस्त्रो हरये स्वदेहमुपानयत्पिण्डमिवा-मिषस्य । (रघु०)

परि+नी (ब्याह करना) नलो दमयन्तीं परिणिनाय ।

प्र+नी (ग्रन्थ की रचना करना) वाल्मीकिः रामायणं प्रणिनाय ।

(वि+अप+नी (दूर करना) सन्मार्गालोकनाय व्यपनयतु स वस्तामसीं वृत्तिमीशः । (मालविका०)

अप+नी (हटाना) अपनेष्यामि ते दर्पम् ।

उत्+नी (ऊँचा उठाना) अवदातेनानेन चरितेन कुलमुन्नेष्यसि ।

निर्+नी (निर्णय करना) कलहस्य मूलं निर्णयति ।

वि+नी (कर चुकाना) करं विनयते ।

वि+नी (भली भाँति खच करना) शतं विनयते ।

पत् (गिरना)—

आ+पत् (आ पड़ना) अहो कष्टमापतितम् ।

उत्+पत् (उड़ना) प्रभाते पक्षिणः उत्पतन्ति ।

प्र+नि+पत् (प्रणाम करना) उपाध्यायचरणयोः प्रणिपतति शिष्यः ।

नि+पत् (गिरना) क्षते प्रहारा निपतन्त्यभीक्ष्णम् । (पञ्चतन्त्रे)

सम्+नि+पत् (इकट्ठा होना) नानादेशस्था नयज्ञा इह सन्निपतिष्यन्ति ।

सम्+नि+पत् (टूट पड़ना) अभिमन्युः शत्रुसैन्ये संन्यपतत्, शतधा च तद् व्यदलयत् ।

वि+नि+पत् (पतन होना) विवेकभ्रष्टानां भवति विनिपातः शतमुखः ।

पद् (जाना)—

प्र+पद् (प्राप्त होना, आश्रय लेना, समीप आना) ये यथा मां प्रपद्यन्ते तांस्तथैव भजाम्यहम् । (गीतायाम्)

उत्+पद् (उत्पन्न होना) दुग्धात् नवनीतम् उत्पद्यते ।

वि+पद् (कष्ट में पड़ना) स विपद्यते (विपन्नो भवति) ।

उप+पद् (योग्य होना) नैतत त्वय्युपपद्यते। (गीतायाम्)

भू (होना)—

अनु+भू (अनुभव करना) सन्तः सुखम् अनुभवन्ति।

आविः+भू (प्रकट होना) आविर्भूते शशिनि तमो विलीयते।

अभि+भू (तिरस्कार करना) कस्त्वामभिभवितुमिच्छति बलात्?

परा+भू (हराना) बलवान् दुर्बलान् पराभवति।

प्रादुः+भू (प्रकट होना) प्रादुर्भवति भगवान् विपदि।

परि+भू (तिरस्कार करना) रावणः बिभीषणं परिबभूव।

प्र+भू (समर्थ होना) प्रभवति शुचिर्बिम्बोद्ग्राहे मणिः। (उत्तररामचरिते)

कुसुमान्यपि गात्रसंगमात् प्रभवन्त्यायुरपोहितुं यदि।
न भविष्यति हन्त साधनं किमिवान्यत्प्रहरिष्यतो विधेः। (रघुवंशे)

उद्+भू (उत्पन्न होना) हिमवतो गङ्गा उद्भवति।

सम्+भू (जन्म लेना) सम्भवामि युगे युगे। (गीतायाम्)

सम्+भू (मिलना) सम्भूयाम्भोधिमभ्येति महानद्या नगापगा। (शिशु०)

अनु+भू (मालूम करना, अनुभव करना) अनुभवामि एतत्।

वि+भावि (विचार करके भली भाँति जानना, अनुभव करना, कल्पना करना) नाहं ते तर्के दोषं विभावयामि।

परि+भावि (भली भाँति विचार करना) गुरोर्भाषितं मुहुर्मुहुः परिभावय।

च्विप्रत्ययान्त भू के प्रयोग—

१—भस्मीभूतस्य देहस्य पुनरागमनं कुतः?

२—दृढीभवति शरीरं व्यायामेन।

३—भवतां शुभागमनेन पवित्रीभूतं मे गृहम्।

४—तपसा भगवान् प्रत्यक्षीभवति।

विश् (प्रवेश करना)—

नि+विश् (प्रवेश करना) निविशते यदि शूकशिखा पदे। (नैषधे)

अभि+निविश् (घुसना) भयं तावत्सेव्यादभिनिविशते सेवकजनम्। (मुद्रा०)

उप+विश् (बैठना) आसने उपविशतु भवान्।

प्र+विश् (प्रवेश करना) संन्यासी वनान्तरं प्राविशत्।

मन् (सोचना)—

अव+मन् (अनादर करना) नावमन्येत निर्धनम्।

अनु+मन् (आज्ञा या सलाह देना) राजन्यान्स्वपुरनिवृत्तयेऽनुमेने। (रघुवंशे)

सम्+मन् (आदर करना) कच्चिदग्निमिवानाय्यं काले संमन्यसेऽतिथिम्। (भट्टिकाव्ये)

मन्त्र् (सलाह करना)

अभि+मन्त्र् (संस्कार करना) जलम् अभिमन्त्र्य ददौ।

आ+मन्त्र् (विदा होना) तात, लताभगिनीं वनज्योत्स्नां तावदामन्त्रये।

आ+मन्त्र् (बुलाना) आमन्त्रयध्वं राष्ट्रेषु ब्राह्मणान्। (महाभारते)

नि+मन्त्र् (न्यौता देना) ब्राह्मणान् निमन्त्रयस्व।

रञ्ज् (खुश होना)—

अनु+रञ्ज् (अनुराग होना) देवे चन्द्रगुप्ते दृढमनुरक्ताः प्रकृतयः। (मुद्रा०)

रम् (क्रीड़ा करना)—

वि+रम् (हटना) विरम विरम पापात्।

उप+रम् (मरना) स शोकेन उपरतः।

उप+रम् (लगाना) यत्रोपरमते चित्तम् (भगवद्गीतायाम्)।

वद् (कहना)—

अप+वद् (निन्दा करना) दुर्जनः सज्जनमपवदति। लोकापवादो बलवान् मतो मे। (रघुवंशे)

उप+वद् (प्रशंसा करना) दातारमुपवदन्ते।

वि+वद् (झगड़ा करना) कृषकाः क्षेत्रे विवदन्ते।

अनु+वद् (अनुवाद करना) स विद्वान् वेदमनुवदति।

प्रति+वद् (उत्तर देना) तान् प्रत्यवादीदथ राघवोऽपि।

लप् (बोलना)—

अप+लप् (छिपाना) दुष्टः सत्यमपलपति।

आ+लप् (बातचीत करना) साधुः साधुना सह आलपत्।

प्र+लप् (बकवाद करना) उन्मत्ताः सदा प्रलपन्ति।

वि+लप् (रोना) विललाप स वाष्पगद्गदं सहजामप्यपहाय धीरताम्। (रघु०)

सम्+लप् (बातचीत करना) संलापितानां मधुरैः वचोभिः ।

वह् (ले जाना)—

उद्+वह् (व्याह करना) इति शिरसि स वामं पादमाधाय राज्ञामुद-
वहदनवद्यां तामवद्यादपेतः । (रघुवंशे)

अति+वह् (बिताना) किंवा मयापि न दिनान्यतिवाहितानि । (मालतीमा०)

आ+वह् (लाना, पैदा करना) महदपि राज्यं सुखं नावहति ।

आ+वह् (धारण करना) मा रोदीर्धैर्यमावह । (मार्कण्डेयपुराणे)
मण्डनभावहन्तीम् । (चौरपञ्चाशिकायाम्)

निः+वह् (कार्य चलाना, पूरा करना आदि) स कार्यमेतत् निर्वहति ।

प्र+वह् (बहना) अनेन मार्गेण गङ्गा प्रावहत् ।

वृत् (होना)—

अनु+वृत् (अनुसरण करना) सानवः साधुमनुवर्तन्ते ।

आ+वृत् (वापस आना) अनिंद्या नन्दिनी नाम धेनुराववृते वनात् (रघु०)

आ+वृत्-णिच् (माला फेरना) अक्षवलयमावर्तयन्तं तापसकुमारमदर्शयम् ।

परि+वृत् (घूमना) चक्रवत् परिवर्तन्ते दुःखानि च सुखानि च । (मेघ०)

नि+वृत् (विरत होना, रुकना) प्रसमीक्ष्य निवर्तेत सर्वमांसस्य भक्षणात् ।
(मनुस्मृतौ)

नि+वृत् (लौटना) न च निम्नादिव सलिलं निवर्तते मे ततो हृदयम् ।
(शाकु०)

यद् गत्वा न निवर्तन्ते तद्धाम परमं मम । (भगवद्गीतायाम्)

प्रति+आ+वृत् (लौटना) अचिरं स प्रत्यावर्तिष्यते ।

प्र+वृत् (प्रवृत्त होना, लगना) प्रवर्ततां प्रकृतिहिताय पार्थिवः । (शाकु०)
अपि स्वशक्त्या तपसि प्रवर्तसे ? (कुमारसंभवे) ।

प्र+वृत् (शुरू होना) ततः प्रववृते युद्धम् ।

वस् (रहना)—

अधि+वस् (रहना) रामः अयोध्यामध्यवसत् ।

उप+वस् (उपवास करना) स एकादश्यामुपवसति ।

उप+वस् (समीप रहना) ब्राह्मणः ग्रामम् उपवसति ।

नि+वस् (रहना) स कुत्र निवसति ?

प्र+वस् (परदेश में रहना) विधाय वृत्तिं भार्यायाः प्रवसेत्कार्यवान्नरः ।
(मनु०)

सद् (जाना)—

अव+सद् (हिम्मत हारना) प्रतिहतप्रयत्नाः क्षुद्रा अवसीदन्ति ।

उत्+सद् (नाश होना) उत्सीदेयुरिमे लोका न कुर्यां कर्म चेदहम् ।

उत्+सद् (णिजन्त) (नष्ट करना) अयमसत्येऽभिनिवेशो नियतमुत्सादयिष्यति वः ।

आ+सद् (पाना) पान्थः कूपमेकमाससाद ।

प्र+सद् (प्रसन्न होना) प्रसीद विश्वेश्वरि पाहि विश्वम् । (दुर्गासप्तशत्याम्)

वि+सद् (दुःखी होना) यूयं मा विषीदत ।

नि+सद् (बैठना) यल्लघु तदुत्प्लवते यद् गुरु तन्निषीदति ।

उप+सद् (सेवा में जाना) उपसेदिवान् कौत्सः पाणिनिं चिरं ततो व्याकरणमधिजग्मिवान् ।

प्रति+आ+सद् (अतिसमीप आना) प्रत्यासीदति परीक्षा त्वं च पाठेऽनवहितः ।

सृ (जाना)—

अप+सृ (हटना) इतो दूरमपसर ।

निः+सृ (निकलना) क्षतात् रक्तं निःसरति ।

अनु+सृ (अनुसरण करना) वनं यावदनुसरति ।

प्र+सृ (फैलना) प्रससार यशस्तव ।

अभि+सृ (प्रेमी के पास जाना) सा अभिसरति ।

स्था (ठहरना)—

अधि+स्था (स्थिर रहना) साधवः साधुतामधितिष्ठन्ति ।

आ+स्था (किसी सिद्धान्त की स्थापना) शब्दं नित्यम् आतिष्ठते ।

अनु+स्था (करना) मनसापि पापं नानुतिष्ठेत् ।

अव+स्था (ठहरना) नावतिष्ठतां भवानत्र ।

उत्+स्था (उठना) उत्तिष्ठोत्तिष्ठ गोविन्द त्यज निद्रां जगत्पते ।

प्र+स्था (रवाना होना) प्रीतः प्रतस्थे मुनिराश्रमाय ।

प्रति+अव+स्था (विरोध करना) अत्र प्रत्यवतिष्ठामहे वयम् ।

उप+स्था (जाना, समीप जाना, उपस्थित होना) पन्थाः काशीमुपतिष्ठते ।

उप+स्था (पूजा करना) स्तुत्यं स्तुतिभिरर्थ्याभिरुपतस्थे सरस्वती। (रघुवंशे)

उप+स्था (मिलना) गङ्गा यमुनामुपतिष्ठते।

हृ (चुरा ले जाना)—

अनु+हृ (सदृश गुणों को धारण करना) पैतृकमश्वा गतमनुहरन्ते।

अप+हृ (चुराना) चौरः धनमपहरति।

अप+हृ (दूर करना) अपह्रिये खलु परिश्रमजनितया निद्रया (उत्तरराम०)

आ+हृ (लाना) वित्तस्य विद्यापरिसंख्यया मे कोटीश्चतस्रो दश चाहरेति।

उत्+हृ (उद्धार करना) मां तावदुद्धर शुचो दयिताप्रवृत्त्या (विक्रमोर्वशीये)

उत्+आ+हृ (उदाहरण देना) त्वां कामिनां मदनदूतिमुदाहरन्ति (विक्र०)

अभ्यव+हृ (खाना) सक्तून् पिब धानाः खादेत्यभ्यवहरति।

परि+हृ (छोड़ना) स्त्रीसन्निकर्षं परिहर्तुमिच्छन्नन्तर्दधे भूतपतिः सभूतः।

उप+हृ (भेंट देना) देवेभ्यः बलिमुपहरेत्।

प्र+हृ (मारना) कृष्णः कंसं शिरसि प्राहरत्।

वि+हृ (क्रीड़ा करना, विहार करना) विहरति हरिरिह सरसवसन्ते (गीत०)। स कदाचिदवेक्षितप्रजः सह देव्या विजहार सुप्रजः। (रघुवंशे)

सम्+हृ (हटाना) न हि संहरते ज्योत्स्नां चन्द्रश्चाण्डालवेश्मनः।

सं+हृ (रोकना) क्रोधं प्रभो संहर संहरेति यावद् गिरः खे मरुतां चरन्ति।

तावत्स वह्निर्भवनेत्रजन्मा भस्मावशेषं मदनं चकार॥ (कुमारसंभवे)

क्रम् (चलना)—

अति+क्रम् (गुजरना) यथा यथा यौवनमतिचक्राम। (कादम्बर्याम्)

„ (उल्लङ्घन करना) कथमतिक्रान्तमगस्त्याश्रमपदम्। (महावीरचरिते)

अप+क्रम् (दूर हटना) नगरादपक्रान्तः। (मुद्राराक्षसे)।

आ+क्रम् (आक्रमण करना) पौरस्त्यानेवमाक्रामंस्तांस्ताञ्जनपदाञ्जयी। (रघुवंशे)

आ+क्रम् (नक्षत्र का उदित होना) आक्रमते सूर्यः। (महाभारते)

निस्+क्रम् (बाहर जाना, निकलना) इति निष्क्रान्ताः सर्वे।

उप+क्रम् (आरम्भ करना) वक्तुं मिथः प्राक्रमतैवमेनम्। (कुमारसंभवे)

परि+क्रम् (परिक्रमा करना) स परिक्रामति।

वि + क्रम् (कदम रखना, आगे बढ़ना) विष्णुस्त्रेधा विचक्रमे।

सम् + क्रम् (संक्रमण करना) कालो ह्ययं संक्रमितुं द्वितीयं सर्वोपकारक्षम-माश्रमं ते। (रघुवंशे)

द्रु (पिघलना) द्रवति च हिमरश्मावुद्गते चन्द्रकान्तः। (मालतीमाधवे)

उप + द्रु (आक्रमण करना) प्राग्ज्योतिषमुपाद्रवत्। (महाभारते)

वि + द्रु (भागना) जलसङ्घात इवासि विद्रुतः। (कुमारसम्भवे)

क्षिप् (फेंकना) किं कूर्मस्य भरव्यथा न वपुषि क्ष्मां न क्षिपत्येष यत्। (मुद्रा०)

अव + क्षिप् (निन्दा करना) मदलेखामवक्षिप्य। (कादम्बर्याम्)

आ + क्षिप् (अपमान करना) अरे रे राधागर्भभारभूत! किमेवमाक्षिपसि। (वेणी०)

उत् + क्षिप् (ऊपर फेंकना) बलिमाकाश उत्क्षिपेत्। (मनुस्मृतौ)

सम् + क्षिप् (संक्षिप्त करना) संक्षिप्येत क्षण इव कथं दीर्घयामा त्रियामा।

बन्ध् (बाँधना, पहनना) न हि चूडामणिः पादे प्रभवामीति बध्यते।

उत् + बन्ध् (बाँधना) पादपे आत्मानमुद्बध्य व्यापादयामि। (रत्नावल्याम्)

निर् + बन्ध् (आग्रह करना, हठ करना, जोरदार माँग करना) निर्बन्धपृष्टः च जगाद सर्वम्। (रघुवंशे)

सम् + बन्ध् (मेल होना) सम्बन्धमाभाषणपूर्वमाहुः। (रघुवंशे)

रुध् (ढाँकना)—

अनु + रुध् (आज्ञा मानना) अनुरुध्यस्व भगवति वसिष्ठस्यादेशम्। (उत्तररामचरिते)

वि + रुध् (विरोध करना) विपरीतार्थधीर्यस्मात् विरुद्धमतिकृन्मतम्।

संस्कृत में अनुवाद करो—

१—इस बर्तन में एक प्रस्थ चावल समा सकता है। २—आपके शुभ-आगमन से हमारा घर पवित्र हो गया (पवित्र + भू + च्वि)। ३—लंका से लौटते हुए राम की अगवानी के लिए (प्रति + उद् + गम्) भरत आगे बढ़ा। ४—दुष्यन्त ने देखा कि शकुन्तला अपनी सखियों के साथ विहार कर रही है (वि + हृ)। ५—क्या तुम्हारे घर आज एक अतिथि (प्राघुणिकः) आया है (अभि + आ + गम्)? ६—सज्जन अपकार करने वाले के साथ भी उपकार करते हैं (उप + कृ। ७—क्या आपको यह प्रस्ताव स्वीकृत है (अभि +

उप+गम्) ? जी हाँ हमारा इसमें कोई विरोध नहीं।* ८—उत्सव के अवसर पर स्त्रियाँ अपने को वस्त्रों तथा अलंकारों से सजाती हैं। ९—सती स्त्रियाँ अपने पतियों की सेवा करती हैं (उप+चर्)। १०—श्रीमान् जी को मैं कौन व्यक्ति जानूँ (अव+गम्)। ११—सूर्य निकल रहा है और अँधेरा दूर हो रहा है। १२—प्रयाग में गङ्गा यमुना से मिलती है (सम्+गम्—परस्मै०)। १३—यह सुन्दर पुस्तक किसने लिखी है (प्र+नी)? १४—उसने दोनों हाथ जोड़ कर (समा+नी) गुरु को प्रणाम किया (प्र+नम्)। १५—भोजन के समय आ जाते हो (उप+स्था), काम के समय कहाँ चले जाते हो ?

---

*ननु नाहमेनं विरुन्धे।

तृतीयोऽध्यायः

कृदन्त (कर्तृवाचक और भाववाचक)

प्रथम अभ्यास

धातु में जिस प्रत्यय को जोड़कर संज्ञा, विशेषण अथवा अव्यय बनता है उसको कृत् प्रत्यय कहते हैं और उसके द्वारा जो शब्द सिद्ध होता है उसको कृदन्त (जिसके अन्त में कृत् हो) कहते हैं, जैसे—कृ धातु से तृच् प्रत्यय लगा कर 'कर्तृ' शब्द बना। इसमें तृच् कृत्प्रत्यय है, अतः कर्तृ शब्द कृदन्त है। इन कर्तृवाचक कृदन्तों के कर्म का इनके साथ समास भी हो जाता है। यथा—

(असमस्त) शास्त्राणां ज्ञातारः क्व निवसन्ति ? (शास्त्रों के जानने वाले कहाँ रहते हैं ?)

(समस्त) शास्त्रज्ञातारः क्व निवसन्ति ? (शास्त्रों के जानने वाले कहाँ रहते हैं ?)

(ण्वुल्तृचौ) 'वाला' के अर्थ में कर्तृवाच्य में धातुओं से ण्वुल् (अक) और और तृच् (तृ) प्रत्यय होते हैं। उदाहरण—

(तृच्) कृ—कर्त्ता (करने वाला),युध्—योद्धा, भू—भविता, नी—नेता, विद्—वेत्ता, सेव्—सेविता, गम्—गन्ता आदि।

ण्वुल् (अक) पच्—पाचकः (पाचिका स्त्री०), पाठकः, नायकः, गायकः, पालकः, दायकः, सेवकः, जनकः, रोधकः आदि। ण्वुल् (अक) और 'तृच' (तृ) प्रत्ययान्त शब्दों के रूप तीनों लिङ्गों में विशेष्य के अनुसार होते हैं।

(कर्मण्यण्) कर्मवाचक पद के उत्तरवर्ती धातु से कर्तृवाच्य में अण् होता है और धातु को वृद्धि होती है, यथा—कुम्भं करोति इति कुम्भकारः, सूत्रधारः, तन्तुवायः, वारिवाहः, भाष्यकारः आदि।

(आतश्चोपसर्गे) कर्तृवाच्य में उपसर्गसहित आकारान्त धातु से 'क' प्रत्यय होता है, यथा—फलं प्रददाति इति फलप्रदः, अभिजानाति इति अभिज्ञः।

(इगुपधज्ञाप्रीकिरः कः) इगुपध, ज्ञा, प्री और कृ धातुओं से क प्रत्यय होता है, बुधः, कृशः, ज्ञः, प्रियः, किरः ।

सुबन्त पद के परवर्ती भिन्न-भिन्न धातुओं के पश्चात् भिन्न-भिन्न अर्थों में 'अ' प्रत्यय जुड़ता है, यथा—शोकहरः, पूजार्हः, धनदः, सर्वज्ञः, मधुरः, प्रकृतिस्थः, पङ्कजम्, पारगः, पतङ्गः, शोकापहः, प्रभाकरः, हितकरः, अग्रसरः, रात्रिचरः, मित्रघ्नः आदि ।

(नन्दिग्रहिपचादिभ्यो ल्युणिन्यचः) कर्तृवाच्य में णिनि (इन्) प्रत्यय भी होता है, यथा—निवसतीति निवासी, अधिकारी, प्रवासी, विद्रोही, अधिकारी, अभिलाषी, स्थायी, द्वेषी, सञ्चारी आदि । सुबन्तपद के उत्तरवर्ती धातुओं से भिन्न-भिन्न अर्थों में 'इन्' प्रत्यय होता है । (स्वभाव अर्थ में) जैसे—उष्णं भोक्तुं शीलं यस्य सः—उष्णभोजी (गरम खाने के स्वभाव वाला), मनोहारी, अग्रयायी, अनुगामी, शाकाहारी, मिथ्यावादी, मित्रघाती आदि ।

(आत्ममाने खश्च) अपने आप को समझने के अर्थ में णिनि और खश् (अ) प्रत्यय होते हैं, यथा—पण्डितमानी, (पण्डितमात्मानं मन्यते) पण्डितंमन्यः ।

(स्त्रियां क्तिन्) भाववाच्य में धातुओं से क्तिन् प्रत्यय होता है और 'क्तिन्' का 'ति' शेष रहता है । क्तिन् प्रत्ययान्त शब्द स्त्रीलिङ्ग होते हैं, यथा—मतिः, बुद्धिः, नीतिः, दृष्टिः, शान्तिः, गतिः, प्रीतिः, धृतिः, स्तुतिः, कृतिः, स्थितिः, रतिः, नतिः, भुक्तिः, मुक्तिः आदि ।

(भावे, अकर्तरि च कारके संज्ञायाम्) भाववाच्य और कर्तृभिन्न कारक वाच्य में संज्ञा में घञ् प्रत्यय होता है, यथा—हस्—हासः (हँसी) देवस्य हासः, पच्—पाकः (पकाना), त्यज्—त्यागः, नश्—नाशः, पठ्—पाठः, लिख्—लेखः, भू—भावः, (कृ) कारः, विकारः, उपकारः, अपकारः । हृ—हारः, आहारः, प्रहारः, विहारः, संहारः, उपहारः । चर्—चारः, विचारः, संचारः, आचारः । (वद्) वादः, विवादः, संवादः, प्रवादः, अनुवादः, अपवादः आदि । घञ् प्रत्ययान्त शब्द पुंल्लिङ्ग होते हैं ।

भाववाच्य में धातुओं से 'अ' प्रत्यय भी होता है, जैसे—भवः, तोषः, हर्षः, जपः, मदः आदि ।

(नपुंसके भावे क्तः, ल्युट् च) भाववाचक शब्द बनाने के लिए धातु के बाद क्त (त) और ल्युट् (अन) प्रत्यय लगा देते हैं और यह शब्द नपुंसकलिंग

होते हैं, यथा—हसितम् (हँसना), गमनम्, हरणम्, करणम्, भरणम्, शोधनम् आदि।

(भावकरणाधिकरणेषु ल्युट्) भाव, करण और अधिकरण में भी ल्युट् (अन) होता है, जैसे—करणम् (जिससे किया जाय), शयनम् (जिस पर सोया जाय), उपकरणम् (जिससे काम करते हैं), आवरणम् (जिससे ढकते हैं)।

(ईषद्दुःसुषु कृच्छ्राकृच्छ्रार्थेषु खल्) ईषत्, दुर्, सु, परवर्ती धातुओं से कर्म और भाववाच्य में खल् (अ) प्रत्यय होता है, यथा—सुकरः, दुष्करः, ईषत्करः, सुवहः, दुर्लभः, दुःशासनः आदि।

(वसेस्तव्यत्कर्तरि णिच्च) कृत्यप्रत्ययान्त शब्द भाववाच्य एवं कर्मवाच्य में ही प्रयुक्त होते हैं, किन्तु कुछ शब्द, जैसे—वस्+तव्य=वास्तव्यः (रहने वाला) कर्तृवाच्य में भी प्रयुक्त होते हैं। इसी प्रकार—भू+यत्=भव्यः (होने वाला), गै—यत्=गेयः (गाने वाला), जन्+यत्=जन्यः (पैदा करने वाला)। ये शब्द विकल्प से कर्तृवाच्य में प्रयुक्त होते हैं।

(सनाशंसभिक्ष उः) सन्नन्त, आशंस् और भिक्ष् धातु से 'उ' होता है, यथा—लिप्सुः, पिपासुः, आशंसुः, भिक्षुः आदि।

उपमानवाचक तद्, यद्, भवत्, युष्मद्, अस्मद्, किम्, एतद् और इनके समान शब्दों के बाद दृश् धातु से क्विन् और कञ् प्रत्यय होते हैं। इनके निम्नलिखित रूप इस प्रकार हैं—तादृक्, तादृशः (उन जैसा), त्वादृशः (तुम्हारे जैसा), यादृक्, यादृशः। भवादृक्, भवादृशः। युष्मादृक्, युष्मादृशः। अस्मादृक्, अस्मादृशः। कीदृक्, कीदृशः। ईदृक्, ईदृशः। एतादृक्, एतादृशः।

संस्कृत में अनुवाद करो—

१—खेलना तथा पढ़ना समय पर होना चाहिए। २—भले आदमी अपकार का बदला उपकार से चुकाते हैं। ३—यह बहुत आनन्द देने वाला वृत्त है। ४—झूठ बोलने वाले मित्र मित्रघाती होते हैं। ५—काम करनेवाला मानव है पर कर्म का फल देने वाला भगवान् है। ६—यह उपदेश शोक को नाश करने वाला है। ७—झूठ बोलने वाले का कोई विश्वास नहीं करता। ८—इस गाँव के कुम्हार बहुत चतुर हैं। ९—नाश होने वाले शरीर का क्या भरोसा? १०—क्या इस घर में सभी खाने वाले हैं, कमाने वाला कोई नहीं?

११—यह पकाने वाला बहुत निपुण है। १२—क्या इस नगर में कोई बड़ा गवैया नहीं? १३—वेद का पढ़ना पाप का नाश करने वाला है। १४—इस नगर के प्रायः सभी बनिये लुटेरे हैं। १५—कल विमला ने एक मनोहर राग अलापा। १६—तुम्हारे जैसे आदमी को धिक्कार!

द्वितीय अभ्यास

वर्तमानकालिक कृदन्त

(लटः शतृशानचावप्रथमासमानाधिकरणे) पढ़ता हुआ (पढ़ती हुई), लिखता हुआ (लिखती हुई) आदि अर्थ को प्रकट करने के लिए, धातुओं के बाद वर्तमान-कालिक कृदन्त शतृ और शानच् प्रत्यय लगाकर निष्पन्न शब्दों का प्रयोग किया जाता है। परस्मैपद में शतृ (अत्) और आत्मनेपद में शानच् (आन, मान) प्रत्यय जोड़े जाते हैं। शतृ-शानच् प्रत्ययान्त शब्द कर्ता के विशेषण होते हैं। जैसे—

१—कदापि नरः खादन् न पठेत् (मनुष्य खाता हुआ कभी न पढ़े)।

२—सः हसन् अवदत्।

३—रुदन्ती बाला प्राह।

४—शयानं शिशुं मा प्रबोधय।

५—जलं पिबन् न हसेत्।

६—लज्जमाना वधूः आगच्छति।

७—विलपन्तीं सीतां दृष्ट्वा लक्ष्मणः विषण्णः सञ्जातः।

परस्मैपद में धातुओं के शतृप्रत्ययान्त शब्द*

धातु	अर्थ	नपुंसकलिङ्ग	पुंल्लिङ्ग	स्त्रीलिङ्ग
भू	(होना)	भवत्	भवन्	भवन्ती
दा	(देना)	ददत्	ददत्	ददती

*शतृ (अत्) प्रत्ययान्त शब्दों के स्त्रीलिङ्ग में रूप बनाने के लिए भ्वादि, दिवादि, चुरादि और तुदादि के लट् प्रथम पुरुष के बहुवचन में 'अन्ति' प्रत्ययान्त पद के बाद 'ई' जोड़ देते हैं, यथा—'गच्छति, गच्छतः, गच्छन्ति' आदि रूपों में गच्छन्ति+ई+गच्छन्ती। इसी प्रकार—कूजन्ति+ई=कूजन्ती, पूजयन्ति+ई=पूजयन्ती, जिगमिषन्ति+ई=जिगमिषन्ती, हसन्ति+ई=हसन्ती, वदन्ति+ई=वदन्ती।

अदादिगणीय (अदती, रुदती आदि), स्वादिगणीय (सुन्वती चिन्वती,

धातु	अर्थ	नपुंसकलिङ्ग	पुंल्लिङ्ग	स्त्रीलिङ्ग
कृ	(करना)	कुर्वत्	कुर्वन्	कुर्वती
क्री	(खरीदना)	क्रीणत्	क्रीणन्	क्रीणती
चिन्त्	(सोचना)	चिन्तयत्	चिन्तयन्	चिन्तयन्ती
अस्	(होना)	सत्	सन्	सती
आप्	(प्राप्त करना)	आप्नुवत्	आप्नुवन्	आप्नुवती
इष्	(इच्छा करना)	इच्छत्	इच्छन्	इच्छती, इच्छन्ती
अनु+इष्	(ढूँढना)	अन्विष्यत्	अन्विष्यन्	अन्विष्यन्ती
कथ्	(कहना)	कथयत्	कथयन्	कथयन्ती
कूज्	(कूजना)	कूजत्	कूजन्	कूजन्ती
क्रुध्	(नाराज होना)	क्रुध्यत्	क्रुध्यन्	क्रुध्यन्ती
क्रीड्	(खेलना)	क्रीडत्	क्रीडन्	क्रीडन्ती
गर्ज्	(गर्जना)	गर्जत्	गर्जन्	गर्जन्ती
गुञ्ज्	(गूँजना)	गुञ्जत्	गुञ्जन्	गुञ्जन्ती
गै	(गाना)	गायत्	गायन्	गायन्ती
घ्रा	(सूँघना)	जिघ्रत्	जिघ्रन्	जिघ्रन्ती
चल्	(चलना)	चलत्	चलन्	चलन्ती
जागृ	(उठना)	जाग्रत्	जाग्रन्	जाग्रती
तॄ	(तैरना)	तरत्	तरन्	तरन्ती
दंश्	(डसना)	दशत्	दशन्	दशन्ती
दृश्(पश्य्)	(देखना)	पश्यत्	पश्यन्	पश्यन्ती
निन्द्	(निन्दा करना)	निन्दत्	निन्दन्	निन्दन्ती
नृत्	(नाचना)	नृत्यत्	नृत्यन्	नृत्यन्ती
पठ्	(पढ़ना)	पठत्	पठन्	पठन्ती

आदि), क्र्यादिगणीय (क्रीणती, प्रीणती आदि), तनादिगणीय (कुर्वती, तन्वती आदि) और जुहोत्यादिगणीय (ददती, जुह्वती, जहती आदि) धातुओं में 'ई' जोड़कर 'न्' हटाने से स्त्रीलिङ्ग में रूप बनते हैं।

अदादिगणीय आकारान्त (भान्ती, भाती आदि) और तुदादिगणीय (तुदती, तुदन्ती आदि) में विकल्प से न् का लोप होता है। ये स्त्रीलिङ्ग शब्द नदी की भाँति चलते हैं। (देखिए स्त्रीप्रत्ययप्रकरण।)

धातु	अर्थ	नपुंसक लिङ्ग	पुंल्लिङ्ग	स्त्रीलिङ्ग
पा	(पीना)	पिबत्	पिबन्	पिबन्ती
पूज्	(पूजा करना)	पूजयत्	पूजयन्	पूजयन्ती
प्रच्छ्	(पूछना)	पृच्छत्	पृच्छन्	पृच्छती, पृच्छन्ती
मस्ज्	(डूबना)	मज्जत्	मज्जन्	मज्जती, मज्जन्ती
रच्	(बनाना)	रचयत्	रचयन्	रचयन्ती
आ-रुह्	(चढ़ना)	आरोहत्	आरोहन्	आरोहन्ती
लिख्	(लिखना)	लिखत्	लिखन्	लिखती, लिखन्ती
शक्	(सकना)	शक्नुवत्	शक्नुवन्	शक्नुवती
सृज्	(पैदा करना)	सृजत्	सृजन्	सृजती, सृजन्ती
स्था	(ठहरना)	तिष्ठत्	तिष्ठन्	तिष्ठन्ती
स्पृश्	(छूना)	स्पृशत्	स्पृशन्	स्पृशती-न्ती
स्वप्	(सोना)	स्वपत्	स्वपन्	स्वपती
आ-ह्वे	(बुलाना)	आह्वयत्	आह्वयन्	आह्वयन्ती

आत्मनेपद में धातुओं के शानच् प्रत्ययान्त शब्द

ईक्ष्	(देखना)	ईक्षमाणम्	ईक्षमाणः	ईक्षमाणा
कम्प्	(काँपना)	कम्पमानम्	कम्पमानः	कम्पमाना
जन्	(पैदा करना)	जायमानम्	जायमानः	जायमाना
दय्	(दया करना)	दयमानम्	दयमानः	दयमाना
वन्द्	(नमन करना)	वन्दमानम्	वन्दमानः	वन्दमाना
वृत्	(होना)	वर्तमानम्	वर्तमानः	वर्तमाना
वृध्	(बढ़ना)	वर्धमानम्	वर्धमानः	वर्धमाना
व्यथ्	(दुःखित होना)	व्यथमानम्	व्यथमानः	व्यथमाना
मन्	(मानना)	मन्यमानम्	मन्यमानः	मन्यमाना
यत्	(यत्न करना)	यतमानम्	यतमानः	यतमाना
लभ्	(पाना)	लभमानम्	लभमानः	लभमाना
सेव्	(सेवा करना)	सेवमानम्	सेवमानः	सेवमाना

उभयपद में धातुओं से शतृ और शानच्

धातु	नपुंसक लिङ्ग	पुंलिग	स्त्रीलिंग	शानच् प्रत्ययान्त
कृ (करना)	कुर्वत्	कुर्वन्	कुर्वती	(कुर्वाणः)
छिद् (काटना)	छिन्दत्	छिन्दन्	छिन्दती	(छिन्दानः)
ज्ञा (जानना)	जानत्	जानन्	जानती	(जानानः)
नी (ले जाना)	नयत्	नयन्	नयन्ती	(नयमानः)
ब्रू (कहना)	ब्रुवत्	ब्रुवन्	ब्रुवती	(ब्रुवाणः)
लिह् (चाटना)	लिहत्	लिहन्	लिहती	(लिहानः)
धा (रखना)	दधत्	दधन्	दधती	(दधानः)

संस्कृत में अनुवाद करो

१—मोहन दौड़ता हुआ गिर पड़ा। २—दुष्ट जानता हुआ भी बुरा काम करता है। ३—लड़ते हुए सिपाही ने युद्ध में वीरता से प्राण दिये। ४—श्याम प्रयत्न करता हुआ भी परीक्षा में असफल हुआ। ५—सिंह के डर से काँपता हुआ बच्चा मां की गोद में चिपक गया। ६—यह कहते-कहते दमयन्ती का गला भर आया। ७—दयालु राजा ने काँपती हुई रमणी को देखा। ८—कुत्ते को भौंकते सुन कर चोर भाग गया। ९—परस्पर झगड़ते हुए किसान राजा के पास गये। १०—वह दौड़ता हुआ पत्र पढ़ रहा है। ११—जल पीते हुए भेड़िये को गोविन्द ने लाठी मारी। १२—राम भागता हुआ वहाँ पहुँचा। १३—वह हँसता हुआ काम करता है। १४—वे बालक पढ़ते हुए कहीं जा रहे हैं? १५—सत्य को जानता हुआ भी वह असत्य बोलता है। १६—चोर अँधेरे को देखता हुआ चोरी करता है। १७—पापी धर्म को देखते हुए पाप करते हैं। १८—रावण ने राम को ईश्वर जानते हुए भी उन्हें सीता नहीं दी। १९—गोपाल हँसता हुआ आचार्य से क्या पूछता है? २०—गाँव को जाते हुए किसान ने एक सांप को मार डाला।

तृतीय अभ्यास

भूतकालिक कृदन्त

भूतकाल के प्रधानतः दो कृत् प्रत्यय—क्त (त) और क्तवतु (तवत्) हैं। क्त (त) प्रत्यय कर्मवाच्य और भाववाच्य में होता है और क्तवतु (तवत्) प्रत्यय

कर्तृवाच्य में, यथा—

(क्त) मया जलं पीतम् (मैंने जल पिया)।

(क्तवतु) सः जलं पीतवान् (उसने जल पिया)।

क्त (त) प्रत्यय सकर्मक धातुओं से कर्म में होता है। इसमें कर्ता तृतीया विभक्ति में रखा जाता है और कर्म प्रथमा विभक्ति में। क्त प्रत्ययान्त शब्द के लिङ्ग वचन कर्म के अनुसार होते हैं, यथा—मया पुस्तकं पठितम्, मया पुस्तके पठिते, मया पुस्तकानि पठितानि। अकर्मक धातुओं से 'क्त' प्रत्यय कर्ता और भाव दोनों में होता है। जब 'क्त' प्रत्यय कर्ता में होता है तब क्तान्त शब्द कर्ता के अनुसार प्रथमा में होता है, यथा—गोपालः गतः, और जब 'क्त' प्रत्यय भाव में होता है तब कर्ता में तृतीया विभक्ति और 'क्त' प्रत्ययान्त शब्द नपुंसकलिङ्ग में प्रथमा के एकवचन में होता है, यथा—गोपालेन गतम्, देवदत्तेन हसितम्।

क्तवतु (तवत्) प्रत्यय सकर्मक और अकर्मक धातुओं से कर्ता में ही होता है। इसमें कर्त्ता और उसके अनुसार क्तवत्वन्त शब्द 'प्रथमा' में आता है, यथा—अश्वो जलं पीतवान (घोड़े ने पानी पिया)। रामलक्ष्मणौ राक्षसान् हतवन्तौ (राम और लक्ष्मण ने राक्षस मारे)। रमेशो हसितवान् (रमेश हँसा) आदि।

इच्छार्थक, पूजार्थक, बुद्धयर्थक धातुओं से वर्तमान अर्थ में भी क्त प्रत्यय होता है, उसमें कर्ता षष्ठी विभक्ति में और कर्म प्रथमा में होता है, यथा—प्रजानां रामः इष्टः, मतः, पूजितः (प्रजा के लोग राम को चाहते हैं, मानते हैं, पूजते हैं)।

दुह्, याच् आदि द्विकर्मक धातुओं से 'क्त' प्रत्यय गौण कर्म में, नी, हृ, कृष्, और वह् से मुख्य कर्म में और णिजन्त धातुओं से 'क्त' प्रत्यय प्रयोज्य कर्त्ता के अनुसार होता है, यथा—

शिष्यैः गुरुः शब्दार्थः पृष्टः (शिष्यों ने गुरु से शब्द का अर्थ पूछा)। देवेन छागः ग्रामं नीतः (देव बकरे को गाँव ले गया)। अध्यापकेन छात्रः शास्त्रं बोधितः (गुरु ने छात्र को शास्त्र समझाया)। अकर्मक या सकर्मक धातुओं से कर्म की विवक्षा न रहने पर 'क्त' प्रत्यय भाव में होता है, यथा—शिशुना शयितम् (बच्चा सोया), तेन कथितम् (उसने कहा)। क्तान्त शब्द को जब विशेषण रूप में प्रयुक्त करते हैं तब उसके लिङ्ग, विभक्ति और वचन विशेष्य के अनुसार होते हैं।

धातु	क्त	क्तवतु	धातु	क्त	क्तवतु
अद्	जग्धः	जग्धवान्	जन्	जातः	जातवान्
अर्च्	अर्चितः	अर्चितवान्	इष्	इष्टः	इष्टवान्
अधि + ई	अधीतः	अधीतवान्	कथ्	कथितः	कथितवान्
छिद्	छिन्नः	छिन्नवान्	धा	हितः	हितवान्
कृ	कृतः	कृतवान्	वि + धा	विहितः	विहितवान्
कॄ	कीर्णः	कीर्णवान्	नि + धा	निहितः	निहितवान्
क्षि	क्षीणः	क्षीणवान्	आ + ह्वे	आहूतः	आहूतवान्
क्षिप्	क्षिप्तः	क्षिप्तवान्	लिह्	लीढः	लीढवान्
क्रम्	क्रान्तः	क्रान्तवान्	शम्	शान्तः	शान्तवान्
क्री	क्रीतः	क्रीतवान्	निन्द्	निन्दितः	निन्दितवान्
खन्	खातः	खातवान्	नी	नीतः	नीतवान्
गम्	गतः	गतवान्	पत्	पतितः	पतितवान्
गॄ	गीर्णः	गीर्णवान्	पी	पीतः	पीतवान्
गै	गीतः	गीतवान्	शास्	शिष्टः	शिष्टवान्
ग्रह्	गृहीतः	गृहीतवान्	चेष्ट्	चेष्टितः	चेष्टितवान्
घ्रा	घ्राणः, घ्रातः	घ्रातवान्	श्रु	श्रुतः	श्रुतवान्
चिञ्	चितः	चितवान्	सह्	सोढः	सोढवान्
पूज्	पूजितः	पूजितवान्	स्पृश्	स्पृष्टः	स्पृष्टवान्
प्रच्छ्	पृष्टः	पृष्टवान्	सृज्	सृष्टः	सृष्टवान्
बन्ध्	बद्धः	बद्धवान्	स्मि	स्मितः	स्मितवान्
बुध्	बुद्धः	बुद्धवान्	स्मृ	स्मृतः	स्मृतवान्
वद्	उदित	उदितवान्	मन्	मतः	मतवान्
वच्	उक्तः	उक्तवान्	रभ्	रब्धः	रब्धवान्
विद्	विदितः	विदितवान्	वस्	उषितः	उषितवान्
भिद्	भिन्नः	भिन्नवान्	लभ्	लब्धः	लब्धवान्
जि	जितः	जितवान्	शी	शयितः	शयितवान्
जॄ	जीर्णः	जीर्णवान्	हन्	हतः	हतवान्

तृ	तीर्णः	तीर्णवान्	हा	हीनः	हीनवान्
त्यज्	त्यक्तः	त्यक्तवान्	हृ	हृतः	हृतवान्
त्रै	त्रातः	त्रातवान्	वह्	ऊढः	ऊढवान्
दंश्	दष्टः	दष्टवान्	कम्	कान्तः	कान्तवान्
दा	दत्तः	दत्तवान्	नम्	नतः	नतवान्

संस्कृत में अनुवाद करो

१. अर्जुन ने जयद्रथ का वध किया। २. न्यायाधिप (जज) ने अपराधियों को दंड दिया। ३. राम ने रावण को बाण से मारा। ४. हाथी गहन वन में छोड़ा गया। ५. बिल्ली ने चूहे को पकड़ा। ६. कल रात मैं जल्दी सो गया। ७. सुग्रीव और बाली का युद्ध हुआ। ८. मैंने जंगल में सिंह देखा। ९. आज सोहन वाटिका में नहीं आया। १०. व्याघ्र को देखकर बालक बहुत डरा। ११. बालक बिस्तर पर सो गया। १२. वाल्मीकि ने बहुत मधुर छन्दों में रामायण लिखी। १३. सबने हृदय से सुरेश की प्रशंसा की। १४. प्रजापति से संसार उत्पन्न हुआ। १५. रामचन्द्र ने लङ्का का राज्य विभीषण को दिया। १६. आज उस बालक ने क्या ही सुन्दर गाया? १७. जोर की हवा ने पेड़ों को कँपा दिया। १८. मृग पानी पीने के लिए तालाब पर गया। १९. रात पड़ने ही चोर महल में घुसा और बहुत सा धन चुरा ले गया। २०. बोपदेव ने गुरु की सेवा की और सेवा का फल पाया।

भविष्यत्कालिक कृदन्त

"किसी क्रिया को करने वाला" का अनुवाद संस्कृत में भविष्यत्कालवाचक 'शतृ' एवं 'शानच्' प्रत्ययान्त शब्दों से किया जाता है। भविष्यत्कालवाचक शतृ, शानच् प्रत्ययों के रूप क्रम से 'स्यत्' और 'स्यमान' होते हैं। यथा—

१—हिमालयशिखरमारोक्ष्यन् साहसी वीरः तेनसिंहोऽस्ति।
(हिमालय की चोटी पर चढ़ने वाला साहसी वीर तेनसिंह है।)

२—मासिकवेतनं प्राप्स्यन् सेवकः अतीव प्रसन्नः दृश्यते।
(मासिक तनख्वाह पाने वाला नौकर बहुत खुश दीखता है)।

३—विदेशं गमिष्यन् गोपालः पितरौ प्राणमत्।
(विदेश जाने वाले गोपाल ने माता-पिता को प्रणाम किया।)

४—पादकन्दुकेन क्रीडिष्यन्तः छात्राः क्रीडाक्षेत्रं गच्छन्ति ।

(फुटबाल खेलने वाले छात्र खेल के मैदान में जा रहे हैं ।

५—युद्धक्षेत्रे योत्स्यमानाः सैनिकाः सम्बधिन आपृच्छन्ति ।

(लड़ाई के मैदान में लड़ने वाले सिपाही अपने संबंधियों से विदा लेते हैं ।)

परस्मैपद में (स्यत्)	आत्मनेपद में (स्यमान)	उभयपद में (स्यत्, स्यमान)
भू—भविष्यत्	जन्—जनिष्यमाणः	कृ—करिष्यत्-करिष्यमाणः
गम्—गमिष्यत्	सह्—सहिष्यमाणः	दा—दास्यत्—दास्यमानः
स्था—स्थास्यत्	व्यथ्—व्यथयिष्यमाणः	ग्रह्-ग्रहीष्यत् ग्रहीष्यमाणः
दर्शि—दर्शयिष्यत्	प्र+स्था—प्रस्थास्यमानः	नी—नेष्यत्—नेष्यमाणः
मृ—मरिष्यत्	युध्—योत्स्यमानः	ज्ञा—ज्ञास्यत्—ज्ञास्यमानः
हन्—हनिष्यत्	लभ्—लप्स्यमानः	छिद्—छेत्स्यत्—छेत्स्यमान

कर्मवाच्य में भविष्यत् अर्थ में धातुओं से 'स्यमान' प्रत्यय लगता है और स्यमान प्रत्ययान्त पद कर्म के विशेषण हो जाते हैं, यथा रामेण सेविष्यमाणः विश्वामित्रः। सीतया सेविष्यमाणा अरुन्धती। अस्माभिः भोक्ष्यमाणानि फलानि ।

'स्यत्' और 'स्यमान' प्रत्ययों से बने हुए शब्द विशेषण होते हैं, इसलिए विशेष्य के अनुसार उनके लिङ्ग, विभक्ति और वचन होते हैं, यथा—वक्ष्यमाणं वचनम्, वक्ष्यमाणेन वचनेन, वक्ष्यमाणे वचने आदि ।

चतुर्थ अभ्यास

पूर्वकालिक कृदन्त (क्त्वा और ल्यप्)

(समानकर्तृकयोः पूर्वकाले) 'पढ़कर' 'लिखकर' 'खाकर' 'पीकर' आदि पूर्वकालिक कृदन्तों का अनुवाद संस्कृत में 'क्त्वा' (त्वा) प्रत्ययान्त शब्दों से किया जाता है। यदि धातु के पूर्व कोई उपसर्ग लगा हो तो 'क्त्वा' के स्थान में 'ल्यप्' (य) हो जाता है। यदि यह 'य' ह्रस्व स्वर के बाद आता है तो इसके पूर्व 'त्' लगाकर इसका रूप 'त्य' हो जाता है, यथा—सं+चि य=संचित्य ।

१—वैशम्पायनो मुहूर्तमिव ध्यात्वा सादरमब्रवीत् (कादम्बर्याम्) ।

(वैशम्पायन ने क्षण भर सोचकर आदर के साथ कहा) ।

२—तत् ते कर्म प्रवक्ष्यामि यज्ज्ञात्वा मोक्ष्यसेऽशुभात् ।

(मैं तुम्हें ऐसा कर्म बताऊँगा जिसे जानकर तुम दुःख से मुक्त हो जाओगे ।)

३—यद् गत्वा न निवर्तन्ते तद्धाम परमं मम। (गीतायाम्)
(जहाँ जाकर लौटते नहीं हैं वही मेरा उत्तम स्थान है)।

४—प्रातः आरभ्य सायं यावत् त्वमत्रैव तिष्ठ।
(सुबह से सायं तक तुम यहीं ठहरो)।

५—उत्थाय हृदि लीयन्ते दरिद्राणां मनोरथाः।
(निर्धनों की इच्छाएँ चित्त में उठकर लीन हो जाती हैं)

६—स वेदानधीत्य विद्वान् अभवत् (वेदों को पढ़कर वह विद्वान् हो गया)

उपसर्ग अथवा च्वि प्रत्यय-युक्त धातु से पूर्वकालिक कृत् प्रत्यय 'त्वा' के स्थान पर 'ल्यप्' (य) होता है (नञ् समास में नहीं)। ल्यप् प्रत्यय होने पर 'त्वा' 'य' में बदल जाता है—आ, ई, ऊ+ल्यप्=य। इ, उ, ऋ+ल्यप्=त्य। ॠ+ल्यप्=ईर्य।

(आकारान्त) उत्—स्था+ल्यप् (य)=उत्थाय, आ—दा+ल्यप् (य) =आदाय।

(ईकारान्त) आ—नी+ल्यप् (य)=आनीय, वि—क्री+ल्यप् (य)= विक्रीय।

(ऊकारान्त) अनु—भू+ल्यप् (य)=अनुभूय, प्र—सू+ल्यप् (य)= प्रसूय।

(च्विप्रत्ययान्त) मलिनी+भू+ल्यप् (य)=मलिनीभूय।
स्थिरी+भू+ल्यप् (य)=स्थिरीभूय।

(इकारान्त) वि+जि+ल्यप् (य)=विजित्य, अधि+इ+ल्यप् (य)= अधीत्य।

(उकारान्त) प्र—स्तु+ल्यप् (य)=प्रस्तुत्य, प्रतिश्रु+ल्यप् (य)= प्रतिश्रुत्य।

(ऋकारान्त) अधि+कृ+ल्यप् (य)=अधिकृत्य, अनु=सृ+ल्यप् (य) =अनुसृत्य।

(ॠकारान्त) अव+तॄ=ल्यप् (य)=अवतीर्य, वि+कॄ+ल्यप् (य)= विकीर्य।

वच्, वद्, वस्, वह्, स्वप् धातुओं के व् के स्थान में 'उ' हो जाता है। शी के स्थान में शय्, ह्वे=हु, ग्रह्=गृह्, प्रच्छ=पृच्छ्। जैसे—

प्र—वच्+ल्यप् (य)=प्रोच्य, अनु—वद्+ल्यप् (य) =अनूद्य, अधि—वस्+ल्यप् (य)=अध्युष्य, सम्—ग्रह्+ल्यप् (य)=संगृह्य, सम्—शी+ल्यप् (य)=संशय्य।

णिजन्त धातुओं के इकार का साधारणतया लोप हो जाता है और रच् (रचि) प्रभृति धातुओं के इकार के स्थान में 'अय्' हो जाता है। सम्+चिन्ति =सञ्चिन्त्य, प्र+दर्शि=प्रदर्श्य, सम्+स्थापि=संस्थाप्य, वि+रचि= विरच्य आदि।

धातु	क्त्वा	ल्यप्	धातु	क्त्वा	ल्यप्
आप्	आप्त्वा	प्राप्य समाप्य	कृ क्री	कृत्वा क्रीत्वा	अनुकृत्य विक्रीय
इ	इत्वा	अधीत्य	क्षिप्	क्षिप्त्वा	निक्षिप्य
ईक्ष्	ईक्षित्वा	निरीक्ष्य परीक्ष्य	गण् कॄ	गणयित्वा कीर्त्वा	विगणय्य विकीर्य
दृश्	दृष्ट्वा	संदृश्य	हा	हित्वा	विहाय
धा	हित्वा	विधाय	ह्वे	हूत्वा	आहूय
नम्	नत्वा	प्रणत्य प्रणम्य	चिन्त् छिद्	चिन्तयित्वा छित्त्वा	सञ्चिन्त्य विच्छिद्य
नी	नीत्वा	आनीय	ज्ञा	ज्ञात्वा	विज्ञाय प्रतिज्ञाय
गम्	गत्वा	आगत्य आगम्य	तॄ त्यज्	तीर्त्वा त्यक्त्वा	सन्तीर्य परित्यज्य
ग्रन्थ्	ग्रन्थित्वा	संग्रथ्य	दंश्	दष्ट्वा	सन्दश्य
ग्रह्	गृहीत्वा	संगृह्य अनुगृह्य	रुह् भू	रूढ्वा भूत्वा	आरुह्य संभूय
घ्रा	घ्रात्वा	समाघ्राय	भ्रम्	भ्रमित्वा भ्रान्त्वा	विभ्रम्य
चिञ्	चित्वा	संचित्य			
पत्	पतित्वा	निपत्य	मन्	मत्वा	अवमत्य
लभ्	लब्ध्वा	उपलभ्य	मन्थ्	मथित्वा	संमथ्य
लिख्	लिखित्वा	विलिख्य	रुध्	रुद्ध्वा	अवरुध्य
वस्	उषित्वा	अध्युष्य	सिच्	सिक्त्वा	निषिच्य

शम्	शमित्वा	निशम्य	सृज्	सृष्ट्वा	विसृज्य
श्वस्	श्वसित्वा	विश्वस्य	स्था	स्थित्वा	उत्थाय
शी	शयित्वा	विशय्य	स्पृश्	स्पृष्ट्वा	उपस्पृश्य
लप	लप्त्वा	विलप्य	स्मृ	स्मृत्वा	विस्मृत्य
पा	पीत्वा	निपीय	हन्	हत्वा	निहत्य
प्रच्छ्	पृष्ट्वा	संपृच्छ्य	हस्	हसित्वा	विहस्य
बुध्	बुद्ध्वा	प्रबुद्ध्य	हृ	हृत्वा	संहृत्य
वद्	उदित्वा	अनूद्य	विश्	विष्ट्वा	प्रविश्य
भञ्ज्	भङ्क्त्वा	प्रभज्य	श्रि	श्रित्वा	आश्रित्य

संस्कृत में अनुवाद करो

१—व्याध तरकस से बाण लेकर हिरण को मारता है। २—हे बालक तू सिंह को देखकर क्यों डरता है? ३—माता-पिता को प्रणाम कर पुत्र विदेश चला गया। ४—काश्मीर जाकर हमने बहुत सुन्दर दृश्य देखे। ५—मैं कपड़े पहनकर अभी आपके साथ चलूंगा। ६—व्याध चावलों को बिखेरकर कबूतरों को मारेगा। ७—प्रतिज्ञा करके कहो कि मैं सत्य बोलूंगा। ८—महाराज दशरथ राम के लिए विलाप करके मर गये। ९—ईश्वरचन्द विद्यासागर पढ़ कर स्कूलों के इन्स्पेक्टर हो गये। १०—कौत्स ने अपने अध्ययन को समाप्त कर गुरु को दक्षिणा देने का आग्रह किया। ११—रावण को मारकर राम ने बिभीषण को लंका-राज्य दिया। १२—चोर घर में घुस कर माल लेकर भाग गये। १३—राम राक्षसों को जीतकर सीता के साथ अयोध्या लौटे। १४—वह धन इकट्ठा करके उसे दूसरों के लिए छोड़कर संन्यासी हुआ। १५—छात्रो, पुस्तक खोलकर पढ़ो।

पञ्चम अभ्यास

तुम् प्रत्ययान्त शब्द

(तुमुन्ण्वुलौ क्रियायां क्रियार्थायाम्) 'को' 'के लिए' आदि निमित्त अर्थ को प्रकट करने के लिए धातु से परे 'तुमुन्' (तुम्) प्रत्यय लगाते हैं, यथा—

१—स्वेदसलिलस्नाताऽपि पुनः स्नातुम् (स्नानाय) अवातरत्।

(पसीने से नहाई हुई भी पुनः स्नान के लिए उतरी। (कादम्बर्याम्)

२—इच्छार्थक क्रिया के निमित्त में—

पिनाकपाणिं पतिमाप्तुमिच्छसि ? (तू शिव को वरना चाहती है ?)

३—समय शब्द के योग में—

समयः खलु स्नानभोजनं सेवितुम् (यह स्नान और भोजन का समय है)।

४—शक्, ज्ञा, क्रम् धातुओं के साथ—

न शक्नोति शिरोधरां धारयितुम् (यह गर्दन नहीं उठा सकता)।(काद०)

५—सामर्थ्यद्योतक 'अलम्' के योग में—

प्रासादास्त्वां तुलयितुमलम् (महल तुम्हारे मुकाबले के लिए समर्थ हैं)।

६—काम और मनस् के पूर्व 'म्' का लोप हो जाता है(तुंकाममनसोरपि) द्रष्टुमना जननी मेऽत्र समागता (मेरी माता मुझे देखने को यहाँ आई)।

पुनरपि वक्तुकाम इव आर्यो लक्ष्यते (शायद आप और कुछ कहना चाहते हैं ?)

अर्च् (पूजा करना) अर्चितुम्।	स्तु (स्तुति करना) स्तोतुम्।
अर्ज् (कमाना) अर्जितुम्।	स्था (ठहरना) स्थातुम्।
अधि+इ (पढ़ना) अध्येतुम्।	स्ना (नहाना) स्नातुम्।
ईक्ष् (देखना) ईक्षितुम्।	स्पृश् (छूना) स्प्रष्टुम्।
कथ् (कहना) कथयितुम्।	हृ (चुराना) हर्तुम्।
कृ (करना) कर्तुम्।	मृ (मरना) मर्तुम्।
क्री (खरीदना) क्रेतुम्।	यज् (यज्ञ करना) यष्टुम्।
गै (गाना) गातुम्।	रम् (रमना) रन्तुम्।
त्यज् (छोड़ना) त्यक्तुम्।	ग्रह् (पकड़ना) ग्रहीतुम्।
त्रै (रक्षा करना) त्रातुम्।	चिञ् (चुनना) चेतुम्।
दंश् (डसना) दष्टुम्।	चिन्त् (सोचना) चिन्तयितुम्।
दृश् (देखना) द्रष्टुम्।	छिद् (काटना) छेत्तुम्।
धाव् (दौड़ना) धावितुम्।	जि (जीतना) जेतुम्।
प्र+णम् (झुकना) प्रणन्तुम्।	ज्ञा (जानना) ज्ञातुम्।
नी (ले जाना) नेतुम्।	पा (पीना) पातुम्।
नृत् (नाचना) नर्तितुम्।	तॄ (तैरना) तरीतुम्, तरितुम्।
पच् (पकाना) पक्तुम्।	रुद् (रोना) रोदितुम्।
प्रच्छ् (पूछना) प्रष्टुम्।	आ+रुह् (चढ़ना) आरोढुम्।
पूज् (पूजा करना) पूजयितुम्।	रूप् (स्थिर करना) रूपयितुम्।

वच् (कहना) वक्तुम् ।
भक्ष् (खाना) भक्षितुम् ।
भिद् (तोड़ना) भेत्तुम् ।
भ्रस्ज् (भूनना) भ्रष्टुम् ।
मुच् (छोड़ना) मोक्तुम् ।
शी (सोना) शयितुम् ।
शुच् (पछताना) शोचितुम् ।
श्रु (सुनना) श्रोतुम् ।
सह् (सहना) सोढुम् ।
सृज् (पैदा करना) स्रष्टुम् ।
लभ् (पाना) लब्धुम् ।
लिह् (चाटना) लेढुम् ।
वह् (ले जाना) वोढुम् ।
वप् (बोना) वप्तुम् ।
शम् (शांत करना) शमितुम् ।
स्वप् (सोना) स्वप्तुम् ।
सेव् (सेवा करना) सेवितुम् ।
स्मृ (याद करना) स्मर्तुम् ।
हन् (मारना) हन्तुम् ।
हस् (हँसना) हसितुम् ।

संस्कृत में अनुवाद करो—

१—ब्रह्मचारी यज्ञ करने के लिए यज्ञशाला में जाता है। २—व्याध जानवरों का शिकार करने के लिए वन-वन में घूम रहा है। ३—मैं श्री नेहरू का भाषण सुनने के लिए पुरुषोत्तम पार्क में जा रहा हूँ। ४—मेरे पिता कुम्भस्नान के लिए प्रयाग गये। ५—माली फूल लेने के लिए जाता है। ६—क्या तुम पुराण पढ़ना चाहते हो? ७—क्या स्नान का यह समय है। ८—वह अपने शत्रुओं को मारना चाहता है। ९—मेरे गुरु आज काशी जाना चाहते हैं। १०—भरत राम से मिलने के लिए चित्रकूट गये। ११—वीर अर्जुन शत्रुओं से लड़ने को उद्यत हुआ। १२—कल तुम्हारा नौकर स्कूल में काम करने नहीं आया। १३—राम रावण को दण्ड देने के लिए लङ्का गये। १४—तुम गाने के लिए कहाँ जाओगे? १५—इस भार को उठाने के लिए मजदूर कब आयेगा? १६—आज मैं पुस्तकें खरीदने के लिए बाजार जाऊँगा। १७—सोहन ने हमें अपने घर पर भोजन के लिए निमन्त्रण दिया। १८—उपदेश देने में सभी समर्थ हैं, किन्तु ग्रहण करने के लिए कोई नहीं। १९—अध्यापक छात्रों को उपदेश देना चाहते हैं। २०—दुर्वासा का तप समग्र जगत् को भस्म करने के लिए पर्याप्त था।

षष्ठ अभ्यास

कृत्य प्रत्यय (तव्यत्, तव्य, अनीयर्, यत्)

*(तव्यत्तव्यानीयरः) 'चाहिए' अर्थ को प्रकट करने के लिए संस्कृत

*'चाहिए' वाला अर्थ कर्तृवाच्य और कर्मवाच्य, दोनों में विधिलिङ् से भी सूचित होता है, यथा—भृत्यः स्वामिनं सेवेत—कर्तृवाच्य में। कर्मवाच्य में—भृत्येन स्वामी सेव्येत।

में 'तव्य' 'अनीय' और 'य' प्रत्यय प्रयोग में आते हैं। ये कृत्य प्रत्यय कहलाते हैं। ये धातुओं से कर्मवाच्य और भाववाच्य में होते हैं, कर्तृवाच्य में नहीं, यथा—

(भाव में) त्वया अवश्यमेव गन्तव्यम् (तुझे अवश्य जाना चाहिए)।

(कर्म में) आश्रममृगोऽयं न हन्तव्यो न हन्तव्यः (यह आश्रम का मृग है, इसे नहीं मारना चाहिए)। (शाकुन्तले)

दातुम् उचितम्—दातव्यम् दानीयम्—देयम्।
श्रोतुं योग्यम्—श्रोतव्यम्—श्रवणीयम्—श्रव्यम्।
स्थातुमुचितम्—स्थातव्यम्—स्थानीयम्—स्थेयम्।

धातु	तव्य	अनीय	धातु	तव्य	अनीय
आप्	आप्तव्य	आपनीय	गम्	गन्तव्य	गमनीय
इ	एतव्य	अयनीय	ग्रह्	ग्रहीतव्य	ग्रहणीय
अधि+इ	अध्येतव्य	अध्ययनीय	जि	जेतव्य	जयनीय
ईक्ष्	ईक्षितव्य	ईक्षणीय	चि	चेतव्य	चयनीय
वन्द्	वन्दितव्य	वन्दनीय	जीव्	जीवितव्य	जीवनीय
कृ	कर्तव्य	करणीय	त्यज्	त्यक्तव्य	त्यजनीय
क्री	क्रेतव्य	क्रयणीय	दा	दातव्य	दानीय
क्षम्	क्षन्तव्य	क्षमणीय	पा	पातव्य	पानीय
दृश्	द्रष्टव्य	दर्शनीय	वह्	वोढव्य	वहनीय
पठ्	पठितव्य	पठनीय	शी	शयितव्य	शयनीय
ज्ञा	ज्ञातव्य	ज्ञानीय	सृज्	स्रष्टव्य	सर्जनीय
पत्	पतितव्य	पतनीय	सेव्	सेवितव्य	सेवनीय
चर्	चरितव्य	चरणीय	स्था	स्थातव्य	स्थानीय
भिद्	भेत्तव्य	भेदनीय	स्मृ	स्मर्तव्य	स्मरणीय
भृ	भर्तव्य	भरणीय	हन्	हन्तव्य	हननीय
याच्	याचितव्य	याचनीय	श्रु	श्रोतव्य	श्रवणीय

संस्कृत में अनुवाद करो—

१—पाठशाला में देर से नहीं पहुँचना चाहिए। २—छात्रों का आचरण अच्छा होना चाहिए। ३—परिश्रम करके निर्वाह करना चाहिए, भीख माँगना

अनुचित है। ४—सैनिकों को देश के लिए प्राण देने चाहिएँ। ५—स्वार्थ के लिए दूसरों की हानि नहीं करनी चाहिए। ६—छात्रों को प्रातः उठकर ईश्वर से प्रार्थना करनी चाहिए। ७—स्वच्छ भोजन करना और स्वच्छ जल पीना चाहिए। ८—प्रत्येक नागरिक को अपना इतिहास और भूगोल जानना चाहिए। ६—हमें अपना कर्त्तव्य पालन करना चाहिए। १०—योग्य पुरुष को ही उपदेश देना चाहिए। ११—दुष्टों के साथ न ठहरना और न जाना ही चाहिए। १२—छात्रों को अपने-अपने गुरुओं से संदेह निवृत्त कराना चाहिए। १३—सदा वही काम करना चाहिए जो अपने योग्य हो। १४—नीच पुरुष से भी उपदेश ग्रहण करना चाहिए। १५—मेरी बातों पर आपको थोड़ा भी सन्देह नहीं करना चाहिए। १६—निर्धन और असहाय मनुष्यों को देख कर नहीं हँसना चाहिए। १७—मृत्यु से हमें जरा भी नहीं डरना चाहिए। १८—तुम्हें अब जल्दी अध्ययन समाप्त करना चाहिए। १६—दुष्टों की संगति नहीं करनी चाहिए। २०—विद्यार्थियों को अपने गुरुजनों की सेवा करनी चाहिए।

सप्तम अभ्यास
तद्धितान्त शब्द

संज्ञा, विशेषण, सर्वनाम आदि शब्दों में जिन प्रत्ययों को जोड़कर अन्य अर्थ भी निकल आता है, उन्हें तद्धित कहते हैं। तद्धित शब्द का अर्थ है—"तेभ्यः प्रयोगेभ्यः हिताः", ऐसे प्रत्यय जो भिन्न-भिन्न प्रयोगों के काम में आ सकें, जैसे—दितेः अपत्यम् = दैत्यः (दिति + ण्य), इसमें ण्य (तद्धित प्रत्यय) जोड़कर दिति के लड़के का बोध कराया गया है। तद्धित-प्रत्ययों की संख्या अधिक है। यहाँ अधिक प्रचलित प्रत्यय ही देते हैं।

(१) (तस्यापत्यम्) अपत्य (पुत्र या पुत्री) अर्थ के शब्द के बाद अण् (अ) प्रत्यय लगता है और शब्द के सर्वप्रथम स्वर की वृद्धि होती है (अ को आ, इ ई को ऐ, उ ऊ को औ, ऋ को आर्, किन्तु अन्तिम उ को ओ होता है) यथा—रघु का पुत्र राघवः, वसुदेव का पुत्र वासुदेवः, पाण्डु का पुत्र पाण्डवः, कुरु का पुत्र कौरवः, पृथा (कुन्ती) का पुत्र पार्थः, पुत्र का पुत्र पौत्रः, शिव का पुत्र शैवः, विष्णु का पुत्र वैष्णवः। ये सब अकारान्त शब्द देववत् चलेंगे। पौत्री आदि स्त्रीलिंग नदी के समान।

(२) (अत इञ्) अकारान्त शब्दों से अपत्य अर्थ में शब्द के अन्त में

इञ् (इ) प्रत्यय लगता है। शब्द के प्रथम स्वर को वृद्धि हो जाती है और निष्पन्न शब्द हरि की भाँति चलता है, यथा—द्रोण का पुत्र द्रौणिः (अश्वत्थामा), दक्ष का पुत्र दाक्षिः, दशरथ का पुत्र दाशरथिः (राम), सुमित्रा का पुत्र सौमित्रिः (लक्ष्मण)।

(३) (दित्यदित्यादित्यपत्युत्तर०) अपत्य अर्थ में दिति आदि शब्दों से ण्यत् (य) प्रत्यय लगता है और शब्द के प्रथम स्वर को वृद्धि हो जाती है, यथा—दितेः अपत्यं पुमान् दैत्यः, अदिति का आदित्यः, वत्स का वात्स्यः, प्रजापति का प्राजापत्यः, गर्ग का गार्ग्यः।

(४) (स्त्रीभ्यो ढक्) अपत्य अर्थ में स्त्रीलिङ्ग शब्दों से ढक् (एय) प्रत्यय लगता है और शब्द के प्रथम स्वर को वृद्धि हो जाती है, यथा—अत्रेः अपत्यं पुमान् आत्रेयः, कुन्ती का पुत्र कौन्तेयः, द्रौपदी का पुत्र द्रौपदेयः, माद्री का माद्रेयः, राधा का राधेयः, विनता का वैनतेयः, गङ्गा का गाङ्गेयः।

(५) (तत्र जातः, तत्र भवः) उत्पन्न होना या होना अर्थ में अण् आदि प्रत्यय होते हैं, और प्रथम स्वर को वृद्धि हो जाती है। कुछ शब्दों के अन्त में अ प्रत्यय जुड़ता है, यथा—मथुरा में उत्पन्न माथुरः, कान्यकुब्ज में उत्पन्न कान्यकुब्जः, स्रुघ्न में उत्पन्न स्रौघ्नः (आगरा के निवासी), सिन्धु (समुद्र या सिन्धु देश) में उत्पन्न सैन्धवः (नमक या घोड़ा)।

कुछ शब्दों में इक प्रत्यय होता है और शब्द के प्रथम स्वर को वृद्धि हो जाती है, यथा—मासे भवः मासिकः, त्रैमासिकः, षाण्मासिकः। वर्षे भवः वार्षिकः। काल-कालिकः, तात्कालिकः। (प्रातःकालीन एवं सायंकालीन शब्द भी प्रचलित हो गये हैं, पर वे अशुद्ध हैं)।

(सायं चिरं प्राह्णे प्रगे०) आदि कुछ शब्दों के अन्त में 'तन' प्रत्यय लगाया जाता है, यथा—सायंतनम्, चिरन्तनम्, प्राह्णेतनम्, प्रगेतनम्, दोषातनम्, अद्यतनम्, पुरातनम्, इदानीन्तनम्।

(६) (तदधीते तद्वेद) पढ़नेवाला या जाननेवाला (पढ़ानेवाला) अर्थ में अ या इक प्रत्यय लगता है, और शब्द के प्रथम स्वर को वृद्धि हो जाती है, यथा—व्याकरण पढ़ने वाला-वैयाकरणः, वेद पढ़ने वाला—वैदिकः, पुराण पढ़ने वाला—पौराणिकः, तर्क पढ़ने वाला—तार्किकः, न्याय पढ़ने वाला—नैयायिकः।

(७) (तेन प्रोक्तम्) पुस्तक-रचना के अर्थ में रचयिता के नाम के बाद अ या ईय प्रत्यय लगते हैं, और शब्द के प्रथम स्वर को वृद्धि भी होती है, यथा—ऋषिरचित आर्षः, वाल्मीकिरचितं—वाल्मीकीयम् (रामायण), मनुरचितः—मानवः, पाणिनिरचितम्—पाणिनीयम् ।

(८) (तस्येदम्) 'उसका' यह सम्बन्ध सूचक शब्द के अन्त में अ या इक प्रत्यय लगते हैं और प्रथम स्वर को वृद्धि हो जाती है, यथा—शरद सम्बन्धी शारद, दिन सम्बन्धी दैनिक, अहन् सम्बन्धी आह्निक, देवसम्बन्धी दैव, भूतसम्बन्धी भौतिक—भौतिकी, लोकसम्बन्धी लौकिक ।

(९) (तदस्यास्त्यस्मिन्निति मतुप्) 'वाला' या 'युक्त' अर्थ में सभी शब्दों के अन्त में मतुप् (मत्) प्रत्यय लगता है। यदि शब्द की उपधा या अन्त में अ, आ, या स् होता है तो मत् को वत् होता है (मादुपधायाश्च मतोर्वोऽयवादिभ्यः), यथा—गावः अस्य सन्तीति गोमान्, गुण से युक्त-गुणवान्, धन से युक्त-धनवान्, रूपवान्, ज्ञानवान्, विद्यावान्, लक्ष्मीवान्, धीमान्, बुद्धिमान्, यशस्वान्, भास्वान्, तडित्वान्। स्त्रीलिङ्ग में—धनवती, ज्ञानवती, गुणवती आदि ।

(१०) (अत इनिठनौ) अकारान्त शब्दों से 'वाला' या 'युक्त' अर्थ में शब्द के अन्त में इनि (इन्) और ठन् (इक) प्रत्यय लगते हैं, यथा—गुण से गुणिन्, ज्ञान से ज्ञानिन्, धन से धनिन्, दन्त से दन्तिन् (हाथी)। इक प्रत्ययान्त —माया-मायिकः, धन-धनिकः, दण्ड-दण्डिकः ।

(११) (तदस्य संजातं तारकादिभ्य इतच्) 'युक्त' अर्थ में तारका आदि (तारका, पुष्प, मञ्जरी, सूत्र, मूत्र, उच्चार, प्रचार, विचार, कुड्मल, कण्टक, मुसल, मुकुल, कुसुम, किसलय, पल्लव, खण्ड, वेग, मुद्रा, निद्रा, बुभुक्षा, पिपासा, श्रद्धा, अभ्र, पुलक, द्रोह, सुख, दुःख, उत्कण्ठा, भर, व्याधि, वर्मन्, व्रण, गौरव, शास्त्र, तरङ्ग, तिलक, चन्द्रक, अन्धकार, गर्व, मुकुर, हर्ष, उत्कर्ष, रण, कुवलय, क्षुध, सीमन्त, ज्वर, गर, रोग, पण्डा, कज्जल, तृष, कोरक, कल्लोल, फल, कंचुल, शृङ्गार, अंकुर, बकुल, कलङ्क, कर्दम, कन्दल. मूर्छा, अङ्गार, प्रतिबिम्ब, विघ्नतन्त्र, हस्तक, प्रत्यय, दीक्षा, गर्ज)शब्दों से इतच् (इत) प्रत्यय होता है, यथा—तारका+इतच्—तारकितं नभः (तारे निकल आये हैं जिसमें ऐसा आकाश) पिपासितः, क्षुधितः पुष्पिता, कुसुमिता (लता), दुःखितः, अंकुरितः ।

(१२) (तस्य भावस्त्वतलौ) 'भाव' (अर्थात् 'पन') अर्थ में शब्द के अन्त

में 'त्व' और 'ता' प्रत्यय लगते हैं। (त्व प्रत्ययान्त शब्दों के रूप नपुंसकलिङ्ग में और ता प्रत्ययान्त शब्दों के रूप स्त्रीलिङ्ग में चलते हैं।) यथा—लघु–लघुता –लघुत्वम्, मूर्ख–मूर्खता–मूर्खत्वम्, गुरुता–गुरुत्वम्, विद्वत्ता–विद्वत्त्वम्, क्षत्रियत्वम्, ब्राह्मणत्वम्, शूद्रत्वम्, हीनत्वम्।

(१३) (गुणवचनब्राह्मणादिभ्यः कर्मणि च) गुणवाची एवं ब्राह्मणादि (ब्राह्मण, चोर, धूर्त आदि) शब्दों के बाद कर्म या भाव अर्थ में ष्यञ् (य) प्रत्यय जुड़ता है। शब्द के प्रथम स्वर को वृद्धि हो जाती है तथा अ का लोप हो जाता है, यथा—ब्राह्मणस्य भावः कर्म वा ब्राह्मण्यम्, चौर्यम् धौर्त्यम्, सुन्दर —सौन्दर्यम्, सुख-सौख्यम्, शूर-शौर्यम्, धीर-धैर्यम्, कवि-काव्यम्, अलस-आलस्यम्, विदुष-वैदुष्यम्, विदग्ध-वैदग्ध्यम्, निपुण-नैपुण्यम्, दायाद-दायाद्यम् आदि।

कुछ शब्दों के अन्त में ष्यञ् (य) या अ प्रत्यय स्वार्थ में लगता है, यथा—बन्धु से बान्धव, प्रज्ञ से प्राज्ञ, करुणा से कारुण्य, चतुर्वर्ण—चातुर्वर्ण्य, सेना से सैन्य, त्रिलोक से त्रैलोक्य, रक्षस से राक्षस आदि।

(१४) (पृथ्वादिभ्य इमनिज्वा) पृथु आदि (पृथु, मृदु, महत्, पटु, तनु, लघु, वहु, साधु, आशु, उरु, गुरु, बहुल, खण्ड, दण्ड, चण्ड, अकिञ्चन, बाल, होड, पाक, वत्स, मन्द, स्वादु, ह्रस्व, दीर्घ, प्रिय, वृष्, ऋजु, क्षिप्र, क्षुद्र, अणु) शब्दों से भाव अर्थ सूचित करने के लिए शब्द के अन्त में इमनिच् (इमन्) प्रत्यय विकल्प से लगता है। अन्तिम अक्षर का लोप हो जाता है, यथा—पृथु +इमनिच्=प्रथिमन् (महिमन् के समान पुं० में रूप चलेंगे), पृथुत्वम्, पृथुता। गुरु से गरिमा, लघु से लघिमा, महत् से महिमा, अणु से अणिमा, मृदु से म्रदिमा। (इमन् प्रत्ययान्त शब्द पुंल्लिग में चलते हैं, स्त्रीलिंग में नहीं।) शुक्लस्य भावः शुक्लिमा, शौक्ल्यम्, अथवा शुक्लता, शुक्लत्वम्।

(१५) (तेन तुल्यं क्रिया चेद् वतिः, तत्र तस्येव) तुल्य या सदृश अर्थ को बताने लिए शब्द के बाद 'वत्' प्रत्यय लगता है, यथा—ब्राह्मण के तुल्य ब्राह्मणवत्, क्षत्रियवत्, वैश्यवत्, शूद्रवत्, देव के तुल्य देववत् आदि।

(१६) (पञ्चम्यास्तसिल्) पञ्चमी विभक्ति के अर्थ में संज्ञा, सर्वनाम, विशेषण तथा परि और अभि के बाद तसिल्, (तः) प्रत्यय लगता है, यथा—गृहात्—गृहतः, कस्मात्—कुतः, यतः, ततः, इतः, सर्वतः, अभितः, परितः, समन्ततः, मत्तः, (मुझ से), त्वत्तः (तुझ से), अस्मत्तः (हम से)।

(१७) (सप्तम्यास्त्रल्) सप्तमी के स्थान पर 'त्रल्' प्रत्यय होता है, यथा—यस्मिन्—यत्र, कस्मिन्—कुत्र, अत्र, अन्यत्र, सर्वत्र, तत्र, बहुत्र। परन्तु इदम् में 'त्रल्' के स्थान में 'ह' लगता है, यथा—इह।

(१८) (सर्वैकान्यकियत्तदः काले दा) सर्व आदि शब्दों से समय अर्थ में दा प्रत्यय होता है, यथा—सदा, सर्वदा, एकदा (एक बार), कदा, तदा, यदा, अन्यदा। इदम् का इदानीम् (अब) होता है। किम्, यत् आदि शब्दों से 'र्हि' प्रत्यय भी होता है, यथा—कदा (कर्हि), तदा (तर्हि)!

(१९) (प्रकारवचने थाल्) सर्वनाम शब्दों से प्रकार अर्थ में थाल् (था) प्रत्यय होता है, जैसे—येन प्रकारेण यथा, तेन प्रकारेण तथा, सर्वथा, उभयथा, अन्यथा, (नहीं तो, अन्य प्रकार से)। इदम्, एतत् तथा किम् में 'था' प्रत्यय के स्थान पर 'थमु' (थम्) लगता है (इदमस्थमुः, किमश्च) इत्थम्, कथम्।

(२०) आगे-पीछे आदि शब्दों का अर्थ बताने के लिए पूर्व आदि शब्दों के बाद प्रथमा, पञ्चमी तथा सप्तमी के अर्थ में अस्ताति (अस्तात्) प्रत्यय लगता है (दिक्शब्देभ्यः०) यथा—पूर्वस्यां पूर्वस्याः पूर्वा वा दिक् पुरः पुरस्तात्, अधः अधस्तात्, अवः अवस्तात्, उपरि उपरिष्टात्।

इसी प्रकार प्रथमा तथा सप्तमी के अर्थ में एनप् लगता है, यथा—उत्तरेण, दक्षिणेन, अधरेण, पूर्वेण, पश्चिमेन तथा आति लगाकर पश्चात्, उत्तरात्, अधरात्, दक्षिणात् शब्द बनते हैं।

(२१) (संख्याया विधार्थे धा) संख्यावाचक शब्दों से प्रकार अर्थ में 'धा प्रत्यय होता है, यथा—एकधा, द्विधा, त्रिधा, चतुर्धा, पञ्चधा, बहुधा (अनेक बार, प्रायः) शतधा, सहस्रधा।

(२२) दो बार, तीन बार आदि की भाँति 'बार' का अर्थ प्रकट करने के लिए संख्यावाची शब्दों के बाद 'कृत्वसुच्' (कृत्वस्) प्रत्यय लगता है (संख्यायाः क्रियाभ्यावृत्तिगणने कृत्वसुच्), यथा—पञ्चकृत्वः भुङ्क्ते (पाँच बार खाता है) षट्कृत्वः, सप्तकृत्वः, बहुकृत्वः, बहुधा (बहुत बार)।

(२३) (एकस्य सकृच्च) एक बार के अर्थ में 'एक' शब्द में भी सुच् प्रत्यय लगता है और 'एक' के स्थान में 'सकृत्' आदेश हो जाता है, जैसे—एक+सुच्=सकृत्।

(२४) (प्रमाणे द्वयसज्-दघ्नञ्-मात्रचः) प्रमाण (नाप, तोल) अर्थ में शब्द से मात्र प्रत्यय होता है, यथा—हस्तमात्रम् (हाथ भर), कटिमात्रम्

(कमर तक), जानुमात्रम् (घुटने तक), मुष्टिमात्रम् (मुट्ठी भर)।

(२५) (द्विवचनविभज्योपपदे तरबीयसुनौ) जब दो की तुलना की जाती है और उनमें से एक की विशेषता तथा न्यूनता बताई जाती है तब विशेषण के बाद 'तरप्' (तर) या 'ईयसुन्' (ईयस्) प्रत्यय लगता है, यथा—देवः सोमात् पटुतरः पटीयान् वा, (लघु) लघुतरः लघीयान्, (महत्) महत्तरः महीयान्।

(२६) अतिशायने तमबिष्ठनौ) दो से अधिक में से एक की विशेषता बताने के लिए 'तमप्' (तम) या 'इष्ठन्' (इष्ठ) प्रत्यय लगता है, यथा—कवीनां कविषु वा कालिदासः श्रेष्ठः, छात्राणां छात्रेषु वा गोपालः पटुतमः पटिष्ठो वा। इनका विस्तृत वर्णन तुलनात्मक विशेषणों (द्वितीय अध्याय के चतुर्थ अभ्यास) में देखो।

संस्कृत में अनुवाद करो—

१—हमें समाज की बुराइयों को दूर करने का प्रयत्न करना चाहिए। २—अर्जुन ने जयद्रथ को मारने के लिए कठोर प्रतिज्ञा की। ३—जब दशरथ के पुत्र राम बन जाने लगे तो सुमित्रा के पुत्र लक्ष्मण व्याकुल हुए कि वे मुझे घर ही पर न छोड़ जायँ। ४—दिति और अदिति के पुत्रों में घोर संग्राम हुआ। ५—पाणिनि के व्याकरण जानने वाले को पाणिनीय कहते हैं। ६—आप कहाँ से आ रहे हैं और कहाँ तक जा रहे हैं? ७—लव और कुश दशरथ जी के पुत्र के पुत्र थे। ८—घुटने तक पानी में जाकर स्नान करो, गहरे पानी में न जाओ। ९—ज्ञानवाले और धनवाले लोगों में बहुत अन्तर है। १०—पुराने जमाने में लोग सदाचारी और सत्यवादी होते थे। ११—मथुरा में उत्पन्न हुए लोगों को माथुर कहते हैं। १२—पुराण की कथाओं पर आजकल लोग विश्वास नहीं करते। १३—वेद-सम्बन्धी शास्त्रों का अध्ययन करना चाहिए। १४—लोगों की बातों में लिप्त नहीं होना चाहिए। १५—वह स्त्री धनवाली और ज्ञानवाली भी है।

———

समास-प्रकरण

प्रथम अभ्यास

कारक प्रकरण में विभक्तियों का प्रयोग बताया गया है, पर कभी-कभी विभक्तियों को हटा कर शब्द मिला दिये जाते हैं। विभक्तिरहित शब्दों का एक साथ जोड़ना ही 'समास' है।

समास का अर्थ है 'संक्षेप' अर्थात दो या दो से अधिक शब्दों को इस प्रकार मिला देना कि उनके आकार में कुछ कमी हो जाने पर भी अर्थ पूरा पूरा निकल जाय, यथा नराणां पतिः=नरपतिः।

यहाँ 'नरपतिः' का वही अर्थ है जो 'नराणां पतिः' का है, किन्तु दोनों शब्दों को मिला देने से 'नराणाम्' के विभक्ति-सूचक प्रत्यय (नाम्) का लोप हो गया और 'नरपतिः' शब्द 'नराणां पतिः' से छोटा हो गया।

जब समास वाले शब्द को तोड़कर पहले का रूप दिया जाता है तब उसे विग्रह कहते हैं। विग्रह का अर्थ है 'खंड-खंड करना', यथा—'सभापतिः' का विग्रह है—'सभायाः पतिः'।

समास के लिए संस्कृत वैयाकरणों ने नियम बना दिये हैं। ऐसा नहीं कि जिस शब्द को चाहा उसे दूसरे शब्द के साथ मिला दिया।

समास के छः भेद*—

१—अव्ययीभाव	४—द्विगु (तत्पुरुष का भेद)
२—तत्पुरुष	५—बहुव्रीहि
३—कर्मधारय (तत्पुरुष का भेद)	६—द्वन्द्व।

अव्ययीभाव समास

अव्ययीभाव समास में पहला शब्द अव्यय (उपसर्ग या निपात) रहता है और दूसरा शब्द संज्ञा दोनों मिलकर अव्यय हो जाते हैं। अव्ययीभाव समास वाले शब्द के रूप नहीं चलते, और नपुंसकलिङ्ग के एक समास में पूर्व पद का अर्थ प्रधान रहता है, यथा—

---

*समास के छः भेदों के नाम—

द्वन्द्वो द्विगुरपि चाहं मद्गेहे नित्यमव्ययीभावः।
तत्पुरुष कर्मधारय येनाहं स्यां बहुव्रीहिः॥

(यथाकामम्) कामम् अनतिक्रम्य इति यथाकामम् (जितनी इच्छा हो उतना), शक्तिमनतिक्रम्य=यथाशक्ति (शक्ति के अनुसार), कृष्णस्य समीपे =उपकृष्णम् (कृष्ण के पास), गोः समीपे=उपगु (गाय के पास), वध्वाः समीपे=उपवधु। निर्विघ्नम् (विघ्न का अभाव), अनुरथम् (रथ के पीछे), सहरि (हरि के सदृश), आसमुद्रम् (समुद्र तक), अधिगृहम् (घर में), परोक्षम् (आँख से परे), ग्रामाद् बहिः—बहिर्ग्रामम् (गाँव से बाहर), उपशरदम् (शरद् ऋतु के पास), उपगिरम् (वाणी के पास), यथेच्छम्, सचक्रम्, आबालवृद्धम्, अनुकूलम्, प्रतिकूलम् आदि।

तत्पुरुष समास

जिन दो या दो से अधिक शब्दों के बीच द्वितीया, तृतीया, चतुर्थी, पञ्चमी षष्ठी और सप्तमी विभक्तियाँ छिपी रहती हैं उनमें तत्पुरुष समास होता है। इसमें उत्तर पद का अर्थ प्रधान होता है, यथा—'राज्ञः पुरुषः=राजपुरुषः' इसमें 'पुरुष' पद प्रधान है।

द्वितीया—रामम्—आश्रितः=रामाश्रितः। दुखं श्रितः=दुःखश्रितः। विस्मयम् आपन्नः=विस्मयापन्नः। भयं प्राप्तः=भयप्राप्तः। शिवम् आश्रितः =शिवाश्रितः। शरणं प्राप्तः=शरणप्राप्तः। गृहं गतः=गृहगतः आदि।

तृतीया—सुखेन युतः=सुखयुतः। खड्गेन हतः=खड्गहतः। अग्निना दग्धः=अग्निदग्धः,। हरिणा त्रातः=हरित्रातः। मदेन शून्यः=मदशून्यः। विद्यया हीनः=विद्याहीनः, मात्रा सदृशः=मातृसदृशः, वाचा कलहः= वाक्कलहः।

चतुर्थी—धनाय लोभः=धनलोभः। भूताय बलिः=भूतबलिः। गवे हितम् गोहितम्। स्नानाय इदम्=स्नानार्थम्। भोजनाय इदम्=भोजनार्थम् आदि।

पंचमी—चौराद् भयम्=चौरभयम्। वृक्षात् पतितः=वृक्षपतितः। रोगात् मुक्तः=रोगमुक्तः। पापात् मुक्तः=पापमुक्तः आदि।

षष्ठी—राज्ञः पुरुषः=राजपुरुषः। रजतस्य पत्रम्=रजतपत्रम्। देवस्य पूजा=देवपूजा। सुखस्य भोगः=सुखभोगः। देवस्य मन्दिरम्=देवमन्दिरम् आदि।

सप्तमी—युद्धे निपुणः=युद्धनिपुणः। जले मग्नः=जलमग्नः। आतपे शुष्कः=आतपशुष्कः। कार्ये दक्षः=कार्यदक्षः आदि।

समासान्त

जब तत्पुरुष समास के अन्त में राजन्, अहन् वा सखि शब्द आयें तब

इनमें समासान्त टच् लगता है और इनका रूप राज, अहं तथा सख हो जाता है, यथा-महान् राजा = महाराजः। उत्तमम् अहः = उत्तमाहः। कृष्णस्य सखा = कृष्णसखः।

अहः, सर्व, एकदेशसूचक शब्द, संख्यात एवं पुण्य के साथ रात्रि का समास होने पर समासान्त अच् प्रत्यय लगता है। संख्या और अव्यय के साथ भी ऐसा ही है, जैसे—अहश्च रात्रिश्च अहोरात्रः, सर्वरात्रः, संख्यातरात्रः, पुण्यरात्रः।

कर्मधारय समास

(तत्पुरुषः समानाधिकरणः कर्मधारयः) विशेषण और विशेष्य का जो समास होता है उसे कर्मधारय कहते हैं इसमें विशेषण पूर्व में रहता है, यथा—कुत्सितः पुरुषः = कुपुरुषः (बुरा आदमी)। कुत्सितः छात्रः = कुच्छात्रः (बुरा विद्यार्थी)। दीर्घम् नयनम् = दीर्घनयनम्। नीलम् उत्पलम् = नीलोत्पलम्। सुन्दरः पुरुषः = सुन्दरपुरुषः। भूषितः बालकः = भूषितबालकः। सुन्दरी-नारी = सुन्दरनारी। महान् देवः = महादेवः। महत् फलम् = महाफलम्। दुःखमेव समुद्रः = दुःखसमुद्रः। कमलमेव मुखम् = कमलमुखम्। घन इव श्यामः = घनश्यामः। नवनीतमिव कोमलम् = नवनीतकोमलम्। पुरुषः व्याघ्र इव = पुरुषव्याघ्रः, नरशार्दूलः, अधरपल्लवः, नृसिंहः। चन्द्रसदृशं मुखम् = चन्द्रमुखम्। कमलचरणम् आदि।

द्विगु समास

(संख्यापूर्वो द्विगुः) यदि कर्मधारय समास के पूर्व कोई संख्यावाचक शब्द हो तो उसे द्विगु कहते हैं, यथा—

समाहार में—पञ्चानां गवां समाहारः = पञ्चगवम्। पञ्चानां पात्राणां समाहारः = पञ्चपात्रम्। त्रयाणां लोकानां समाहारः = त्रिलोकी। त्रयाणां भुवनानां समाहारः = त्रिभुवनम्। शतानाम् अब्दानां समाहारः = शताब्दी। (तद्धितार्थ में—) पञ्चभिः गोभिः क्रीतः = पञ्चगुः। पञ्चसु कपालेषु संस्कृतः = पञ्चकपालः। (उत्तरपद में—)पञ्च हस्ताः प्रमाणमस्य = पञ्चहस्तप्रमाणः द्वाभ्यां मासाभ्यां जातः = द्विमासजातः।

समाहार अर्थ में समास में एकवचन ही रहता है। समास होने पर नपुंसकलिङ्ग शब्द बन जाते हैं, यथा—त्रिभुवनम्, चतुर्युगम्। किन्तु आकारान्त या अन्-अन्त द्विगु स्त्रीलिङ्ग में भी होते हैं : पञ्चखट्वी पञ्चखट्वा, पञ्चतक्षी पञ्चतक्षम्।

(अन्यपदार्थप्रधानो बहुव्रीहिः)जिस समास में अन्य पद के अर्थ की प्रधानता

हो अर्थात् जो-जो पद समस्त हों वे अपने अर्थ का बोध कराने के साथ-साथ अन्य किसी व्यक्ति या वस्तु का बोध कराते हुए विशेषण की तरह काम करते हों तो उसे बहुव्रीहि समास कहते हैं। जैसे—

अहं च त्वञ्च राजेन्द्र लोकनाथावुभावपि ।
बहुव्रीहिरहं राजन् षष्ठीतत्पुरुषो भवान् ॥

(राजन्, हम दोनों लोकनाथ हैं। मैं बहुव्रीहि समास हूँ और आप षष्ठी तत्पुरुष हैं अर्थात् (लोकनाथः—लोकाः प्रजाः नाथाः पालकाः यस्य सः) मेरा सभी पालन करते हैं, और आप संसार भर के स्वामी हैं (लोकस्य नाथः)। यहां 'लोकनाथः' इस शब्द का विग्रह दो प्रकार से हुआ है।

बहुव्रीहि के चार भेद हैं—(१) समानाधिकरण (२) तुल्ययोग (३) व्यधिकरण और (४) व्यतिहार।

१—**समानाधिकरण**—जहाँ दोनों या सभी शब्दों की समान विभक्ति हो, यथा—निर्गतं भयं यस्मात् सः=निर्गतभयः (पुरुषः)। हता शत्रवो येन सः=हतशत्रुः। दत्तं धनं यस्मै सः=दत्तधनः (भिक्षुः)। आरूढः कपिः यं सः=आरूढकपिः (वृक्षः)। पतितं पर्णं यस्मात् सः=पतितपर्णः (वृक्षः)। महान् आशयो यस्य सः=महाशयः (सत्पुरुषः)। निर्मलाः आपो यस्मिन् तत्=निर्मलापम् (सरः)।

२—**तुल्ययोग**—इसमें सह शब्द का तृतीयान्त पद से समास होता है, यथा—बान्धवैः सह=सबान्धवः या सहबान्धवः। अनुजेन सह=सानुजः या सहानुजः। विनयेन सह=सविनयम्। इसी प्रकार सानुरोधम्, सादरम् आदि।

३—**व्यधिकरण**—जिसमें भिन्न विभक्तिवाले शब्दों का समास हो, यथा—चक्रं पाणौ यस्य सः=चक्रपाणिः। धनुः पाणौ यस्य सः=धनुष्पाणिः। कुम्भात् जन्म यस्य सः=कुम्भजन्मा। इसी प्रकार चन्द्रशेखरः, चन्द्रकान्तिः आदि।

४—**व्यतिहार**—यह समास तृतीयान्त और सप्तम्यन्त शब्दों के साथ होता है और युद्ध का बोधक है, यथा—केशेषु केशेषु गृहीत्वा इदं युद्धं प्रवृत्तम् =केशाकेशि। दण्डैः दण्डैः प्रहृत्येदं युद्धं प्रवृत्तम्=दण्डादण्डि। मुष्टिभिः मुष्टिभिः प्रहृत्येदं युद्धं प्रवृत्तम्=मुष्टामुष्टि।

विशेष—समस्त पद का प्रथम शब्द यदि पुंल्लिङ्ग से बना हुआ स्त्रीलिङ्ग हो तो समास होने पर पुंल्लिङ्ग रूप हो जाता है, यथा—रूपवती भार्या यस्य

सः रूपवद्भार्यः (रूपवतीभार्यः नहीं)। कहीं-कहीं समस्त शब्द के साथ कप् (क) प्रत्यय लगता है, यथा—ईश्वरः कर्त्ता यस्य सः ईश्वरकर्तृकः।

द्वन्द्व समास

(उभयपदार्थप्रधानो द्वन्द्वः) जब दो या दो से अधिक संज्ञाएँ इस तरह जुड़ी रहती हैं कि उनके बीच में 'च' छिपा रहे तब उनमें 'द्वन्द्व समास' होता है। द्वन्द्व समास में दोनों पदों के अर्थ प्रधान रहते हैं। द्वन्द्वसमास तीन प्रकार का है—(१) इतरेतर, (२) समाहार, (३) एकशेष।

१—**इतरेतर**—इसमें शब्दों की संख्या के अनुसार अन्त में वचन होता है और प्रत्येक शब्द के बाद विग्रह में 'च' लगता है, यथा—दिनञ्च यामिनी च दिनयामिन्यौ। कन्दश्च मूलं च फलं च=कन्दमूलफलानि। माता च पिता च =मातापितरौ। सूर्यश्च चन्द्रमाश्च=सूर्याचन्द्रमसौ।

२—**समाहार**—इसमें अनेक पदों के समाहार (एकत्र उपस्थिति) का बोध होता है। समस्त पद में नपुंसकलिङ्ग एकवचन होता है, यथा-पाणी च पादौ च एषां समाहारः=पाणिपादम्। भेरी च पटहश्च अनयोः समाहारः= भेरीपटहम्। हस्तिनश्च अश्वाश्च एषां समाहारः=हस्त्यश्वम्। मथुरा च पाटलिपुत्रश्च अनयोः समाहारः=मथुरापाटलिपुत्रम्। यूका च लिक्षा च (जुएँ और लीखें) अनयोः समाहारः यूकालिक्षम्। दधि च घृतं च अनयोः समाहारः दधिघृतम्। गौश्च महिषी च गोमहिषम्। अहश्च दिवा च=अहर्दिवम्। सर्पश्च नकुलश्च=सर्पनकुलम्। अहिश्च नकुलश्च अहिनकुलम्। अहश्च रात्रिश्च =अहोरात्रम्। किन्तु 'अहोरात्रः' भी है।

वृक्ष, मृग, तृण, धान्य, व्यञ्जन, पशु आदि अर्थ के वाचक शब्दों का विकल्प से समाहार द्वन्द्व होता है। यथा—प्लक्षन्यग्रोधम्, प्लक्षन्यग्रोधाः। रुरुपृषतम्, रुरुपृषताः। कुशकाशम्, कुशकाशाः। व्रीहियवम्, व्रीहियवाः। दधिघृतम्, दधिघृते। गोमहिषम्, गोमहिषाः। शुकबकम्, शुकबकाः। अश्ववडवम्, अश्ववडवे आदि।

३—**एकशेष**—एक विभक्ति वाले अनेक समस्त समानाकार पदों में जहाँ एक ही पद शेष रह जाय और अर्थ के अनुसार उसमें द्विवचन या बहुवचन हो वहाँ एकशेष समास होता है, यथा—स च स च=तौ। वृक्षश्च वृक्षश्च वृक्षश्च =वृक्षाः। ब्राह्मणश्च ब्राह्मणी च=ब्राह्मणौ। हंसी च हंसश्च=हंसौ। पुत्रश्च दुहिता च=पुत्रौ। माता च पिता च=पितरौ। श्वश्रूश्च श्वशुरश्च=श्वशुरौ आदि।

जब उद्देश्य के रूप में प्रथम, मध्यम और उत्तम पुरुष में से दो या तीन एकत्र हो जाते हैं तब क्रिया का रूप इस प्रकार होगा—

(१) प्रथम पुरुष और प्रथम पुरुष के कर्तृवाचक पदों के साथ क्रिया प्रथम पुरुष की होगी और वचन कर्ता की सामूहिक संख्या के अनुसार, यथा—(रमेश, गोपाल और सुरेश पढ़ते हैं) रमेशः, गोपालः सुरेशश्च पठन्ति; देवः सुशीला च पठतः।

(२) प्रथम पुरुष और मध्यम पुरुष के कर्तृवाचक पदों के साथ क्रिया मध्यम पुरुष की होगी और वचन कर्त्ता की सामूहिक संख्या के अनुसार, यथा (वह और तू लिखता है) स च त्वं च लिखथः। स च यूयं च लिखथ।

(३) अन्य पुरुषों के साथ जब उत्तम पुरुष का कर्तृवाचक पद होगा तब क्रिया उत्तम पुरुष की ही रहेगी और वचन कर्त्ता की सामूहिक संख्या के अनुसार, यथा—(तू और मैं पढ़ते हैं) त्वमहं च पठावः, स त्वमहं च पठामः, अहं युवां च पठामः।

अन्य समास

नञ् समास—'नहीं' अर्थ वाले नञ् का जब दूसरे शब्द के साथ समास होता है तब उसे नञ् समास कहते हैं। नञ् समास सुबन्त पद के साथ होता है। व्यञ्जन परे रहने पर नञ् को 'अ' और स्वर परे होने पर 'अन्' हो जाता है, यथा न प्रियः=अप्रियः, न सुखम्=असुखम्। न उपकारः=अनुपकारः आदि।

उपपद तत्पुरुष—जब तत्पुरुष का प्रथम शब्द कोई संज्ञा या अव्यय हो जिसके न रहने से उस समास के द्वितीय शब्द का वह रूप नहीं रह सकता, तब वह उपपद कहलाता है, यथा—कुम्भं करोतीति कुम्भकारः, चर्मकारः, स्वर्णकारः, सामगः, धनदः, उच्चैःकृत्य (समास न होने पर उच्चैः कृत्वा), एकधाभूय।

मध्यमपदलोपी समास—यह कर्मधारय या बहुव्रीहि में होता है। कर्मधारय में यथा—सिंहचिह्नितम् आसनम्=सिंहासनम्। देवपूजको ब्राह्मणः=देवब्राह्मणः। बहुव्रीहि में—चन्द्र इव आननं यस्याः सा=चन्द्रानना। कण्ठे स्थितः कालो यस्य सः=कण्ठकालः।

मयूरव्यंसकादि तत्पुरुष—कुछ ऐसे तत्पुरुष समास हैं, जिनमें नियमों का

उल्लंघन है उन्हें मयूरव्यंसकादि तत्पुरुष कहते हैं, यथा-व्यंसकः मयूरः=मयूर-व्यंसकः (धूर्त मोर), यहाँ व्यंसक शब्द पहले आना चाहिए था और मयूर पश्चात्। इसी प्रकार—अन्यो राजा=राजान्तरम्, अन्यो ग्रामः ग्रामान्तरम्, उदक् च अवाक् चेति=उच्चावचम्।

अलुक् तत्पुरुष—जिस समास में बीच की विभक्ति का लोप न हो, यथा-मनसाकृतम्, आत्मनेपदम्, परस्मैपदम्, देवानांप्रियः (मूर्ख), पश्यतोहरः (सुनार या डाकू), दूरादागतः, युधिष्ठिरः, वाचोयुक्तिः, अन्तेवासी (शिष्य), पङ्केरुहम्, सरसिजम् (कमल), खेचरः (पक्षी, सिद्ध) आदि।

संस्कृत में अनुवाद करो—

१. देवप्रयाग के पास भागीरथी और अलकनन्दा का संगम है। २. माता पिता पुत्र को सदुपदेश देते हैं। ३. शिष्य ने विनय के साथ गुरु को प्रणाम किया। ४. अशोक का राज्य समुद्र तक फैला हुआ था। ५. धार्मिक पुरुष मरते-मरते भी धर्म की रक्षा करते हैं। ६. मैं हर रोज विद्यालय जाता हूँ। ७. संसार में सच्चे मार्ग पर चलने वाला मनुष्य साधु कहलाता है। ८. महात्मा पुरुष सुख-जीवन को नहीं चाहते। ९. शरण में आये हुए को नहीं मारना चाहिए। १०. व्याध के तीर से बिंधा हुआ मोर मर गया। ११. जो तुम्हारे घर अतिथि आया है उसको खाना खिलाओ। १२. तूने भूतों के लिए बलियाँ क्यों नहीं रखीं? १३. तुम्हारे जैसा मनुष्य तीन लोक में दुर्लभ है। १४. ईश्वर की भक्ति मनुष्य के जीवन को सफल बना देती है। १५. क्षण-क्षण जीवन का काल घटता जाता है। १६. उसके माता-पिता बड़े धर्मात्मा हैं। १७. महाराज विक्रमादित्य का राज्य हिमालय तक विस्तृत था। १८. संसार के माता-पिता, पार्वती और परमेश्वर हैं। १९. मैंने पिता के कमल समान चरणों को नमस्कार किया। २०. विद्या से विहीन पुरुष का जीवन निरर्थक है।

———

स्त्रीप्रत्यय प्रकरण

नवम अभ्यास

पुँल्लिङ्ग शब्दों को स्त्रीलिङ्ग बनाने के लिए जिन प्रत्ययों का प्रयोग किया जाता है उन्हें स्त्रीप्रत्यय कहते हैं। मुख्य स्त्रीप्रत्यय टाप् (आ) और ङीप् (ई) हैं।

१—(अजाद्यतष्टाप्) अजादिगणपठित अज आदि तथा अकारान्त शब्दों के बाद स्त्रीलिङ्ग में टाप् (आ) होता है, यथा—अचल-अचला, कृष्ण-कृष्णा, सरल-सरला, प्रथम-प्रथमा, अनुकूल-अनुकूला, पूर्व-पूर्वा, निपुण-निपुणा, अज-अजा (बकरी), कोकिला, अश्वा, चटका, मूषिका, बाला, वत्सा, ज्येष्ठा, पुत्रिका, वैश्या, क्षत्रिया, शूद्रा आदि।

२—अक भागान्त शब्दों के बाद 'आ' प्रत्यय होने से ककार के पूर्व अकार के स्थान में इकार होता है, यथा पाचक-पाचिका, साधक-साधिका गायक-गायिका, बोधक-बोधिका आदि।

३—(षिद्‌गौरादिभ्यश्च) षित् शब्दों (नर्तक, खनक, पथिक आदि) तथा गौरादि गण (गौर, मनुष्य प्रभृति) शब्दों से स्त्रीलिङ्ग में ङीष् (ई) प्रत्यय होता है। ई प्रत्यय होने से पूर्व अकार का लोप हो जाता है यथा—नर्तक-नर्तकी, पथिकी, गौरी, सुन्दरी, पितामही, नदी, नटी, स्थली, तटी, कदली।

४—(जातेरस्त्री० पुंयोगा०) जातिवाचक अकारान्त शब्दों से स्त्रीलिङ्ग में ङीष् 'ई' प्रत्यय होता है, यथा—सिंह-सिंही, मृगी, व्याघ्री, भल्लूकी, मानुषी, ब्राह्मणी, गोपी, महिषी, शूकरी, गर्दभी, शृगाली, बिडाली, हंसी, सारसी आदि।

५—(ऋन्नेभ्यो ङीप्) ऋकारान्त और नकारान्त पुंल्लिङ्ग शब्दों से स्त्रीलिङ्ग बोधक ङीप् (ई) प्रत्यय होता है, ऋकारान्त शब्द, यथा—कर्तृ-कर्त्री, दात्री, जनयित्री, शिक्षयित्री आदि।

विशेष—स्वसृ आदि शब्दों से स्त्रीलिङ्ग बोधक ङीप् प्रत्यय नहीं होता है, यथा—स्वसा, माता, दुहिता, ननान्दा, तिस्रः, चतस्रः।

नकारान्त शब्द, यथा—मालिन्-मालिनी, दण्डिन्-दण्डिनी, श्वन्-शुनी, मानिनी, कामिनी, गुणिनी, मनोहारिणी, तपस्विनी, अधिकारिणी।

विशेष—स्त्रीलिङ्ग में संख्यावाचक नान्त शब्दों से तथा मन् भागान्त शब्दों से ङीप् प्रत्यय नहीं होता, यथा—पञ्च, सप्त, अष्ट, नव, दश तथा सीमा, सुदामा, अतिहिमा आदि।

६—(वयसि प्रथमे, वयस्यचरम इति वाच्यम्) प्रथम अवस्था का बोध करानेवाले शब्दों से 'ङीप्' (ई) प्रत्यय लगता है, यथा—कुमारः-कुमारी, किशोरी, वधूटी। किन्तु वृद्धा, स्थविरा।

यहां अन्तिम अवस्था का बोध होने से ङीप् प्रत्यय नहीं हुआ।

७—(उगितश्च) जिसमें उकार और ऋकार का लोप हो जाता है मतुप्, वतुप्, इयसु, तवतु, शतृ इन प्रत्ययों से बने हुए शब्दों से स्त्रीलिंग में ईकार होता है, जैसे—भवत्-भवती, श्रीमत्-श्रीमती, जानत्-जानती, गृह्णत्-गृह्णती आदि।

८—भ्वादि, दिवादि, और चुरादिगण की धातुओं से तथा णिजन्त से शतृ प्रत्यय करने पर जो शब्द बनते हैं उन शब्दों से स्त्रीवाचक (ई) प्रत्यय करने पर 'त्' के पूर्व 'न्' लग जाता है, यथा—(गच्छत्) गच्छन्ती, (वदत्) वदन्ती, (दीव्यत्) दीव्यन्ती, (नृत्यत्) नृत्यन्ती, (चिन्तयत्) चिन्तयन्ती, (भक्षयत्) भक्षयन्ती, (दर्शयत्) दर्शयन्ती, (कारयत्) कारयन्ती आदि।

९—तुदादिगणीय धातुओं से और अदादिगणीय आकारान्त धातुओं से शतृ प्रत्यय करने पर जो शब्द बनते हैं उनसे स्त्रीलिंग में 'ई' प्रत्यय करने पर विकल्प से त् के पूर्व न् लगता है, यथा तुदादि—(इच्छत्) इच्छन्ती, इच्छती। (पृच्छत्) पृच्छन्ती, पृच्छती। (स्पृशत्) स्पृशन्ती, स्पृशती। अदादि० (यात्) यान्ती, याती। (भात्) भान्ती, भाती। (इनके रूप नदी शब्द की भाँति चलते हैं)।

१०—टकारेत् और षकारेत् प्रत्ययों से बने हुए शब्दों से स्त्रीलिङ्ग में 'ई' होता है, (टित्) यथा—गान-गानी (ल्युट्); कर्मकरः-कर्मकरी, अर्थंकरी, निशाचरी, भयङ्करी (ट), दयामयी (मयट्); षित्-वार्षिक-वार्षिकी, लौकिक-लौकिकी (षिकण्); मानवी, मैथिली, पार्वती, पौत्री (षण्)।

११—(स्वाङ्गाच्चोपसर्जना०)—बहुव्रीहि समास में अवयववाचक अकारान्त शब्दों से स्त्रीलिंग में विकल्प से 'ई' होता है, यथा—चन्द्रमुखी, चन्द्र-

मुखा। सुकेशी, सुकेशा। कृशाङ्गी, कृशाङ्गा। विम्बोष्ठी, विम्बोष्ठा।

१२—(जातेरस्त्री०) जातिवाचक अकारान्त शब्दों से स्त्रीलिङ्ग में ङीष् 'ई' लगता है, यथा—ब्राह्मणस्य स्त्री-ब्राह्मणी, शूद्री, गोपी आदि। पालक शब्द अन्त में होने से 'ई' नहीं होता, यथा—गोपालिका, पशुपालिका आदि।

१३—(इन्द्रवरुणभवशर्व०) जाया अर्थ में इन्द्र, वरुण, भव, शर्व, रुद्र, मृड, आचार्य और ब्रह्मन् में ङीष् लगाने से पूर्व आनुक् (आन्) जोड़ दिया जाता है, यथा—इन्द्रस्य जाया इन्द्राणी, वरुणानी, भवानी, शर्वाणी, रुद्राणी, मृडानी, आचार्यानी और ब्रह्माणी। (ब्रह्मन्-शब्द के 'न्' का लोप हो जाता है।)

१४—(बह्वादिभ्यश्च) बह्वादि गण के बहु, पद्धति, अञ्चति, अंहि, कपि, यष्टि, मुनि आदि शब्दों से स्त्रीलिङ्ग में विकल्प से ङीष् 'ई' प्रत्यय होता है, जैसे—बहु-बह्वी, बहुः। रात्रिः, रात्री। श्रेणिः, श्रेणी। राजिः, राजी। भूमिः, भूमी आदि। क्तिन् प्रत्ययान्त से नहीं होता, जैसे—मतिः, गतिः, स्थितिः आदि।

१५—(वोतो गुणवचनात्) गुणवाचक उकारान्त शब्द से स्त्रीलिङ्ग में विकल्प से ङीष् (ई) प्रत्यय लगाते हैं, यथा—मृद्वी, मृदुः। पट्वी, पटुः। साध्वी, साधुः। गुर्वी, गुरुः आदि।

स्त्रीप्रत्ययान्त शब्द

पुंल्लिङ्ग	स्त्रीलिङ्ग	पुंल्लिङ्ग	स्त्रीलिङ्ग
गवय	गवयी	मातुल	मातुलानी, मातुली
हय	हयी		
मत्स्य	मत्सी	यव (खराब जौ)	यवानी
मनुष्य	मनुषी	यवन (लिपि)	यवनानी
शूद्र (जाति)	शूद्रा	यवन (स्त्री)	यवनी
,, (पत्नी)	शूद्री	क्षत्रिय (जाति)	क्षत्रिया, क्षत्रियाणी
राजन्	राज्ञी	,, (पत्नी)	क्षत्रियी
उपाध्याय (पत्नी)	उपाध्यायानी, उपाध्यायी	उपाध्याय(अध्यापिका)	उपाध्यायी, उपाध्याया

युवन्	युवती	आचार्य (पाठिका)	आचार्या
,,	युवतिः	आचार्य (पत्नी)	आचार्यानी
,,	यूनी	हिमम् (विस्तार अर्थ)	हिमानी
श्वन्	शुनी	अरण्यम् ,,	अरण्यानी
		सखि	सखी
मघवन्	मघोनी	कुरुः	कुरूः
,,	मघवती	श्वशुर	श्वश्रूः
प्राच् (पूर्व)	प्राची	अर्य	अर्याणी
प्रत्यच् (पश्चिम)	प्रतीची		अर्या
अवाच् (दक्खिन)	अवाची	,,(स्वामिनी, वैश्या)	अर्यी
तस्थिवस्	तस्थुषी	विद्वस्	विदुषी
सूर्य	सूर्या (देवता)	चातुर्य	चातुरी
सूर्य	सूरी (कुन्ती)	पतिः	पत्नी

संस्कृत में अनुवाद करो—

१. छोटी उम्र वाली बालिका खेल रही है। २. इतनी पतली कमर वाली स्त्री मेरे देखने में पहले नहीं आयी। ३. पति के वियोग में विलाप करती हुई दमयन्ती ने एक अजगर देखा। ४. वह कुम्हार की स्त्री घड़े बेच रही है। ५. गार्गी पढ़ी लिखी स्त्री थी। ६. मामा की स्त्री ने मुझे प्यार दुलार किया। ७. उस पुरुष की स्त्री अच्छे लक्षणों वाली है। ८. आचार्य की स्त्री छात्राओं को पढ़ा रही है। ९. पार्वती ने घोर तप करके शिव को प्रसन्न किया। १०. उपाध्याय की स्त्री माता के सदृश होती है। ११. श्रीराम का विवाह चन्द्र के समान मुख वाली सीता से हुआ। १२. उस नाचने वाली ने अपने कौशल से दर्शकों को प्रसन्न कर दिया।

संस्कृत व्यावहारिक शब्द

दशम अभ्यास

जातिवाचक शब्द

बढ़ई—वर्धकिः, स्थपतिः, तक्षकः
किसान—कृषीवलः, कृषकः
नौकर—भृत्यः, प्रेष्यः, किङ्करः
पड़ोसी—प्रतिवेशी (पुं०)
खिलाड़ी—आक्रीडी (पुं०)
सुनार—स्वर्णकारः
लोहार—लौहकारः
माली—मालाकारः
कारीगर—शिल्पी, कारुकः
धोबी—रजकः
जुलाहा—तन्तुवायः
मदारी—ऐन्द्रजालिकः, आहितुण्डिकः
फावड़ा—खनित्रम्
मजदूर—भारवाहः, कर्मकरः
मजदूरी—भृतिः (भाव०)
दर्जी—सौचिकः
नाई—नापितः, क्षौरिकः
रंगरेज—रञ्जकः
शिकारी—व्याधः
मल्लाह—कर्णधारः, नाविकः, कैवर्तः
चप्पू—अरित्रम्
चित्र बनाने वाला—चित्रकारः
तेली—तैलकारः, तैलिकः

जुआरी—द्यूतकारः
मेहतर—श्वपचः, मार्जकः, खलपूः
झाड़ू—सम्मार्जनी
चाक—चक्रम्
बहँगी—जलानयनयन्त्रम्
कहार—जलवाहः
कसाई—मांसिकः, मांसविक्रेता
कलाल—शौण्डिकः, सुराजीवी
शराब—सुरा, मदिरा, मद्यम्
शराबघर—शुण्डापानम् ।
खेत—वप्रः, केदारः, क्षेत्रम्
रेत—सिकता
टोकरा—कण्डोलः
पेटी—पेटी, पेटिका, मञ्जूषा
प्याला—चषकः, पानपात्रम्
बाँसुरी—वंशी, वेणुः
द्वारपाल—प्रतीहारः
बौना—वामनः
पेटू—तुन्दिलः
भूनने वाला—भूर्जकः
भाड़—भूर्जनयन्त्रम्
सफेदी करने वाला—लेपकः, सुधाजीवी

ठग—वञ्चकः
चुड़िहार—काचकङ्कणविक्रेता (पुं०)
सितारिया—वैणिकः, वीणावादकः
खटिकः—शाकविक्रेता
शाणवाला—शस्त्रमार्जकः
कंघा बनाने वाला—कङ्कतकृत्
चमार—चर्मकारः
कुम्हार—कुम्भकारः, कुलालः
चारण—कुशीलवः
कान की मैल निकालने वाला—कर्णमलनिस्सारकः
मृदङ्ग—मृदङ्गः, मुरजः
मोम—द्रावकः
आवा—आपाकः
बाजा—वादनम्, वाद्यम्
ढोल—आनकः, पटहः
चक्की (घराट)—घरट्टः
नगारा—दुन्दुभिः
ढिंढोरा पीटने का बाजा—डिण्डिमः
कैंची—कर्त्तरी, छेदनी
प्याऊ—प्रपा, पानीयशालिका
आरा—क्रकचः
चाकू-(छुरी) छुरिका, असिपुत्री, कर्तरिका
सूई—सूचिः, सेवनी
सूई का काम—सूचिकर्म, सूत्रकर्म
दरांती—दात्रम्
धागा—सूत्रम्
छाज—शूर्पम्

संस्कृत में अनुवाद करो—

१. वह खिलाड़ी लड़का पढ़ने में भी प्रथम रहा है। २. कारीगर ने कितनी अच्छी पेटी बनाई। ३. हमारा पड़ोसी शान्तिप्रिय है, कभी कलह नहीं करता। ४. सुनार देखते रहने पर भी सोना चुराता है, अतः 'पश्यतोहर' कहलाता है। ५. कुम्हार आवे में मिट्टी के बरतन पकाता है। ६. लोहार चाकू, कैंची, सूई बनाता है। ७. चमार चमड़े से जूता सीता है (सीव्यति)। ८. कुम्हार डंडे से चाक घुमा रहा है। ९. भूनने वाला रेत के साथ चना भून रहा है। १०. राज ने आज हमारे मकान में सफेदी की। ११. खटिक सुबह और शाम तरकारियाँ बेचता है। १२. कल सरकार ने ढिंढोरा पिटवाया कि कोई आठ बजे के बाद न घूमे। १३. गाय को कसाइयों के हाथ नहीं बेचना चाहिए। १४. इस पनशाला में ठंडा पानी मिलता है। १५. विवाह आदि उत्सवों में गाँवों में कहार बहँगियों से पानी लाते हैं।

एकादश अभ्यास

वस्त्रों के नाम

रूई (कपास)—कार्पासः, तूलम्
कपड़ा—वसनम्, वस्त्रम्
पगड़ी—शिरस्त्रम्, उष्णीषः-म्
टोपी—शिरस्कम्, शिरस्त्राणम्
कुरता—कञ्चुकः, निचोलः
दुपट्टा—उत्तरीयम्
अंगरखा—अङ्गरक्षिणी-रक्षिका
जांघिया—अर्धोरुकम्
धोती—अधोवस्त्रम्
गलेबन्द—गलबन्धनांशुकम्
रूमाल—करवस्त्रम्
कंबल—कम्बलः
लोई—रल्लकः
रजाई—तूलिका, नीशारः
साड़ी—शाटिका
रेशमी वस्त्र—कौशेयम्,क्षौमम्,दुकूलम्
परदा—यवनिका, तिरस्करिणी
कनात—काण्डपटः, अपटी
पायजामा—पादयामः
ब्लाउज—कंचुलिका
मोजा—पादत्राणम्
तकिया—उपधानम्
चादर(बिछाने की)—शय्याच्छादनम्, प्रच्छदः
स्वेटर—ऊर्णावस्त्रम्
बिछौना—शय्या
कमरबन्द—रशना,परिकरः, कटिसूत्रम्
पर्दा—अवगुण्ठनम्
जूता—उपानत् (स्त्री०)
जाकट—अङ्गरक्षकः
अङ्गोछा—गात्रमार्जनी

शृङ्गार की वस्तुओं के नाम

सिन्दूर—सिन्दूरम्
बिन्दी—बिन्दुः (पुं०)
साबुन—फेनिलः
काजल—अञ्जनम्, कज्जलम्
इत्र—गन्धतैलम्
अंगूठी—अंगुलीयकम्
ओढ़ने की चादर—उत्तरीयाञ्चलः
आयना—दर्पणः, मुकुरः, आदर्शः
ब्रुश—लोममयी मार्जनी
कंघी—कङ्कतिका, प्रसाधनी
दाँत कुरेदने की सूई—दन्तशोधनी सूची
मङ्गल टीका—ललाटिका

गहनों के नाम

गहना—अलङ्कारः, आभरणम्
कण्ठा—कण्ठिका, कण्ठाभरणम्
अंगूठी—अंगुलीयकम्, ऊर्मिका
माला—ललन्तिका, लम्बनम्, स्रक्
करधनी—मेखला, काञ्चिः
हसुली—ग्रैवेयकम्
टिकुली—ललाटालङ्कारः
कंगना—कङ्कणः, कङ्कणम्

चूड़ी—काचवलयः-यम्
बाज़ूबन्द—केयूरम्, अङ्गदम्
कनफूल—कर्णपूरः, कर्णिका
पहुँची—आवापकः, कटकः
बुलाक—नासाभरणम्
नथ—नासाभरणम्
पाजेब—(झाँझ) नूपुरः
बाली—कुण्डलम्
वेणी—स्त्रीमस्तकाभरणम्

संस्कृत में अनुवाद करो—

१. पढ़ी लिखी स्त्रियाँ गहने पसन्द नहीं करतीं। २. आजकल इत्र, तेल, साबुन के बिना पूरा शृङ्गार नहीं होता। ३. साबुन से कपड़े साफ करो। ४. शहर की स्त्रियाँ नथ, बुलाक से बड़ी घृणा करती हैं। ५. चूड़ी पहनने का रिवाज शहर और गाँव सभी जगह है। ६. विवाह में कंकण पहनाया जाता है। ७. कंघी से बाल साफ रखने चाहिएँ। ८. ओढ़ने बिछाने की चादरें बिलकुल साफ होनी चाहिएँ। ९. सिन्दूर सुहाग की एक निशानी है। १०. रूमाल से हाथ मुँह साफ रखने चाहिएँ। ११. कुरता, कोट, पतलून पुराने जमाने के कपड़े नहीं हैं। १२. असभ्य जातियों में गहनों का बहुत प्रचार है।

द्वादश अभ्यास

पशुओं के नाम

हाथी—गजः, करी, दन्ती
शेर—सिंहः, सिंही
बाघ—व्याघ्रः, व्याघ्री
भालू—ऋक्षः, भल्लूकः
गैंडा—गण्डकः
सूअर—शूकरः
भेड़िया—वृकः
गीदड़—शृगालः, फेरुः
खरगोश—शशकः
बंदर—वानरः, कपिः, शाखामृगः
नेवला—नकुलः
गाय—गौः
बैल—वृषभः
घोड़ा—अश्वः, घोटकः
ऊँट—उष्ट्रः
गधा—गर्दभः
भैंस—महिषः, महिषी
कुत्ता—कुक्कुरः, श्वा
कुत्ती—शुनी
बिल्ली—मार्जारी
बकरा-री—अजः, अजा
हिरण—मृगः
हिरण का बच्चा—हरिणकः
भेड़—एडका
चूहा, चूही—मूषिकः, मूषिका
गोह—गोधा

पक्षियों के नाम

कोयल—कोकिलः	कबूतर—कपोतः
मोर—मयूरः	बत्तक—वर्तकः, वर्तिका
हंस—हंसः	टिटीहर—टिट्टिभः, टिट्टिभी
तोता—शुकः	चील—चिल्लः, चिल्ला
मैना—सारिका	कौवा—काकः
पपीहा—चातकः	मुर्गा—कुक्कुटः, कुक्कुटी
चकवा—चकवाकः	चिड़िया—चटकः, चटका
तीतर—तित्तिरिः	गीध—गृध्रः
बटेरा—लावः	बगला—बकः
चकोर—चकोरः	उल्लू—उलूकः
ममोला—खञ्जनः	बाज—श्येनः

पशु-पक्षियों की बोलियाँ

सिंह दहाड़ते हैं—सिंहा गर्जन्ति, नदन्ति	मेंढक टर्राते हैं—दुर्दुरा रुवन्ति
हाथी चिंघाड़ते हैं—गजा बृहन्ति	साँप फुंकारते हैं—सर्पाः फूत्कुर्वन्ति
घोड़े हिनहिनाते हैं—अश्वा ह्रेषन्ते	चिड़ियाँ चूं चूं करती हैं—पक्षिणः चीभन्ते
गधे हींगते हैं—गर्दभाः रासन्ते	कौवे कांव-कांव करते हैं—काकाः कायन्ति
गौवें रंभाती हैं—गावः रम्भन्ते	कुत्ते भौंकते हैं—श्वानः बुक्कन्ति
भैंसें रांभती हैं—महिष्यः रेभन्ते	भेड़िये गुर्राते हैं—वृकाः रसन्ति
गीदड़ चीखते हैं—क्रोष्टारः क्रोशन्ति	
बिल्लियाँ म्याऊँ करती हैं—बिडालाः मीवन्ति	

संस्कृत में अनुवाद करो—

१. शेर गरजता था और वन गूंज उठता था। २. गीदड़ों की चीखें सुनकर अन्य गीदड़ भी चीखते हैं। ३. गौवें अपने बच्चों को मिलने के लिए रंभाती हैं। ४. शेर और हाथी का स्वाभाविक वैर है। ५. लोग तोता और मैना को चाव से पालते हैं। ६. कौवा एक ऐसा पक्षी है जिसके लिए किसी के दिल में स्थान नहीं। ७. बंदर और भालू का नाच बच्चों को बहुत अच्छा

लगता है। ८. चूहे और बिल्ली का सहज वैर है। ९. जानवरों में शृगाल और पक्षियों में कौवा चतुर है। १०. कहते हैं कि चकोर चन्द्र की किरणों का पान करता है। ११. जिन्हें घोड़ों की सवारी करनी नहीं आती वे गधे की सवारी करते हैं। १२. बाज एक शिकारी पक्षी है। १३. रेगिस्तान में ऊँट का बड़ा महत्त्व है। १४. गेंडे को मारना बहुत कठिन है। १५. मेंढक टर्राते रहते हैं, किन्तु गायें पानी पीती ही हैं।

त्रयोदश अभ्यास

कुछ क्रियावाचक शब्द (नपुंसकलिंग)

उठना—उत्थानम्	हँसना—हसनम्
बैठना—उपवेशनम्	रोना—रोदनम्, आक्रन्दितम्
सोना—शयनम्	पीना—पानम्
जागना—जागरणम्	खाना—खादनम्
बोलना—भाषणम्	तोलना—तोलनम्
धोखा देना—प्रतारणम्	मापना—मानम्
गरजना—गर्जनम्	इकट्ठा करना—संग्रहणम्
छूना—स्पर्शनम्	बिखेरना—विक्षेपणम्
जानना—ज्ञानम्	बाँधना—बन्धनम्
देना—दानम्	छोड़ना—मोचनम्, विसर्जनम्
लेना—आदानम्	खोलना—उद्घाटनम्
घूमना—परिभ्रमणम्	रंगना—रञ्जनम्
ढूंढना—अन्वेषणम्	चुनना—चयनम्
निगलना—निगरणम्	फेंकना—प्रक्षेपणम्
चबाना—चर्वणम्	ऊपर फेंकना—उत्क्षेपणम्
चढ़ना—आरोहणम्	नीचे फेंकना—अपक्षेपणम्
उतरना—अवरोहणम्	भूल जाना—विस्मरणम्
डुबकी लगाना—निमज्जनम्	ढाँकना—पिधानम्
पानी से बाहर आना—उन्मज्जनम्	फैलना—प्रसारणम्
धोना—प्रक्षालनम्	भूनना—भर्जनम्
निचोड़ना—निष्पीडनम्	तोड़ना—त्रोटनम्

पीसना—पेषणम्
घिसना—घर्षणम्
लीपना—लेपनम्
ढाँपना—आवरणम्
ठगना—वञ्चनम्
पोंछना—प्रोञ्छनम्
सूँघना—गन्धनम्
चाटना—लेहनम्
नाचना—नर्तनम्
गाना—गानम्
बजाना—वादनम्
जोड़ना—संयोजनम्
खरीदना—क्रयणम्
बेचना—विक्रयणम्
घेरना—वेष्टनम्
भेजना—प्रेषणम्
गाड़ना—निखननम्
निकालना—निष्कासनम्
भागना—पलायनम्
बोना—वपनम्
बुनना—वयनम्
लेजाना—हरणम्, नयनम्

संस्कृत में अनुवाद करो—

१. धन खर्च न करना धन गाड़ने के ही समान है। २. दूध आदि चीजें ढाँक कर रखनी चाहिएँ। ३. भोजन गरम रखना चाहिए। ४. धन संग्रह करना चाहिए, पर उसको ठीक तरह से खर्च भी करना चाहिए। ५. सिपाहियों को देख कर चोरों ने भागना शुरू किया। ६. अच्छे गृहस्थ अपने घरों को लीप-पोत कर रखते हैं। ७. पहाड़ का चढ़ना-उतरना अच्छा व्यायाम है। ८. छात्रों को गाने में समय नष्ट नहीं करना चाहिए। ९. वस्त्र निचोड़ने से वह जल्दी सूख जाता है। १०. दवाई घिसकर बीमार को पिला दो। ११. किसी चीज को निगलना नहीं चाहिए, उसे चबाना चाहिए। १२. हँसना, रोना मनुष्य-जीवन के साधारण धर्म हैं। १३. भोजन करने के बाद शेष भोजन फेंकना नहीं चाहिए। १४. ठगने के भी अनेक ढंग हैं और ठगों के चंगुल में चतुर से चतुर लोग भी फँस जाते हैं। १५. चन्दन घिसने से हाथों में सुगन्ध आ जाती है।

चतुर्दश अभ्यास

कुछ अन्य उपयोगी शब्द

देश में आया हुआ—आयात
देश से गया हुआ—निर्यातः
अदल-बदल—विनिमयः
ऐनक—उपनेत्रम्
मुद्दई—वादी
मुद्दालेह—प्रतिवादी
घूस—उत्कोचः
छींक—क्षवथुः, छिक्का

आँधी—वात्या
कढ़ाई—कटाहः
कण्डा—(पाथी)—करीषम्
कसरत—व्यायामः
गली-प्रतोलिका
कानून—राजनियमः, विधिः
कैद—कारावासः
खिड़की—गवाक्षः
आना—आणकम्
रुपया–रौप्यकम्, रूपकम्, रजतमुद्रा
अशर्फी—स्वर्णमुद्रा, दीनारः
उधार—ऋणम्
वकील—व्यवहारजीवः
वसीयतनामा—चरमपत्रम्, मृत्युपत्रम्
व्याज–कुसीदः, वृद्धिजीविका
साहूकार—उत्तमर्णः
कर्जदार—अधमर्णः
धरोहर—न्यासः, उपनिधिः
डाकिया—लेखवाहकः
ढक्कन—आच्छादनम्
तख्ता—फलकम्
दखल—अधिकारः
भेंट—प्रतिग्रहः, उपहारः
दाढ़ी—कूर्चकम्
बोरा—शणपुटः
दूकान—आपणः
नकशा—मानचित्रम्
धोखेबाज—जाल्मः, कितवः, शठः
जामिन—प्रतिभूः

जुगनू—खद्योतः
जुर्माना—दंडः
झरना—निर्झरः
पैसा—पणः
अठन्नी—रूपकार्द्धकम्
चवन्नी—चतुराणकः
दुवन्नी—आणकद्वयम्
बाजीगर—आहितुण्डिकः
मुकदमा—अभियोगः
जज—न्यायाधीशः
पसीना—स्वेदः
पहरेदार—यामिकः
होड़—प्रतिद्वन्द्विता
प्रतिज्ञा—प्रतिश्रुतिः, प्रतिश्रवः
हँसीमजाक—परिहासः
शोर—कोलाहलः
हद्द—सीमा
हैजा—विषूचिका
डेरा—निवेशः, वासस्थानम्
हाथी का झूल—कूथम्
चिंघाड़—चीत्कारः
कोड़ा—कशा
लगाम—खलीनः–नम्, प्रग्रहः, वल्गा
रकाव—पादधानी
काठी—पर्याणम्
घुड़सवार—अश्वारोहः, अश्ववारः
पैदल—पत्तिः, पदातिः, पदगः, पदचारी
छावनी—शिविरम्

संस्कृत में अनुवाद करो—

१. घुड़सवार ने घोड़े को इतना दौड़ाया कि वह पसीना-पसीना हो गया। २. खजाने से रुपये चुराने वालों को दस-दस वर्ष की सजा हुई। ३. शोर न मचाओ, दूसरे कमरे में लड़के पढ़ रहे हैं। ४. जामिन के बिना वह अपराधी न छूट सका। ५. कर्जदार अपने साहूकार से सदैव डरता रहता है। ६. डाकिया आज मेरी एक चिट्ठी लाया। ७. उस घूस लेने वाले अफसर को एक हजार रुपये जुर्माना और छः मास की सजा हुई। ८. न्यायाधीश ने उस तथा-कथित घातक को सन्देह के लाभ पर छोड़ दिया। ९. वह हृदय की गति रुकने से मर गया और वसीयतनामा न लिख सका। १०. इस मुकदमे के लिए एक अच्छे वकील की जरूरत है।

पञ्चदश अभ्यास

शरीरसम्बन्धी शब्द

पांव—पादः, अङ्घ्रिः (पुं०) चरणः-णम्
सिर—शिरः, शीर्षम्
माथा—ललाटम्
भौं—भ्रूः (स्त्री०)
आंख-नेत्रम्, नयनम्, चक्षुः (न०)
पलक—नेत्रलोम
कान—कर्णः
नाक—नासिका
मुंह—मुखम्, आननम्
लार—लाला (स्त्री०)
दाँत—दन्तः, दशनः
होंठ—ओष्ठः
मसूड़े—दन्तमांसम्
जीभ—जिह्वा, रसना
गर्दन—ग्रीवा, गलः
कन्धा—स्कन्धः

शरीर—शरीरम्, कायः, देहः—देहम्
मन—चित्तम्, हृदयम्, मनः
बुद्धि—बुद्धिः, मनीषा, धीः, प्रज्ञा
पेट—उदरम्
आँत—अन्त्रम्
पीठ—पृष्ठम्
कमर—कटिः, श्रोणिः
फेफड़ा—फुप्फुसम्
तोंद—तुन्दम्
कलेजा—वृक्कम्-क्कः, हृद्
खाल—चर्म, त्वक्
खून—रक्तम्, रुधिरम्
चरबी—मेदः, वपा, वसा
हड्डी के भीतर की चर्बी—मज्जा
हाथ—करः, हस्तः, पाणिः
बाँह—बाहुः, भुजः

गला—कण्ठः, गलः
ठुड्डी—चिबुकम्, हनुः
छाती—उरः, वक्षः
चूची—चूचुकम्
स्तन—कुचः, स्तनः
मांस—मांसम्, पिशितम्, क्रव्यम्
उंगली—अंगुलिः (स्त्री०)
अंगूठा—अङ्गुष्ठः
चारों उंगलियां—तर्जनी, मध्यमा, अनामिका, कनिष्ठा (स्त्री०)
मुट्ठी—मुष्टिका (स्त्री०)
चूतड़—नितम्बः
जांघ—जङ्घा (स्त्री०), ऊरुः
गुदा—अपानम्, मलद्वारम्
लिङ्ग-लिङ्गम्, शिश्नः, मेढ्ः
हथेली—करतलः-लम्
ताली—करतलध्वनिः (पुं०)
नाड़ी—स्नायुः
नाखून—नखः-नखम्, कररुहः
हड्डी—अस्थि, कीकसम्
योनि—योनिः (स्त्रीं०), भगः
अण्डकोष—वृषणः (पुं०)
मूत्र—मूत्रम्, प्रस्रावः
मल—विष्ठा, मलम्, पुरीषम्,
गोबर—गोमयः
स्त्री का वीर्य—रजः, पुष्पम्, आर्तवम्
पुरुष का वीर्य—शुक्रम्
घुटना—जानु
पैर की गिट्ठी—गुल्फकः

संस्कृत में अनुवाद करो—

१. बच्चे और बूढ़े की लार टपकती है। २. उस सुन्दर स्त्री की कमर बहुत पतली है। ३. नेहरू जी के व्याख्यान के अन्त में सब लोगों ने ताली बजाई। ४. उस बनिये की तोंद निकली है। ५. हम जीभ से स्वाद लेते हैं। ६. अच्छे लक्षणों वाली स्त्री की कमर पतली होती है। ७. आज मेरे मसूड़े में दर्द हो रहा है। ८. योगी अपनी आंतों को धोते हैं। ९. कान का मल निकालना चाहिए। १०. उसके शरीर का खून सूख गया। ११. बच्चे के पैदा होने से पहले मां के स्तन में दूध आ जाता है। १२. उसकी जांघें केले के खम्भे की तरह और बांहें हाथी की सूंड की तरह हैं। १३. उसके शरीर में खून का विकार है। १४. गोबर से लिपी हुई जमीन पवित्र होती है। १५. अच्छे दातों की उपमा अनार के बीजों से दी जाती है।

षोडश अभ्यास

पाठशाला सम्बन्धी शब्द

स्कूल—पाठशाला
कालेज—विद्यालयः
पुस्तक—पुस्तकम्
यूनिवर्सिटी—विश्वविद्यालयः

पढ़ानेवाला-अध्यापकः, शिक्षकः,
पढ़नेवाला—छात्रः, विद्यार्थी, शिष्यः, अध्येता
जमात—श्रेणी, कक्षा
पन्ना, कागज—पत्रम्
सफा, पेज—पृष्ठम्
पढ़ना—पठनम्
पढाना—पाठनम्
लिखना—लेखनम्
याद करना—स्मरणम्
अच्छा लेख—सुलेखः
सवाल—प्रश्नः
उत्तर—उत्तरम्
सलाह—परामर्शः
इम्तिहान—परीक्षा
खेल—क्रीडा
खिलाड़ी—क्रीडकः, आक्रीडी (पुं०)
खेल का मैदान—क्रीडा-क्षेत्रम्
मैनेजर—प्रबन्धकर्ता
स्याही—मसी
दवात—मसीपात्रम्
कलम—लेखनी
हाजिर—उपस्थितः
गैरहाजिर—अनुपस्थितः
होशियार—प्राज्ञः, बुद्धिमान्
नालायक—मन्दधीः, मूर्खः, बालिशः
सजा—दण्डः
अनुशासन—विनयः
प्रोफेसर—प्राध्यापकः
बर्ताव—व्यवहारः
नतीजा—परिणामः
बकबक—जल्पनम्
नंबर—अंकः
थूकना—ष्ठीवनम्
मित्र—मित्रम्, सुहृद
बारह बजे—द्वादशवादनसमयः
झगड़ा—विवादः, कलहः
छुट्टी—अवकाशः
उपदेश—शिक्षा
आजकल—अद्यत्वे

संस्कृत में अनुवाद करो—

१. आजकल विज्ञान का युग है, पढ़ाई का भी वैज्ञानिक ढंग चला है। २. छात्रों में अनुशासनहीनता के कारण अध्यापक उनसे प्रेम नहीं करते। ३. पुरानी और आजकल की पढ़ाई में बड़ा अन्तर है। ४. पढ़ना तो आसान है पर नम्रता आना कठिन है। ५. पिछली परीक्षा में तुमने कितने नम्बर पाये? ६. लिखने, पढ़ने के अलावा प्रतिदिन खेलना भी चाहिए। ७. अपने सहपाठियों के साथ सदैव मित्रता का व्यवहार करो। ८. अध्यापक का कहना मानो और पाठ ध्यानपूर्वक पढ़ो। ९. कभी मत झगड़ो और गाली मत दो। १०. प्रतिदिन साफ कपड़े पहन कर स्कूल जाओ। ११. जो प्रश्न पूछा जाय उसी का

उत्तर दो। १२. बिना कारण स्कूल से अनुपस्थित नहीं रहना चाहिए। १३. परिश्रमी विद्यार्थी को सभी अच्छा मानते हैं और आलसी से सभी घृणा करते हैं। १४. शाला के अवकाश दिनों में भी कुछ न कुछ अवश्य पढ़ना चाहिए। १५. गुरुकुल की प्रणाली में अनुशासनहीनता के लिए स्थान नहीं है।

सप्तदश अभ्यास

भोजन सम्बन्धी शब्द

कच्चा अन्न—आमान्नम्
पक्का अन्न—पक्वान्नम्
रोटी—रोटिका
फुलका—पोलिका
भात—ओदनः, ओदनम्, भक्तम्
दाल—सूपः
सब्जी—व्यञ्जनम्
साग—शाकः, शाकम्
खीर—पायसम्
पकवान—पक्वान्नम्
मिठाई—मिष्टान्नम्
लड्डू—मोदकः
पूरी—शष्कुली, पूलिका
पूड़ा—अपूपः
पूआ—पूपः, पीठिका
पापड़—पर्पटी
परौंठा—पोलिका
मालपूआ—मल्लपूपः
खिचड़ी—कृशरः
चना—चणकः
जौ—यवः
भांग—मातुलानी, भङ्गा

सेवइ—सूत्रिका
कसैला—कषायम्
तेज—तिक्तम्
धान—धान्यम्
कचौरी—माषगर्भा
रायता—राधेयम्
अरहर—आढकी
मसूर—मसूरः
उड़द—माषः
हलुआ—लप्सिका, संयावः
लपसी—यवागूः (स्त्री०)
शक्कर—शर्करा
मिस्री—सिता
लाजा (खील)—लाजाः (पुं० बहु०)
सत्तू—सक्तुः (पुं०)
कढ़ी—तेमनम् (न०)
दूध—दुग्धम्, पयः (न०)
मलाई—कूर्चिका (स्त्री०)
मावा (खोवा)—किलाटिका
मक्खन—नवनीतम्, दधिजम्
घी—घृतम्

दही—दधि
छाछ—तक्रम्, कालशेयम्
मट्ठा—मथितम्
गोल—वर्तुलम्
टेढ़ा—वक्रम्
नमक—लवणम्
गरम—उष्णम्
ठण्ठा—शीतलम्
खट्टा—अम्लम्
कडुआ—तिक्तम्
चिकना—चिक्कणम्
मूंग—मुद्गक:
मटर—वर्तुल: कलाय:
कोदों—कोद्रव:
कौनी—कंगु: (पु०)
सरसों—सर्षप:—तन्तुक:

संस्कृत में अनुवाद करो—

१. बीमार को पतली खिचड़ी खानी चाहिए। २. दूध, घी के सेवन से शरीर पुष्ट और बलवान् होता है। ३. पञ्जाब के लोग प्राय: रोटी खाते हैं और बंगाल के लोग प्राय: भात खाते हैं। ४. भात से रोटी अधिक लाभदायक है। ५. दालभात के साथ साग और पापड़ अधिक स्वाद देते हैं। ६. जाड़े की रातों में पूरी का भोजन बलदायक है। ७. खिचड़ी का खाना भी जाड़ों में हितकर है। ८. गरीब लोग सत्तू खाकर दिन बिताते हैं। ९. कुछ लोग रात में परौंठा खाते हैं। १०. भोजन के अन्त में चीनी मिला हुआ दही खाया जाता है। ११. बीमार को मूंग की दाल दो। १२. तिलों से तेल निकलता है। १३. दूध पीने से बच्चे स्वस्थ रहते हैं। १४. गर्मियों में मट्ठा पीने से स्वास्थ्य ठीक रहता है। १५. कढ़ी के साथ भात खाने में बहुत स्वाद आता है।

अष्टादश अभ्यास

खाद्य पदार्थ

चावल—तण्डुल:
मकई—शस्यम्
गेहूँ का आटा—गोधूमचूर्ण
बाजरा—प्रियङ्गु:
साठी—षष्ठिका
ककड़ी—कर्कटिका
इलायची—एला
अदरक—आर्द्रकम्
कत्था—खदिरम्
बेर—बदरम्, कोल:
बरफी—चक्रिका
सिम—कङ्गु:

पालक—पालक्या
अचार—सन्धितम्, सन्धानम्
मुरब्बा—रागखाण्डवम्
चटनी—अवलेहः
पोदीना—अजगन्धः
राई—राजिका
इमली—तिन्तडीफलम्
करौंदा—करमर्दकम्
ओल—सूरणकम्
कुलफा—मेघनादः
जलेबी, इमरती } कुण्डलिका, कुण्डलिनी
बालूशाही—मिष्टमण्ठः
फेनी—फेनिका
आलू—आलूः (पुं०)
ककोड़ा—कर्कोटकम्
कद्दू—तुम्बी

लौकी—अलाबूः
फूट, खीरा—चर्भटिः (स्त्री०)
जीरा—जीरकः
गरम मसाला—सौरभम्
शक्करपारा—शर्करापालः-पालिका
परवर—पटोलकम्
प्याज—पलाण्डुः
लहसुन—लहसुनः-नम् (अस्त्री०)
गाजर—गृञ्जनम्
बैंगन—वृन्ताकम्, वार्ताकुः
मूली—मूलिका, मूलकम्
बथुआ—वास्तुकम्
कचनार—काञ्चनारः
करेला—कारवेल्लम्
तरोई—कोशातकी, जालिनी
भिण्डी—रामकोशातकी
गोभी—गोजिह्वा

संस्कृत में अनुवाद करो—

१. आलू की तरकारी स्वादिष्ट होती है, किन्तु गुणकारी नहीं। २. लौकी की तरकारी बीमारों को दी जाती है। ३. जलेबी से भी अच्छी अनेक मिठाइयाँ हैं। ४. कुल्फा और पालक का शाक गर्मियों में अधिक पसन्द किया जाता है। ५. परवर की तरकारी बीमारी में भी हानिकारक नहीं है। ६. गोभी और आलू की तरकारी स्वादिष्ट होती है। ७. मटर और आलू की तरकारी बड़ी बलदायक होती है। ८. हिन्दू शास्त्रों में प्याज को निषिद्ध कहा गया है। ९. इमली की चटनी पोदीने के साथ बहुत स्वादिष्ट होती है। १०. करेले की तरकारी बहुत गुणकारक है। ११. कच्ची मूली बहुत गुणकारी है। १२. फेनियाँ दूध में मिलाकर खाई जाती हैं। १३. भिण्डियाँ कागजी नींबू का रस पड़ने से बहुत स्वादिष्ट हो जाती हैं। १४. तरोई वर्षा ऋतु में अधिक पैदा

होती है। १५. बालूशाही, जलेबी, लड्डू आदि मिठाइयाँ स्वास्थ्य के लिए लाभदायक नहीं।

एकोनविंशति अभ्यास

फलों के नाम

आम—आम्रम्
अनार—दाडिमम्
अंगूर—मृद्वीका, द्राक्षाफलम्
खरबूजा—दशाङ्गुलम्
खजूर—खर्जूरम्
खीरा—त्रपुषम्
अमरूद—आम्रलम्
अखरोट—अक्षोटफलम्
कला—कदलीफलम्
कसेरू—कसेरुः (पुं०)
ककड़ी—कर्कटिका
कटहर—पनसः
कमरख—कर्मरक्षः
कच्चा फल—शलाटुः
करौंच—करमर्दकम्
कदम—कदम्बः, नीपफलम्
नींबू—जम्बीरफलम्
कागजी नींबू—निम्बूकम्
कैत (कत्था)—कपित्थम्
बिजौरा नींबू—बीजपूरः
खिनीं—क्षीरिकाफलम्
तरबूज—तारबूजम्, कलिङ्गम्
बेर—बदरीफलम्, कर्कन्धुः
नारियल—नारिकेलफलम्
नारंगी—नारङ्गम्
सेव—सेवफलम्
बेल—बिल्वफलम्
बादाम—बादामः, वातादफलम्
पीलू—पीलुफलम्
सुपारी—पूगीफलम्
जामुन—जम्बूफलम्
नासपाती—अमृतफलम्
सरीफा—शिशपावृक्षफलम्
पिस्ता—अङ्कोटफलम्
खुमानी—क्षुमाना

संस्कृत में अनुवाद करो—

१. आम सब फलों का राजा है। लखनऊ का दशहरी आम सर्वोत्तम है। २. प्रयाग के अमरूद संसार भर में प्रसिद्ध हैं। ३. लखनऊ के खरबूजों का स्वाद अनुपम है। ४. चुनार के पास अच्छे स्वाद वाले शरीफे होते हैं। ५. कटहल की तरकारी अच्छी होती है। ६. गर्मियों में तरबूज खाने से ठंडक रहती है। ७. अंगूर खाने से रक्त बढ़ता है। ८. नारंगी का रस बहुत स्वादिष्ट

और मधुर होता है। ९. जामुन का मुरब्बा पाचक होता है। १०. गर्मियों में कसेरू भी ठंडा होता है। ११. कैंत के फल की चटनी स्वादिष्ट होती है। १२. बिजौरे नींबू का अचार अच्छा होता है। १३. रोगियों को प्रायः अनारफल का रस दिया जाता है। १४. बेर फल सब फलों में निकृष्ट फल है। १५. खट्टी चीजों में कागजी नींबू का अधिक सेवन करना चाहिए। १६. अपने घर पर पान सुपारी से अतिथि का सम्मान करना चाहिए।

विंशति अभ्यास

सम्बन्धसूचक शब्द

माता—माता, जननी
दादा—पितामहः
दादी—पितामही
परदादा—प्रपितामहः
परदादी—प्रपितामही
नाना, नानी—मातामहः, मातामही
परनाना—प्रमातामहः
परनानी—प्रमातामही
वृद्धपरनाना—वृद्धप्रमातामहः
चाचा, चाची—पितृव्यः, पितृव्यपत्नी
चचेरा भाई—पितृव्यपुत्रः
भौजाई (भाभी)—भ्रातृजाया
भतीजा—भ्रातृपुत्रः, भ्रात्रीयः
भतीजी—भ्रातृसुता
मामा, मामी—मातुलः, मातुली
भाई—भ्राता
सगा भाई—सहोदरः
छोटा भाई—अनुजः, कनिष्ठसहोदरः
बहू—वधूः, स्नुषा
पति, स्त्री—पतिः, पत्नी

ससुर—श्वशुरः
सास—श्वश्रूः
साला—श्यालः
देवर—देवरः
देवरानी—याता
ननद—ननान्दा
पतोहू—पुत्रवधूः
रिश्तेदार—ज्ञातिः, बन्धुः
पुत्र, पुत्री—पुत्रः, पुत्री
पोता, पोती—पौत्रः, पौत्री
परोतरा-तरी—प्रपौत्रः, प्रपौत्री
दामाद, जमाई—जामाता
वहिन—भगिनी
बहनोई—भगिनीपतिः, आवुत्तः
भानजा—भागिनेयः
औरत—स्त्री, योषित्, नारी
यार—जारः, उपपतिः
फूफी—पितृष्वसा
फूफा—पितृष्वसृपतिः
फुफेरा भाई—पितृष्वस्रीयः

मौसी—मातृष्वसा
मौसा—मातृष्वसृपतिः
मौसेराई—मातृष्वस्रीयः
नौकर—भृत्यः, प्रैष्यः, अनुचरः
नौकरानी—परिचारिका
मित्र—मित्रम्, वयस्यः, सुहृद
शत्रु—अरिः, रिपुः, वैरी
गाभिन—गर्भिणी, अन्तर्वत्नी
दूती—दूती, सञ्चारिका
सखी—आलिः, वयस्या
वेश्या—वारस्त्री, गणिका, वेश्या
सोहागिन—सौभाग्यवती, पतिवत्नी
पतिव्रता—साध्वी, पतिव्रता

संस्कृत में अनुवाद करो—

१. जब से उस घर में नयी ब्याही पतोहू आयी है तब से उसमें सुख-समृद्धि का राज्य है। २. दामाद को ससुर के घर में अधिक दिनों तक नहीं रहना चाहिए। ३. नौकर की सेवा से मालिक बहुत प्रसन्न हुआ। ४. भारत में विधवाओं की बड़ी दुर्दशा है। ५. दूती अपनी सखी का संदेश उसके पति को पहुँचाती है। ६. बड़े भाई की स्त्री माता के तुल्य है। ७. चंचल व्यक्ति का विश्वास नहीं करना चाहिए। ८. सास को माता कहकर पुकारना चाहिए। ९. विधवा का शृंगार यही है कि वह ईश्वर की आराधना करे। १०. संसार में लक्ष्मण जैसा सगा भाई नहीं मिल सकता। ११. दक्षिण में मामा की लड़की से विवाह निषिद्ध नहीं। १२. वेश्या की संगति पतिव्रता स्त्री का भी पतन कर देती है। १३. घर में पतोहू की बड़ी इज्जत होनी चाहिए। १४. उसका मौसेरा भाई सगे भाई से भी अच्छा है। १५. मेरी भतीजी का विवाह इसी वर्ष होगा।

———

संज्ञा शब्द

(क) व्यक्तिवाचक संज्ञाएँ

कुछ व्यक्तिवाचक संज्ञाएँ ऐसी हैं जो हिन्दी और संस्कृत में समान रहती हैं, उन्हें तत्सम कहते हैं, यथा—

(१) काश्मीरदेशो भूस्वर्गः (काश्मीर संसार में स्वर्ग है)।

(२) प्रयागस्य आम्रलानि प्रसिद्धानि (इलाहाबाद के अमरूद प्रसिद्ध हैं)।

(३) चुनारस्य मृत्पात्राणि भारते विख्यातानि (चुनार के मिट्टी के बर्तन भारत में प्रसिद्ध हैं)।

(४) काश्याः कौशेयशाटका जगद्विख्याताः (काशी की रेशमी साड़ियाँ संसार में प्रसिद्ध हैं)।

(५) यूरोपाद् वायुयानेन वृत्तपत्राणि भारतमायान्ति (यूरोप से समाचार-पत्र वायुयान द्वारा भारत आते हैं)।

(६) हिमालयाद् गंगा उद्भवति (हिमालय से गंगा निकलती है)।

(७) शान्तिनिकेतनं बोलपुरस्य समीपम् (शान्तिनिकेतन बोलपुर के समीप है)।

(८) महेञ्जोदडौ पुरातनानि वस्तूनि भूगर्भाद् लब्धानि (महेंजोदड़ो में जमीन के नीचे से पुरानी वस्तुएँ निकली हैं)।

कुछ व्यक्तिवाचक संज्ञाएँ (तद्भव) हिन्दी में ऐसी हैं जिनका संस्कृत में थोड़ा सा परिवर्तन करके अनुवाद किया जाता है—

(१) पुरा मौर्यवंशोद्भवानां राज्ञां राजधानी पाटलीपुत्रमासीत् (प्राचीन-काल में पटना नगर मौर्य राजाओं की राजधानी थी।)

(२) तण्डुलप्रियाः वङ्गदेशीयाः (बंगाली चावल बहुत पसन्द करते हैं।)

(३) संगमर्मरस्य जयपुरीयं चित्रकर्म प्रसिद्धम् (जयपुर की संगमर्मर चित्रकारी मशहूर है)।

(४) आगरानगरे यमुनातटे ताजमहलं जगद्विख्यातम् (आगरा में यमुना तट पर ताजमहल संसार में मशहूर है)।

(५) सिन्धोरत्यधिकं जलम् (सिन्धु नदी में बहुत अधिक जल है।)

(६) रणजितसिंहः पञ्चनदस्य शासक आसीत् (रणजीतसिंह पञ्जाब का शासक था)।

(७) गढदेशे श्रीबदरीशस्य शोभनं मन्दिरं वर्तते (गढ़वाल में श्रीबद्रीनाथजी का सुन्दर मन्दिर है)।

(८) पुरा तक्षशिलायां सुविख्यातो विश्वविद्यालय आसीत् (प्राचीन काल में तक्षशिला में अतिविख्यात यूनिवर्सिटी थी)।

(९) शतद्रुः, विपाशा, इरावती, चन्द्रभागा, वितस्ता, सिन्धुश्च पञ्चनदे विद्यन्ते (सतलुज, व्यास, रावी, चनाव, झेलम और सिन्धु नदी पञ्जाब में हैं)।

हिन्दी भाषा में कुछ ऐसे शब्द हैं, जो दूसरी भाषाओं से आये हैं, कुछ ऐसे हैं जो संस्कृत से सम्बन्ध नहीं रखते, उनका संस्कृत-अनुवाद ज्यों का त्यों करना चाहिए, किन्तु कुछ ऐसे भी शब्द हैं जो विदेशी भाषा और संस्कृत से सम्बन्ध न रखते हुए भी संस्कृत लेखकों में प्रचलित हो गये हैं। उनको बदलने में कोई क्षति नहीं है। यथा—

(१) कलकत्ता नाम भारतविख्यातं नगरम् (कलकत्ता भारत में प्रसिद्ध नगर है)।

(२) भोंदूमलः प्रयागे प्रसिद्धः वणिक् (भोंदूमल प्रयाग में प्रसिद्ध बनिया है)।

(३) एस० एम० राज्जकस्य कानपुरे चर्मव्यापारोऽस्ति (एस० एम० रज्जिक का कानपुर में चमड़े का व्यापार है)।

(४) जापानस्य व्यापारविषये महती उन्नतिरस्ति (जापान ने व्यापार में बड़ी उन्नति की है)।

(५) यवनदेशीयः सम्राट् अलक्षेन्द्रो भारतमाजगाम (ग्रीक सम्राट् अलेग्जेण्डर भारत में आया था)।

(६) मानचैस्टराद् भारतमायाति स्म वस्त्रम् (मानचैस्टर से कपड़ा भारत को आता था)।

(७) भैरवरक्ताक्षयोर्मल्लयोर्मल्लयुद्धमभवत् (भैरव और रक्ताक्ष पहलवान की आपस में टक्कर हुई।

(ख) जातिवाचक संज्ञाएँ

कुछ जातिवाचक संज्ञा शब्द ऐसे हैं, जिनके पर्यायवाची शब्द भी उनके

स्थान पर व्यवहृत हो सकते हैं, यथा—मनुष्य, राजा, प्रजा, पशु, पक्षी, पुरुष, स्त्री। उदाहरण—स एव राजा (नृपः, भूपः) यस्य प्रजायाः सुखम् (राजा वही है, जिसकी प्रजा सुखी है)।

किन्तु बिड़ला, मालवीय, सैयद आदि शब्द संस्कृत-अनुवाद में व्यक्तिवाचक संज्ञाओं की भाँति प्रयुक्त होते हैं, यथा—

बिड़लोपाह्वः घनश्यामदासः (घनश्यामदास बिड़ला)।

कुछ देशी या विदेशी शब्द आजकल, संस्कृत में कल्पित रूप में प्रचलित हो गये हैं, उनका अनुवाद प्रचलित शब्दों में होगा, यथा—

१. राष्ट्रपतिः—प्रेसीडेंट
२. उपराष्ट्रपतिः—वाइस प्रेसीडेंट।
३. प्रधानमन्त्री—प्राइम मिनिस्टर।
४. विधानपरिषद्—लेजिस्लेटिव काउन्सिल।
५. विधानसभा—लेजि० असेंबली।
६. विषयनिर्धारिणी सभा—सब्जेक्ट कमेटी।
७. कार्यकारिणी सभा—एग्जीक्यूटिव कमेटी।
८. मण्डलम्—जिला।
९. लोकसभा—पार्लियामेंट।
१०. राज्यपरिषद्—काउंसिल आफ स्टेट्स।
११. प्रदेशः—प्राविन्स।
१२. वाष्पयानम्—रेलगाड़ी।
१३. सचिवः—सेक्रेटरी।
१४. जलयानम्—जहाज।
१५. वायुयानम्—हवाई जहाज।
१६. राज्यपालः—गवर्नर।
१७. कुलपतिः—चान्सलर।
१८. उपकुलपतिः—वाइस-चान्सलर।
१९. मुख्यमन्त्री—चीफ मिनिस्टर।
२०. विद्यालयः—कालेज।
२१. विश्वविद्यालयः—यूनिवर्सिटी।
२२. आचार्यः—प्रोफेसर।
२३. अध्यक्षः—स्पीकर।
२४. अधीक्षकः—सुपरिंटेंडेंट।
२५. शिक्षानिर्देशकः—डाइरेक्टर आफ एजूकेशन।
२६. शिक्षोपनिदेशकः—डिप्टी डाइरेक्टर आफ एजूकेशन।
२७. आयोगः—कमिशन।
२८. लोकसेवा-आयोगः—पब्लिक सर्विस कमिशन।
२९. शिक्षा-निरीक्षकः—इन्स्पेक्टर आफ स्कूल्स।
३०. शिक्षानिदेशालयः—डाइरेक्टोरेट आफ एजूकेशन।
३१. स्वास्थ्य-सेवा-निदेशकः—डाइरेक्टर आफ पब्लिक हैल्थ।
३२. द्विचक्रिका—बाइसिकिल।
३३. जलान्तरितयानम्—सबमैरीन (पनडुब्बी)।

परन्तु मोटरकार के लिए 'मोटरयानम्' और कोट के लिए 'कोटनामकं वस्त्रम्' ही लिखना उचित है।

(ग) भाववाचक संज्ञाएँ

भाववाचक संज्ञाएँ वे हैं, जिनसे जाति आदि संज्ञाओं के भाव का बोध हो, यथा—मनुष्यत्व, ज्ञान, मान, मृदुता, आलाप, चतुरता।

विद्वत्त्वं च नृपत्वं च नैव तुल्यं कदाचन (विद्वत्त्व और राजत्व कदापि बराबर नहीं)। तस्य ज्ञानमेवेयद् आसीत् (उसका ज्ञान ही इतना था)।

असहयोगान्दोलनस्य कार्यक्रमे बहवः प्रस्तावा आसन् (नानकोआपरेशन मूवमेंट के प्रोग्राम में बहुत से रेजोल्यूशन थे)।

कुछ अन्य भाववाचक संज्ञाओं के उदाहरण—

१. नूनं छनच्छनिति वाष्पकणाः पतन्ति (निःसन्देह 'छन छन' ध्वनि करके आँसुओं की बूंदें गिर रही हैं)।

२. स्थाने-स्थाने मुखरककुभो झाङ्कृतैर्निर्झराणाम् (स्थान-स्थान पर झरनों की झांकृत ध्वनि से दिशाएँ गूंज रही थीं)।

३. क्वणत्कनककिङ्किणीझणझणायितस्यन्दनैः (रथ पर टकरा कर सोने की किङ्किणियाँ झन-झन कर रही थीं)।

४. धनुष्टङ्कारो दूरतोऽपि श्रूयते (धनुष का टंकार दूर से भी सुनाई देता है)।

५. नूपुराणां शिञ्जितं मधुरम् (गहनों की ध्वनि बहुत ही मनोहर थी)।

६. क्व श्रूयते षट्पदानां झङ्कारः (भौंरों की ध्वनि कहाँ सुनाई देती है)?

७. गजानां बृंहितेन सिंहानां नादेन च वनमेवाकम्पत (हाथियों की चिंघाड़ और सिंहों की गर्जना से जंगल ही काँप उठा)।

८. चरणसिंहेऽति धृष्टता विद्यते (चरणसिंह में बड़ी ढिठाई है)।

९. समुद्रस्य गाम्भीर्यं ज्ञातुमसुलभम् (समुद्र की गहराई कठिनता से जानी जाती है)।

१०. सत्यं वद (सच बोलो)।

लिङ्ग

हिन्दी में लिंग दो होते हैं—पुंल्लिग, स्त्रीलिंग। सभी शब्द—चेतन और अचेतन—इन्हीं लिंगों में विभक्त हैं। संस्कृत में एक अन्य लिंग भी होता है—नपुंसक लिंग। सभी संज्ञाएँ इन्हीं तीन लिंगों में विभक्त हैं। संस्कृत में लिंग प्रकृति के अनुसार नहीं। कोषों की सहायता से, पाणिनि के लिंगानुशासन का और साहित्य का अध्ययन करने से लिंगज्ञान हो सकता है। संस्कृत में एक ही वस्तु या व्यक्ति के वाचक शब्द भिन्न-भिन्न लिंगों के हैं, यथा—"तटः-तटी-तटम्" तीनों का अर्थ तट है। इसी प्रकार "संगरः-युद्धम्-आजिः" तीनों का अर्थ युद्ध है। "दाराः, भार्या, कलत्रम्" तीनों का अर्थ स्त्री है। कुछ ऐसे भी शब्द हैं जिनका अर्थभेद से लिंगभेद होता है, यथा मित्र शब्द 'सखा' का बोधक होने से नपुसकलिंग और 'सूर्य' का बोधक होने से पुंल्लिग है। संस्कृत के प्रत्येक शब्द का लिंग निश्चित है।

संस्कृत में लिंग तीन हैं—पुंल्लिग, स्त्रीलिंग और नपुंसकलिंग। लिंग-निर्णय के कुछ नियम इस प्रकार हैं :—

पुंल्लिङ्ग

१. घञ्, अप्, घ, अच् प्रत्ययान्त शब्द पुंल्लिग होते हैं, यथा—पाकः, त्यागः, भावः, गरः, विस्तरः, गोचरः, सञ्चयः, विजयः, विनयः किन्तु भय, मुख, वर्ष, पद, लिंग आदि शब्द नपुंसकलिंग होते हैं।

२. नकारान्त शब्द पुंल्लिग होते हैं, यथा राजन्-राजा, आत्मन्,-आत्मा, किन्तु मन् प्रत्ययान्त कर्मन् और चर्मन् आदि शब्द नपुंसकलिङ्ग हैं।

३. साधारण और विशेष सुर (देवता) और असुर (राक्षस) और इनके अनुचर वाचक शब्द पुंल्लिङ्ग होते हैं, यथा—देवः, विष्णुः, शिवः, दानवः, दैत्यः।

४. 'कि' प्रत्ययान्त शब्द पुंल्लिङ्ग होते हैं,' यथा—विधिः, निधिः, वारिधिः, सन्धिः। किन्तु कि प्रत्ययान्त इषुधि शब्द स्त्रीलिङ्ग और पुंल्लिङ्ग दोनों हैं।

५. नङ् प्रत्ययान्त शब्द पुंल्लिङ्ग होते हैं, यथा-प्रयत्नः, प्रश्नः, स्वप्नः, किन्तु याच्ञा शब्द स्त्रीलिङ्ग होता है।

६. इमन् प्रत्ययान्त शब्द पुंल्लिङ्ग होते हैं, यथा—महिमा, गरिमा, लघिमा।

७. करः (किरण, हाथ) और बलिः, गण्डः (कपोल), ओष्ठः (होंठ), दोः (बाहु), दन्तः (दाँत), कण्ठः, केशः, नखः (नाखून) और स्तनः ये शब्द तथा इनके पर्यायवाचक शब्द पुंल्लिङ्ग होते हैं, परन्तु दीधितिः (किरण) शब्द स्त्रीलिङ्ग है और मरीचिः शब्द स्त्रीलिङ्ग और पुंल्लिग दोनों हैं।

८. दार—दाराः, अक्षत—अक्षताः, लाज—लाजाः, असु—असवः (प्राण) शब्द पुंल्लिङ्ग और बहुवचन में होते हैं।

९. स्वर्गः, यागः (यज्ञ), अद्रिः (पर्वत), मेघः, अब्धिः (समुद्र), द्रुः (वृक्ष), कालः (समय), असिः (तलवार), शरः (बाण) और शत्रुः ये शब्द तथा इनके पर्यायवाचक शब्द पुंल्लिङ्ग होते हैं, किन्तु त्रिविष्टपम् (स्वर्ग), अभ्रम् (मेघ) ये शब्द नपुंसकलिङ्ग हैं। द्यौः और दिव् (स्वर्ग) स्त्रीलिङ्ग हैं। इषुः (बाण) शब्द पुंल्लिङ्ग और स्त्रीलिङ्ग दोनों हैं। स्वर् (स्वर्ग) अव्यय है।

१०. मास वाचक (वैशाखः, ज्येष्ठः आदि), ऋतु (वसन्तः, ग्रीष्मः आदि), रस (कटुः, तिक्तः आदि), वर्ण (शुक्लः, कृष्णः आदि), अग्निः, शब्दः, वायुः, नरः (आदमी), अहिः (सांप)—ये शब्द तथा इनके पर्यायवाचक शब्द पुंल्लिग होते हैं, किन्तु ऋतुवाचक शरत् और वर्षा शब्द स्त्रीलिंग हैं।

११. समास युक्त अह्न और अह भागान्त शब्द पुंल्लिग होते हैं, यथा—पूर्वाह्णः, पराह्णः, मध्याह्नः, एकाहः, द्व्यहः, त्र्यहः आदि, किन्तु पुण्याहम् शब्द नपुंसकलिंग है।

१२. समासोत्पन्न रात्रभागान्त शब्द पुंल्लिग होते हैं, यथा-सर्वरात्रः मध्यरात्रः किन्तु संख्यावाचक शब्द के बाद रात्र शब्द रहने से नपुंसकलिङ्ग होता है, यथा—द्विरात्रम्, पञ्चरात्रम्।

१३. खर्वः, निखर्वः, शङ्खः, पद्मः और सागरः शब्द पुंल्लिग हैं।

स्त्रीलिङ्ग

१. क्तिन् (ति) प्रत्ययान्त शब्द स्त्रीलिंग होते हैं, यथा-मतिः, गतिः, सम्पत्तिः किन्तु ज्ञातिः शब्द पुंल्लिग है।

२. तिथि वाचक शब्द स्त्रीलिंग होते हैं, यथा—प्रतिपत्, द्वितीया, तृतीया, चतुर्थी, पूर्णिमा।

३. एकाक्षर ईकारान्त और ऊकारान्त शब्द स्त्रीलिंग होते हैं, यथा—श्रीः, ह्रीः, भूः।

४. ईकारान्त शब्द स्त्रीलिंग होते हैं, यथा—नदी, लक्ष्मीः, गौरी, देवी।

५. तल् प्रत्ययान्त शब्द स्त्रीलिंग होते हैं, यथा—लघुता, सुन्दरता, ब्राह्मणता।

६. ऋकारान्त मातृ (माता), दुहितृ (कन्या), स्वसृ (बहिन), यातृ (पति के भाइयों की स्त्रियाँ) और ननान्दृ (ननद) शब्द स्त्रीलिंग होते हैं।

७. ऊङ् और आप् प्रत्ययान्त शब्द स्त्रीलिंग होते हैं, यथा—कुरूः, विद्या, शोभा।

८. विद्युत् (बिजली), निशा (रात), वल्ली (लता), वीणा, दिक् (दिशा), भूः (पृथ्वी), नदी, ह्रीः, लज्जा स्त्रीलिंग होते हैं।

९. समाहार द्विगु समासयुक्त अकारान्त शब्द (जिनके आगे ईप् होता है) स्त्रीलिंग होते हैं. यथा—त्रिलोकी, पञ्चवटी, द्विपुरी, किन्तु पात्रम्, युग और भुवन शब्द परे रहने से नपुंसकलिंग होता है, तथा-पञ्चपात्रम्, चतुर्युगम्, त्रिभुवनम्।

१०. विंशति से नवति पर्यन्त संख्यावाचक शब्द स्त्रीलिंग होते हैं, यथा—विंशतिः, त्रिंशत्।

नपुंसकलिंग

१. भाव में ल्युट् (अन) प्रत्यय लगाने से जो शब्द बनते हैं वे नपुंसकलिंग होते हैं, यथा—गमनम्, शयनम्, भोजनम्।

२. भाव में क्त (त) प्रत्यय लगाने से बने हुए शब्द नपुंसकलिंग होते हैं, यथा—हसितम्. गीतम्, जीवितम्।

३. भाव में कृत्य (तव्य, अनीय, ण्यत्, यत्) प्रत्ययान्त शब्द नपुंसकलिंग होते हैं, यथा—भवितव्यम्, भवनीयम्, भाव्यम्. देयम्।

४. तद्धित के त्व और ष्यञ् प्रत्ययान्त शब्द नपुंसकलिंग होते हैं, यथा—शुक्लत्वम्-शौक्ल्यम्, सुन्दरत्वम्-सौन्दर्यम्, राजत्वम्-राज्यम्, मधुरत्वम्-माधुर्यम्।

५. यत्, य, ढक्, यक्, अण्, वुञ्, तथा छ प्रत्ययान्त शब्द नपुंसकलिङ्ग होते हैं. यथा—पित्र्यम् (यत्), सख्यम् (य), वाराणसेयम् (ढक्), पौरोहित्यम् (यक्), भैक्षम् (अण्), पितापुत्रकम् (वुञ्), किरातार्जुनीयम् (छ)।

६. "उसका भाव या कर्म" इस अर्थ में अण् (अ) प्रत्ययान्त जो शब्द हैं वे नपुंसकलिंग होते हैं, यथा—शैशवम्, लाघवम्।

७. शत आदि संख्यावाचक शब्द नपंसकलिंग होते हैं, यथा—शतम्, सहस्रम् । किन्तु कोटिः शब्द स्त्रीलिंग है । शत, अयुत, प्रयुत शब्द पुंल्लिग और नपुंसकलिंग होते हैं, यथा—अयं शतः, इदं शतम्, आदि ।

८. अयच् और तयप् प्रत्ययान्त शब्द नपुंसकलिंग होते हैं, यथा—द्वयम्, त्रयम् (अयच्), द्वितयम्, त्रितयम् (तयप्) । ये शब्द स्त्रीलिंग भी (द्वयी, त्रयी, द्वितयी, त्रितयी) होते हैं ।

९. 'त्र' जिनके अन्त में हो ऐसे शब्द नपुंसकलिंग होते हैं, यथा—छत्रम्, पत्रम्, चरित्रम् आदि । किन्तु अमित्रः, छात्रः, पुत्रः, मन्त्रः, वृत्रः, मेढ्रः और उष्ट्रः शब्द पुंल्लिग तथा नपुंसकलिंग दोनों होते हैं । यात्रा, मात्रा, भस्त्रा और दंष्ट्रा ये शब्द स्त्रीलिंग हैं । मित्र शब्द सूर्य के अर्थ में पुंल्लिग और सखा के अर्थ में नपुंसकलिंग है ।

१०. क्रियाविशेषण और अव्ययविशेषण नपुंसकलिंग होते हैं, यथा—साधु वदति (अच्छा कहता है), प्रातः कमनीयम् (सुन्दर प्रभात) ।

११. समाहारद्वन्द्व और अव्ययीभावसमासोत्पन्न शब्द नपुंसकलिंग होते हैं, यथा—पाणिपादम्, हस्त्यश्वम्, प्रतिदिनम्, यथाशक्ति ।

१२. संख्यावाचक और अव्यय शब्द का परवर्ती समासोत्पन्न 'पथ' शब्द नपुंसकलिंग होता है, यथा—त्रिपथम्, चतुष्पथम्, विपथम् ।

१३. यदि संख्यावाचक शब्द के बाद रात्र शब्द हो तो नपुंसकलिंग होता है, यथा—द्विरात्रम्, पञ्चरात्रम् ।

१४. दो स्वर वाले अस्, इस्, उस्, और अन् भागान्त शब्द नपुंसकलिंग होते हैं, यथा—अस् भागान्त—यशस्, तेजस्; इष् भागान्त सर्पिष्, हविष्; उष् भागान्त वपुष्; अन् भागान्त—नामन्, चर्मन् । किन्तु अर्चिष् शब्द स्त्रीलिंग और वेधस् शब्द पुंल्लिग है ।

दो से अधिक स्वर होने के कारण अणिमा, महिमा, चन्द्रमा आदि शब्द पुंल्लिग हैं । किन्तु अप्सरस् शब्द स्त्रीलिंग है । ब्रह्मन् शब्द पुंल्लिग और नपुंसकलिंग दोनों है ।

१५: जो शब्द स्त्रीलिंग या पुंल्लिग नहीं है, वे नपुंसकलिंग होते हैं, यथा—वृन्दम् (समूह), खम् (आकाश), अरण्यम् (वन), पर्णम् (पत्ता), श्वभ्रम् (बिल), हिमम् (बर्फ), उदकम् (जल), शीतम् (शीतल), उष्णम् (गर्म), मांसम् (मांस), रुधिरम् (रक्त), मुखम् (मुंह), अक्षि (आँख), द्रविणम् (धन), वलम् (बल), हलम् (हल), हेमन् (सोना), शुल्वम् (तांवा), लोहम् (लोहा), सुखम्

(सुख), दुःखम् (दुःख), शुभम् (कुशल), अशुभम् (अमंगल), जलपुष्पम् (जल में उत्पन्न होनेवाला फूल), लवणम् (नमक), व्यञ्जनम् (दूध, दही आदि), अनुलेपनम् (चन्दन आदि)। ये शब्द तथा इन शब्दों का अर्थ-बोध करनेवाले अन्यान्य शब्द नपुंसकलिंग होते हैं। किन्तु अर्थः और विभवः (धन), अवश्यायः नीहारः और तुषारः (हिम) तथा छदः (पत्ता) पुंल्लिग हैं। अप् (जल), अटवी (वन), मुद् और प्रीतिः (हर्ष), वपा और शुषिः (बिल), दृश् और दृष्टिः (आँख) तथा मिहिका (शीत) स्त्रीलिंग हैं। आकाशः, विहायस् (आकाश) तथा क्षेमः पुंल्लिग और नपुंसकलिंग दोनों में होते हैं।

एकविंशति अभ्यास

लेखोपयोगी चिह्न

हम 'प्राक्कथन' में बतला चुके हैं कि संस्कृत भाषा की वाक्यरचना में शब्दों का विकारी होने के कारण कोई क्रम निश्चित नहीं है। कर्ता, कर्म, क्रिया वाक्य के आदि, मध्य और अन्त में भी रखे जा सकते हैं। इसी कारण संस्कृत में आधुनिक लेखोपयोगी चिह्नों का विशेष महत्त्व नहीं है। तथापि **"अत्र तु नोक्तम् तत्रापि नोक्तम्"** इस प्रसिद्ध संस्कृत वाक्य का सीधा अर्थ यही ज्ञात होता है—"इस स्थल पर नहीं कहा गया है (और) उस स्थल पर भी नहीं कहा गया है।" लेखक को यह अर्थ अभिप्रेत नहीं। वह तो चाहता है—'अत्र तुना उक्तम्' अर्थात् 'जो बात इस स्थल पर "तु" शब्द से प्रकट की गयी है वही बात उस स्थल पर "अपि" शब्द द्वारा व्यक्त की गयी है।' अतः मानना होगा कि शोभन शब्द-विन्यास से लेख में अवश्य चारुता आ जाती है और जटिलता जाती रहती है। इसी ध्येय को दृष्टि में रखकर हमने यहाँ कुछ लेखोपयोगी चिह्न दिये हैं :—

अल्प-विराम-चिह्नम्	, (comma)
अर्धविराम-चिह्नम्	; (semi-colon)
पूर्णविराम-चिह्नम्	। (full-stop)
प्रसंगसमाप्तिचिह्नम्	॥
प्रश्नबोधकचिह्नम् (काकुचिह्नम्)	? (sign of interrogation)
विस्मयादिबोधकचिह्नम् (सम्बोधनाऽऽश्चर्यखेदचिह्नम्)	! (sign of admiration, surprise etc.)

उद्धरणचिह्नम्	" " (inverted commas)
निर्देशचिह्नम्	—
योजकचिह्नम्	- (hyphen)
कोष्ठक-(पाठान्तर) चिह्नम्	[ ] ( ) (parenthesis)
सन्धिच्छेदचिह्नम्	+
पर्याय-चिह्नम्	=
त्रुटिनिर्देशचिह्नम्	∧

लेखोपयोगी चिह्नों पर ध्यान दो और हिन्दी भाषा में अनुवाद करो—

१. अपि क्रियार्थं सुलभं समित्कुशम् ? (कुमारसम्भवे)

२. तारापीडो देवीमवदत्—"अफलमिवाखिलं पश्यामि जीवितं राज्यं च। अप्रतिविधेये (निष्प्रतीकारे) धातरि किं करोमि ? तन्मुच्यतां देवि ! शोकानुबन्धः, आधीयतां धैर्ये धर्मे च धीः।" (कादम्बर्याम्)

३. अहो प्रभावो महात्मनाम् ! अत्र शाश्वतविरोधमपहायोपशान्तान्तरात्मानस्तिर्यञ्चोऽपि तपोवनवसतिसुखमनुभवन्ति। (कादम्बर्याम्)

४. हा ! कथं सीतादेव्या ईदृशं जनापवादं देवस्य कथयिष्यामि ? अथ वा नियोगः खल्वीदृशो मन्दभाग्यस्य। (उत्तररामचरिते)

५. आसीच्च मे मनसि, "शान्तात्मन्यस्मिञ्जने मां निक्षिपता, किमिदमनार्येणासदृशमारब्धं मनसिजेन ?" (कादम्बर्याम्)

संस्कृत में अनुवाद करो—

१. जेठ महीने की पूर्णमासी तिथि को पतिव्रता स्त्रियाँ वट वृक्ष की पूजा और उपवास करती हैं। इस तिथि को प्राचीनकाल में सत्यवान् की भार्य्या सावित्री ने यम द्वारा लिये जाते हुए अपने पति सत्यवान् को छुड़ाया था। तभी से इस व्रत का आरम्भ हुआ है। स्त्रियाँ यह मानती हैं कि इस व्रत के करने से उनके पति की आयु दीर्घ होती है। सब सोहागिन स्त्रियाँ यह व्रत करती हैं। **(काशी प्रथम परीक्षा १९३१)**

२. मित्र ! अब आप आरम्भ से मेरा वृत्तान्त सुनिए। मेरा जन्म पद्मपुर में हुआ था। मेरे पिता के पाँच भाई थे, जो मृत्यु को प्राप्त हुए। आप ही के देश से आये हुए एक ब्राह्मण से मेरा विवाह हुआ। उनको मरे आज सात वर्ष हो गए हैं। मैं अनाथ अब क्या करूँ ? मन्दभागिनी मैं कहाँ जाऊँ ? इस अवस्था में आप ही मेरी शरण हैं। **(काशी प्रथम परीक्षा १९३१)**

पत्रलेखनप्रणाली

१. पित्रे स्ववृत्तान्तस्य प्रेषणम्—

मेरठनगरात्
१२. ६. १९७२

श्रीमत्सु मान्येषु पितृपादेषु प्रणतयः सन्तुतराम् ।

भगवन् ! बहोर्दिवसात् न भवान् पत्रमलिखत्, इति मे मनश्चिन्ताकुल वर्तते । अस्माकं परीक्षा नातिदूरं वर्तते । अध्ययने च नितरां परिश्रमं करोमि । केवलं गणितविषये काचित् त्रुटिरस्ति । मन्ये तामपि शीघ्रमपनेष्यामि । झटिति गृहवृत्तं लेख्यम् । मातरं प्रति मे प्रणामः । अनुजानाञ्च कृते प्रेमाञ्जलयः ।

भावत्कः प्रियसुतः
गोवर्धनः पञ्चमकक्षास्थः

२. अनुपस्थितिविषयम् आवेदनपत्रम्—

परममाननीयेषु पूज्यपादेषु प्रधानाध्यापकेषु मे नमस्काराञ्जलयः सन्तु ।

भगवन् ! सेवायां सविनयमिदमावेद्यते—यन्मम ज्येष्ठभ्रातुः जगदीशस्य वैशाखमासे शुल्काष्टम्यां विवाहः भविता । वरयात्रा च देवप्रयागं गमिष्यति । ममापि तत्र गमनमावश्यकम् । अतोऽहमष्टौ दिवसानवकाशं याचे । आशासे, अवश्यमेव मम निवेदनं स्वीकृतं भविष्यतीति—

प्रार्थयते
१५. ५. १९७२ । यज्ञदत्तः सप्तमकक्षास्थः ।

३. मित्राय भ्रमणविषयकं पत्रम्—

देवप्रयागतः
प्रियवर ! नमस्तेऽस्तु ! २० तारके नवम्बरे १९७२

अहं जगदीशस्य कृपया सकुशलोऽस्मि । तत्रापि कुशलं वाञ्छामि । अस्माकं त्रैमासिकी परीक्षाऽभवत्, पत्राणि चाहं सुन्दरमलिखम् ! अधुना ग्रीष्मकालावकाशेषु भवान् क्व गन्तुमिच्छति ? अपि रोचते भवते कश्मीरयात्रा ? तत्र खलु गिरिभ्यो जलप्रवाहाः, निर्झराश्च निस्सरन्ति । एला-जम्बीर-सेव-द्राक्षा-नारङ्ग-

अक्षोटफलानाञ्च बाहुल्यं वर्तते। तस्योदीच्यां दिशि पर्वतराजः हिमालयः तिष्ठति, हिमोष्णीषालङ्कृतानि यस्य शिखराणि। शैलोऽयम् उत्तरप्रदेशालङ्कार-भूतः भारतवर्षस्य मेखलेव पूर्वापरजलनिध्योर्वेलापर्य्यन्तं विस्तीर्णः। तत्रौषधयः, प्रस्तराः, उत्तमं काष्ठम् एवमादीनि बहूपयोगीनि वस्तून्युपलभ्यन्ते। किं बहुना। तत्रावयोः महाँल्लाभो भविष्यति। स्वास्थ्य-वृद्धि च तत्रोषित्वा लप्स्यावहे। परीक्षाविषये भ्रमणविषये च त्वरितमुत्तरं देयम्।

अभिन्नहृदयः,

रामप्रसादः दशमकक्षास्थः।

४. निमन्त्रण-पत्रम्—

श्रीमन्महोदय !

एतदवगत्य भवन्तः नूनं हर्षमनुभविष्यन्ति यत्परमात्मनः महत्यानुकम्पया मम ज्येष्ठपुत्रस्य डी० लिट्० इत्युपाधिविभूषितस्य श्रीसतीशकुमारस्य परिणयनसंस्कारः वाराणसीवास्तव्यस्य श्रीमतः श्रेष्ठिवर्यस्य श्रीरवीन्द्रचन्द्रस्य ज्येष्ठपुत्र्या बी० ए० इत्युपाधिभूषितया नलिनीदेव्या सह दिनांके १९-४-१९७२ रात्रौ अष्टवादनसमये वाराणस्यां भविष्यति। सपरिवारमस्मिन् मंगलकार्ये समागत्य शुभाशीर्वादददानेन वरवधूयुगलमनुगृह्णन्तु तत्रभवन्तः।

नरही, लक्ष्मणपुरम् भवतां स्नेहपात्रम्

२-४-१९७२ अवनीन्द्रकुमारः।

५. पुस्तकप्रेषणाय आदेशः—

मोतीलाल बनारसीदास महोदयाः,

महोदयाः, जवाहरनगरम्, देहली ७

भवत्प्रकाशिता 'अनुवादचन्द्रिका' मयावलोकिता। अस्या उपयोगितां दृष्ट्वा नितरां प्रसन्नोऽस्मि। कृपया पुस्तकद्वयमधोलिखितस्थाने वी० पी० पी० द्वारा शीघ्रं प्रेषणीयम्।

भावत्कः—

नरही, लक्ष्मणपुरम् हरिदासनागरः

उत्तरप्रदेशः

२-४-१९७२

चतुर्थोऽध्यायः

(क) अनुवादार्थ संस्कृत गद्य पद्य

१. एकस्मिञ्जीर्णकोटरे जायया सह निवसतः पश्चिमे वयसि वर्तमानस्य कथमपि पितुरहमेवैको विधिवशात्सूनुरभवम् । (कादम्बर्याम् २६)

२. देव काचिच्चाण्डालकन्या शुकमादाय देवं विज्ञापयति—सकलभुवनतल-सर्वरत्नानामुदधिरिवैभाजनं देवः, विहङ्गमश्चायमाश्चर्यभूतो निखिल-भुवन-तल-रत्नमिति कृत्वा देवपादमूलमागताहमिच्छामि देवदर्शनसुखमनुभवितुमिति । (कादम्बर्याम् ८)

३. अयं शिशुर्न शक्नोति शिरोधरां धारयितुम् । तदेहि गृहाणेममवतारय सलिलसमीपमित्यभिधाय तेनर्षिकुमारेण मां सरस्तीरमनाययत् । उपसृत्य च जलसमीपं स्वयं मामादाय मुक्तप्रयत्नमुत्तानितमुखमङ्गुल्या सलिलबिन्दूनपाययत् । (कादम्बर्याम् ३८)

४. अयि पाञ्चालतनये ! अलं विषादेन । किं बहुना ? यत्करिष्ये, तच्छ्रूयताम्—अचिरेणैव कालेन सुयोधनशोणितशोणपाणिस्तव कचान् भीम उत्तंसयिष्यति । (वेणीसंहारे १)

५. एषा मे मनोरथप्रियतमा सकुसुमास्तरणं शिलापट्टमधिशयाना सखीभ्यामन्वास्यते । सागरं वर्जयित्वा कुत्र वा महानद्यवतरति । क इदानीं सहकारमन्तरेणातिमुक्तलतां पल्लवितां सहते । (शाकुन्तले ३)

६. तां क्रमेण जन्मभूमिं जातिं विद्यां च कलत्रमपत्यानि विभवं वयः-प्रमाणं प्रव्रज्याकारणं स्वयमेव पप्रच्छ चन्द्रापीडः । (कादम्बर्याम्)

७. तौ कुशलवौ भगवता वाल्मीकिना धात्रीकर्म वस्तुतः परिगृह्य पोषितौ

---

१. जीर्णकोटरे=पुराने खोखले में । जाया=स्त्री । २. उदधि=समुद्र । विहङ्गम=पक्षी । ३. शिरोधरा=ग्रीवा । उत्तानित=खुला हुआ । ४. शोणित=खून । शोणपाणि=रक्तहस्त । कच=बाल । उत्तंसय=अलंकृत करना । ५. अनु+आस्=सेवा करना । सहकार=आम । अतिमुक्तलता=माधवीलता । पल्लव=पत्र । ६. कलत्र=स्त्री । प्रव्रज्या=संन्यास । ७. कल्प=विधि ।

परिरक्षितौ च वृत्तचूडौ च त्रयीवर्जमितरा विद्याः सावधानेन परिपाठितौ। समनन्तरञ्च गर्भादिकादशे वर्षे क्षात्रेण कल्पेनोपनीय गुरुणा त्रयीं विद्यामध्यापितौ। (उत्तर० २)

८. प्रवातशयने निषण्णा देवी परिजनहस्तगृहीतेन चरणेन परिव्राजिकया कथाभिर्विनोद्यमाना तिष्ठति। (मालविकाग्निमित्रे ४)

९. तेषु तेषु रम्यतरेषु स्थानेषु तया सह तानि तान्यपरिसमाप्तान्यपुनरुक्तानि न केवलं चन्द्रमाः कादम्बर्या सह, कादम्बरी महाश्वेतया सह, महाश्वेता तु पुण्डरीकेण सह, पुण्डरीकोऽपि चन्द्रमसा सह, सर्व एव सर्वकालं सर्वसुखान्यनुभवन्तः परां कोटीमानन्दस्याध्यागच्छन्। (कादम्बर्याम् ३६९)

१०. मूर्ख, नैष तव दोषः। साधोः शिक्षा गुणाय सम्पद्यते, नासाधोः। (पञ्चतन्त्रे —१८)

११. प्रसीद भगवति वसुन्धरे! शरीरमसि संसारस्य। तत्किमसंविदानेव जामात्रे कुप्यसि? (उत्तररामचरिते ७)

१२. सखि वासन्ति! दुःखायेदानीं रामस्य दर्शनं सुहृदाम्। तत्कियच्चिरं त्वां रोदयिष्यामि। तदनुजानीहि मां गमनाय। (उत्तररामचरिते २)

१३. न जानामि केनापि कारणेनापहस्तितसकलसखीजनं त्वयि विश्वसिति मे हृदयम्। (कादम्बर्याम् २३३)

१४. धिङ् मां दुष्कृतकारिणीं यस्याः कृते तवेयमीदृशी दशा वर्तते। (काद०)

१५. हा दयित माधव! परलोकगतोऽपि स्मर्तव्यो युष्माभिरयं जनः। न खलु स उपरतो यस्य वल्लभो जनः स्मरति। (मालतीमाधवे)

१६. अत्रान्तरे शक्तिखण्डनामर्षितेन गाण्डीविनैवं भणितम्—"अरे दुर्योधनप्रमुखाः कुरुबलसेनाप्रभवः! अरे अविनयनदीकर्णधार कर्ण! युष्माभिर्मम परोक्ष एकाकी पुत्रकोऽभिमन्युर्व्यापादितः। अहं पुनर्युष्माकं प्रेक्षमाणानामेनं कुमारवृषसेनं स्मर्तव्यशेषं नयामि।" (वेणीसंहारे ४)

१७. तदेव पञ्चवटीवनम्। सैव प्रियसखी वासन्ती। त एव जातनिर्विशेषाः

---

८. प्रवात=हवादार। परिव्राजिका=संन्यासिनी। ११. असंविदान=अनभिज्ञ। १३. अपहस्तित=दूर करके। १६. गाण्डीविन् = अर्जुन। अमर्षित=क्रुद्ध। स्मर्तव्यशेषम्=जहाँ स्मृति ही शेष हो अर्थात् मृत्यु को। १७. पादप=वृक्ष।

पादपाः । मम पुनर्मन्दभाग्यायाः सर्वमेवैतद् दृश्यमानमपि नास्ति । (उत्तर० ६)

१८. तस्य तरुषण्डस्य मध्ये मणिमिव त्रैलोक्यलक्ष्म्याः क्वचित् त्र्यम्बकवृषभविषाणकोटिखण्डिततटशिलाखण्डं क्वचिदैरावतदशनमुसलखण्डितकुमुददण्डमच्छोदं नाम सरो दृष्टवान् । (कादम्बर्याम् १२३)

१९. अलमनया कथया । संह्रियतामियम् । अहमप्यसमर्थः श्रोतुम् । अतिक्रान्तान्यपि संकीर्त्यमानान्यनुभवसमां वेदनामुपजनयन्ति सुहृज्जनस्य दुःखानि । तन्नार्हसि कथं कथमपि विधृतानिमानसुलभानसून् पुनः पुनः स्मरणशोकानलेन्धनतामुपनेतुम् । (कादम्बर्याम्)

२०. उपकारिणि विश्रब्धे शुद्धमतौ यः समाचरति पापम् ।
तं जनमसत्यसन्धं भगवति वसुधे कथं वहसि ॥

२१. वरं वरयते कन्या माता वित्तं पिता कुलम् ।
बान्धवा मानमिच्छन्ति मिष्टान्नमितरे जनाः ॥

२२. गुरोः प्राप्तः परीवादो न श्रोतव्यः कदाचन ।
कर्णौ तत्र पिधातव्यौ गन्तव्यं वा ततोऽन्यथा ॥

२३. लक्ष्मीश्चन्द्रादपेयाद्वा हिमवान्वा हिमं त्यजेत् ।
अतीयात्सागरो वेलां न प्रतिज्ञामहं पितुः ॥

२४. अनित्यं यौवनं रूपं जीवितं द्रव्यसञ्चयः ।
ऐश्वर्यं प्रियसंवासो मुह्येत्तत्र न पण्डितः ॥

२५. आदरेण यथा स्तौति धनवन्तं धनेच्छया ।
तथा चेद्विश्वकर्तारं को न मुच्येत बन्धनात् ॥

२६. अप्रियाणि च पथ्यानि ये वदन्ति नृणामिह ।
त एव सुहृदः प्रोक्ता अन्ये स्युर्नामधारकाः ॥

२७. न जातु कामः कामानामुपभोगेन शाम्यति ।
हविषा कृष्णवर्त्मेव भूय एवाभिवर्धते ॥

---

१८. तरुषण्ड=वृक्षसमूह । त्र्यम्बकवृषभ=शिव का बैल । विषाण=सींग । ऐरावत=इन्द्र का हाथी । १९. वेदना=दुःख । असु=प्राण । अनल=आग । इन्धन=लकड़ी । २०. असत्यसन्ध=झूठ बोलने वाला । २२. परीवाद=निन्दा । पिधातव्यौ=बन्द करने चाहिएँ । २७. हविष्=घी । कृष्णवर्त्मन्=अग्नि ।

२८. विश्वासप्रतिपन्नानां वञ्चने का विदग्धता।
अङ्कमारुह्य सुप्तं हि हत्वा किन्नाम पौरुषम् ॥

२९. गुणेषु क्रियतां यत्नः किमाटोपैः प्रयोजनम् ।
विक्रीयन्ते न घण्टाभिर्गावः क्षीरविवर्जिताः ॥

३०. अलं भारतीया मतानां विभेदैरलं देशभेदेन वैरेण चालम् ।
अयं शाश्वतो धर्म एको धरायां न सम्भाव्यते धर्मतत्त्वेषु भेदः ॥

३१. वरमसिधारा तरुतलवासो वरमिह भिक्षा वरमुपवासः ।
वरमपि घोरे नरके पतनं न च धनगर्वितबान्धवशरणम् ॥

३२. निर्वाणदीपे किमु तैलदानं चौरे गते वा किमु सावधानम् ।
वयोगते किं वनिताविलासः पयोगते किं खलु सेतुबन्धः ॥

३३. साहित्यसंगीतकलाविहीनः साक्षात्पशुः पुच्छविषाणहीनः ।
तृणं न खादन्नपि जीवमानस्तद्भागधेयं परमं पशूनाम् ॥

३४. इतरपापफलानि यथेच्छया वितरितानि सहे चतुरानन ।
अरसिकेषु कवित्वनिवेदनं शिरसि मा लिख मा लिख मा लिख ॥

वाग्व्यवहार के प्रयोग

१. कर्तव्यं हि सतां वचः—(सज्जन पुरुषों की बात माननी चाहिए ।)

२. द्वितीयगामी नहि शब्द एष नः—(यह हमारा (उपाधिसूचक) पद दूसरे किसी के नाम के साथ नहीं जा सकता ।)

३. इयं कथा मामेव स्पृशति—(इस कथा का संकेत-विषय मैं ही हूँ ।)

४. न ते वचोऽभिनन्दामि—(मैं तेरे वचन का समर्थन नहीं करता ।)

५. नाहमात्मविनाशाय वेतालोत्थापनं करिष्यामि—(मैं अपने नाश के लिए शैतान को नहीं उठाऊँगी ।)

६. वसुधां तद्हस्तगामिनीमकरोत्—(उसने भूमि उसे दे दी ।)

७. अतिभूमिं गतोऽस्या अनुरागः—(इसके प्रेम की सीमा ही नहीं रही ।)

८. मनो मे संशयमेव गाहते—(मेरे चित्त में सन्देह ही है ।)

---

२९. आटोप=कृत्रिम वेष । ३३. विषाण=सींग ।

९. मम द्रव्यस्य कथं त्वया विनियोगः कृतः ?—(तुमने मेरे धन को किस प्रकार खर्च किया ?)
१०. अपि कुशलं (शिवं) भवतः ?—(आप अच्छे तो हैं ?)
११. नीचैर्गच्छत्युपरि च दशा चक्रनेमिक्रमेण—(चक्र की नेमि के समान सुख और दुःख बहुत घूमते रहते हैं।)
१२. समवायो हि दुस्तरः—(एकता का सामना करना बहुत कठिन है।)
१३. कालः कश्चित् प्रतीक्ष्यताम्—(कुछ समय प्रतीक्षा करो।)
१४. तिले तालं पश्यति—(छोटी-सी बात को बढ़ा देता है।)
१५. शिखी केकाभिस्तिरयति मे वचनम्—(मयूर अपनी आवाज से मेरे वचन को छिपा रहा है।)
१६. न परिहसामि, नायं समयः परिहासस्य—(मैं हँसी-मजाक नहीं करता हूँ, यह हँसी मजाक का समय नहीं है।)
१७. मृगा मृगैः सङ्गमनुव्रजन्ति—(मृग मृग का साथ देता है, अच्छे-अच्छे या बुरे-बुरे का साथ होता है।)
१८. लोकापवादो बलवान्मतो मे—(मेरे विचार में लोकनिन्दा बलवती है।)
१९. सकलवचनानामविषयं—वर्णनविषयातिक्रान्तं—तत्स्थानम्—(उस स्थान का वर्णन ही नहीं हो सकता।)
२०. किं मिष्टमन्नं खरसूकराणाम्—(भैंस के आगे बीन बजाना।)
२१. स्वभावो दुरतिक्रमः—(स्वभाव नहीं बदल सकता।)
२२. अनिर्भूमिं गतो रणरणकोऽस्याः—(इसकी चिन्ता की कोई सीमा नहीं रही।)
२३. अग्निसात्कुरु—(आग में फेंक दो।)
२४. अपि रक्ष्यते रहस्यनिक्षेपः ?—(क्या तूने गुप्त बात की रक्षा की ?)
२५. सर्वजनस्योपहास्यतामुपयान्ति—(सब उनकी हँसी करते हैं।)
२६. सा पुपोष लावण्यमयान् विशेषान्—(उस उमा के अंग-अंग में सौन्दर्य भर गया।)
२७. इति लोकवादः न विसंवादमासादयति—(इस लोकोक्ति में कोई विवाद नहीं।)
२८. कालस्य कुटिला गतिः—(समय की गति कुटिल है।)

२९. गुणान् भूषयते रूपम्—(रूप और गुण का साथ, सोने में सुगन्ध है।)
३०. शृणु मे सावशेषं वचः—(मेरी कहानी अन्त तक सुनो।)
३१. अजीर्णे भोजनं विषम्—(अपच में भोजन करना विष के तुल्य है।)
३२. कुतूहलेन तस्य चेतसि पदं कृतम्—(उसके चित्त में बड़ा आश्चर्य है।)
३३. अतिदानाद् बलिर्बद्धः—(अति बुरी है।)
३४. अलमतिविस्तरेण—(अधिक कहने की आवश्यकता नहीं।)
३५. विपद् विपदमनुबध्नाति—(एक विपत्ति के पीछे दूसरी विपत्ति आती है।)
३६. उत्सर्गाः सापवादाः—(नियम के अपवाद भी होते हैं।)
३७. स्वहस्तेनाङ्गाराकर्षणम्—(अपने हाथ से अंगार उठाना, अपने ही आप अपना नाश करना।)
३८. महति प्रत्यूषे—(प्रातः, ब्राह्म मुहूर्त में)
३९. पश्चिमे वयसि—(ढलती हुई अवस्था में, बुढ़ापे में।)
४०. किं बहुना—(अधिक कहने से क्या, अर्थात् सारांश में।)
४१. प्रतिहतममङ्गलम्—(अमंगल दूर हो, भगवान ऐसा न करें।)
४२. अपुत्रस्य गृहं शून्यम्—(निपूते को घर मसान।)
४३. आज्ञा गुरूणां ह्यविचारणीया—(बड़ों की आज्ञा सिर माथे।)
४४. अनुतिष्ठात्मनो नियोगम्—(अपना कार्य करो।)
४५. अतिपरिचयादवज्ञा—(अधिक परिचय से अपमान होता है।)
४६. को वृत्तान्तस्तत्रभवत्याः—(श्रीमतीजी का क्या समाचार है ?)
४७. सचेतसः कस्य मनो न दूयते—(किस सहृदय का मन दुखी न होगा ?)
४८. चिन्ता ज्वरो मनुष्याणाम्—(चिन्ता बहुत बुरी है।)
४९. मन्मुखासक्तदृष्टिः—(एकटक मेरी ओर उसकी दृष्टि थी।)
५०. सर्वनाशे समुत्पन्ने ह्यर्धं त्यजति पण्डितः—(बिलकुल न होने से थोड़ा होना अच्छा है।)
५१. महतां पदमनुविधेयम्—(बड़ों का अनुकरण करो।)
५२. न चलति खलु वाक्यं सज्जनानां कदाचित्—(सत्पुरुष अपने वचन का पालन करते हैं।)
५३. नात्र मुनिर्दोषं ग्रहीष्यति—(मुनि इसमें बुरा न मानेंगे।)
५४. चौराणामनृतं बलम्—(चोर का बल झूठ है।)

५५. यौवनपदवीमारूढः—(वह जवान हो गया।)
५६. तृष्णैका तरुणायते—(तृष्णा कभी कम नहीं होती।)
५७. किमस्मान् सम्भृतदोषैरधिक्षिपथ—(हमारे ऊपर इतने दोष क्यों लगाते हो।)
५८. स महति जीवितसंशये वर्तते—(वह मृत्यु के संकट में है।)
५९. इति कर्णपरम्परया श्रुतमस्माभिः—(हमने ऐसा कानोंकान सुना है।)
६०. विना पुरुषकारेण दैवं न सिध्यति—(ईश्वर उनकी सहायता करता है जो अपनी सहायता स्वयं करते हैं।)
६१. भिन्नरुचिर्हि लोकः—(अपनी-अपनी पसन्द, अपना-अपना स्वाद।)
६२. इति राज्ञां शिरसि वामपादमाधाय—(इस प्रकार राजाओं को भली भाँति नीचा दिखा कर।)
६३. वाच्यतां याति—दोषभाजनं भवति—(दोषी बनता है।)
६४. स्वगृहनिर्विशेषमत्र वस—(अपने घर की तरह यहाँ ठहरो।)
६५. अव्यापारेषु व्यापारः—(दूसरे के कार्य में हस्तक्षेप करना।)
६६. दन्तैर्दन्तान् निष्पीडयन्—(दातों से दाँत पीसता हुआ, बहुत क्रोध करता हुआ।)
६७. श्रुतिविषयमापतितम्—(सुनाई दिया, ज्ञात हुआ।)
६८. नार्हसि मे प्रणयं विहन्तुम्—(कृपया मेरी प्रार्थना को अस्वीकार न कीजिए।)
६९. फलीकृतभर्तृपिण्डः—(मालिक का नमक चुकाना।)
७०. वचनीयमिदं व्यवस्थितम्—(यह बुराई सदा के लिए रह गई।)
७१. आकृतिरेवानुमापयत्यमानुषताम्—(उनका आकार ही उनकी अलौकिकता बता रहा है।)
७२. रामस्य दैवदुर्नियोगः कोऽपि—(यह राम का मंद भाग्य था।)
७३. परिहासविजल्पितं सखे !—(हे मित्र ! हँसी में कहा गया था।)
७४. विषयसुखनिरतो जीवितमत्यवाहयत् (विषयसुख में लीन होकर उसने जीवन बिताया।)
७५. उमाख्यां सा जगाम—(उसका नाम उमा प्रसिद्ध हुआ।)
७६. ममाशयं सम्यग्गृहीतवानसि—(तू मेरा भाव अच्छी तरह समझ गया है।)

७७. मृत्योर्मुखे वर्तते—मृत्युगोचरं गतः—(मरनेवाला है।)
७८. न हि सर्वविदः सर्वे—(संसार में कोई भी सर्वज्ञ नहीं है।)
७९. नास्ति बन्धुसमं बलम्—(बन्धुसदृश कोई बल नहीं।)
८०. निःस्पृहस्यातृणं जगत्—(योगी को संसार तिनके के समान है।)
८१. पुत्रः शत्रुरपण्डितः—(मूर्ख पुत्र शत्रु के समान है।)
८२. मानुषीं गिरमुदीरयामास—(मनुष्य की भाषा में कहा।)
८३. अहो दारुणो दैवदुर्विपाकः—(अहो दुर्भाग्य !)
८४: भूस्वर्गायमानमेतत्स्थलम्—(यह स्थान पृथ्वी पर स्वर्ग है।)
८५. लुब्धमर्थेन गृह्णीयात्—(लोभी को द्रव्य से वश में करना चाहिए।)
८६. गतोऽसि सर्वास्वायुधविद्यासु परां प्रतिष्ठाम्—(समग्र शस्त्रविद्याओं में तू पारंगत हो गया है।)
८७. गात्राणामनीशोऽस्मि संवृत्तः—(मेरा अपने अङ्गों पर भी स्वामित्व न रहा।)
८८. तस्य यश इयत्तया परिच्छेत्तुं नालम्—(उसकी कीर्ति की सीमा नहीं।)
८९. स न तस्या रुचये बभूव—(वह उसकी इच्छा के अनुकूल नहीं था।)
९०. बन्धे मोक्षे चाधुना सा ते प्रभवति—(तुम्हें रोकने या छोड़ने में वही अब समर्थ है।)
९१. एको हि दोषो गुणसन्निपाते निमज्जति—(अनेक गुणों में एक दोष छिप जाता है।)
९२. अये, सम्यगनुबोधितोऽस्मि—(अरे, आपने तो मुझे अच्छी याद दिलाई।)
९३. न त्वां तृणाय तृणं वा मन्ये—(मैं तुम्हें तिनके के समान भी नहीं समझता।)
९४. सूचिभेद्यं तमः—(सूई से छेदने योग्य अन्धकार अर्थात् बहुत अँधेरा।)
९५. आनन्दपरिवाहिणा चक्षुषा—(आनन्दपूर्ण नेत्रों से।)
९६. मालती मूर्धानं चालयति—(मालती सिर हिला रही है।)
९७. न चेदन्यत्कार्यातिपातः—(यदि और कोई कार्य न रहा।)
९८. अमी विनोदनोपायाः संदीपना एव दुःखस्य—(ये मनोविनोद के साधन वास्तव में दुःख को बढ़ा रहे हैं।)
९९. ओजस्वितया सा न परिहीयते शच्याः—(वह ओजस्विता में इन्द्राणी से कम नहीं।)

१००. एष ते जीवितावधिः प्रवादः—(यह तुम्हारी निन्दा जीवनपर्यन्त रहेगी।)

१०१. तुल्यप्रतिद्वन्द्वि बभूव युद्धम्—(युद्ध बराबर शक्तिवालों में हुआ।)

१०२. कतिपयदिवसस्थायिनी यौवनश्रीः—(यौवन की शोभा थोड़े दिन रहती है।)

१०३. अनुदिवसं परिहीयसेऽङ्गैः—(दिन प्रतिदिन तू दुर्बल हो रही है।)

१०४. मनुष्याः स्खलनशीलाः—(भूल होना मनुष्य का स्वभाव ही है।)

१०५. सुखमुपदिश्यते परस्य—(दूसरे को उपदेश देना सरल है।)

१०६. परित्रायस्वैनां मा कस्यापि तपस्विनो हस्ते पतिष्यति—(इसको बचाओ, कहीं किसी तपस्वी के हाथ में न पड़ जाय।)

१०७. स सुहृद् व्यसने यः स्यात्—(आपत्काल में साथ देनेवाला ही मित्र होता है।)

१०८. लघुसंदेशपदा सरस्वती—(संक्षिप्त संदेश।)

१०९. कस्मिन्नपि पूजार्हेऽपराद्धा शकुन्तला—(किसी पूज्य व्यक्ति की शकुन्तला ने अवहेलना की है।)

११०. विहगाः समदुःखा इव चुक्रुशुः—(मानो सहानुभूति में पक्षी रोने लगे)।

१११. तत्र न कदापि मया विप्रियं कृतम्—(मैंने कभी आपकी बुराई नहीं की।)

११२. धारासारैर्महती वृष्टिर्बभूव—(मुसलाधार वर्षा हुई।)

११३. तया हृदयवल्लभोऽभिलिख्य कामदेवव्यपदेशेन सखीपुरतोऽपह्नुतः—(उसने अपने प्राणप्रिय का चित्र खींचा, किन्तु सखियों के आगे कामदेव कहकर छिपा दिया।)

११४. ग्राहकैर्गृह्यते चौरः पदेन—(चोर पैरों के चिह्नों से पकड़ा जाता है।)

११५. गड्डलिः—(भेड़ियाधसान, बेसमझे-बूझे काम करना।)

११६. परिच्छेदातीतः—(जिसकी परिभाषा न हो सके, जिसका वर्णन करना असम्भव हो।)

११७. अन्तःपुरविरहपर्युत्सुको राजर्षिः—(राजर्षि रानियों के वियोग से उत्कंठित है।)

११८. विललाप विकीर्णमूर्धजा—(बालों को बिखेर कर उसने विलाप किया।)

११९. न कामचारो मयि शङ्कनीयः—(मुझ निरंकुश पर स्वच्छंदता का दोष न लगाओ।)

१२०. अलमन्यथा गृहीत्वा—(ऐसा मत समझो।)

१२१. सर्वत्र नो वार्तमवेहि—(हम सब प्रकार अच्छे हैं—ऐसा समझो।)

१२२. खलः सर्षपमात्राणि परच्छिद्राणि पश्यति।
आत्मनो विल्वमात्राणि पश्यन्नपि न पश्यति॥
(दुष्ट जन दूसरे के छोटे-छोटे दोषों को भी देखता है, किन्तु अपने बड़े-बड़े दोषों को भी नहीं देखता।)

१२३. त्वं मम जीवितसर्वस्वीभूतः—(तुम मेरे जीवन का एकमात्र सर्वस्व हो।)

१२४. वाच्यस्त्वया मद्वचनात्स राजा—(मेरी ओर से उस राजा से कहना।)

१२५. अनुरूपभर्तृगामिनी—(अपने अनुकूल पति पाने वाली।)

१२६. अमुष्य विद्या रसनाग्रनर्तकी—(विद्या उसकी जिह्वा पर थी।)

१२७. ज्ञायतां कः कः कार्यार्थीति—(मालूम करो कि कौन-कौन प्रार्थी हैं।)

१२८. बधिरात् मन्दकर्णः श्रेयान्—(बहरे से अर्ध बहरा अच्छा है।)

१२९. शनैर्निद्रा निमीलितलोचनं मामकार्षीत्—(निद्रा ने धीरे-धीरे मेरी आँखें बन्द कर दीं।)

१३०. वरं मृत्युर्न पुनरपमानः—(अपमान से मौत भली।)

१३१. प्रस्तूयतां विवादवस्तु—(विवाद-विषय को प्रारम्भ करो।)

१३२. वक्तुं सुकरमिदमध्यवसातुं तु दुष्करम्—(करने से कहना सरल है।)

१३३. तद्वचः मम हृदये शल्यं जातम्—(उसके वचन ने मेरे हृदय पर बाण का कार्य किया।)

१३४. तदहं विदधे तव स्तवं दमयन्त्याः सविधे—(मैं दमयन्ती के आगे तुम्हारी प्रशंसा करूंगा।)

१३५. सकलरिपुजयाशा यत्र बद्धा सुतैस्ते—(जिस पर तुम्हारे लड़कों ने शत्रुओं को जीतने की आशा रखी थी।)

१३६. मितं च सारं च वचो हि वाग्मिता—(थोड़े शब्दों में तत्त्व की बात कहना ही वाक्कला है।)

१३७. गण्डस्योपरि स्फोटः—(घाव के ऊपर फुन्सी होना, एक दुःख के ऊपर दूसरा दुःख होना।)

१३८. अवदातेनानेन चरितेन कुलमुन्नेष्यसि—(इस उज्ज्वल चरित से तुम अपने कुल को ऊँचा उठाओगे।)

१३९. इदं प्रायेण तव कर्णपथमायातम्—(शायद आपने यह सुन लिया हो।)

१४०. हृदि एनां भारतीमुपधातुमर्हसि—(इन शब्दों को भली-भाँति याद रखिए।)

१४१. तेनाष्टौ परिगमिताः समाः कथंचित्—(उसने किसी प्रकार आठ वर्ष बिताये।)

१४२. उपकारः प्रत्युपकारेण निर्यातयितव्यः—(उपकार का बदला उपकार से चुकाना चाहिए।)

१४३. हृदयंगमः परिहासः—(मनोहर हास्य।)

१४४. मित्राणां तत्त्वनिकषग्रावा विपत्—(मित्रों को परखने के लिए विपत्ति कसौटी है।)

१४५. यौवनमङ्गेषु सन्नद्धम्—(अंग-अंग में जवानी भर गयी।)

३४६. अपत्यमन्योन्यसंश्लेषणं पित्रोः—(संतान माता-पिता के बन्धन की गाँठ है।)

१४७. दासी देवीभावं गमिता—(दासी रानी के पद को प्राप्त हुई।)

१४८. अस्मात्स्थानात्पदात्पदमपि न गन्तव्यम्—(इस स्थान से एक कदम भी मत हिलो।)

१४९. स्नेहस्यैकायनीभूता—(एक मात्र स्नेह की वस्तु बन गई।)

१५०. अन्यथा एषा वीप्सा न चरितार्था भविष्यति—(नहीं तो यह पुनरुक्ति सफल न होगी।)

१५१. केन वान्येन साधारणीकरोमि दुःखम्—(अन्य किसके साथ मैं अपने दुःख को कम करूँ।)

१५२. न रत्नमन्विष्यति मृग्यते हि तत्—(रत्न किसी को ढूंढ़ता नहीं, वह तो ढूंढ़ा जाता है।)

लोकोक्तियाँ (PROVERBS)

१. अङ्गीकृत सुकृतिनः परिपालयन्ति (प्राण जाये पर वचन न जाय।) The virtuous make good their promise.

२. अर्धो घटो घोषमुपैति नूनम्। अथवा—सम्पूर्णकुम्भो न करोति शब्दम् (थोथा चना बाजे घना।) An empty vessel makes much noise.

३. इतो नष्टस्ततो नष्टः (धोबी का कुत्ता घर का न घाट का।) A man falls between two stools.

४. कञ्चुकमेव निन्दति शुष्कस्तनी नारी। (नाच न जाने आँगन टेढ़ा।) A bad workman quarrels with his tools.

५. आमुखापाति कल्याणं कार्यसिद्धि हि शंसति (होनहार बिरवान के होत चीकने पात) Coming events cast their shadows before.

६. निःसारस्य पदार्थस्य प्रायेणाडम्बरो महान् (ऊँची दूकान, फीका पकवान।) Great cry, little wool.

७. नवाङ्गनानां नव एव पन्थाः (हर एक अपनी डेढ़ ईंट की मस्जिद बनाता है।) New Lords new laws.

८. गतस्य शोचनं नास्ति, अथवा निर्वाणदीपे किमु तैलदानम्, अथवा काले दत्तं वरं ह्यल्पमकाले बहुनाऽपि किम्? (अब पछताए होत क्या जब चिड़ियाँ चुग गईं खेत।) It is no use crying over spilt milk.

९. छिद्रेष्वनर्था बहुलीभवन्ति, अथवा विपद् विपदमनुबध्नाति (गरीबी में आटा गीला, या ताड़ से गिरा खजूर पर अटका।) Misfortunes never come alone.

१०. न कूपखननं युक्तं प्रदीप्ते वह्निना गृहे, अथवा हिमवति दिव्यौषधयः शीर्षे सर्पः समाविष्टः (का वर्षा जब कृषी सुखाने। जब तक हिमालय से संजीवनी आये बीमार मर जाये।) While the grass grows the horse starves.

११. अतिपरिचयादवज्ञा संततगमनादनादरो भवति (मान घटे नित के घर जाये।) Familiarity breeds contempt.

१२. याचको याचकं दृष्ट्वा श्वानवद् गुर्गुरायते (कुत्ता कुत्ते का वैरी है।) Two of the traders seldom agree.

१३. महाजनो येन गतः स पन्थाः (बड़ों की राह भली।) Do what the great men do.

१४. श्वा यदि क्रियते राजा स किं नाश्नात्युपानहम्, अथवा—सुतप्तमपि पानीयं शमयत्येव पावकम् (आदत सिर के साथ जाती है।)

१५. निरस्तपादपे देशे एरण्डोऽपि द्रुमायते, अथवा—यत्र विद्वज्जनो नास्ति श्लाघ्यस्तत्राल्पधीरपि (अन्धों में काना राजा।) Figure among cyphers.

१६. महान् महत्येव करोति विक्रमम्, अथवा—अनुहुंकुरुते घनध्वनिं न तु गोमायुरुतानि केसरी (शेर बादल के गजने पर ही गजंता है।) The great display their power only before the great.

१७. वली बलं वेत्ति न वेत्ति निर्बलः, अथवा—गुणी गुणं वेत्ति न वेत्ति निर्गुणः (हीरे की परख जौहरी ही जाने।) The mighty knows what might is and not the weak.

१८. अपि धन्वन्तरिर्वैद्यः किं करोति गतायुषि, अथवा—मरणं प्रकृतिः शरीरिणाम् (मृत्यु और ग्राहक का क्या भरोसा?) Death keeps no calander or Death forgives none.

१९. इन्द्रोऽपि लघुतां याति स्वयं प्रख्यापितैर्गुणैः (अपने मुँह मियाँ मिट्ठू होना—अपने मुंह अपनी बड़ाई शोभा नहीं देती।) Self-praise is no recommendation.

२०. कण्टकेनैव कण्टकम्, अथवा पिशाचानां पिशाचभाषयैवोत्तरं देयम् (कांटे से काँटा निकाला जाता है या जैसा को तैसा।) Tit for tat.

२१. यो यद्वपति बीजं हि लभते सोऽपि तत्फलम् (जैसा करोगे वैसा भरोगे।) As you sow so shall you reap.

२२. बह्वारम्भे लघुक्रिया (खोदा पहाड़ निकली चुहिया।) Much ado about nothing.

२३. हिताहितं वीक्ष्य निकाममाचरेत् (जितनी चादर देखो उतने पैर फैलाओ।) Cut your coat according to your cloth.

२४. तस्य तदेव हि मधुरं यस्य मनो यत्र संलग्नम्, अथवा—सर्वः स्वार्थं समीहते, अथवा—सर्वः कान्तमात्मीयं पश्यति (कोई अपनी लस्सी को खट्टी नहीं कहता।) Every potter praises his own pot.

२५. न हि सुखं दुःखैर्विना लभ्यते (सेवा बिना मेवा नहीं।) No pains no gains.

२६. दुग्धधौतोऽपि किं याति वायसः कलहंसताम्; अथवा—
या यस्य प्रकृतिः स्वभावजनिता केनापि न त्यज्यते, अथवा—
भूयोऽपि सिक्तः पयसा घृतेन न निम्बवृक्षो मधुरत्वमेति, अथवा—
आकण्ठजलमग्नोऽपि श्वा लिहत्येव जिह्वया, अथवा—
न हि कस्तूरिकामोदः शपथेन निवार्यते (आदत सिर के साथ

जाती है।) It is hard to break an old hog of an ill custom.

२७. कष्टः खलु पराश्रयः (पराधीन सपनेहु सुख नाहीं।) Dependencc is indeed painful.

२८. कुपुत्रेण कुलं नष्टम् (डूबा वंश कबीर का उपजे पूत कमाल।) A bad descendant destroys the line.

२९. को धर्मः कृपया विना (दया धर्म का मूल)। No pity without mercy.

३०. जलबिन्दुनिपातेन क्रमशः पूर्यते घटः (बूंद बूंद से घट भरै)। Many a little makes a mickle.

३१. पयःपानं भुजङ्गानां केवलं विषवर्धनम् (जो तू सींचे दूध से, नीम न मीठो होय।) Snake's venom increases by drinking milk.

३२. वीरभोग्या वसुन्धरा, अथवा बली वलीयान्न तु नीतिमार्गः (जिसकी लाठी उसकी भैंस)। Might is right or Fortune favours the brave.

३३. बालानां रोदनं बलम् (बालक को बल रोदन एका।) Cry is the only strength of a child.

३४. पाणौ पयसा दग्धे तक्रं फूत्कृत्य पामरः पिबति (दूध का जला छाछ फूंक-फूंक कर पीता है।) A burnt child dreads the fire.

३५. निजसदननिविष्टः श्वा न सिंहायते किम् ? (अपनी गली में कुत्ता भी शेर होता है।) Every cock fights best on its own dung-hill.

३६. दुर्बलस्य बलं राजा (निर्बल के बल राम)। The king is the strength of the weak.

३७. दूरस्थाः पर्वता रम्याः (दूर के ढोल सुहावने।) Distance lends enchantment to the view.

३८. अर्थमनर्थं भावय नित्यम् (दौलत का नशा बुरा है।) Wealth is the root of all calamities.

३९. केषां न स्यादभिमतफला प्रार्थनाभ्युन्नतेषु, अथवा—सत्संगजानि निधनान्यपि तारयन्ति, अथवा कर्तव्यो महदाश्रयः, अथवा हरेः पादाहतिः श्लाघ्या न श्लाघ्यं खररोहणम् (बड़ों के सहारे छोटे भी तर जाते हैं।) It's wise to take refuge under the great.

४०. मन्दोऽप्यविरतोद्योगः सदा विजयभाग्भवेत् अथवा शनैः पन्थाः शनैः कन्था शनैः पर्वतलङ्घनम् (सहज पके सो मीठा होय ।) Slow and steady wins the race.

४१. न मुनिः पुनरायातो न चासौ वर्धते गिरिः (न नौ मन तेल होगा न राधा नाचेगी) । If the sky falls we shall catch larks, or if desires were horses fools would ride them.

४२. गतस्य शोचनं नास्ति (बीती ताहि बिसारि दे ।) Let bygone be bygone.

४३. संसर्गजा दोषगुणा भवन्ति (एक मछली सारे तालाव को गन्दा करती है ।) A black sheep infects the whole flock.

४४. घनाम्बुना राजपथे हि पिच्छिले क्वचिद् बुधैरप्यपथेन गम्यते । अथवा—वर्तमानेन कालेन वर्तयन्ति मनीषिणः(जैसा देश वैसा वेष ।) Do at Rome as the Romans do.

४५. यथा वृक्षस्तथा फलम् (जैसा मुंह वैसी चपेट ।) Thank a man according to his rank.

४६. ये गर्जन्ति मुहुर्मुहुर्जलधरा वर्षन्ति नैतादृशाः । (जो गर्जते हैं वे बरसते नहीं ।) Barking dogs seldom bite.

४७. एका क्रिया द्व्यर्थकरी प्रसिद्धा (एक पन्थ दो काज ।) To kill two birds with one stone.

४८. कश्मीरजस्य कटुतापि नितान्तरम्या, अथवा—पण्डितोऽपि वरं शत्रुर्न मूर्खो हितकारकः । A courageous foe is better than a cowardly friend.

४८अ. अल्पविद्या भयङ्करी (नीम हकीम खतरे जान ।) Little knowledge is a dangerous thing.

४९. अध्रुवाद् ध्रुवं वरम्, अथवा—वरमद्य कपोतो श्वो मयूरात् (नौ नकद न तेरह उधार ।) A bird in hand is better than two in the bush.

५०. नवा वाणी मुखे मुखे (पाँचों उगलियों बराबर नहीं ।) There are men and men.

५१. गतः कालो न चायाति (गया वक्त फिर हाथ आता नहीं) । Time once past cannot be recalled.

५२. अतिदर्पे हता लङ्का (गरूर का सिर नीचा।) Pride goeth before a fall.

५३. एकस्य हि विवादोऽत्र दृश्यते न तु प्राणिनः (एक हाथ से ताली नहीं बजती, अथवा अकेला चना भाड़ नहीं फोड़ता।) It takes two to make a row or one swallow does not make a summer.

५४. खलः करोति दुर्वृत्तं तद्धि फलति साधुषु।
दशाननोऽहरत् सीतां बन्धनं च महोदधेः॥

(लड़ें लोह पाहन दोऊ बीच रुई जरि जाय।) Wicked person commits a fault and good man suffers for it.

५५. परोपदेशे पाण्डित्यं सर्वेषां सुकरं नृणाम्।
धर्मे स्वीयमनुष्ठानं कस्यचित्तु महात्मनः॥

(उपदेश से उदाहरण उत्तम) Example is better than precept.

५६. भक्षितेऽपि लशुने न शान्तो व्याधिः (जेहि के कारण मूंड मूंडावा, सो दुख मोरे आगे आवा।) Even by using bitter pills one is not free from disease.

५७. स सुहृद् व्यसने यः स्यात् (वक्त पड़े पर जानिए को बैरी को मीत) A friend in need is a friend indeed.

५८. विषकुम्भं पयोमुखम् (मुंह में राम बगल में छुरी।) A wolf in lamb's clothing.

५९. कस्यात्यन्तं सुखमुपनतं दुःखमेकान्ततो वा (हर रोज ईद कहाँ ?) Christmas comes but once a year.

६०. कष्टं निर्धनिकस्य जीवितमहो दारैरपि त्यज्यते, अथवा—दारिद्र्यदोषो गुणराशिनाशी (गरीब की जोरू सब की भाभी।) A light purse is a heavy curse.

६१. चक्रवत्परिवर्तन्ते दुःखानि च सुखानि च (चार दिन की चाँदनी फिर अंधेरी रात।) To every spring there is an autumn.

६२. यो ध्रुवाणि परित्यज्य ह्यध्रुवाणि निषेवते।
ध्रुवाणि तस्य नश्यन्ति ह्यध्रुवं नष्टमेव च॥

(दुविधा में दोनों गये माया मिली न राम।) A man falls between two stools.

६३. प्राणिनां हि निकृष्टापि जन्मभूमिः परा प्रिया, अथवा—जननी जन्मभूमिश्च स्वर्गादपि गरीयसी (जो सुख अपने घर में वह न किसी के दर में।) East or west home is the best.

६४. हा हन्त सम्प्रति गतानि दिनानि तानि (वे दिन गये जब खलील खाँ फाखता उड़ाया करते थे।) Gone are those palmy days.

६५. विश्वस्तेषु च वञ्चना परिभवश्चौर्यं न शौर्यं हि तत्, अथवा—
अङ्कमारुह्य सुप्तं हि हत्वा किं नाम पौरुषम् ॥
(विश्वासघात महापाप है।) It is a great sin to harm a person who comes for shelter.

६६. अपन्थानं तु गच्छन्तं सोदरोऽपि विमुञ्चति (बुरे का साथी कौन है?) None would like to be friend of a wicked person.

६७. सङ्घे शक्तिः कलौ युगे (एकता महान् शक्ति है।) Union is strength.

६८. शुभस्य शीघ्रम् (तुरंत दान महाकल्याण।) He gives thrice who gives in a trice.

६९. अगच्छन् वैनतेयोऽपि पदमेकं न गच्छति (आलस बुरी बला है।) Idleness is a great disease.

७०. पावको लोहसंगेन मुद्गरैरभिहन्यते (गेहूँ के संग घुन पिसे।) One is to suffer when associated with another.

७१. नीचो वदति न कुरुते, वदति न साधुः करोत्येव। अथवा—ब्रुवते हि फलेन साधवो न तु कण्ठेन निजोपयोगिताम् (सज्जन करते हैं, कहते नहीं।) Good men prove their usefulness by deeds not by words.

७२. बन्धनभ्रष्टो गृहकपोतश्चिल्लाया मुखे पतितः (आकाश से गिरा खजूर में अटका।) Out of the frying pan into the fire.

७३. सर्वनाशे समुत्पन्ने अर्धं त्यजति पण्डितः (भागते चोर की लँगोटी ही सही।) Something is better than nothing.

७४. पङ्को हि नभसि क्षिप्तः क्षेप्तुः पतति मूर्धनि (आसमान पर थूका अपने सिर पड़ा।) Slander hurts the slanderer.

७५. न बिडालो भवेद्यत्र तत्र क्रीडन्ति मूषकाः (मियाँ घर नहीं बीबी को डर नहीं।) Where the cat is away the mice will play.

७६. यत्र चौरा न विद्यन्ते तत्र किं स्यान्निरीक्षकैः। (मियाँ बीवी राजी तो क्या करेगा काजी।) Where there is peace at home there is no need of the judge.

७७. को न याति वशं लोके मुखे पिण्डेन पूरितः (लेने देने से सभी अपने हो जाते हैं।) Wealth is a great attraction or Friends are plenty when the purse is full.

७८. प्रक्षालनाद्धि पंकस्य दूरादस्पर्शनं वरम् (पैर कीचड़ में डालकर धोने से तो कीचड़ में न डालना ही अच्छा है।) Prevention is better than cure.

७९. उष्ट्राणां च विवाहोऽस्ति गर्दभा गीतगायकाः (जैसा घर वैसा वर)।

८०. मृगा मृगैः सङ्गमनुव्रजन्ति (पानी से पानी मिले मिले कीच से कीच।) Birds of the same feather flock together.

८१. आपदामापतन्तीनां हितोऽप्यायात्यहेतुताम् (आपत्ति पड़ने पर अपना भी पराया हो जाता है। (When calamities fall upon one, his own friends become his enemies.

८२. रत्नाकरो जलनिधिरित्यसेवि धनाशया।
धनं दूरेऽस्तु वदनमपूरि क्षारवारिभिः॥

(चौबे गये छब्बे बनने दुब्बे बनकर आये।) One trying for better got worst.

८३. अगाधजलसञ्चारी न गर्वं याति रोहितः। (अगाध (सागर के) जल में विचरण करता हुआ भी रोहित (महामत्स्य) अभिमान नहीं करता।) Light sorrows speak but deeper ones are dumb.

८४. अश्नुते स हि कल्याणं व्यसने यो न मुह्यति।

(जो मुसीबत में नहीं घबराता वही संसार में सुख भोगता है।) Calamity is the touchstone of brave mind.

८५. उद्योगिनं पुरुषसिंहमुपैति लक्ष्मीः (परिश्रम सफलता की कुंजी है।) Diligence is mother of good luck.

८६. एतत्तु मां दहति नष्टधनाश्रयस्य, यत्सौहृदादपि जनाः शिथिलीभवन्ति (धनी के सब साथी।) When good cheer is lacking, the friends will be packing.

८७. आहारे व्यवहारे च त्यक्तलज्जः सुखी भवेत् ।

(आहार और व्यवहार में संकोच न करने वाला सुखी रहता है ।)

८८. उदिते हि सहस्रांशौ न खद्योतो न चन्द्रमाः ।

(सूर्य के उदय हो जाने पर न जुगनू और न चन्द्रमा ही जँचता है ।)

८९. अनुभवति हि मूर्ध्ना पादपस्तीव्रमुष्णं
शमयति परितापं छायया संश्रितानाम् ।

वृक्ष अपने सिर पर सूर्य की प्रचण्ड धूप सहता है, किन्तु अपने आश्रितों का ताप अपनी छाया से दूर करता है ।)

९०. अन्यायं कुरुते यदा क्षितिपतिः कस्तं निरोद्धुं क्षमः ?

(जब राजा ही अन्याय करता है तब उसे कौन रोक सकता है ?)

९१. अपि मुदमुपयान्तो वाग्विलासैः स्वकीयैः
परभणितिषु तृप्तिं यान्ति सन्तः कियन्तः ?

(अपनी रचना तो सभी को अच्छी लगती है, किन्तु ऐसे सज्जन कितने हैं जो दूसरों की रचनाओं को सुन कर प्रसन्न होते हैं ?)

९२. अप्रकटीकृतशक्तिः शक्तोऽपि जनस्तिरस्क्रियां लभते ।

(अपनी शक्ति का परिचय न देने पर शक्तिशाली भी तिरस्कृत होता है ।)

९३. किं वाऽभविष्यदरुणस्तमसां विभेत्ता
तं चेत्सहस्रकिरणो धुरि नाकरिष्यत् ?

(सूर्य भगवान् यदि उसे अपना सारथी न बनाते तो क्या अरुण घने अंधकार को मिटा सकता ?)

९४. को जानाति जनो जनार्दनमनोवृत्तिः कदा कीदृशी ?

(कौन जानता है—भगवान् कब क्या करते हैं ?)

९५. को वा दुर्जनवागुरासु पतितः क्षेमेण यातः पुमान् ?

(दुर्जन के फन्दे में पड़कर कौन कुशलपूर्वक रह सकता है ?)

९६. ग्रावाणोऽप्यार्द्रतां सम्यग् भजन्त्यभिमुखे विधौ ।

(भाग्य साथ देता है तो पत्थर भी रुखाई छोड़कर चिकनाई धारण कर लेते हैं ।)

९७. दर्दुरा यत्र वक्तारस्तत्र मौनं हि शोभनम् ।

(जहाँ वाचाल लोग वक्ता हों वहाँ चुप रहना ही अच्छा है ।)

९८. कलौ वेदान्तिनो भान्ति फाल्गुने बालका इव ।

(कलियुग में इस प्रकार वेदान्ती दिखाई देते हैं जैसे फाल्गुन मास में बालक ।)

९९. कल्पवृक्षोऽप्यभव्यानां प्रायो याति पलाशताम् ।
(भाग्यहीनों के लिए कल्पवृक्ष भी ढाक का पेड़ बन जाता है ।)

१००. कः प्राज्ञो वाञ्छति स्नेहं वेश्यासु सिकतासु च ।
(कौन बुद्धिमान् वेश्याओं और बालू से प्रेम या तेल की आशा करेगा ?)

१०१. काले दत्तं वरं ह्यल्पमकाले बहुनाऽपि किम् ?
(समय पर थोड़ा भी दिया जाय तो बहुत है, बाद में अधिक भी बेकार ।)

१०२. कुदेशेष्वपि जायन्ते क्वचित्केचिन्महाशयाः ।
(कभी-कभी निकृष्ट स्थान में भी अच्छी चीजें पैदा हो जाती हैं ।)

१०३. न स्पृशति पल्वलाम्भः पञ्जरशेषोऽपि कुञ्जरः क्वापि ।
(पंजरमात्र रह जाने पर भी हाथी कभी छिछली तलैया का पानी नहीं छूता ।)

१०४. दैवे दुर्जनतां गते तृणमपि प्रायेण वज्रायते ।
(भाग्य के विपरीत होने पर तिनका भी प्रायः वज्र बन जाता है ।)

१०५. न सुवर्णे ध्वनिस्तादृक् यादृक् कांस्ये प्रजायते ।
(सोने में वैसी आवाज नहीं होती जैसी कांसे में ।)

१०६. बुभुक्षितैर्व्याकरणं न भुज्यते, न पीयते काव्यरसः पिपासुभिः ।)
(भूखे लोग व्याकरण नहीं खाते और प्यासे काव्यरस को नहीं पीते ।)

१०७. यथा चित्तं तथा वाचो यथा वाचस्तथा क्रियाः ।
चित्ते वाचि क्रियायां च साधूनामेकरूपता ॥
(सज्जन पुरुषों के मन, वाणी और काम में कोई अन्तर नहीं होता ।)

———

शुद्धाशुद्धिविवेक

लिङ्ग, वचन, कारक की अशुद्धियां

अशुद्ध	शुद्ध
१. गोपालो मम स्नेहपात्रः	गोपालो मम स्नेहपात्रम् ।
२. भवान् मम मित्रोऽसि	भवान् मम मित्रमस्ति ।
३. जटायुः प्राणं तत्याज	जटायुः प्राणान् तत्याज ।
४. देवो भ्रातुः सह गृहं गतः	देवो भ्रात्रा सह गृहं गतः ।
५. किं ते तव दाराः भवन्ति	किं सा तव दाराः भवति ?
६. गोपाल तं भोजनं देहि	गोपाल तस्मै भोजनं देहि ।
७. कोऽस्ति राजसखा	कोऽस्ति राजसखः ।
८. बालः चन्द्रमां पश्यति	बालः चन्द्रमसं पश्यति ।
९. मम सुहृदस्य गृहमिदम्	मम सुहृदः गृहमिदम् ।
१०. भवान् केन पथेन यास्यति ?	भवान् केन पथा यास्यति ?
११. नरः इह जन्मे भक्ति कुर्यात्	नरः इह जन्मनि भक्ति कुर्यात् ।
१२. महाराज्ञः आज्ञास्ति	महाराजस्य आज्ञा अस्ति ।
१३. परमात्मस्य इमां महिमां पश्य	परमात्मनः इमं महिमानं पश्य ।
१४. मम लक्ष्मी नास्ति	मम लक्ष्मीः नास्ति ।

१. 'पात्रम्' शब्द अजहल्लिङ्ग है । २. 'मित्रम्' मित्र के अर्थ में नपुंसकलिङ्ग है; भवान् शब्द के साथ प्रथम पुरुष की क्रिया लगती है । ३. प्राण, दार, अक्षत, लाज और असु शब्दों का प्रयोग बहुवचन में होता है । ४. सह के साथ तृतीया विभक्ति होती है । ५. दार शब्द बहुवचनान्त है । ६. दा धातु के कर्म में चतुर्थी होती है । ७. सखि शब्द समास में अकारान्त होता है । ८. चन्द्रमस् शब्द हलन्त है । ९. सुहृद् शब्द भी हलन्त है । १०. पथिन् शब्द की तृतीया के एकवचन में पथा होता है । ११. जन्मन् शब्द हलन्त है । १२. राजन् शब्द महत् के साथ समस्त होने से अकारान्त हो जाता है । १३. परमात्मन् का षष्ठी में परमात्मनः और महिमन् का द्वितीया में महिमानम् रूप होता है (महिमन्, गरिमन् आदि शब्द पुंल्लिङ्ग हैं, स्त्रीलिङ्ग नहीं) । १४ लक्ष्मी शब्द की प्रथमा के एकवचन में विसर्ग होता है । १५. भवत्

१५. भवानस्य किं नाम	भवतः किं नाम ?
१६. मम मने सन्देहः	मम मनसि सन्देहः ।
१७. नदीपथा नगरं गच्छ	नदीपथेन नगरं गच्छ ।
१८. भूपत्युः आज्ञा अस्ति	भूपतेः आज्ञा अस्ति ।
१९. नवमे कक्षायां शतानि छात्राः	नवम्यां कक्षायां शतं छात्राः

सन्धि की अशुद्धियाँ

२०. देवोवाच	देव उवाच ।
२१. कवीमौ यातः	कवी इमौ यातः
२२. अम्यजा गच्छन्ति	अमी अजा गच्छन्ति ।
२३. अत्याधिकम्	अत्यधिकम् ।
२४. नरान्नाकारय	नरान् आकारय ।
२५. हे देवागच्छ	हे देव आगच्छ ।
२६. मित्रं अहं अवदम्	मित्रमहमवदम् ।
२७. सो कृषक आ गच्छति	सः कृषक आगच्छति ।
२८. सखि प्रियम्वदा	सखि प्रियंवदे !
२९. स कश्मीरे अनिवसत्	स कश्मीरेषु न्यवसत् ।

शब्द हलन्त है। १६. मनस् शब्द हलन्त और नपुंसकलिङ्ग है। १७. पथिन् शब्द समास में अकारान्त हो जाता है। १८. पति शब्द समास होने पर हरि के समान चलता है। १९. विंशति के बाद के सभी संख्यावाचक शब्द एकवचनान्त होते हैं। २०. विसर्ग के लोप होने पर सन्धि नहीं होती। २१. इकारान्त के द्विवचन में सन्धि नहीं होती। २२. अदस् शब्द के मकारयुक्त-ई में सन्धि नहीं होती। २३. 'अति अधिक' में ति के 'इ' को 'य्' हो गया। २४. दीर्घ स्वर से न् परे रहने पर न् को द्वित्व नहीं होता। २५. सम्बोधन के अवर्ण की परवर्ती स्वर के साथ सन्धि नहीं होती। २६. स्वर परे रहते पदान्त में 'म्' को अनुस्वार नहीं होता। २७. अकारभिन्न किसी स्वर के परे होने पर 'सः' के विसर्ग का लोप हो जाता है। २८. एक पद में, धातूपसर्ग में और समास में अवश्य सन्धि होती है। २९. 'कश्मीर' शब्द देशविशेष का नाम होने से बहुवचन में प्रयुक्त होता है। वस् धातु का लङ् का रूप

३०. भ्रातृ आदेशात्	भ्रातुरादेशात् (भ्रात्रादेशात्)।
३१. गर्दभो पञ्चत्वं गतः	गर्दभः पञ्चत्वं गतः।
३२. बालो सुखेन शेते	बालः सुखेन शेते।
३३. मनो कामना	मनःकामना।

सर्वनाम तथा विशेष्यविशेषण की अशुद्धियाँ

३४. इमं पुस्तकं पश्य	इदं पुस्तकं पश्य।
३५. सर्वाः नराः गच्छन्ति	सर्वे नरा गच्छन्ति।
३६. स इमं स्त्रीमपश्यत्	स इमां स्त्रीमपश्यत्।
३७. किञ्चित् अन्यं वद	किञ्चिद् अन्यद् वद।
३८. सर्वाणां प्रियो हरिः	सर्वेषां प्रियो हरिः।
३९. त्रयः सुन्दरा बालिकाः	तिस्रः सुन्दर्यः बालिकाः।
४०. प्रातः प्रभृति वर्षा भवति	प्रातः प्रभृति वर्षति देवः।
४१. सुन्दरी अबलागणः याति	सुन्दरोऽबलागणो याति।
४२. मे भ्राता आगतः	मम भ्राता आगतः।
४३. इमं फलम् अस्ति	इदं फलमस्ति।
४४. स महति विपदि वर्तते	स महत्यां विपदि वर्तते।

बनाकर नि उपसर्ग लगेगा, नि+अवसत्। ३०—२८ वें वाक्य का नियम देखो। ३१-३३ क, ख, प, फ, ष, स, श परे रहने पर विसर्ग को ओ नहीं होता। ३४-३५. नपुंसकलिंग, पुंल्लिग तथा स्त्रीलिंग में सर्वनाम शब्दों के लिंग वचन विशेष्य के समान ही होते हैं। ३७. नपुंसकलिंग में अन्यत् होता है। ३८. सर्वनाम शब्दों के रूप अकारान्त शब्द से भिन्न हैं। ३९. बालिका शब्द स्त्रीलिंग है, अतः उसके विशेषण भी स्त्रीलिंग ही होंगे। ४०. 'वर्षा भवति' प्रयोग व्याकरण-सम्मत होते हुए भी व्यवहार के प्रतिकूल है। संस्कृत व्यवहार में 'वर्षा' नित्य बहुवचनान्त शब्द है और उसका अर्थ 'बरसात' है। ४१. गण शब्द पुंल्लिग है अतः उसका विशेषण सुन्दर शब्द भी पुंल्लिग होगा। ४२. युष्मद् और अस्मद् शब्द को वाक्य के आदि में 'ते, मे' आदेश नहीं होते। ४३. 'फलम्' नपुंसकलिंग की प्रथमा विभक्ति में एकवचनान्त रूप है, इसलिए उसका विशेषण भी नपुंसकलिंग की प्रथमा के एकवचन में होगा। ४४. विपत् शब्द स्त्रीलिंग है, इसलिए महत् शब्द के भी स्त्रीलिंग में सप्तमी विभक्ति ही होगी।

वर्ण तथा अव्ययों की अशुद्धियाँ—

४५. धनमान् बुद्धिवन्तं निन्दति	धनवान् बुद्धिमन्तं निन्दति ।
४६. अहं फलं गृहीतुमिच्छामि	अहं फलं ग्रहीतुमिच्छामि ।
४७. मार्गे हस्तीः पलायते ।	मार्गे हस्ती पलायते ।
४८. पितृण् संतर्पय	पितॄन् संतर्पय ।
४९. सशी आकासे सोभते	शशी आकाशे शोभते ।
५०. धनुःसु शरान् योजय ।	धनुःषु शरान् योजय ।
५१. स मिथ्यां वदति	स मिथ्या वदति ।
५२. सुरेशः च गोविन्दः गच्छतः	सुरेशो गोविन्दश्च गच्छतः ।
५३. तु अहं न गमिष्यामि	अहं तु न गमिष्यामि ।
५४. स प्रतिदिनस्य प्रातरि याति	स प्रतिदिनं प्रातः याति ।

क्रिया में काल आदि की अशुद्धियाँ

५५. त्वया भूयसे	त्वया भूयते।
५६. अहम् अत्र स्थामि	अहमत्र तिष्ठामि ।
५७. स चन्द्रं दृश्यति	स चन्द्रं पश्यति ।
५८. तेन नगरे वस्यते	तेन नगरे उष्यते
५९. राज्ञा प्रजाः पाल्यते	राज्ञा प्रजाः पाल्यन्ते ।
६०. तेन मृगं विध्यति	तेन मृगः विध्यते ।

---

४५. यदि उपधा में अवर्ण हो तो म् को व् हो जाता है। ४६. ग्रह् होता है। ४७. हस्तिन् इन् प्रत्ययान्त शब्द है। ४८. पदान्त में न् को ण् नहीं होता। ४९. शशी 'आकाशे' और 'शोभते' में तालव्य (श) है। ५०. विसर्ग बीच में होने पर स् को ष् हो जाता है। ५१. अव्यय के साथ कोई विभक्ति नहीं होती। ५२. च दूसरे शब्द के बाद आता है। ५३. चेत्, तु, च, वा आदि वाक्यारम्भ में नहीं आते। ५४. अकारान्त अव्ययों में तृतीया, पंचमी और सप्तमी के सिवाय अम् होता है। ५५. भाववाच्य में क्रिया सदा प्रथम पुरुष के एकवचन में होती है। ५६-५७. वर्तमान काल में स्था को तिष्ठ् और दृश् को पश्य् हो जाता है। ५८. वस् को भाववाच्य में उष् हो जाता है। ५९. कर्मवाच्य में क्रिया कर्म के अनुसार होती है। ६०. कर्मवाच्य में कर्म प्रथमा में

६१. देवः भृत्यं भारं नाययति	देवः भृत्येन भारं नाययति ।
६२. प्रीतः यतिः प्रतस्थौ	प्रीतः यतिः प्रतस्थे ।
६३. स माम् अवदत् स्म	स माम् अवदत् (वदति स्म) ।
६४. तेन वाणीं श्रोतुमिष्यते	तेन वाणी श्रोतुमिष्यते ।

कृदन्त शब्दों की अशुद्धियाँ—

६५. त्वाम् अगृह्य न यास्यामि	त्वामगृहीत्वा न यास्यामि ।
६६. भिक्षां ददन् बालः हसति	भिक्षां ददत् बालः हसति ।
६७. गृहम् आगत्वा पठिष्यामि	गृहमागत्य पठिष्यामि ।
६८. स पुष्पं दृष्टः	तेन पुष्पं दृष्टम् ।
६९. सा बालकं दृष्टवान्	सा बालकं दृष्टवती ।
७०. स पाठः पठित्वा भुङ्क्ते	स पाठं पठित्वा भुङ्क्ते ।
७१. अहं बालं वक्तुमशृणवम्	अहं बालं ब्रुवन्तमशृणवम् ।
७२. त्वया वचांसि श्रोतव्यम्	त्वया वचांसि श्रोतव्यानि ।
७३. अहं देवं जिज्ञासितः	मया देवः जिज्ञासितः ।
७४. स आगत्य अहं गमिष्यामि	तस्मिन्नागते अहं गमिष्यामि ।

रहता है । ६१. नी धातु के प्रयोज्य कर्ता में तृतीया होती है । ६२. प्र उपसर्ग लगने से स्था धातु आत्मनेपद में होती है । ६३. भूतकाल की क्रिया के साथ 'स्म' नहीं लगता । ६४. यदि तुम् वाच्य का और क्रिया का एक ही कर्म हो तो कर्म में प्रथमा विभक्ति होती है । ६५. नञ् समास में ल्यप् नहीं होता । ६६. जुहोत्यादिगण की धातु के साथ नुम् नहीं होता । ६७. उपसर्ग पूर्व होने से क्त्वा को ल्यप् होता है । ६८. कर्मवाच्य में कर्त्ता में तृतीया और कर्म में प्रथमा होती है । ६९. कर्तृवाच्य के कर्त्ता में प्रथमा और उसी के अनुसार क्रियावाचक के लिङ्ग, वचन होते हैं । ७०. क्त्वा, शतृ, शानच् और तुम् के कर्म में द्वितीया होती है । ७१. समान कर्त्ता में तुमुन् होता है किन्तु दो क्रियाएँ एक समय होने से शतृ या शानच् होते हैं । ७२. कर्मवाच्य के कृदन्त शब्दों में कर्मानुसार लिङ्ग वचन होते हैं । ७३. कर्मवाच्य के कर्त्ता में तृतीया और कर्म में प्रथमा होती है । ७४. समान कर्त्ता न होने से क्त्वा नहीं होता । ऐसे स्थानों पर भाव में सप्तमी होती है ।

७५. देवः गुरुं सेवन् तिष्ठति	देवः गुरुं सेवमानः तिष्ठति।
७६. स पुस्तकं पठनं करोति	स पुस्तकस्य पठनं करोति।
७७. अन्नपाचकः खादति	अन्नस्य पाचकः खादति।

स्त्रीप्रत्ययान्त तथा समासान्त शब्दों की अशुद्धियाँ

७८. दम्पतिः पुत्रम् अभाषत	दम्पती पुत्रमभाषताम्।
७९. छात्रद्वयं पठतः	छात्रद्वयं पठति।
८०. बालकः हंसां पश्यति	बालकः हंसीं पश्यति।
८१. सा अश्वी गच्छति	सा अश्वा गच्छति।
८२. चन्द्रवदनीं बालां पश्य	चन्द्रवदनां बालां पश्य।
८३. नृत्यती बाला आगता	नृत्यन्ती बाला आगता।
८४. मया रुदन्ती प्रिया दृष्टा	मया रुदती प्रिया दृष्टा।
८५. महद्राजा अद्यैव गतः	महाराजः अद्यैव गतः।
८६. अहोरात्र्यो वर्तते	अहोरात्रः (त्रं) वर्तते।

अभ्यास

निम्नलिखित वाक्यों का कारणनिर्देशपूर्वक शोधन कीजिए।

१. पुत्रस्य सह पिता गच्छति।	५. चौराणां भीतोऽस्मि।
२. स नरः कर्णस्य बधिरोऽस्ति।	६. हरिः आसने अधितिष्ठति।
३. नमो भगवन्तं वासुदेवम्।	७. ज्ञानस्य विना जीवनं विफलम्!
४. रामस्य ऋते धनुर्धरो नास्ति।	८. पत्नी पत्युः सह वनं याति।

७५. आत्मनेपद से शानच् और परस्मैपद से शतृ प्रत्यय होता है। ७६. पठन शब्द के योग में षष्ठी होती है। ७७. तृच्, अक प्रत्ययान्त के साथ षष्ठी तत्पुरुष नहीं होता। ७८. दम्पती, पितरौ, अश्विनौ इनके रूप द्विवचन में ही चलते हैं और इनके साथ क्रिया भी द्विवचन की लगती है। ७९. द्वय, युगल, युग, द्वन्द्व ये चारों 'दो' अर्थ के वाचक हैं और इनके साथ क्रिया एकवचन की लगती है। ८०-८१. हंस का स्त्रीलिंग 'हंसी' और अश्व का 'अश्वा' होता है। ८२. दो से अधिक स्वर वाले शब्दों में 'ई' नहीं लगती। ८३. नृत् धातु से नुम् होता है। ८४. रुद् से नुम् नहीं होता। ८५. समास में महत् शब्द को महा हो जाता है। ८६. समाहार द्वन्द्व में अन्त वाले शब्द में 'अ' लगा कर पुंल्लिंग या नपुंसकलिंग एकवचन होता है।

९. मह्यं चतुरः फलानि आनय ।	२६. मां रोचते भक्तिः ।
१०. मीना रामाय प्रिया आसीत् ।	२७. सर्वेभ्यश्छात्रेभ्यो गोविन्दः श्रेष्ठः ।
११. ब्रह्मचारिणः धनस्य किम् ?	२८. तत्राहं शतान् जनानपश्यम् ।
१२. स मित्रात् द्रव्यं याचते ।	२९. व्याघ्रेण भीतो बालकः ।
१३. रामो दण्डकारण्ये अधिवसति ।	३०. गुरुः शिष्यं क्रुध्यति ।
१४. हरि कृष्णस्य कुप्यति ।	३१. गुणवानेव जनः प्रीतिपात्रो भवति ।
१५. मम गृहे शतानि पुस्तकानि सन्ति ।	३२. गोविन्दो मैत्रस्य प्राणाः आसन् ।
१६. अहं पुस्तकं पठनं करोमि ।	३३. रामेण ग्रामं गमयति ।
१७. विद्यालये शतः छात्राः सन्ति ।	३४. सूर्यस्य उदिते सति स तत्रागच्छत् ।
१८. अस्य नगरस्य अभितो वृक्षाः ।	३५. स सदा सत्यं भाषति ।
१९. धिक् तस्मै पापिने ।	३६. मम दयापात्रः स भिक्षुः ।
२०. दीनस्य प्रति दया कर्त्तव्या ।	३७. सन्मित्रो मे केशवः ।
२१ शशिनः सह याति कौमुदी ।	३८. वेदाः प्रमाणानि ।
२२. गोविन्दो गोपालेन विद्वत्तरः ।	३९. मम वचनं स न विश्वसिति ।
२३. हरिः कृष्णमसूयति ।	४०. रामः शत्रून् विजयति ।
२४. गुरोरभितो विद्यार्थिनस्तिष्ठन्ते ।	४१. सत्पन्थाः कस्य न प्रियः ?
२५. अरण्येऽधिवस्तुं यतयः इच्छन्ति ।	४२. विश्वामित्रः भवांश्च तत्रागच्छतम् ।

[विशेष—उपर्युक्त ४२ अशुद्ध वाक्य यू० पी० इण्टरमिडिएट परीक्षा के विगत वर्षों के संस्कृत-प्रश्न-पत्रों में शोधनार्थ आ चुके हैं। इनमें जो विभक्ति अथवा लिंग की अशुद्धियाँ हैं उन्हें शुद्ध करने के लिए कारक एवं लिंग प्रकरण देखिए।]

(ख) अनुवादार्थ गद्य-पद्यसंग्रह

१—हा कथं महाराजदशरथस्य धर्मदाराः प्रियसखी मे कौसल्या । क एतत्प्रत्येति संवेयमिति । धिक् प्रहसनम् । अयमृष्यशृङ्गाश्रमादरुन्धतीपुरस्कृतान् महाराजदशरथस्य दारानधिष्ठाय भगवान् वसिष्ठः प्राप्तः । तत्किमेवं प्रलपामि । (उत्तररामचरिते ४)

२—चन्द्रापीडस्य सहपांसुक्रीडिततया सहसंवृद्धतया च सर्वविश्रम्भस्थानं द्वितीयमिव हृदयं वैशम्पायनः परं मित्रमासीत् । (कादम्बर्याम् ७६) ।

३—स्वयमेवोत्पद्यन्ते एवंविधाः कुलपांसवो निःस्नेहाः पशवो येषां क्षुद्राणां प्रज्ञा पराभिसन्धानाय न ज्ञानाय, पराक्रमः प्राणिनामुपघाताय नोपकाराय, धनपरित्यागः कामाय न धर्माय, किं बहुना, सर्वमेव येषां दोषाय न गुणाय । (कादम्बर्याम्)

४—राजा विस्फारितेन स्निग्धेन चक्षुषा पिबन्निवालपन्निव मनोरथसहस्रप्राप्तदर्शनं सस्पृहमीक्षमाणस्तनयाननं मुमुदे कृतकृत्यं चात्मानं मेने (कादम्बर्याम्) ।

५—सर्वथा निष्प्रतीकारेयमापदुपस्थिता । किमिदानीं कर्त्तव्यं कां दिशं गन्तव्यमित्येते चान्ये च विषण्णहृदयस्य मे संकल्पाः प्रादुरासन् । (कादम्बर्याम्)

६—राजवाहनो रसालतरुषु कोकिलादीनां पक्षिणामालापाञ्छ्रावं श्रावं विकसितानि सरांसि दर्शं दर्शममन्दलीलया ललनासमीपमवाप । (दशकुमार०) ।

७—अतिप्रबलपिपासावसन्नानि गन्तुमल्पमपि मे नालमङ्गकानि । अलमप्रभुरस्म्यात्मनः । सीदति मे हृदयम् । अन्धकारतामुपयाति चक्षुः । अपि नाम खलो विधिरनिच्छतोऽपि मे मरणमद्यैवोपपादयेत् । (कादम्बर्याम् ६)

१—दार-स्त्री । २—पांसु-धूलि । विश्रम्भस्थान-विश्वासपात्र । ३—अभिसन्धान-धोखा । ४—विस्फारित-खोला हुआ । ईक्ष्—देखना । ५—निष्प्रतीकार-इलाज के बिना । विषण्ण-खिन्न । ६—ललना-स्त्री । ७—अवसन्न-समाप्त

८—सखे पुण्डरीक सुविदितमेतन्मम। केवलमिदमेव पृच्छामि, यदेतदारब्धं भवता किमिदं गुरुभिरुपदिष्टमुत धर्मशास्त्रेषु पठितमुत मोक्षप्राप्तियुक्तिरियमाहोस्विदन्यो नियमप्रकारः ? (कादम्बर्याम् १५५)

९—एवं कदलीदलेनानवरतं वीजयतः समुदभून्मे मनसि चिन्ता। नास्ति खल्वसाध्यं मनोभुवः। क्वायं हरिण इव वनवासनिरतः स्वभावमुग्धो जनः, क्व च विविधविलासरसराशिर्गन्धर्वराजपुत्री महाश्वेता ! (कादम्बर्याम् १५७)

१०—स मद्वचनानन्तरमेव न वेद्मि किमसह्यवृत्तेर्मदनज्वरस्य वेगादुत, सद्योविपाकस्यात्मनो दुष्कृतस्य गौरवादाहोस्विन्मद्वचस एव सामर्थ्यादाच्छिन्नमूलस्तरुरिव क्षितावपतत्। (कादम्बर्याम्)

११—तदेवंप्रायेऽतिकुटिलकष्टचेष्टासहस्रदारुणे राज्यतन्त्रेऽस्मिन् महामोहान्धकारकारिणि च यौवने कुमार ! तथा प्रयतेथा यथा नोपहस्यसे जनैर्नोपालभ्यसे सुहृद्भिर्नाक्षिप्यसे विषयैर्न विकृष्यसे रागेण नापह्रियसे सुखेन। (काद०)

स किंसखा साधु न शास्ति योऽधिपं
हितान्न यः संशृणुते स किंप्रभुः।
सदानुकूलेषु हि कुर्वते रतिं
नृपेष्वमात्येषु च सर्वसम्पदः ॥ १२ ॥ (किराता०)

मदसिक्तमुखैर्मृगाधिपः करिभिर्वर्तयते स्वयं हतैः।
लघयन् खलु तेजसा जगन्न महानिच्छति भूतिमन्यतः ॥ १३ ॥

किमपेक्ष्य फलं पयोधरान्ध्वनतः प्रार्थयते मृगाधिपः।
प्रकृतिः खलु सा महीयसः सहते नान्यसमुन्नतिं यया ॥ १४ ॥

सीदत्=दुःखित होना। विधि=भाग्य। ८—आहोस्वित्=अथवा। ९—कदली=केला। अनवरत=निरन्तर। विलास=कौतुक। १०—मदन=काम। विपाक=फल। दुष्कृत=पाप। क्षिति=पृथ्वी। ११—दारुण=दुःखप्रद। उपालभ्=ताना मारना। १२—अमात्य=मन्त्री। १३—मृगाधिप=सिंह। करिन्=हाथी। वर्तयते=गुजारा करता है। भूति=ऐश्वर्य। १४—पयोधर=मेघ, प्रकृति=स्वभाव, महीयस्=महापुरुष।

शुश्रूषस्व गुरून् कुरु प्रियसखीवृत्तिं सपत्नीजने
भर्तुर्विप्रकृतापि रोषणतया मा स्म प्रतीपं गमः ।
भूयिष्ठं भव दक्षिणा परिजने भाग्येष्वनुत्सेकिनी
यान्त्येवं गृहिणीपदं युवतयो वामाः कुलस्याधयः ॥१५॥ (शाकु०)

पातुं न प्रथमं व्यवस्यति जलं युष्मास्वपीतेषु या
नादत्ते प्रियमण्डनापि भवतां स्नेहेन या पल्लवम् ।
आद्ये वः कुसुमप्रवृत्तिसमये यस्या भवत्युत्सवः
सेयं याति शकुन्तला पतिगृहं सर्वैरनुज्ञायताम् ॥१६॥ (शाकु०)

(कुमारसम्भवे)

सर्वोपमाद्रव्यसमुच्चयेन यथाप्रदेशं विनिवेशितेन ।
सा निर्मिता विश्वसृजा प्रयत्नादेकस्य सौन्दर्यदिदृक्षयेव ॥१७॥

विधिप्रयुक्तां परिगृह्य सत्क्रियां परिश्रमं नाम विनीय च क्षणम् ।
उमां स पश्यन्नृजुनैव चक्षुषा प्रचक्रमे वक्तुमनुज्झितक्रमः ॥१८॥

अपि क्रियार्थं सुलभं समित्कुशं जलान्यपि स्नानविधिक्षमाणि ते ।
अपि स्वशक्त्या तपसि प्रवर्तसे शरीरमाद्यं खलु धर्मसाधनम् ॥१९॥

किमित्यपास्याभरणानि यौवने धृतं त्वया वार्धकशोभि वल्कलम् ।
वद प्रदोषे स्फुटचन्द्रतारका विभावरी यद्यरुणाय कल्पते ॥२०॥

वपुर्विरूपाक्षमलक्ष्यजन्मता दिगम्बरत्वेन निवेदितं वसु ।
वरेषु यद् बालमृगाक्षि मृग्यते तदस्ति किं व्यस्तमपि त्रिलोचने ॥२१॥

द्वयं गतं सम्प्रति शोचनीयतां समागमप्रार्थनया कपालिनः ।
कला च सा कान्तिमती कलावतस्त्वमस्य लोकस्य च नेत्रकौमुदी ॥२२॥

उवाच चैनं परमार्थतो हरं न वेत्सि नूनं यत एवमात्थ माम् ।
अलोकसामान्यमचिन्त्यहेतुकं द्विषन्ति मन्दाश्चरितं महात्मनाम् ॥२३॥

---

१५. प्रतीप=विपरीत । अनुत्सेक=निरभिमान । १७. दिदृक्षा=देखने की इच्छा । १८. ऋजु=सीधा । २०. आभरण=जेवर । वल्कल=वृक्ष की छाल । विभावरी=रात्रि, प्रदोष=निशा का प्रारम्भिक काल । २१. वसु=धन । व्यस्त=अलग-अलग, त्रिलोचन=शिव । २२. कपालिन्=

निवार्यतामालि किमप्ययं वटुः पुनर्विवक्षुः स्फुरितोत्तराधरः ।
न केवलं यो महतोऽपभाषते शृणोति तस्मादपि यः स पापभाक् ॥२४॥

इतो गमिष्याम्यथवेति वादिनी चचाल बाला स्तनभिन्नवल्कला ।
स्वरूपमास्थाय च तां कृतस्मितः समाललम्बे वृषराजकेतनः ॥२५॥

तं वीक्ष्य वेपथुमती सहसाङ्गयष्टिर्निक्षेपणाय पदमुद्धृतमुद्वहन्ती ।
मार्गाचलव्यतिकराकुलितेव सिन्धुः शैलाधिराजतनया न ययौ न तस्थौ ।२६।

अद्यप्रभृत्यवनताङ्गि ! तवास्मि दासः क्रीतस्तपोभिरिति वादिनि चन्द्रमौलौ ।
अह्नाय सा नियमजं क्लममुत्ससर्ज क्लेशः फलेन हि पुनर्नवतां विधत्ते ।२७।

(रघुवंशे)

अलं महीपाल तव श्रमेण प्रयुक्तमप्यस्त्रमितो वृथा स्यात् ।
न पादपोन्मूलनशक्तिरंहः शिलोच्चये मूर्च्छति मारुतस्य ॥२८॥

एकातपत्रं जगतः प्रभुत्वं नवं वयः कान्तमिदं वपुश्च ।
अल्पस्य हेतोर्बहु हातुमिच्छन् विचारमूढः प्रतिभासि मे त्वम् ॥२९॥

रघुमेव निवृत्तयौवनं तममन्यन्त नवेश्वरं प्रजाः ।
स हि तस्य न केवलां श्रियं प्रतिपेदे सकलान् गुणानपि ॥३०॥

वपुषा करणोज्झितेन सा निपतन्ती पतिमप्यपातयत् ।
ननु तैलनिषेकविन्दुना सह दीपार्चिरुपैति मेदिनीम् ॥३१॥

विललाप स वाष्पगद्गदं सहजामप्यपहाय धीरताम् ।
अभितप्तमयोऽपि मार्दवं भजते कैव कथा शरीरिषु ॥३२॥

स्रगियं यदि जीवितापहा हृदये किं निहिता न हन्ति माम् ।
विषमप्यमृतं क्वचिद्भवेदमृतं वा विषमीश्वरेच्छया ॥३३॥

कुसुमान्यपि गात्रसङ्गमात्प्रभवन्त्यायुरपोहितुं यदि ।
न भविष्यति हन्त साधनं किमिवान्यत्प्रहरिष्यतो विधेः ॥३४॥

शिव, कौमुदी=प्रकाश । २४—आली=सखी, वटु=ब्रह्मचारी । २५—वृषराजकेतन=शिव । २७—अह्नाय=शीघ्र । २८—रहस्=वेग । ३१—मेदिनी=पृथिवी । ३२—अयस्=लोहा । ३३—स्रक्=माला ।

अथवा मम भाग्यविप्लवादशनिः कल्पित एष वेधसा ।
यदनेन तरुर्न पातितः क्षपिता तद्विटपाश्रिता लता ॥३५॥
गृहिणी सचिवः सखी मिथः प्रियशिष्या ललिते कलाविधौ ।
करुणाविमुखेन मृत्युना हरता त्वां वत किन्न मे हृतम् ॥३६॥

(नैषधे)

मदेकपुत्रा जननी जरातुरा नवप्रसूतिर्वरटा तपस्विनी ।
गतिस्तयोरेष जनस्तमर्दयन्नहो विधे त्वां करुणा रुणद्धि न ॥३७॥
पदे-पदे सन्ति भटा रणोद्भटा न तेषु हिंसारस एष पूर्यते ।
धिगीदृशं ते नृपते कुविक्रमं कृपाश्रये यः कृपणे पतत्रिणि ॥३८॥
इत्थममुं विलपन्तममुञ्चद्दीनदयालुतयावनिपालः ।
रूपमदर्शि धृतोऽसि यदर्थं गच्छ यथेच्छमथेत्यभिधाय ॥३९॥

(ग) नीतिसम्बन्धी रोचक श्लोक*

कनकभूषणसंग्रहणोचितो यदि मणिस्त्रपुणि प्रणिधीयते ।
न स विरौति न चापि स शोभते भवति योजयितुर्वचनीयता ॥४०॥
शशिदिवाकरयोर्ग्रहपीडनं गजभुजङ्गमयोरपि बन्धनम् ।
मतिमतां च निरीक्ष्य दरिद्रतां विधिरहो बलवानिति मे मतिः ॥४१॥
कुमुदवनमपश्रि श्रीमदम्भोजखण्डं
त्यजति मुदमुलूकः प्रीतिमांश्चक्रवाकः ॥
उदयमहिमरश्मिर्याति शीतांशुरस्तं
हतविधिनिहतानां हा विचित्रो विपाकः ॥ (१९५४)
मातेव रक्षति पितेव हिते नियुङ्क्ते
कान्तेव चाभिरमयत्यपनीय खेदम् ।
कीर्त्तिं च दिक्षु विमलां वितनोति लक्ष्मीं
किं किं न साधयति कल्पलतेव विद्या ॥

३५—अशनि = वज्र । ३७—वरटा = हंसी । ३८—पतत्रिन्-पक्षी । ३९—अवनिपाल = राजा (नल) ।

*—ये श्लोक शिक्षा-प्रद होने से स्मरणीय हैं । ये पिछले वर्षों यू० पी० हाईस्कूल एवं एडमिशन की परीक्षाओं के प्रश्न-पत्रों में प्रायः आये हैं और आने योग्य भी हैं । अतः इनका विशेष महत्त्व है ।

न चौरहार्यं न च राजहार्यं न भ्रातृभाज्यं न च भारकारि।
व्यये कृते वर्धत एव नित्यं विद्याधनं सर्वधनप्रधानम् ॥५॥ (१९५४)

(लक्ष्मणो रामसन्देशं व्याहरति—)

तुल्यान्वयेत्यनुगुणेति गुणोन्नतेति दुःखे सुखे च सुचिरं सहवासिनीति।
जानामि केवलमहं जनवादभीत्या सीते! त्यजामि भवतीं न तु भावदोषात्॥
॥६॥

(सीता राममधिकृत्य—)

किं वा तवात्यन्तवियोगमोघे कुर्यामुपेक्षां हतजीवितेऽस्मिन्।
स्याद्रक्षणीयं यदि मे न तेजस्त्वदीयमन्तर्गतमन्तरायः ॥७॥
साहं तपः सूर्यनिविष्टदृष्टिरूर्ध्वं प्रसूतेश्चरितुं यतिष्ये।
भूया यथा मे जननान्तरेऽपि त्वमेव भर्ता न च विप्रयोगः ॥८॥

घृष्टं घृष्टं पुनरपि पुनश्चन्दनं चारुगन्धं
छिन्नं छिन्नं पुनरपि पुनः स्वादु चैवेक्षुकाण्डम्।
दग्धं दग्धं पुनरपि पुनः काञ्चनं कान्तवर्णं
प्राणान्तेऽपि प्रकृतिविकृतिर्जायते नोत्तमानाम् ॥९॥

यावत्स्वस्थमिदं शरीरमरुजं यावज्जरा दूरतो
यावच्चेन्द्रियशक्तिरप्रतिहता यावत्क्षयो नायुषः।
आत्मश्रेयसि तावदेव विदुषा कार्यः प्रयत्नो महान्
संदीप्ते भवने तु कूपखननं प्रत्युद्यमः कीदृशः ॥१०॥

सारङ्गाः सुहृदो गृहं गिरिगुहा शान्तिः प्रिया गेहिनी।
वृत्तिर्वन्यलताफलैर्निवसनं श्रेष्ठं तरूणां त्वचः।
तद्ध्यानामृतपूतमग्नमनसां येषामियं निर्वृति-
स्तेषामिन्दुकलाऽवतंसयमिनां मोक्षेऽपि नो न स्पृहा ॥११॥

मित्रं प्रीतिरसायनं नयनयोरानन्दनं चेतसः
पात्रं यत् सुखदुःखयोः सह भवेन्मित्रं हि तद्दुर्लभम्।
ये चान्ये सुहृदः समृद्धिसमये द्रव्याभिलाषाकुला-
स्ते सर्वत्र मिलन्ति तत्त्वनिकषग्रावा तु तेषां विपत् ॥१२॥(१९५२)

लक्ष्मि क्षमस्व वचनीयमिदं यदुक्तमन्धीभवन्ति पुरुषास्त्वदुपासनेन।
नो चेत्कथं कमलपत्रविशालनेत्रो नारायणः स्वपिति पन्नगभोगतल्पे ॥१३॥
(१९५४)

महाराज श्रीमन् ! जगति यशसा ते धवलिते
पयः पारावारं परमपुरुषोऽयं मृगयते ।
कपर्दी कैलासं करिवरमभौमं कुलिशभृत्
कलानाथं राहुः कमलभवनो हंसमधुना ॥१४॥ (१९५२)

सिंहो व्याकरणस्य कर्तुरहरत् प्राणान्प्रियान्पाणिनेः
मीमांसाकृतमुन्ममाथ सहसा हस्ती मुनिं जैमिनिम् ।
छन्दोज्ञाननिधिं जघान मकरो वेलातटे पिङ्गलम्
अज्ञानावृतचेतसामतिरुषां कोऽर्थस्तिरश्चां गुणैः ॥१५॥

दूरादुच्छ्रितपाणिरार्द्रनयनः प्रोत्सारितार्धासनो
गाढालिङ्गनतत्परः प्रियकथाप्रश्नेषु दत्तादरः ।
अन्तर्भूतविषो बहिर्मधुमयश्चातीव मायापटुः
को नामायमपूर्वनाटकविधिर्यः शिक्षितो दुर्जनैः ॥१६॥ (१९५३)

यद्धात्रा निजभालपट्टलिखितं स्तोकं महद्वा धनं
तत्प्राप्नोति मरुस्थलेऽपि नितरां मेरौ ततो नाधिकम् ।
तद्धीरो भव वित्तवत्सु कृपणां वृत्तिं वृथा मा कृथाः
कूपे पश्य पयोनिधावपि घटो गृह्णाति तुल्यं जलम् ॥१७॥(१९५७)

प्राक् पादयोः पतति खादति पृष्ठमांसं
कर्णे कलं किमपि रौति शनैर्विचित्रम् ।
छिद्रं निरूप्य सहसा प्रविशत्यशङ्कं
सर्वं खलस्य चरितं मशकः करोति ॥१८॥ (१९५३)

कस्यादेशात् क्षपयति तमः सप्तसप्तिः प्रजानां
छायाहेतोः पथि विटपिनामञ्जलिः केन बद्धः ।
अभ्यर्थ्यन्ते जललवमुचः केन वा वृष्टिहेतोः
जात्यैवैते परहितविधौ साधवो बद्धकक्ष्याः ॥१९॥

वयमिह परितुष्टा वल्कलैस्त्वं च लक्ष्म्या
सम इह परितोषो निर्विशेषो विशेषः ।
स तु भवति दरिद्रो यस्य तृष्णा विशाला
मनसि च परितुष्टे कोऽर्थवान् को दरिद्रः ॥२०॥

उचितमनुचितं वा कुर्वता कार्यजातं
परिणतिरवधार्या यत्नतः पण्डितेन ।

अतिरभसकृतानां कर्मणामाविपत्ते-
भंवति हृदयदाही शल्यतुल्यो विपाकः ॥२१॥ (१९५४)

आश्वास्य पर्वतकुलं तपनोष्णतप्त-
मुद्दामदावविधुराणि च काननानि ।
नानानदीनदशतानि च पूरयित्वा
रिक्तोऽसि यज्जलद सैव तवोत्तमश्रीः ॥२२॥ (१९५०)

स हि गगनविहारी कल्मषध्वंसकारी दशशतकरधारी ज्योतिषां मध्यचारी ।
विधुरपि विधियोगाद् ग्रस्यते राहुणासौ लिखितमपि ललाटे प्रोज्झितुं कः समर्थः
॥२३॥

सत्यं न मे विभवनाशकृतास्ति चिन्ता भाग्यक्रमेण हि धनानि भवन्ति यान्ति ।
एतत्तु मां दहति नष्टधनाश्रयस्य यत्सौहृदादपि जनाः शिथिलीभवन्ति ॥२४॥

उद्योगिनं पुरुषसिंहमुपैति लक्ष्मीर्दैवेन देयमिति कापुरुषा वदन्ति ।
दैवं निहत्य कुरु पौरुषमात्मशक्त्या यत्ने कृते यदि न सिध्यति कोऽत्र दोषः ॥२५॥

तानीन्द्रियाण्यविकलानि तदेव नाम सा बुद्धिरप्रतिहता वचनं तदेव ।
अर्थोष्मणा विरहितः पुरुषः स एव ह्यन्यः क्षणेन भवतीति विचित्रमेतत् ॥२६॥

गुणा गुणज्ञेषु गुणा भवन्ति ते निर्गुणं प्राप्य भवन्ति दोषाः ।
आस्वाद्यतोयाः प्रभवन्ति नद्यः समुद्रमासाद्य भवन्त्यपेयाः ॥२७॥ (१९५२)

को वीरस्य मनस्विनः स्वविषयः को वा विदेशस्तथा
यं देशं श्रयते तमेव कुरुते बाहुप्रतापार्जितम् ।
यद्दंष्ट्रानखलांगुलप्रहरणैः सिंहो वनं गाहते
तस्मिन्नेव हतद्विपेन्द्ररुधिरैस्तृष्णां छिनत्त्यात्मनः ॥२८॥

कल्याणानां त्वमसि महसां भाजनं विश्वमूर्ते-
र्धुर्यां लक्ष्मीमथ मयि भृशं धेहि देव प्रसीद ।
यद्यत्पापं प्रतिजहि जगन्नाथ नम्रस्य तन्मे
भद्रं भद्रं वितर भगवन्भूयसे मङ्गलाय ॥२९॥

चित्रं चित्रं बत बत महच्चित्रमेतद्विचित्रं
जातो दैवादुचितरचनासंविधाता विधाता ।
यन्निम्बानां परिणतफलप्रीतिरास्वादनीया
यच्चैतस्याः कवलनकलाकोविदः काकलोकः ॥३०॥

घर्मार्तं न तथा सुशीतलजलैः स्नानं न मुक्तावली

न श्रीखण्डविलेपनं सुखयति प्रत्यङ्गमप्यर्पितम् ।
प्रीत्या सज्जनभाषितं प्रभवति प्रायो यथा चेतसः
सद्युक्त्या च पुरस्कृतं सुकृतिनामाकृष्टिमन्त्रोपमम् ॥३१॥

सरल हिन्दी में व्याख्या कीजिए—

नाद्रव्ये निहिता काचित् क्रिया फलवती भवेत् ।
न व्यापारशतेनापि शुकवत् पाठ्यते बकः ॥१॥ (१९५३)
तृणानि भूमिरुदकं वाक् चतुर्थी च सूनृता ।
सतामेतानि गेहेषु नोच्छिद्यन्ते कदाचन ॥२॥ (१९५२)
जातमात्रं न यः शत्रुं व्याधिं च प्रशमं नयेत् ।
अतिपुष्टांगयुक्तोऽपि स पश्चात्तेन हन्यते ॥३॥ (१९५२)
सर्वं परवशं दुःखं सर्वमात्मवशं सुखम् ।
एतद् विद्यात् समासेन लक्षणं सुखदुःखयोः ॥४॥ (१९५१)
नीतो न केनापि न दृष्टपूर्वो न श्रूयते हेममयः कुरङ्गः ।
तथापि तृष्णा रघुनन्दनस्य विनाशकाले विपरीतबुद्धिः ॥५॥
दुष्प्राप्याणि च वस्तूनि लभ्यन्ते वाञ्छितानि च ।
पुरुषैः संशयारूढैरलसैर्न कदाचन ॥६॥
पशवोऽपि हि जीवन्ति केवलं स्वोदरम्भराः ।
तस्यैव जीवितं श्लाघ्यं यः परार्थं हि जीवति ॥७॥
मृषा वदति लोकोऽयं ताम्बूलं मुखभूषणम् ।
मुखस्य भूषणं पुंसः स्यादेकैव सरस्वती ॥८॥
सहकारे चिरं स्थित्वा सलीलं बालकोकिल ।
तं हित्वाऽद्यान्यवृक्षेषु विचरन्न विलज्जसे ॥९॥
अनिष्टादिष्टलाभेऽपि न गतिर्जायते शुभा ।
यत्रास्ते विषसंसर्गोऽमृतं तदपि मृत्यवे ॥१०॥
अम्भोजिनीवनविहारविलासमेव हंसस्य हन्ति नितरां कुपितो विधाता ।
न त्वस्य दुग्धजलभेदविधौ प्रसिद्धां वैदग्ध्यकीर्तिमपहर्तुमसौ समर्थः ॥११॥
आयाति याति पुनरेव जलं प्रयाति
पद्माङ्कुराणि विचिनोति धुनोति पक्षौ ।
उन्मत्तवद् भ्रमति कूजति मन्दमन्दं
कान्तावियोगविधुरो निशि चक्रवाकः ॥१२॥

विद्या विनयोपेता हरति न चेतांसि कस्य मनुजस्य ।
काञ्चनमणिसंयोगो नो जनयति कस्य लोचनानन्दम् ॥१३॥

आरम्भगुर्वी क्षयिणी क्रमेण लघ्वी पुरा वृद्धिमती च पश्चात् ।
दिनस्य पूर्वार्धपरार्धभिन्ना छायेव मैत्री खल-सज्जनानाम् ॥१४॥

स्त्रीणां हि साहचर्याद् भवन्ति चेतांसि भर्तृसदृशानि ।
मधुरापि हि मूर्च्छयते विषविटप-समाश्रिता वल्ली ॥१५॥

कान्पृच्छामः सुराः स्वर्गे निवसामो वयं भुवि ।
किंवा काव्यरसः स्वादुः किंवा स्वादीयसी सुधा ॥१६॥

अलिरसौ नलिनीवनवल्लभः कुमुदिनीकुलकेलिकलारसः ।
विधिवशेन विदेशमुपागतः कुटजपुष्परसं बहु मन्यते ॥१७॥

विधौ विरुद्धे न पयः पयोनिधौ सुधौघसिन्धौ न सुधा सुधाकरे ।
न वाञ्छितं सिध्यति कल्पपादपे न हेम हेमप्रभवे गिरावपि ॥१८॥

असम्भवं हेममृगस्य जन्म तथापि रामो लुलुभे मृगाय ।
प्रायः समापन्नविपत्तिकाले धियोऽपि पुंसां मलिनीभवन्ति ॥१९॥ (१९५२)

मृगमीनसज्जनानां तृणजलसन्तोषविहितवृत्तीनाम् ।
लुब्धकधीवरपिशुना निष्कारणवैरिणो जगति ॥२०॥ (१९५७)

रत्नैर्महार्हैस्तुतुषुर्न देवा न भेजिरे भीमविषेण भीतिम् ।
सुधां विना न प्रययुर्विरामं न निश्चितार्थाद्विरमन्ति धीराः ॥२१॥(१९५८)

जनयति हृदि खेदं मङ्गलं न प्रसूते
परिहरति यशांसि ग्लानिमाविष्करोति ।
उपकृतिरहितानां सर्वभोगच्युतानां
कृपणकरगतानां संपदां दुर्विपाकः ॥२२॥

पात्रं पवित्रयति नैव गुणान् क्षिणोति
स्नेहं न संहरति नापि मलं प्रसूते ।
दोषावसानरुचिरश्चलतां न धत्ते
सत्सङ्गमः सुकृतसद्मनि कोऽपि दीपः ॥२३॥

पञ्चमोऽध्यायः

हिन्दी-संस्कृत-अनुवाद

(१)

१. बड़ों के उपदेश की अवहेलना न करो। २. जल्दी न करो, रेलगाड़ी पर पहुँचने के लिए काफी समय है। ३. किसके साथ मैं अपने दुःख को बँटा सकता हूँ ? ४. चपलता न करो इससे तुम्हारा स्वभाव बिगड़ जायगा। ५. तुम इधर-उधर की क्यों हाँकते हो, प्रस्तुत विषय पर आओ।

संस्कृतानुवादः

१. गुरूणामुपदेशान् माऽवमंस्थाः। २. मा त्वरिष्ठाः कालात् प्रयास्यसि रेलयानम्। ३. केन साधारणीकरोमि दुःखम्। ४. मा चापलाय, विकरिष्यते ते शीलम्। ५. किमित्यप्रस्तुतमालपसि, प्रस्तुतमनुसन्धीयताम्।

(२)

१. उसने मुझ से एक हजार रुपये ठग लिये, पुलिस उसका पीछा कर रही है। २. एक स्त्री जल के घड़े को लेकर पानी लेने जा रही है। ३. सूर्य की प्रखर किरणों से वृक्ष लता सब सूख जाते हैं। ४. मैं घर जाकर अपने मित्रों से पूछ कर आऊँगा। ५. माता-पिता और गुरुजनों का सम्मान करना उचित है। ६. देशाटन करने से शरीर बलवान् होता है। ७. मैं तुम्हारी जरा भी परवाह नहीं करता, तुम यों ही बड़े बनते हो।

संस्कृतानुवादः

१. सा मां रूप्यकसहस्रादवञ्चयत*, रक्षितवर्गस्तमनुसरति। २. एका स्त्री जलकुम्भमादाय जलमानेतुं गच्छति। ३. सूर्य्यस्य तीक्ष्णकिरणैः वृक्षलताः शुष्का भवन्ति। ४. अहं गृहं गत्वा मित्राणि पृष्ट्वा आगमिष्यामि। ५. पितरौ गुरुजनाश्च सम्माननीयाः। ६. देशपर्यटनेन शरीरं बलवद् भवति। ७. अहं त्वां †तृणाय मन्ये, अकारणं गुरुतां धत्से।

---

*यहाँ ठगे जाने के अर्थ में पञ्चमी हुई और 'अवञ्चयत' यह प्रयोग वञ्चि (चुरादिगणीय) आत्मनेपद का है।

†—'मन्ये' के साथ चतुर्थी का प्रयोग हुआ है।

(३)

१. मेरा भाई और मैं मैच देखने जा रहे हैं, पता नहीं, कब लौटेंगे। २. डूबते को तिनके का सहारा। ३. इस समय मेरी घड़ी में पौने चार बजे हैं। ४. वह सदैव मेरी उन्नति में रोड़े अटकाता रहा है। ५. न्यूयार्क में मनुष्यों की चहल-पहल देखने योग्य है। ६. गोपाल ने इतने जोर से गेंद मारी कि शीशा टूट कर चूर-चूर हो गया। ७. दमयन्ती सुन्दरता में अन्तःपुर की अन्य स्त्रियों से बाजी ले गयी है।

संस्कृतानुवादः

१. मम सोदर्योऽहं च विजिगीषाखेलां प्रेक्षितुं गच्छावः, न विद्मः कदा परापतावः। २. मज्जतो हि कुशं वा काशं वाऽवलम्बनम्। ३. अधुना मम कालमापनी (घटिकायन्त्रम्) पादोनचतुर्थीं होरां दिशति। ४. स मे समुन्नतिपथं सदैव प्रतिबध्नाति। ५. न्यूयार्कनगरे प्रचुरो जनसञ्चारः दर्शनीयः। ६. गोपालस्तथा वेगेन कंदुकं प्राहरत् यथाऽऽदर्शः परिस्फुट्य खण्डशोऽभूत्। ७. दमयन्ती लावण्येन सर्वान्तःपुरवनिताः अतिक्रामति (प्रत्यादिशति वा)।

(४)

१. जो होना हो सो हो, मैं उसके सामने नहीं झुकूंगा। २. राम ने वन में लाखों राक्षसों को मारा। ३. वह वानर वृक्ष से उतर कर नीचे बैठा है। ४. विद्याहीन मनुष्य और पशुओं में कोई भेद नहीं है। ५. एक पागल लड़का दौड़ता हुआ आया। ६. ईश्वर की कृपा से उसका शरीर नीरोग हो गया। ७. उसने रमेश को खूब उल्लू बनाया।

संस्कृतानुवादः

१. यद्भावि तद्भवतु, नाहं तस्य पुरः शिरोऽवनमयिष्यामि। २. रामः वने लक्षशः राक्षसान् जघान। ३. स वानरः वृक्षात् अवतीर्य्य नीचैः उपविष्टोऽस्ति। ४. विद्याहीनानां नराणां पशूनाञ्च कोऽपि भेदो नास्ति। ५. कश्चित् (एकः) उन्मत्तो बालक इतो धावन्नागतः। ६. ईश्वरस्य कृपया तस्य शरीरं नीरोगम् अभवत्। ७. स रमेशं मातृमुखमुपदर्श्य व्यडम्बयत्।

(५)

१. उसकी मुट्ठी गरम करो, फिर तुम्हारा काम हो जायगा। २. मैंने आज पढ़ा नहीं, इसलिए मेरे पिता मुझ पर नाराज थे। ३. मैं खेलकर समय

नष्ट नहीं करूँगा। ४. तुम घर जाओ, तुम्हारे साथ मैं नहीं खेलूंगा। ५. देवदत्त आज मेरे घर आयेगा। ६. गत वर्ष परीक्षा में वह उत्तीर्ण नहीं हुआ, इस कारण परिश्रम से पढ़ता है। ७. चार दिन की चाँदनी फिर अँधेरी रात।

संस्कृतानुवादः

१. उत्कोचं तस्मै देहि तेन तव कार्यं सेत्स्यति। २. अहमद्य नापठम्, अतः मम पिता मयि अप्रसन्न आसीत्। ३. अहं क्रीडित्वा समयं न नंक्ष्यामि। ४. त्वं गृहं गच्छ, त्वया सह अहं न क्रीडिष्यामि। ५. देवदत्तः अद्य मम गृहमागमिष्यति। ६. गतवर्षे स परीक्षामुत्तीर्णो नाभवत्, अतः श्रमेण पठति। ७. अहानि कतिपयानि सम्पदस्ततो व्यापदः।

(६)

१. आपको अपने काम से मतलब, औरों की बातों में क्यों टाँग अड़ाते हो। २. उसका दाँव नहीं चला, नहीं तो तुम इस समय अपना सिर धुनाते होते। ३. चिर प्रवासी तथा रोगी रहने से वह ऐसा बदल गया है कि पहचाना नहीं जाता। ४. उसकी ऐसी दशा देखकर मेरा जी भर आया। ५. मेरी सब आशाओं पर पानी फिर गया। ६. तुम तो दूसरे के घर में आग लगा कर तमाशा देखना चाहते हो। ७. तुम सदा मन में लड्डू खाते हो।

संस्कृतानुवादः

१. भवान् पराधिकारचर्चां किमिति करोति। २. न स प्रभावश्शाठ्यस्य अन्यथा सम्प्रति स्वानि भाग्यानि निन्दयिष्यसि। ३. चिरं विप्रोषितो रुग्णश्चासौ तथा परिवृत्तो यथा परिचेतुं न शक्यः। ४. तस्य तथावस्थामवलोक्य करुणार्द्रचेता अभवम्। ५. सर्वा ममाशा मोघाः सञ्जाताः। ६. त्वं तु परगृहेषु विसंवादमुद्भाव्य कौतुकं मार्गयसि। ७. मनोरथस्य मोदकप्रायानिष्टानर्थानित्थं भुङ्क्षे।

(७)

१. दिल बहलाने को यह ख्याल अच्छा है। २. ईश्वर जब देता है तब छप्पर फाड़कर देता है। ३. मैंने सारी रात आखों में काटी। ४. आजकल प्रत्येक मनुष्य अपना उल्लू सीधा करना चाहता है, दूसरों के हित की उसे चिन्ता नहीं। ५. आज सबेरे ही सबेरे बीस रुपयों पर पानी फिर गया। ६. मुझे इस बात के सिर पैर का पता नहीं लगता। ७. व्यायाम सौ दवा की एक दवा है, फिर हींग लगे न फिटकिरी।

संस्कृतानुवादः

१. आत्मनो विनोदाय कल्पतेऽयं विचारः । २. भाग्यानां द्वाराणि भवन्ति सर्वत्र । ३. पर्यङ्के निषण्णस्य ममाक्ष्णोः प्रभातमासीत् । ४. अद्यत्वे सर्वः स्वार्थमेव समीहते, परहितं तु नैव चिन्तयति । ५. अद्य प्रातरेव विंशते रूप्यकाणां हानिर्मे जाता । ६. अस्या वार्ताया अन्तादी (आद्यन्तौ वा) नावगच्छामि । ७. व्यायामो हि भेषजानां भेषजम्, एतदर्थे कश्चिद्व्ययोऽपि नानुभवितव्यो भवति ।

(८)

पुराणों में कथा है कि एक बार धर्म और सत्य में विवाद हुआ । धर्म ने कहा—"मैं बड़ा हूँ", सत्य ने कहा—"मैं" । अन्त में निर्णय कराने के लिए दोनों शेषजी के पास गये । उन्होंने कहा कि "जो पृथ्वी धारण करे वही बड़ा" । इस प्रतिज्ञा पर धर्म को पृथ्वी दी, तो वे व्याकुल हो गये, फिर सत्य को दी, उन्होंने कई युग तक पृथ्वी को उठा रखा ।

संस्कृतानुवादः

पुराणेषु श्रूयते एकदा धर्मसत्ययोः परस्परं विवादोऽभवत् । धर्मोऽब्रवीत् "अहं बलवान्" । सत्यमवदत् "अहम्" इति । अन्ते निर्णायितुं तौ सर्पराजस्य समीपं गतौ । तेनोक्तं यत् "यः पृथ्वीं धारयेत् स एव बलवान् भवेदिति ।" अनया प्रतिज्ञया धर्माय पृथ्वीं ददौ । स हि धर्मो व्याकुलोऽभवत् । पुनः सत्याय ददौ । सत्यं च कतिपययुगानि यावत् पृथ्वीमुदस्थापयत् ।

(९)

१. उसके मुंह न लगना, वह बहुत चलता पुरजा है । २. सबेरे उठकर पढ़ने बैठ जाओ । ३. परीक्षा के बाद छुट्टियों में दूसरी जगह जाना अच्छा है । ४. अच्छी तरह पास करोगे तो एक पुस्तक मिलेगी । ५. हस्तलिपि को साफ एवं शुद्ध बनाओ । ६. पढने के समय दूसरी ओर ध्यान मत दो । ७. मेरे पाँव में काँटा चुभ गया है, उसे सुई से निकालो ।

संस्कृतानुवादः

१. तेन साकं नातिपरिचयः कार्यः, कितवोऽसौ । २. प्रातरुत्थाय अध्येतुमुपविश । ३—परीक्षान्तरम् अवकाशेषु अन्यत्र गमनं वरम् । ४. सम्यगुत्तीर्णो भवेस्तर्हि पुस्तकमेकं लभेथाः । ५. हस्तलिपिं स्पष्टां शुद्धां च कुरु । ६. अध्ययनसमये, अन्यत्र नावधेहि । ७. मम पादे कण्टको लग्नः, तं सूच्या समुद्धर ।

(१०)

१. एक ही बात अलापते जाते हो दूसरे की सुनते ही नहीं। २. पति-वियोग से वह सूखकर काँटा हो गई है। ३. फोड़े में पीप भर गया है और उसका मुंह भी बन गया है, अब उसे चीर दिया जायगा। ४. जिसका काम उसी को साजे और करे तो ठींगा बाजे। ५. इस दुर्घटना में वह बाल-बाल बच गया। ६. पहले उसने अपनी जायदाद बंधक रखी थी, अब वह दिवाला दे रहा है। ७. विष वृक्ष को भी पाल-पोस करके स्वयं काटना ठीक नहीं।

संस्कृतानुवादः

१. एकमेवार्थमनुलपसि, न चान्यं शृणोषि। २. पतिवियोगेन सा तनुतां गता ३. व्रणः पूयक्लिन्नो बद्धमुखश्च जातः, इदानीमस्य शालाक्यं करिष्यते। ४. यद् यस्योचितं तत् एव समाचरन् स शोभते इतरस्तु प्रवृत्तो लोकस्य हास्यो भवति। ५. अस्मिन् दुर्योगे दैवात् तस्यासवो रक्षिताः। ६. पूर्वं स स्वां सम्पत्तिं बन्धकेऽददात् साम्प्रतम् ऋणशोधनेऽक्षमतामुद्घोषयति। ७. विषवृक्षोऽपि संवर्ध्य स्वयं छेत्तुमसाम्प्रतम्।

(११)

रात्रि समाप्त हुई, प्रभात का रमणीक दृश्य दृष्टिगोचर होने लगा। तारा-गण जो रात के अंधेरे में चमक दमक दिखा रहे थे, अपने प्रकाश को फीका देखकर धीरे-धीरे लुप्त हो गये। जैसे चोर प्रभात का प्रकाश होते ही अपने-अपने ठिकाने को भागते हैं, ऐसे ही रात्रि की स्याही का रंग उड़ा। पूर्व दिशा में सफेदी प्रकट हुई मानो प्रेमी सुबह ने प्रेमिका रात्रि के स्याह बिखरे बालों को मुख से समेट लिया और उसका उज्ज्वल मस्तक दीखने लगा। प्रातःकाल की वायु, युवकों की तरह अठखेलियाँ करती हुई चली। पक्षियों ने चह-चहाना आरम्भ किया। उद्यान में कलिकाएँ खिलने लगीं, जैसे नींद से कोई नेत्र खोले।

संस्कृतानुवादः

रात्रिर्गता, प्रातः सुरम्यं दृश्यं दृष्टिपथमवाप्नोत्। नक्तं तमसि रोचिष्णू-न्युडूनि सम्प्रति मन्दरुचीनि सन्ति तिरोहितानि। यथा तस्कराः प्रातरालोके स्वावासं प्रति विद्रवन्ति तथैव रात्रिश्यामिकापि। पूर्वस्यां दिशि प्रकाशः उद-गात्, मन्ये प्रियं प्रातः प्रियाया निशाया असितान् पर्याकुलान् मूर्धजान् मुखा-त्प्रतिसमहार्षीत् समुज्ज्वलं च तन्मस्तकं दृष्टिपथमवातरत्। प्राभातिको

वायुर्युवजनवत् सविभ्रममवात् । पक्षिणः कलरवं कर्तुमारभन्त । उद्याने कलिका विकासोन्मुख्यः सञ्जाताः, यथा सुप्तोत्थितः कश्चिन्निमीलिते लोचने समुन्मीलयेत् ।

(१२)

(१२, १३ खण्डों में सोपसर्ग धातुओं का प्रयोग किया गया है ।)

१—हिमालय से गंगा निकलती है । २. चन्द्रमा के निकलने पर अंधकार दूर हो गया । ३. यह पहलवान दूसरे पहलवान से टक्कर ले सकता है । ४. वह शीघ्र ही वियोग की पीड़ा का अनुभव करेगा । ५. तुम ठीक ही कह रहे हो, तुम्हारी युक्ति में मुझे कोई दोष दिखाई नहीं देता है । ६. जो शारीरिक शत्रुओं को वश में कर लेते हैं वे ही सच्चे विजयी हैं । ७. जो रामायण की कथा कहता है वह जनता की सेवा करता है । ८. गौओं को इकट्ठी करो, आओ घर ले चलें ? ९. जब मैं तुम्हारे भाषण पर विचार करता हूँ तब उसमें मुझे अधिक गुण नहीं दिखाई देते । १०. चन्द्रमा चाण्डाल के घर से चाँदनी को नहीं हटाता ।

संस्कृतानुवादः

हिमवतो गङ्गा उद्भवति । २. आविर्भूते शशिनि अन्धकारस्तिरोऽभूत् । ३. अयं मल्लः अन्यस्मै मल्लाय प्रभवति । ४. अचिरमेव स वियोगव्यथाम् अनुभविष्यति । ५. युक्तमेव कथयति भवान्, नाहं भवतस्तर्के दोषं विभावयामि । ६. ये शरीरस्थान् रिपूनधिकुर्वते ते नाम जयिनः । ७. यो रामायणं प्रकुरुते स खलु माधिष्ठमुपकरोति लोकस्य । ८. गावः संह्रियन्तां गृहं प्रतिनिवर्तामहे । ९. यदाहं तव भाषितं परिभावयामि तदा नात्र बहुगुणं विभावयामि । १०. न हि संहरते ज्योत्स्नां चन्द्रश्चाण्डालवेश्मनः ।

(१३)

१. सूर्य निकल रहा है और अँधेरा दूर हो रहा है । २. लंका से लौटते हुए राम को लाने के लिए भरत आगे बढ़ा । ३. हमारे घर आज एक मेहमान आया है उसका आतिथ्य सत्कार करना है । ४. जो शिष्टाचार की सीमा लाँघते हैं वे निन्दित हो जाते हैं । ५. बहुत से लोग इस सड़क से आते जाते हैं । ६. मोटर पास में लाओ जिससे मैं चढ़ सकूं । ७. निःसन्देह तुम इस उज्ज्वल चरित्र से अपने वंश को ऊँचा उठा दोगे । ८. इस युक्ति का हम इस प्रकार विरोध करते हैं । ९. प्रत्येक वर्ष हमें गाँव से सौ रुपये लगान मिलता

है। १०. लोगों को योगविधि का उपदेश करता हुआ योगी पृथ्वी पर घूमा। ११. उस राज्य में पुत्र पिता के विरुद्ध आचरण करते थे और नारियाँ पति के विरुद्ध। १२. जब तक पृथ्वी पर पर्वत स्थिर रहेंगे और नदियां बहती रहेंगी तब तक लोगों में रामायण की कथा प्रचलित रहेगी।

संस्कृतानुवादः

१. भानुरुद्गच्छति तिमिरश्चापगच्छति। २. लङ्कातो निवर्तमानं रामं भरतः प्रत्युज्जगाम। ३. अद्यास्मद् गृहानेकोऽभ्यागतोऽभ्यागमत् स आतिथ्येन सत्करणीयः। ४. ये समुदाचारमुच्चरन्ते तेऽवगीयन्ते। ५. भूयांसो जना मार्गेणानेन संचरन्ते। ६. उपनय मोटरयानं यावदारोहामि। ७. अवदातेनानेन कुलमुन्नेष्यसि नात्र सन्देहः। ८. इत्युक्तेरेवं प्रत्यवतिष्ठामहे। ९. प्रत्यब्दं शतं रूप्यका उत्तिष्ठन्त्यस्माद् ग्रामात्। १०. योगी लोकं योगविधिमुपदिशन् भुवं विचचार। ११. तस्मिन् राज्ये पुत्राः पितॄनत्यचरन् नार्यश्चात्यचरन् पतीन्।

१२—यावत्स्थास्यन्ति गिरयः सरितश्च महीतले।
तावद्रामायणकथा लोकेषु प्रचरिष्यति॥

(१४)

एक समय राजा दिलीप ने अश्वमेध यज्ञ करने के लिए एक घोड़ा छोड़ा। उसकी रक्षा का भार रघु पर पड़ा। वह घोड़े के पीछे-पीछे चला। इन्द्र ने इस डर से कि 'सौ यज्ञ करके दिलीप मेरा पद ले लेगा' छिप कर उस घोड़े को चुरा लिया। नन्दिनी की कृपा से रघु को यह बात विदित हुई और पहले उसने साम-नीति से इन्द्र से वह घोड़ा मांगा, न मिलने पर रघु ने इन्द्र के साथ युद्ध आरंभ किया। उनके बीच युद्ध होने पर रघु ने ही पहले इन्द्र के हृदय पर बाण मारा। प्रहार से क्रुद्ध होकर उसने भी रघु पर बाण मारा। दानवों के रक्त निरन्तर पीते रहने के कारण और मनुष्य के खून का स्वाद न जानते हुए, मानो वह बाण रघु का खून पीने लगा। इसके बाद सुकुमार रघु ने भी अपने नाम वाले बाण को इन्द्र की भुजा पर मारा। बाण फेंककर उसने इन्द्र की ध्वजा काट डाली। इस प्रकार उनका घोर युद्ध हुआ। इन्द्र के पास जो सिद्ध लोग खड़े थे और रघु के पास जो सैनिक थे वे युद्ध को देखते रहे। इन्द्र के आकाश में और रघु के भूमि पर होने के कारण उनके बाणों के मुख भी ऊपर और नीचे थे। समय पाकर रघु ने इन्द्र के धनुष की डोर काट डाली। इससे क्रुद्ध होकर इन्द्र ने पहाड़ों के पंखों को काटने वाले वज्र से सुकुमार रघु

के ऊपर प्रहार किया। उससे चोट खाकर रघु पृथ्वी पर गिर पड़ा, किन्तु क्षण भर में पीड़ा को भुला कर फिर युद्ध करने के लिए तैयार हो गया। इस प्रकार रघु की अलौकिक वीरता को देखकर देवेन्द्र प्रसन्न हुआ और उसने युद्ध बन्द कर दिया।

संस्कृतानुवादः

एकदा राजा दिलीपोऽश्वमेधयज्ञं कर्तुमश्वमेकं मुमोच। तस्य रक्षितृत्वेन नियुक्तो रघुस्तमनुययौ। 'दिलीपः शतं यज्ञान् विधाय पदवीं मे ग्रहीष्यति'' इति भयेन प्रच्छन्नरूपो देवेन्द्रस्तं वाजिनमपजहार। नन्दिनीप्रसादाद् विदित-वृत्तो रघुः प्रथमं साम्ना देवेन्द्रमश्वं ययाचे। अनुपलब्धेऽश्वे तेन सह योद्धु प्रव-वृते। तयोर्मिथः युद्धे संप्रवृत्ते रघुरेव पूर्वं देवेन्द्रं बाणेन हृदि बिभेद। तत्प्रहा-रेण संक्रुद्धो देवेन्द्रोऽपि रघुं बाणेन प्रत्यविध्यत्। स खलु सायकः सततमसुराणां रक्तपानेनाज्ञात-नररुधिरास्वादः कुतूहलेनेव तच्छोणितं पपौ। ततः कुमारो रघुरपि स्वनामाङ्कितं सायकं देवेन्द्रस्य भुजे निचखान इषुणा च तस्य पताकां चिच्छेद। तयोरेवं तुमुलं युद्धमजनि। इन्द्रपार्श्वे सिद्धाद्याः, रघोः समीपे च तस्य सैनिका युद्धप्रेक्षका बभूवुः। इन्द्ररघ्वोराकाशभूमिस्थायित्वेन तयोः सायका अप्यधोमुखा ऊर्ध्वमुखाश्च प्रासरन्। अवसरमुपलभ्य रघुर्देवेन्द्रस्य धनुर्ज्यामच्छि-नत्। तेनातिक्रुद्धो मघवा पर्वतपक्षच्छेदनोचितं वज्रं सुकुमारे रघौ प्राहिणोत्। तेन ताडितो रघुर्भूम्यां पपात। तद्व्यथां च क्षणेनैवावधूय स पुनर्योद्धुं सज्जोऽभवत्। रघोस्तादृशमलौकिकं वीर्यं निरीक्ष्य भृशं तुतोष देवेन्द्रो युद्धाद् व्यरमच्च।

(१५)

राजा रघु ने विश्वजित् यज्ञ में अपना सम्पूर्ण खजाना यज्ञ करने वालों और भिखमंगों को दान किया और अपना स्नानादि कार्य मिट्टी के बर्तन से करने लगा। कुछ ही समय के बाद महर्षि वरतन्तु का शिष्य कौत्स ऋषि गुरुदक्षिणा प्राप्त करने के उद्देश्य से रघु के पास आया, कारण चौदह विद्याएँ सीखकर वह गुरु को दक्षिणा देना चाहता था। रघु ने अपने घर पर आये हुए अतिथि कौत्स की अर्घ्यादि से यथाविधि पूजा की। रघु ने कुशल पूछा तो कौत्स ने कहा—'राजन् आपके समान धर्मात्मा प्रजापालक राजा के होते हुए प्रजा क्यों सुखी न हो? इस समय मैं आपके पास स्वार्थवश आया हूँ, किन्तु आपकी स्थिति को देखकर मैं विचार करता हूँ कि अच्छा होता यदि मैं आपके पास पहले ही आ गया होता। इसलिए अब मैं गुरुदक्षिणा के लिए किसी

अन्य राजा के पास जाऊँगा।" यह कहकर कौत्स जाना ही चाहता था कि रघु ने उसे रोक कर कहा—"भगवन्, आपको कितना धन चाहिये तब कौत्स ने अपने गुरु महर्षि वरतन्तु के साथ हुई पहले की बातचीत सुनाई कि उन्हें देने के लिए चौदह करोड़ की आवश्यकता है। यह सुनकर रघु ने कहा —"आज तक कभी भी कोई अतिथि रघु के पास से विफल नहीं गया। आप दो तीन दिन मेरे यज्ञगृह में ठहरें, मैं प्रयत्न करता हूँ।" कौत्स ने रघु की बात मान ली।

तब रघु ने कुबेर पर चढ़ाई करने का निश्चय किया। सुबह वह रथ पर चढ़ कर जाना ही चाहता था कि भण्डारियों ने आकर निवेदन किया—"राजन्, रात को खजाने में सोने की वर्षा हुई।" रघु ने जाकर देखा कि वहां सुमेरु पहाड़ के समान सुवर्ण का ढेर पड़ा था। जो उसने ऋषि कौत्स को दे दिया। कौत्स भी उसे पुत्रलाभ का आशीर्वाद देकर गुरु के आश्रम की ओर चल दिया। कुछ समय के बाद रघु की रानी के एक पुत्ररत्न पैदा हुआ, जिसका नाम "अज" रखा।

इस प्रकार, शनैः शनैः उचित समय पर शिक्षा आदि प्राप्त करके अज युवा हुआ। पिता की आज्ञा से उसने इन्दुमती के स्वयंवर की ओर प्रस्थान किया। मार्ग में उसने हाथी का रूप धारण किए हुए प्रियंवद गंधर्व को मारा, जिसे मातङ्ग महर्षि का शाप था। उसने प्रसन्न होकर अज को सम्मोहन अस्त्र दिया। जब अज विदर्भराज भोज की नगरी में पहुँचा भोज ने उसका स्वागत किया और अपने सुसज्जित महल में उसे ठहराया जहाँ अज ने स्नानादि क्रियाएँ समाप्त करके विश्राम किया। दूसरे दिन प्रातः वह वर-योग्य वेशभूषा रच कर स्वयंवर मंडप में पहुँचा जहाँ राजा लोक एकत्र हुए थे।

संस्कृतभाषानुवादः

विश्वजिन्नाम्नि यज्ञे सर्वमात्मीयं कोषजातमृत्विग्भ्यो याचकेभ्यश्च दत्त्वा मृण्मयपात्रेणैव रघुः सर्वमात्मीयं स्नानादिकं देहकृत्यं चकार।

ततः कियत्समयानन्तरं महर्षेर्वरतन्तोः शिष्यः कौत्सनामा ऋषिश्चतुर्दश विद्या अधिगत्य स्वगुरवे दक्षिणां दातुकामः रघोः समीपमाययौ। रघुः स्वगृहमागतमतिथिं कौत्सं विलोक्य यथाविध्यर्घ्यादिभिस्तमपूजयत्। कुशलप्रश्नानन्तरं कौत्सस्तमभाषत "राजन् भवादृशे धर्मात्मनि प्रजापालके भूपतौ सति कथं न प्रजाः सुखिताः स्युः? साम्प्रतमहं तु भवत्सन्निधौ स्वार्थं साधयितुमेवागतोऽस्मि,

परं भावत्कीं वर्तमानस्थितिमवलोक्य मया कल्प्यते यद्भवत्सन्निधौ ममागमनमतः प्रागेव समुचितमासीद् नाधुना; सम्प्रत्यहं गुरुदक्षिणार्थमन्यस्यैव कस्यचिन्नरपतेः सविधे यामि"। इत्युक्त्वा यावत्कौत्सोऽन्यत्र गन्तुमैच्छत् तावद्रघुस्तं प्रत्यावर्त्यापृच्छत्—"विद्वन् ! कियद्धनमपेक्ष्यते भवता ?" ततः कौत्सो गुरुणा सह कृतां सर्वां स्वां वार्तामुक्त्वा पुनरुवाच—"तदहं चतुर्दशकोटिपरिमितं द्रव्यं वाञ्छामि" इति तदाकर्ण्य रघुरपि "मत्सकाशान्नाद्यावधि कश्चिदतिथिर्विफलीभूतमनोरथोऽन्यत्र गत इत्यतो भवान् मदीयेऽग्न्यागारे द्वित्राणि दिनान्यतिवाहयन् प्रतीक्षतामहं तावद्भवदर्थसाधनाय प्रयते" कौत्सोऽपि तदङ्गीचकार।

रघुरपि प्रातः कुबेरं प्रत्यभियातुं निश्चिकाय। ततो यावत् प्रातरेव रथमारुरुक्षुः स उदतिष्ठत् तावदेव भाण्डागारिकैरागत्य विनयावनतैः निवेदितम्—यन्महाराज ! रात्रौ कोषागारे हेमवृष्टिरभवदिति। ततो रघुरपि तामद्राक्षीत्। ततश्च सुमेरुपर्वतमिव स्थितं सुवर्णराशिं रघुः कौत्साय अयच्छत्। कौत्सोऽपि सुतप्राप्त्याशिषस्तस्मै दत्त्वा गुरोराश्रममाजगाम। ततोऽचिरादेव रघोर्महिष्याः सुतरत्नमेकमजायत यः खलु "अज" इति नाम्ना प्रसिद्धिमगात्।

एवं क्रमेण स यथाकालं शिक्षादिकं प्राप्य किशोरावस्थामत्यवाहयत्। ततः स पितुराज्ञयेन्दुमत्याः स्वयंवरे प्रातिष्ठत। मार्गे च मतङ्गमहर्षिशापाद् गजत्वं प्राप्तं प्रियंवदं बाणेनाहत्य गजयोनितस्तं मोचयामास। प्रसन्नो भूत्वा स तस्मै सम्मोहनास्त्रं समर्पयत्। स चेत्थं विदर्भराजभोजस्य नगरीं प्राप्तः। भोजोऽपि तं सभाजयित्वा एकस्मिन् सर्वालङ्कारभूषिते शोभने राजप्रासादे न्यवासयत्। ततोऽजः सकलाः स्नानादिकाः क्रियाः समापयामास। अन्येद्युः प्रातरेव स्वयंवरोचितं वेशं विधाय राजाधिष्ठितं स्वयंवरं प्रति जगाम।

अनुवादार्थ गद्य-संग्रह

(१)

१. महात्मा गांधी ने कहा है कि अहिंसा ही सत्य धर्म है। २. किसी वन में चार दाँतों वाला हाथी रहता था। ३. पूर्व पुरुषों से आये हुए घर को त्यागना सुगम नहीं है। ४. अब वर्षा बन्द हो गयी है, हम लोग घूमने चलें। ५. महेश की लड़की उसके काशी जाने पर इलाहाबाद जायेगी। ६. लड़का सो गया है उसको जगाना उचित नहीं। ७. आज आप कहाँ चलेंगे ? आज क्या है ?

---

(१) २. चार दातों वाला—चतुर्दन्तः। हाथी—गजः। ३. सुगम—सुकरम्। ४. बंद हो गयी है—अवसिता। घूमने—भ्रमणाय।

८. आज दो दिन से मदन और मोहन में बोलचाल नहीं है। ९. पहले इस देश का नाम आर्यावर्त्त था। १०. उसके ऐसा सोचते-सोचते रात्रि बीत गई।

(२)

१. प्राचीन काल में सब लोग पढ़ते थे। २. यदि तुम ऐसा करोगे तो अपने देश के शत्रु समझे जाओगे। ३. यदि हम सूर्य की ओर देर तक देखेंगे तो हम अन्ध सदृश हो जायेंगे। ४. ब्रह्मचर्य, बल और बुद्धि को बढ़ाने वाला है। ५. अपने बड़े भाई की आज्ञा से लक्ष्मण ने सीता को वन में छोड़ दिया। ६. पुष्पपुर नाम का एक सुरम्य नगर है, उसमें नन्द नामक राजा रहता था। ७. राजा अपने राज्य में, पर विद्वान् सब जगह पूजा जाता है। ८. प्राचीन काल में विद्या बिना मूल्य दी जाती थी। ९. नम्रता मनुष्य का गुण है। १०. बालक चन्द्रमा को देख कर खुश होते हैं और नाचते हैं।

(३)

१. विद्यार्थी को अतिनम्र होना चाहिए। २. विद्या की शोभा सेवा में ही है। ३. गोविन्द ने बारह वर्षों में व्याकरण सीखा। ४. कोशलाधीश राजा दशरथ की राजधानी अयोध्या थी। ५. दशरथ के राम, लक्ष्मण, भरत और शत्रुघ्न चार लड़के थे। ६. सारे राजपाट को जुए में हार कर राजा नल बन में चले गये। ७. धन, जन और यौवन का गर्व मत करो। ८. यदि मेहनत करोगे तो फल पाओगे। ९. गोदावरी के किनारे एक बड़ा शाल्मली का वृक्ष था। १०. सञ्जय ने धृतराष्ट्र को कुरुक्षेत्र के युद्ध का सब वृत्तान्त सुनाया। ११. प्रातः और सायं भ्रमण स्वास्थ्यप्रद है। १२. महाकवि कालिदास को यूरोप के विद्वान् भारत का शेक्सपियर कहते हैं।

(४)

१. जो सोता है वह रोता है, यह किसी महात्मा ने ठीक ही कहा है। २. क्षण-क्षण में जो नूतन दिखे, वही सौन्दर्य है। ३. अहिल्याबाई का राज्य-प्रबन्ध वस्तुतः प्रशंसनीय था। ४. पक्षियों के कलरव से वह स्थान मानो बोल

---

८. बोलचाल—संलापः। १०. बीत गई—व्यतीता। (२) २. समझे जाओगे—मंस्यसे ३. सूर्य की ओर—सूर्यं प्रति। ५. छोड़ दिया—तत्याज। १०. खुश होते हैं—प्रसन्ना भवन्ति। नाचते हैं—नृत्यन्ति। (३) ६. जूए में—द्यूते।

रहा था। ५. भारतवर्ष में श्री शंकराचार्य ने वैदिक धर्म का झंडा गाड़ दिया। ६. दीवानचन्द्र के सुरीले स्वर पर लोग मुग्ध हो गये। ७. प्राचीन समय में भारत सोने की चिड़िया कही जाती थी। ८. बकवास न कर, मैं तेरा भाण्डा फोड़ दूंगा। ९. वीर हकीकत यथार्थ में धर्मवीर था। १०. तू तो कानों से बहरा और आँखों से अन्धा है। ११. सनियम विद्याभ्यास करना लोहे के चने चबाना है। १२. इस कार्य को वही कर सकता है जो तलवार की नंगी धार पर खड़ा हो सके।

(५)

१. ऐसा सोच कर बंग देश के राजा ने दिन के तीसरे पहर में अपने मित्र रत्नसेन को बुलाने के लिए अंगरक्षक को भेजा।

२. जुलाहे ने कहा—"यदि ऐसा ही है, तो मैं अपने घर जाकर अपनी स्त्री से पूछकर आता हूँ, तब तुम वरदान देना।"

३. उसने कहा—"मैं उस नरश्रेष्ठ की राजलक्ष्मी हूँ, मुझे अब उसे त्यागना पड़ेगा। अतएव मैं दुःखी हूँ।"

४. महर्षि वाल्मीकि ने रामायण में वर्णन किया है कि रावण को मार कर श्री रामचन्द्रजी अपने प्रियजनों सहित पुष्पक विमान में बैठकर लंका से अयोध्या में आये।

५. शरीर और गुणों में आकाश-पाताल का अन्तर है, क्योंकि शरीर क्षण भर में नाश हो जाता है, गुण कल्पों तक स्थिर रहते हैं।

६. दशरथ के वचनों का पालन करते हुए श्री रामचन्द्र ने राज्य को छोड़ कर सीता और लक्ष्मण के साथ विन्ध्याचल में सुखपूर्वक निवास किया।

७. पापबुद्धि ने धर्मबुद्धि से कहा—मित्र ! तू बुढ़ापे में अपने किस काम

---

(४) ५. गाड़ दिया—प्रास्थापयत्। ८. अलं प्रलापेन नो चेत् तव रहस्यं भेत्स्यामि। ९. यथार्थ में—वस्तुतः। १०. त्वं खलु कर्णाभ्यां बधिरो नेत्राभ्यामन्धश्चासि। ११. लोहे के चने चबाना है—दुष्करः। १२. स एवेदं कर्तुं पारयति यः खलु असिधाराव्रतमाचरति। (५) १. बुलाने के लिए—आह्वातुम्। (५) ५. जमीन-आसमान का फर्क है—महदन्तरमस्ति (समुद्र-पल्वलयोरिवान्तरम्।) ७. बुढ़ापे में—वृद्धावस्थायाम्। याद करेगा—स्मरिष्यसि।

को याद करेगा, दूसरे देश को न देखकर बालकों से क्या नयी बात कहेगा ?

८. यह सुनकर राजपुरुष विस्मय से धर्मबुद्धि के चौर्य दण्ड को शास्त्र की दृष्टि से देख ही रहे थे कि धर्मबुद्धि ने शमीवृक्ष की कोटर में घास-फूस लपेट कर आग लगा दी।

९. इस समय ऐसी-ऐसी पनडुब्वी नौकाएँ बन चुकी हैं जो पानी के भीतर ही भीतर चलती हैं और पानी के नीचे जाकर शत्रु के जहाजों को समुद्र में डुबो देती हैं, फलतः उनमें बैठे हुए मनुष्य डूब जाते हैं।

१०. उस हाजिरजवाव वानर ने कहा—"अगर ऐसा ही है, तो तूने मुझे वहीं क्यों नहीं बतला दिया कि तू अपने हृदय को दे दे। मैं उसी जामुन के वृक्ष की कोटर से तुझे अपने हृदय को निकाल कर अपनी भाभी के लिए दे देता क्योंकि मेरा अपना हृदय उसी पेड़ की कोटर में हमेशा सुरक्षित है। तू मुझे यहाँ क्यों ले आया ?" यह सुनकर मकर ने खुश होकर कहा—"मित्र, अगर यही बात है तो मुझे अपने उस हृदय को जल्दी ला दे, जिसको खाकर वह दुष्ट स्त्री मरने से बच जाय, मैं तुझे उसी जामुन के पेड़ के पास ले चलता हूँ।"

(६)

१. हम लोग कृष्ण को ईश्वर का अवतार मानते हैं। हम यहाँ अधिक समय तक नहीं रह सकेंगे। कृष्ण के बिना और कोई यह कार्य नहीं कर सकेगा। बड़े लोगों की आज्ञा के अनुसार हम लोगों को काम करना चाहिए। पिता के समान शिक्षक का आदर करना चाहिए।

२. कृपा कर आप अपने पुत्र को अपने साथ मेरे पास लायें। मैंने सोनपुर के मेले में सौ रुपये में घोड़ा बेचा। वे लोग आपसे कुछ पूछने आये हैं। क्या तुम को मेरी बात पसन्द है ? वे दोनों भाई इसी स्कूल में पढ़कर पास हुए हैं।

---

८. घास-फूस—तृणादीन्। लपेट कर—संक्षिप्य। ९. पनडुब्वी—जलान्तरितपोतः डुबो देती हैं—मज्जयति १०. हाजिरजवाब—प्रत्युत्पन्नमतिः। निकालकर—आदाय। भाभी—भ्रातृजाया। ले आया है—आनीतवानसि। खुश होकर—सहर्षम्। (६) २. घोड़ा बेचा—अश्वो विक्रीतः।

तुम लोगों ने मेरी बातें ध्यान देकर नहीं सुनीं।

३. मुझे इस रसोइये की बनाई रसोई नहीं रुचती। बाजार चलो, वहाँ दूकान पर मैं तुम्हें मिठाई खिलाऊँगा। मैं आपकी फुलवारी से सुगन्ध वाले फूल लाना चाहता हूँ। आजकल लड़के पढ़ने में रात-दिन व्यस्त रहते हैं। परीक्षा हो जाने पर वे घर जाकर आराम करेंगे। उनका यह श्रम उचित ही है।

४. हनूमान् को देखकर मैनाक ऊपर उठा। उन्होंने छाती से धक्का लगाया, जिससे पर्वत समुद्र में डूब गया। देवताओं ने नागमाता सुरसा को भेजा। वृद्ध लोगों ने तथा रावण की पत्नी मन्दोदरी ने उसे समझाया कि सीता को वापस देदो किन्तु रावण ने उनकी बातें न मानीं। शूर्पणखा की शिकायत पर रावण ने कहा कि मैं उसके पति को युद्ध में मारूंगा। दुर्वासा के आने पर शकुन्तला की सखियों ने क्षमा माँगी और शकुन्तला को शाप से मुक्त करने की प्रार्थना की।

५. कण्व—बेटी मेरे मन में बड़ी चिन्ता रहती थी कि तुझे अच्छा पति मिले। तूने अपने सुकृतों के योग्य पति पाया। अब मैं तेरी लता का भी विवाह इस आम से जो उसके निकटवर्ती हो रहा है, कर दूँगा। अब तुम देर मत करो। विदा होओ। शकुन्तला—सखी! मैं अपनी प्यारी माधवी को तुझे सौंपती हूँ, तू इसकी देखभाल करना।

६. अपने विवाह से पहले मेरा भाई मथुरा में रहता था। मोहन! तुमने इस छोटे से लड़के को कितनी बार (कतिकृत्वः) पीटा? महाशय! मैं रोज तीन बार आपके पास आता हूँ पर आपके दर्शन नहीं कर सका। तुम लोगों में कौन बड़ा धर्मात्मा है, उसका नाम बताओ। कल दोपहर के बाद यहाँ बहुत-से लोग आवेंगे। उनकी शुश्रूषा करनी चाहिए।

---

३. मुझे इस रसोइये···रुचती—अस्य पाचकस्य पक्वं भोजनं मह्यं न रोचते। फुलवारी—पुष्प-वाटिका। ४. ऊपर उठा—उत्थितः। ५. विदा होओ—गच्छ। (६) ६. तीन बार—त्रिकृत्वः। बताओ—आख्याहि। दोपहर के बाद—अपराह्णे।

(७)

१. मेरा मन यहाँ नहीं लगता है। मुझे यहाँ आये हुए बहुत दिन बीत गये, अब मैं जल्दी प्रयाग जाऊँगा। यहाँ कोई दार्शनिक नहीं है, जिससे मैं दर्शन-शास्त्र पढ़ूं। केवल दिन में चार या पाँच बार इधर-उधर घूमता हूँ, यही तो मेरी दैनिक चर्य्या है, अधिक सोचना व्यर्थ है, अब मैं चला।

२. विश्वामित्र नामक एक बड़े ज्ञानी मुनिं बक्सर के पास जङ्गल में रहा करते थे। वे एक बार राजा दशरथ की सभा में गये, तो उन्हें देख कर राजा आसन से उठे और प्रणाम करके उनका सत्कार किया।

३. मोक्ष चाहने वाले लोग अपने रोते हुए पुत्र-कलत्र को छोड़ कर, संन्यासी हो जाते हैं। सुख और शान्ति पाने के लिए ज्ञान और कर्म सच्चा मार्ग है जिनके बिना कुछ नहीं होता। चन्द्रगुप्त ने अपने राज्य की सीमा सिन्धुनदी तक फैलाई थी। एक दिन जब पांचों पाण्डव वन में घूम रहे थे तब युधिष्ठिर को प्यास लगी, उन्होंने नजदीक वाले किसी सरोवर से जल लाने के लिए सहदेव को भेजा।

४. तुम लोग आकर उन ग़रीब लड़कियों को भोजन-वस्त्र और कपड़े दो। यदि तुम संस्कृत के विद्वान् होना चाहते हो तो पहले काशी में जाकर सिद्धांत-कौमुदी पढ़ो, पीछे इंगलैण्ड जाकर डाक्टर की उपाधि लेना सुगम होगा। नहीं तो बिना पाणिनि का व्याकरण पढ़े इंगलेंड जाकर भी संस्कृत पढ़ने से कोरे रह जाओगे। मुनि लोग वन में रहकर वृक्षों से फल तोड़कर खाते थे, तपस्या करते थे न कि चावलों का भात खा कर।

५. सीता राजा जनक की पुत्री नहीं थीं। जिस समय जनक जी यज्ञ के लिए मिट्टी खोद रहे थे, उसी समय पृथ्वी के भीतर से सीता निकली और राजा जनक उसी क्षण उसको गोद में उठाकर घर ले आये। यह कथा रामायण में है। इसीलिए बहुत-से लोग सीता को पृथ्वी की कन्या कहते हैं।

---

(७) ४. कोरे रह जाओगे—ज्ञानशून्याः भविष्यथ। भात खाकर—भक्तं खादित्वा।

६. गुरुजी ने शिष्यों से कहा कि मेरे चारों ओर बैठ जाओ। उनके बैठने पर वे बोले—सुनो, जहाँ राजा या विद्वान् न रहता हो वहाँ कभी नहीं रहना चाहिए। चारों दिशाओं में जाने से चार फल मिलते हैं। उन्हें जो अपने परिश्रम से पा लेगा उसी का जन्म सफल होगा।

७. इक्ष्वाकुवंश में सगर नाम के राजा हुए। वे बड़े पराक्रमी शूरवीर थे। उन्होंने कई बार अश्वमेध यज्ञ किये। अन्त में फिर अश्वमेध यज्ञ करने की तैयारियाँ कीं। यज्ञ के लिए घोड़ा छोड़ा। घोड़े को इन्द्र ने बाँध लिया। राजा के लड़के और बहुत-सी सेना घोड़ा ढूँढ़ने गयी, किन्तु घोड़े का कहीं पता न चला, सब लोग निराश होकर लौट आये। अन्त में पाताल में जाकर उन लोगों ने देखा कि कपिल मुनि जहाँ तपस्या कर रहे हैं, वहाँ उनके समीप घोड़ा बँधा हुआ है।

(८)

(क) एक पुरुष की दो स्त्रियाँ थीं—एक बूढ़ी और एक युवती। वह आप भी वृद्ध होने को था। सिर के बाल कुछ सफेद और कुछ काले थे। एक दिन तेल लगाते समय युवती स्त्री ने सोचा कि मैं युवती हूँ, मेरा पति भी युवा होना चाहिए। उसने सफेद बाल उखाड़ डाले। बूढ़ी स्त्री ने भी तेल लगाते समय सोचा कि मैं बूढ़ी हूँ मेरा पति भी बूढ़ा होना चाहिए। उसने काले बाल उखाड़ डाले। कुछ दिन बाद वह मनुष्य केशरहित हो गया। सच है कि दो स्त्रियाँ वालों की यही दशा होती है।

(ख) एक समय एक भेड़िये ने एक बकरे को मार कर खाया, एक हड्डी का टुकड़ा उसके गले में फँस गया। वह व्याकुल होकर चिल्लाने लगा—"ए वनवासियो" जो मेरे गले से इस हड्डी के टुकड़े को निकाल देगा, मैं उसे बड़ा इनाम दूँगा।" इनाम के प्रलोभन से एक बगुले ने अपनी लम्बी गर्दन से हड्डी निकाल दी और इनाम माँगने लगा। भेड़िये ने उत्तर दिया—"रे मूर्ख! मैंने अपने मुंह में आयी हुई तेरी गर्दन को न चबाकर तुझे जीवन-दान

---

(८) (क) सिर के बाल—केशाः। उखाड़ डाले—उदपाटयत्। (ख) भेड़िया—वृकः। हड्डी का टुकड़ा—अस्थिखण्डः। इनाम—पारितोषिकम्। चबाकर—चर्वयित्वा।

दिया, इससे अधिक क्या इनाम हो सकता है ?" दुष्टों का यही स्वभाव होता है।

(ग) एक जङ्गल में कोई गीदड़ भूख से मारा-मारा फिर रहा था। एक जगह उसने बहुत सुन्दर मीठे अंगूरों से भरी हुई लता देखी। लता थी बहुत ऊँची, बार-बार कूदने पर भी गीदड़ के हाथ कुछ न आया। थक कर वह आगे चला और कहने लगा—"इस लता के अंगूर तो खट्टे हैं।" चालाक अपनी चालाकी से कभी हटता नहीं।

(घ) दो यात्री कहीं जा रहे थे। उन्होंने प्रतिज्ञा की कि विपत्ति में एक दूसरे का साथ देगा। वे एक घने जङ्गल में जा रहे थे कि एक रीछ सामने आया। एक आदमी पेड़ पर चढ़ गया और दूसरा निर्बल होने से प्राणायाम चढ़ा कर वहीं लेट गया। रीछ ने उसे मृत समझ कर छोड़ दिया। रीछ के चले जाने पर पेड़ वाला मनुष्य नीचे उतरा और दूसरे से पूछने लगा कि रीछ ने तुम्हारे कान में क्या कहा था। उसने उत्तर दिया कि रीछ कहता था कि "विश्वासघातियों का कभी विश्वास न करो।"

(ङ) एक लड़का छोटी उम्र में चीजें चुरा कर अपनी मां को देता था। माँ खुश होती थी। इस तरह लड़का पक्का चोर हो गया। एक बार किसी बड़ी चोरी के कारण उसे फांसी की सजा मिली। सब लोग उसे देखने आये, उसकी माँ भी वहां पर थी। तभी उसने माँ का कान काट लिया। लोगों ने उसे धिक्कारते हुए कारण पूछा। उस चोर ने उत्तर दिया—"सारा अपराध तो इसी का है; अगर यह बचपन में ही मुझे चोरी करने से रोक देती, तो आज मुझे फाँसी न मिलती।"

(९)

(क) दो तपस्वी शिव के मन्दिर में तपस्या करने लगे। आकाशवाणी हुई—"मैं तुम पर प्रसन्न हूँ, वर माँगो। जो पहले माँगेगा, उससे दूसरे को

---

(८) (ग) गीदड़—शृगालः। मारा-मारा फिर रहा था—इतस्ततोऽटति स्म। अंगूरों से—द्राक्षाभिः। कूदने पर भी—उत्कूर्दनेऽपि। खट्टे—अम्लाः। नहीं हटना—न विरमति। (घ) रीछ—ऋक्षः। चढ़ गया—आरुरोह। नीचे उतरा—अवातरत्। विश्वासघातियों का—विश्वासघातुकानाम्। (ङ) चीजें—वस्तूनि। फाँसी की सजा मिल गयी—पाशदण्डेन दण्डितः। रोक देती—न्यवारयिष्यत्।

दुगुनी चीज मिलेगी।" उनमें एक लालची था। यह सोचकर कि मुझे दुगुनी चीज मिलेगी, चुप हो गया। दूसरे ने लालची को चुप होते देखकर वर माँगा —'हे प्रभो मेरी एक आँख कानी हो जाए।' लालची सहसा दोनों आँखों से अन्धा हो गया। सच है लालच बुरी बला है।

(ख) किसी तालाब के किनारे पर एक बालक खेल रहा था। बालक के बहुमूल्य वस्त्रों और गहनों को देख कर एक ठग उसके पास आया। बालक ने ठग को पास आते देख कर रोना शुरू किया। यह देखकर ठग ने रोने का कारण पूछा। बालक ने कहा—मेरी एक सोने की अंगूठी इस तालाब में गिर गयी है। ठग ने कपड़े उतारे और पानी में घुस गया। बालक ठग के कपड़े उठाकर चल दिया। शरारती के साथ शरारत करना ठीक ही है।

(ग) कहते हैं कि श्री रामचन्द्र जी जब बालक थे, माँ की गोद में बैठे हुए पूर्णिमा के चन्द्रमा को देख कर कहने लगे—माँ, मुझे यह चन्द्रमा पकड़ाओ। रामचन्द्र जी रोने लगे। माँ ने बहुत समझाया, मगर बालक ने एक न मानी। सब हैरान थे कि चन्द्रमा को कैसे पकड़ा जाय। मन्त्री सुमन्त्र ने कहा—"राम, ठहरो, मैं अभी चन्द्रमा को पकड़कर लाता हूँ।" वह एक बड़ा शीशा लाया और उसमें चन्द्रमा दिखा दिया। रामचन्द्र जी मुस्कुराते हुए बहुत खुश हुए।

(घ) किसी जङ्गल में एक पेड़ के नीचे एक शेर सोता था। उसकी गर्दन के बालों पर एक चूहा कूदने लगा। शेर जाग उठा और चूहे को मारना ही चाहता था कि चूहे ने प्रार्थना की—"आप मृगराज हैं, मुझ दीन पर दया कीजिए।" शेर ने उसे छोड़ दिया। एक समय वह शेर किसी जाल में फँसा। चूहे ने अपने उपकार का बदला चुकाने के लिए जाल को काट दिया। शेर चूहे की प्रशंसा करता हुआ चला गया। सच है, किसी के साथ की हुई भलाई निरर्थक नहीं जाती।

(ङ) एक समय वही चूहा फिर शेर को मिला। शेर ने कहा—हे मूषक !

---

(९) (क) दुगुनी चीज—द्विगुणं वस्तु। लालच बुरी बला है—लोलुपता अनर्थकर्त्री। (ख) गहनों को—आभूषणानि। ठग—वंचकः। रोना शुरू किया —रोदितुमारब्धवान्। उतारे—उदमुञ्चत्। घुस गया—प्राविशत्। शरारती के साथ—वञ्चकेन सह। (ग) कहते हैं—श्रूयते। हैरान थे—चिन्ताकुला आसन्। शीशा—मुकुरः। (घ) गर्दन के बालों पर—सटायाम्।

मैं तुझ पर बहुत प्रसन्न हूँ और तेरे उस उपकार का बदला चुकाना चाहता हूँ, कुछ माँग। चूहा फूल गया और सोचने लगा कि मैं शेर से किस बात में कम हूँ, शेर भी मेरा कृतज्ञ । उसने कहा अपनी लड़की की शादी मुझसे कर दो। शेर ने ज्योंही यौवन से मस्त अपनी लड़की बुलवाई, चूहा उसके पैर के नीचे आकर मर गया। छोटा मुंह बड़ी बात हानिकारक है।

(१०)

(क) किसी नदी में मिट्टी और पीतल के दो बर्तन बह रहे थे। मिट्टी का बर्तन आगे और पीतल का पीछे था। मिट्टी का बर्तन घबराने लगा। पीतल के बर्तन ने उसे धैर्य देकर कहा—घबराओ मत, मैं तुम्हें बचा लूंगा। मिट्टी के बर्तन ने कहा—भाई, दूर से बोलो, कहीं तुम्हारी हमारी टक्कर हो गई तो मैं टूट जाऊँगा। ठीक है, बलवान् और दुर्बल की लड़ाई में दुर्बल को ही हानि पहुँचती है।

(ख) एक गड़रिये ने अपनी भेड़ों की रक्षा के लिए एक कुत्ता पाल रखा थः। वह उसे कचौड़ी, हलवा आदि अच्छी-अच्छी चीजें खिलाया करता था। कुत्ता भी स्वामी की अनुपस्थिति में एक न एक भेड़ को खा ही लेता था। जब स्वामी को उसका भेद मालूम हुआ तो वह तलवार लेकर उसे मारने लगा। कुत्ते ने कहा—मैंने तो आपकी थोड़ी सी ही भेड़ें खायी हैं, जो भेड़िया प्रतिदिन कई भेड़ें खा जाता है आप उसे क्यों नहीं मारते ? गड़रिये ने उत्तर दिया कि तूने मेरा नमक खाकर नमकहरामी की है इसलिए तू मारा जायगा।

(ग) किसी नदी के किनारे पर एक भेड़िया और एक भेड़ का बच्चा पानी पी रहे थे। भेड़िया उपर की ओर और भेड़ का बच्चा नीचे की ओर था। भेड़िये ने भेड़ के बच्चे से कहा—ओ बेवकूफ ! पानी क्यों झूठा कर रहा है, देखता नहीं, मैं पानी पी रहा हूँ। भेड़ के बच्चे ने जवाब दिया—'भगवन् ! मैं आप से नीचे की ओर हूँ, पानी तो ऊपर से नीचे मेरी ओर आ रहा है, फिर

---

(९) (ङ) उपकार का बदला—प्रत्युपकारः। बुलवाई—आहूता। (१०) (क) मिट्टी का—मृत्तिकायाः, बर्तन—पात्रम्। घबराया—व्याकुलमभवत्। टक्कर —आघातः। टूट जाऊँगा—नष्टं भविष्यामि। (ख) गड़रिया—मेषपालः। कचौरी हलुआ—माषगर्भा लप्सिका च। नमकहरामी—प्रभुविद्वेषः। तलवार —असिः। (ग) भेड़ का बच्चा—मेषशावकः। नीचे की ओर—अधोभागे। झूठा—उच्छिष्टम्।

झूठा कैसे हो सकता है ? भेडिये ने कहा—ठीक है, पिछले साल तूने मुझे गाली दी थी। भेड़ के बच्चे ने जवाव दिया—महाराज ! मैं सिर्फ नौ महीने का हूँ, पिछले साल तो मैं पैदा भी नहीं हुआ था। भेड़िये ने कहा—तो फिर तेरा बाप रहा होगा। भेड़ के बच्चे ने कहा—'मेरा बाप तो एक वर्ष पूर्व ही मर चुका है।' भेड़िये ने यह कह कर कि तो वह तेरी जाति का और कोई रहा होगा भेड़ के बच्चे को पकड़ कर मार डाला। दुष्ट अपनी दुष्टता के लिए कोई-न-कोई बहाना बना ही लेता है।

(घ) सम्राट् विक्रमादित्य का स्वभाव था कि वह वेश बदल कर अकेला रात्रि के समय नगर में घूमा करता था। एक दिन की घटना है कि नगर के बाहर उसे चार चोर दिखाई दिये। सम्राट् ने उनसे पूछा—तुम कौन हो ? उन्होंने कहा हम चोर हैं। सम्राट् ने कहा—'मैं भी तुम्हारा साथी हूँ, अच्छा, अब तुम अपना-अपना कौशल कहो। यह सुनकर एक चोर ने कहा—मैं जानवरों की भाषा ठीक-ठीक जानता हूँ। दूसरा बोला—मैं सूंघ कर कोष का स्थान पता कर लेता हूँ" तीसरे ने कहा—"मैं ताली के बिना ही ताला खोल लेता हूँ।" चौथा कहने लगा—"मैं अँधेरे में भी मनुष्य को एक बार देख लूँ तो तुरन्त पहचान सकता हूँ।" फिर इन चारों ने सम्राट् से पूछा—भाई, तुम में क्या कौशल है ? तुम भी तो बताओ। सम्राट ने उत्तर दिया—मुझ में यह कौशल है कि यदि चोर को फाँसी मिलती हो तो मेरे सिर हिला देने भर से उसकी जान बच सकती है। चोर यह बात सुनकर हर्षित हुए और कहने लगे कि अब किस बात का डर है। चलो, आज सम्राट के ही महल में चोरी करें।

(११)

महाकवि कालिदास सब कवियों में श्रेष्ठ थे, इसमें कुछ भी विवाद नहीं। इनके काव्य में माधुर्य-प्रासादादि सब गुण हैं, जो कि अच्छे काव्यों में होने चाहिएँ। इसालिए इनके काव्यों का सभ्य समाज में बहुत आदर है। यह महाकवि कब हुए, यह सन्दिग्ध है। कोई कहते हैं कि ८वीं ईस्वी में हुए हैं, दूसरे कहते हैं कि ५वीं ईस्वी में, तीसरे कहते हैं कि यह विक्रमादित्य की सभा

---

(१०) (ग) पिछले साल—गतवर्षे। गाली—गालीः। बहाना—कारणम्। (घ) सूंघकर—घ्रात्वा। फांसी मिलती हो—मृत्युदण्डं दण्डितः (११) कवियों में श्रेष्ठ—कविषु कवीनां वा श्रेष्ठः।

के नौ रत्नों में से एक थे। ठीक मत यही है कि यह ईसा से ५७ वर्ष पूर्व हुए हैं।

यह कवीन्द्र ब्राह्मण थे, इसमें सबकी सम्मति है; किन्तु यह कहाँ के थे, यह प्रश्न विवाद-ग्रस्त है। कोई इन्हें काश्मीर के निवासी बताते हैं, कोई पंजाब का और कोई इन्हें मालव देश का बताते हैं। इन महाकवि के विषय में परम्परागत जनश्रुति यह है कि ये निरक्षर भट्ट थे, किन्तु युवा और रूपवान् थे। भाग्यवश एक राजा की कन्या विद्योत्तमा के साथ इनका विवाह हुआ और एकान्त में वार्तालाप से जब उसे मालूम हुआ कि यह मूर्ख हैं तो घर से इन्हें बाहर निकाल दिया। इस अपमान से दुःखित होकर यह विद्या सीखने में दत्तचित्त हो गये और सरस्वती की आराधना करके बहुत शीघ्र महाकवि बने। जब विद्योत्तमा के पास घर आये तो किवाड़ बन्द पाये। जोर से कहने लगे—'अनावृतकपाटं द्वारं देहि !' राजकन्या ने पति की आवाज पहचान कर कहा—'अस्ति कश्चिद्वाग्विशेषः !' फिर कालिदास ने संस्कृत-सम्भाषण से उसे प्रसन्न किया। उसने 'अस्ति कश्चित् वाक्' उसके कहे तीनों पदों में से एक-एक पद को एक-एक महाकाव्य के प्रारम्भ में रखकर तीन महाकाव्य रचे। उनमें—'अस्त्युत्तरस्यां दिशि देवतात्मा' से 'कुमारसम्भव' महाकाव्य, 'कश्चित्कान्ताविरहगुरुणा' से 'मेघदूत' खण्डकाव्य, 'वागर्थाविव संपृक्तौ' से 'रघुवंश' महाकाव्य रचा। इन्होंने अभिज्ञानशाकुन्तल, मालविकाग्निमित्र, विक्रमोर्वशीय, श्रुतबोध, ऋतुसंहार, नलोदय, शृंगार-तिलक और ज्योतिर्विदाभरण आदि अन्य ग्रन्थ भी बनाये हैं। कहते हैं कि राक्षसकाव्य भी इन्हीं की रचना है। इस महाकवि ने चिरकाल तक संसार-सुख भी भोगा और यशःशरीर से हमेशा जीवित हैं।

धन्य सुरस के रसिक कवि, नित्य सुकृति जग माँहि।
जिनके यश के काय में, जरामरण भय नाँहि॥

(१२)

(क) कुछ लोग ऐसे भी हैं जो गुण के न रहने पर भी गुणवान् बनना चाहते

ईसा के ५७ वर्ष पूर्व हुए—ईसातः सप्तपञ्चाशद् वर्षाणि पूर्वम् बभूव। निरक्षर भट्ट थे—मूर्खः आसीत्। निकाल दिया—बहिरकार्षीत्। आवाज पहचान कर—स्वयं परिचीय। यश के शरीर से—यशःशरीरेण।

हैं। जैसे कोई पुरुष कविता करना न जानता हो, पर वह अपना ढंग ऐसा बनाये रखे जिससे लोग समझें कि यह कविता करना जानता है, तो यह कविता का आडम्बर रखने वाला मनुष्य झूठा है और फिर वह अपने वेश का निर्वाह पूरी रीति से न कर सकने पर दुःख सहता है। अन्त में भेद खुल जाने पर वह लोगों की आँखों में झूठा और नीचा गिना जाता है। किन्तु जो मनुष्य सत्य बोलता है वह आडम्बर से दूर भागता है और उसे दिखावा नहीं रुचता। उसे तो इसी में बड़ा संतोष और आनन्द मिलता है कि सत्यता के साथ वह अपना कर्त्तव्य पालन कर रहा है।

(ख) एक दिन विद्यासागर किसी मित्र के साथ सड़क पर टहल रहे थे। इतने में सामने से एक रोता हुआ ब्राह्मण आ निकला। विद्यासागर ने उससे रोने का कारण पूछा, किन्तु ब्राह्मण ने उनके वेष को देखकर अपने रोने का कारण बताना व्यर्थ समझा। उनके पुनः आग्रह करने पर ब्राह्मण ने कहा—"महाशय, मैंने एक महाजन से रुपये उधार लेकर कन्या का विवाह किया था, पर ठीक समय पर मैं उसके रुपये न दे सका, अब उसने मुझ पर २४०० रुपयों की नालिश की है जिसकी परसों तारीख है।" यह सुनकर विद्यासागर ने ब्राह्मण से उसके घर का पता पूछ लिया और उसे बिदा किया। पीछे विद्यासागर ने जाँच की तो ब्राह्मण की बात सही निकली। तब उन्होंने दो हजार चार सौ रुपये ब्राह्मण के नाम से अदालत में जमा कर दिये। ब्राह्मण ने कचहरी में जाकर सुना कि किसी ने सारे रुपये जमा कर दिये हैं। इस अद्भुत कौतुक को देखकर उसका चित्त कैसा गद्गद हुआ होगा इसे ब्राह्मण ही जानता था। फिर उसने उस महापुरुष का नाम जानना चाहा जिसने रुपये जमा किये थे, किन्तु कुछ पता न लगा। अन्त में वह दीन ब्राह्मण कृतज्ञ हृदय से गद्गद कण्ठ होकर अपने गुप्तदानी को असंख्य आशीर्वाद देता हुआ घर लौटा। निदान विद्यासागर की दया की सीमा नहीं थी। जिस ग्राम में वे जा पहुंचते थे वहीं के लोग उनके दर्शन को आते और भीड़ लग जाती।

---

(१२) (क) भेद खुल जाने पर—भेदोद्घाटने। दिखावा—छद्मवेशः। पालन कर रहा है—पालनं करोति। (ख) २४०० की—चतुःशताधिकसहस्रद्वयस्य। नालिश—अभियोगः। परसों—परश्वः। पता—स्थानपरिचयः। भीड़ लग जाती—जनसम्मर्दोऽभवत्। अदालत में—न्यायालये।

परीक्षा-प्रश्नपत्र

यू० पी० हाईस्कूल परीक्षा

(१९५७)

संस्कृत में अनुवाद कीजिए—

(क) विद्या की शोभा धर्म से होती है।
(ख) विद्वान् होकर भी जो आचारवान् नहीं है उसकी विद्या व्यर्थ है।
(ग) उस विद्या का कुछ मूल्य नहीं जो आचरण में नहीं आती।
(घ) केवल विद्या से तो उसका ज्ञान बढ़ता है।
(ङ) हृदय की महत्ता तो आचरण से ही होती है।
(च) इसीलिए हम लोग महात्मा की पूजा करते हैं।
(छ) चित्त की महत्ता से ही मनुष्य महात्मा होता है।
(ज) आचरण के बिना ज्ञान भी व्यर्थ होता है।
(झ) आचारहीन को तो वेद भी पवित्र नहीं करते हैं।
(ञ) इसीलिए जीवन में आचरण का महत्त्व है।

(१९५८)

(क) आज के छात्र कठिन परिश्रम करना नहीं चाहते हैं।
(ख) इससे केवल छात्रों की ही नहीं, सम्पूर्ण देश की हानि है।
(ग) यह सरोवर जल से पूर्ण है।
(घ) इसी के जल से हम अपने खेत भी सींचते हैं।
(ङ) राजा को पिता की तरह प्रजा का पालन करना चाहिए।
(च) तपस्वियों का काम क्षमा से ही सिद्ध होता है।
(छ) क्रोध से चिरकाल संचित तप का तत्क्षण नाश होता है।
(ज) अतः क्रोध ही हमारा प्रधान वैरी है।
(झ) सुख चाहने वाले को विद्या छोड़ देती है।
(ञ) सत्य से ही धर्म की रक्षा होती है।

(१९५९)

(क) जब मृत्यु निश्चित है तब तुम रणभूमि से क्यों भागते हो ?
(ख) पाण्डवों ने हस्तिनापुर छोड़ कर वन के लिए प्रस्थान किया।
(ग) वन में जाते हुए राम ने भरद्वाज मुनि को प्रणाम किया।
(घ) वह सदा सत्य बोलता है और कदापि किसी को कष्ट नहीं देता।
(ङ) मैं कष्ट का नाश करने के लिए पृथ्वी पर आया हूँ।
(च) योग्य पुरुष का सदा आदर होता है, भले ही वह निर्धन हो।
(छ) जिसके घर में मैं ठहरा था वह मनुष्य बहुत धार्मिक था।
(ज) नीच पुरुष से भी उत्तम विद्या लेनी चाहिए।
(झ) गुरुजनों की आज्ञा का पालन करना छात्र का प्रधान धर्म है।
(ञ) अपने धर्म की रक्षा करके मनुष्य अक्षय सुख प्राप्त करता है।

(१९६०)

(१) पाटलिपुत्र नगर में एक ब्राह्मण रहता था, उसकी स्त्री कर्कशा थी।
(२) अधिक मात्रा में धन पाकर सोमदत्त सुख से रहने लगा।
(३) जो लोग धनी हैं उनका धर्म है कि वे दूसरों का उपकार करें।
(४) छोटा बालक कहानी सुनने के लिए माता के पास गया।
(५) शास्त्र सबकी आँख है, जो शास्त्र नहीं जानता वह अन्धा है।
(६) मेघों का गर्जन सुनकर जङ्गल में मोर नाचता है।
(७) अच्छे विद्यार्थी आपत्ति के समय एक दूसरे की सहायता करते हैं।
(८) मेरी बाईं आँख में दर्द है इससे आज मैं पाठशाला नहीं जाऊँगा।
(९) मैं कभी भी दुष्टों के साथ झगड़ा करना नहीं चाहता।
(१०) यदि आप मुझसे नाराज न हों तो मैं उसे कल लाऊँगा।
(११) परीक्षा का समय पास आ गया है इससे तुम्हें पढ़ने में बहुत श्रम करना चाहिए।
(१२) तीनों शक्तियों वाला राजा ही राज्य का शासन कर सकता है।
(१३) महाराज राम ने निर्दोष सीता को अपवाद के भय से छोड़ दिया।

(१९६०) (२) धन पाकर—धनं प्राप्य। रहने लगा—निवस्तुमारभत। (३) उपकार करें—उपकुर्वन्तु। (४) सुनने के लिए—श्रोतुम्। (७) एक दूसरे की—परस्परम्।

(१४) सच बोलने वालों की सदा जीत होती है और झूठ बोलने वालों की हार।

(१५) जब हाथी नहाने के लिए तालाब में घुसा, तब मगर ने उसका पैर पकड़ लिया।

(१९६१)

(१) ईश्वर तुम्हें अच्छी बुद्धि दें और तुम्हारा मंगल करें।

(२) सज्जन लोगों की रक्षा और दुष्टों के नाश के लिए ही मैं जन्म लेता हूँ।

(३) हे कृष्ण ! आप पतित लोगों का उद्धार करने वाले हैं।

(४) धर्महीन मनुष्य की अपेक्षा पशु ही अच्छा है।

(५) मालव देश में पद्मगर्भ नाम का एक तालाब था।

(६) माता को प्रणाम करके राम के साथ लक्ष्मण वन को गये।

(७) परिश्रम के बिना मनुष्य पण्डित नहीं हो सकता।

(८) वह सदा सत्य बोलता है, स्वप्न में भी झूठ नहीं बोलता।

(९) मैं ज्ञान प्राप्त करने तथा अच्छे गुण सीखने के लिए पाठशाला जाता हूँ।

(१०) सत्य और प्रिय बोलो, परन्तु अप्रिय सत्य बात न कहो।

(११) एक समय गर्मी की ऋतु में सब तालाब और कुएँ सूख गये।

(१२) ईश्वर की भक्ति करने से पापी पुरुष भी संसार से तर जाता है।

(१३) एक हाथी पानी पीने के लिए तालाब में घुसा।

(१४) मारीच को मारकर रामचन्द्रजी आश्रम में लौट आये।

(१५) सीता का रोना सुनकर वाल्मीकि मुनि उनके पास गये।

(१९६२)

(१) गंगा हिमालय से निकल कर समुद्र में मिलती है।

(२) परिश्रम के बिना विद्या नहीं मिल सकती और बिना विद्या के सुख नहीं मिल सकता।

(३) स्नान के पूर्व भोजन नहीं करना चाहिए और भोजन करने के बाद स्नान नहीं करना चाहिए।

(१९६१) (१) दें—दद्यात्, करें—कुर्यात्। (२) जन्म लेता हूँ—सम्भवामि।

(४) संस्कृत के जितने महाकाव्य हैं उनमें कालिदास का 'रघुवंश' सबसे अच्छा है।

(५) चाहे धनी हो या निर्धन हो, सबके लिए यह आवश्यक है कि कोई धर्म से विमुख न हो।

(६) प्रायः भारत के प्राचीन तीर्थ-स्थान नदियों के किनारों पर बसे हुए थे।

(७) गुरुजनों की सेवा करो और सहपाठियों के प्रति प्रेम का व्यवहार करो।

(८) वही विद्यार्थी अपने गुरुजनों के स्नेह का पात्र होता है जो मन लगा-कर विद्याध्ययन करता है।

अथवा

बुद्धिमान् और विद्वान् छात्र ही अपने गुरुजनों का यश चारों ओर फैलाते हैं।

(९) धनियों की अपेक्षा वे लोग अधिक सुखी हैं जो सन्तोषी हैं।

(१०) इस विद्यालय में पाँच सौ छात्र पढ़ते हैं और इसके छात्रालय में एक सौ लड़के रहते हैं।

अथवा

जब मैं लगभग पाँच वर्ष का था तब एक बार कश्मीर गया था।

(१९६३)

(१) संसार के सभी पहाड़ों में हिमालय बड़ा है।

अथवा

हमारे देश में जितनी नदियाँ हैं, उनमें गंगा सबसे प्रसिद्ध और पवित्र मानी जाती है।

(२) गुरु की आज्ञा का पालन, परस्पर सद्भाव और सचाई—ये तीन अच्छे विद्यार्थी के गुण हैं।

अथवा

मेरे छोटे भाई और बड़े भाई, दोनों ही मुझसे बहुत स्नेह करते हैं।

(३) स्वतन्त्रता-दिवस के दिन राष्ट्र-ध्वज के चारों ओर लोग खड़े होते हैं और राष्ट्रगीत गाते हैं।

अथवा

वह मुझसे पाठ्योपयोगी पुस्तक माँगता है, किन्तु मैं उसे देना नहीं चाहता।

(४) आजकल बरसात है, आकाश में बादल गरज रहे हैं और बिजलियाँ चमक रही हैं।

(५) आज रविवार है, आज से पाँच-छः दिन बाद मैं बनारस जाऊँगा।

(६) मेरे विद्यालय के पास एक फुलवाड़ी है जिसमें फूल तोड़ने के लिए मैं प्रतिदिन प्रातःकाल जाया करता हूँ।

(७) मेरा एक सहपाठी है जो गणित में बड़ा तेज है, और मैं उसी से गणित पढ़ता हूँ।

(८) जब मैं आम के पेड़ के नीचे बैठा था, तब एक पका आम मेरे सामने गिर पड़ा।

(९) परिश्रम के बिना विद्या नहीं मिल सकती और विद्या के बिना सुख नहीं मिल सकता।

(१०) मेरे सहपाठी ने मुझसे कहा—बिना प्रश्न को समझे उत्तर न देना।

एडमिशन परीक्षा (बनारस हिन्दू यूनिवर्सिटी)

(१९५६)

संस्कृत में अनुवाद कीजिए—

(a) No pains, no gains.
कष्ट के बिना सुख की प्राप्ति नहीं होती।

(b) Fortune favours the brave.
भाग्य साहस का पक्षपाती है।

(c) Truth is seldom pleasant.
हितकर बात प्रिय नहीं होती।

(d) Might is right.
जिसकी लाठी, उसकी भैंस ।

(e) God should be worshipped till death.
आमरण भगवद्-भजन करना चाहिए ।

(f) It is fame that immortalizes a man.
यशस्वी मानव अमर है ।

(g) Do or die.
करो या मरो ।

(h) Misfortune never comes alone.
विपत्ति कभी अकेली नहीं आती ।

(१९५७)

(a) स्वामी सेवक पर क्रोध करता है ।
The master is angry with his servant.

(b) बिच्छू गोबर से उत्पन्न होता है ।
The scorpion is produced from cow-dung.

(c) कृष्ण माता से छिप रहा है ।
Krishna hides himself from his mother.

(d) मुनि वन में रहता है ।
The sage lives in the forest.

(e) चुल्लू भर पानी में मछली फुदकती है ।
A small fish makes a great stir in shallow water.

(f) पुरुषार्थ के बिना भाग्य सफल नहीं होता ।
God helps those who help themselves.

(g) मेल से काम बनता है ।
Union is strength.

(१९५८)

(a) Jayanta is the son of Indrani, the wife of Indra.
जयन्त इन्द्र की पत्नी इन्द्राणी का पुत्र है ।

(b) The thirsty traveller drank the turbid water of the river.
प्यासे यात्री ने नदी के गँदले पानी को पिया ।

(c) Why do you punish the innocent men ?
तुम निर्दोष आदमियों को क्यों सजा देते हो ?

(d) The deer was killed by the hunter in the forest.
जंगल में शिकारी के द्वारा हिरन मारा गया ।

(e) Many trees have no fruits and flowers.
बहुत से पेड़ों में फूल और फल नहीं होते ।

(f) The eyes of the women became red with weeping.
स्त्रियों की आँखें रोते-रोते लाल हो गयीं ।

(g) The bird flew up from the branch of the tree.
पेड़ की डाल से चिड़ियाँ उड़ गयीं ।

(h) I shall show the great market.
मैं तुमको बड़ा बाजार दिखलाऊँगा ।

(i) Now permit me to go away.
अब मुझको जाने की आज्ञा दीजिए ।

(j) Poor people will eat even the leaves of the trees in time of famine.
निर्धन लोग अकाल के समय पेड़ों की पत्तियाँ भी खा डालेंगे ।

(१९६०)

(a) The boy carries two books in two hands.
लड़का दो हाथों में दो पुस्तकें ले जाता है ।

(b) Water is drawn up from wells by women.
स्त्रियों के द्वारा कुओं से पानी भरा जाता है ।

(c) Rama killed many demons in the Dandaka forest.
राम ने दण्डक वन में बहुत से राक्षसों को मारा ।

(d) The husband of my brother's daughter is a rich man.
मेरे भाई की पुत्री का पति एक धनी मनुष्य है ।

(e) If he gets twenty-nine rupees he will be satisfied.
यदि उसे उन्तीस रुपये मिल जायँ तो वह संतुष्ट हो जायगा ।

(f) Should I go to market and bring vegetables for you?
क्या मैं बाजार जाऊँ और आपके लिए तरकारी ले आऊँ ?

(g) Hear my advice and then you will succeed in your work.
मेरी सलाह सुनो और तब तुम अपने काम में सफल होगे ।

(h) The twentyfifth boy of the tenth class should get a prize.
दसवीं कक्षा के पच्चीसवें लड़के को इनाम मिलना चाहिए ।

(i) The parrots sat on the branches of the trees of their master's garden.
तोते अपने स्वामी के बाग के पेड़ों की डालों पर बैठे ।

(j) With whom have you come here from school?
तुम किसके साथ पाठशाला से यहाँ आये हो ?

वाराणसेयसंस्कृतविश्वविद्यालये प्रथमपरीक्षायाम्

(१९५७)

१—अधोलिखितवाक्यानां हिन्दीभाषायाम् अनुवादः कार्यः—

(क) मनुष्याणां सुखाय समुन्नतयै च यानि कार्याणि आवश्यकानि सन्ति तेषु सर्वतोऽधिकम् आवश्यकं कार्यं स्वास्थ्यरक्षा अस्ति ।

(ख) अस्माकं पुराणेषु इतिहासग्रन्थेषु च सत्यवादिनाम् अनेकविधानि चरितानि मिलन्ति यानि पठित्वा महती शिक्षा प्राप्ता भवति ।

(ग) यस्य यत्कर्म शास्त्रेषु निर्दिष्टं वर्तते तस्य यथावत् पालनमपि ईश्वरस्य आराधनायाः प्रसन्नतायाश्च परमं साधनमस्ति ।

(घ) रामो मारीचं राक्षसं हत्वा स्वाश्रमं प्रति निवृत्तः । स दूरादेव आयान्तं लक्ष्मणं निरीक्ष्य चिन्तां प्राप्तवान् ।

(ङ) गंगाया उत्तरे तीरे कपिलवस्तु नाम महनीयम् एकं नगरमासीत्। तत्र शुद्धोदनः नयेन बहुकालपर्यन्तं राज्यं कृतवान्।

(च) वाराणसी नगरी गङ्गायाः पवित्रे तटे विराजमाना अस्ति। अत्र गंगायां स्नानाय श्रीविश्वनाथस्य दर्शनाय च सदैव भिन्न-भिन्न-प्रदेशेभ्यः जना आगच्छन्ति।

(छ) यदा विद्यार्थिनां परीक्षा भवति तदा एव तेषां बुद्धेः प्रतिभायाः स्मरणशक्तेः परिश्रमस्य विद्यानुरागस्य तथा लेखनशक्तेश्च सम्यक् परिज्ञानं भवति।

२—अधोलिखितानां वाक्यानां संस्कृतभाषयाऽनुवादः क्रियताम्—

(क) वे लड़के दौड़ते हुए घर जा रहे हैं।

(ख) तुम लोग भोजन करके यहाँ कब आओगे ?

(ग) सीता और लक्ष्मण के साथ राम वन को गये।

(घ) श्रीरामचन्द्र ने शंकर की पूजा करके लंका में प्रवेश किया।

(ङ) प्राचीन काल में सब लोग संस्कृत पढ़ते थे।

(च) आज हम लोग सायंकाल सम्मेलन में भाषण सुनेंगे।

(१९५८)

हिन्दीभाषानुवादः कार्यः —

(क) यथा अपवित्रस्थानपतितं सुवर्णं न कोऽपि परित्यजति तथैव स्वस्मात् नीचादपि विद्या अवश्यं ग्राह्या।

(ख) ऐतिहासिकग्रन्थानां पठनेन सम्यग् ज्ञानं भवति यत् सत्संगप्रभावात् कीदृशाः निन्दिताचरणा अपि जनाः महापुरुषाणां पदं प्रापुः।

(ग) प्राचीनकाले एतादृशा बहवो गुरुभक्ता बभूवुः येषामुपाख्यानं श्रुत्वा पठित्वा च महदाश्चर्यं जायते। यथा एकलव्यः गुरोः मृत्तिकामयीं मूर्तिमग्रे निधाय शस्त्रचालने महतीं कुशलतां प्राप।

(घ) विद्यासदृशमेव स्वास्थ्यमपि परमं श्रेष्ठं धनमस्ति, यस्य समीपे इदं धनं नास्ति स सर्वधनसम्पन्नोऽपि सुखं भोक्तुं नार्हति।

(१९५७) १—(ङ) महनीयम्—प्रतिष्ठा-स्थान। २—(क) दौड़ते हुए—धावन्तः। (घ) प्रवेश किया—प्राविशत्। (च) सुनेंगे—श्रोष्यामः।

(ङ) चरित्रनिर्माणे संसर्गस्यापि महान् प्रभावो भवति, संसर्गात् सज्जनानाम् अपि बालकाः दुर्जनाः भवन्ति दुर्जनानाञ्च सज्जनाः।

(च) गवामेव सेवया लौकिकं पारलौकिकं च श्रेयः मानवाः लब्धवन्तः। को न जानाति यद् दिलीपः गोसेवया पुत्ररत्नं लेभे।

(छ) भारतीयप्रशासनेन अविलम्बं तथा प्रयतनीयं यथा देशस्य प्रत्येकनागरिकः संस्कृतज्ञः स्यात्, संस्कृतञ्च राष्ट्रभाषापदं लभेत।

संस्कृतभाषया अनुवादः क्रियताम्—

(क) यज्ञदत्त प्रतिदिन अपने मित्रों के साथ स्नान करने जाता है।

(ख) तुम दोनों पढ़कर मेरे घर आओ।

(ग) आज प्रातःकाल हम लोग वहाँ आयेंगे।

(घ) श्रीरामचन्द्र ने रावण को मार कर विभीषण की रक्षा की।

(ङ) परशुराम ने जनकपुर में लक्ष्मण से कठोर वचन कहा।

(च) वे लड़के दिलीप का चरित्र सुनते हैं।

(छ) वृक्ष से कोमल-कोमल पत्ते गिरते हैं।

(१९५९)

१. निम्ननिर्दिष्टगद्यभागानां हिन्दीभाषयाऽनुवादः कार्यः —

(क) पुरा भारते कनकपुरं नाम नगरमासीत्। तत्र सुशासको नाम राजा बभूव। स विद्यावान् गुणज्ञः भक्तिमांश्चासीत्। याचके दृष्टे तस्य महती प्रीतिः। तस्य सज्जनः नाम मित्रमभवत्। नाम्ना स सज्जनः किन्तु कर्मणा दुर्जनः।

(ख) एकदा कस्मिंश्चिद्वने अटन् एकः सिंहः श्रान्तो भूत्वा निद्रां गतः। अस्मिन्नवसरे कश्चिद् क्षुद्रो मूषिकस्तन्मुखे पतित्वा तस्य निद्राभङ्गं चकार। अतः स सिंहः कोपेन तं मूषिकं व्यापादयितुमैच्छत्। भयाकुलो मूषिकः प्राणरक्षार्थं तं बहुधा याचितवान्। सिंहेनापि दया प्रदर्शिता तस्मिन् मूषिके।

(ग) एवं निश्चित्य राजापि खड्गमादाय तदनुसरणक्रमेण नगराद् बहिर्निर्जगाम। गत्वा च तेन कापि रुदती रमणी दृष्टा पृष्टा च। का

१—(ख) व्यापादयितुम्—मारने के लिए।

त्वम् ? किमर्थं रोदिषि ? स्त्रियोक्तम्—अहं राज्ञः शूद्रकस्य राजलक्ष्मीः । कारणवशादिदानीमन्यत्र गमिष्यामि ।

२—अधोलिखितहिन्दीवाक्यानां संस्कृतभाषया अनुवादः क्रियताम्—

पूर्व जन्म का तप विद्या है । विद्वान् की पूजा सब जगह होती है । अच्छे बालक सदा सत्सङ्ग में रहते हैं । मोहन कल पिता के साथ काशी जायेगा । राजा दशरथ के चार पुत्र थे । सोहन सदा सायं-प्रातः गाय का दूध पीता है । वह मुझको पत्र देता है । पर्वत से बकरियाँ नीचे आती हैं ।

(१९६०)

१—अधोनिर्दिष्टगद्यभागानां हिन्दीभाषया अनुवादः कार्यः—

(क) परमात्मना विचारशक्तिर्जगति केवलं मानवायैव दत्ता, तयैव विचारशक्तिशाली मनुष्यः कठिनात्कठिनतरमपि कार्यं कुर्व्वन् स्वस्य स्वदेशस्य च कीर्तिं तनोति, सुखं च लभते। दृश्यतां तावत् बुद्धिप्रभावेणैव मनुजोऽद्य व्योम्नि अनायासेन पक्षी इव उड्डीयते, स्वराकेटास्त्रमपि चन्द्रलोकं प्रेषयति । अहो, अद्य मानवमस्तिष्कमपि विज्ञानमयं जातम्। अतः सर्वैर्विज्ञानयुगमिदं कथ्यते ।

(ख) संस्कृतभाषा देवभाषा, प्रायः सर्वासां भारतीयभाषाणां जननी, प्रादेशिकभाषाणाञ्च प्राणभूता इति । यथा प्राणी अन्नेन जीवति, परन्तु वायुं विना अन्नमपि जीवनं रक्षितुं न शक्नोति, तथैव अस्मद्देशस्य कापि भाषा संस्कृतभाषावलम्बं विना जीवितुमक्षमेति निःसंशयम् । अस्यामेव अस्माकं धर्मः, अस्माकमितिहासः, अस्माकं भूतं भविष्यञ्च सर्वं सुसन्निहितमस्ति ।

(ग) पञ्चविंशतिः शतानि वत्सराणां व्यतीतानि, यदा गौतमकुलोत्पन्नः सिद्धार्थः इमां भारतभुवम् अलञ्चकार स्वजन्मना । भागीरथ्या उत्तरे तीरे कपिलवस्तुनाम महनीयं नगरमेकमासीत् । शाक्यवंशोत्पन्नः शुद्धोदनस्तत्र राज्यमकरोत् । तस्य मायादेवी नाम सती भार्याऽभवत् । तस्याञ्च सिद्धार्थो नाम सूनुर्जन्म लेभे । स शैशवादेव सुवृत्तो विवेकी चाभूत् ।

---

२. पूजा सब जगह होती है—सर्वत्र पूज्यते। नीचे आती हैं—अवतरन्ति।

२—निम्ननिर्दिष्टवाक्यानां संस्कृतभाषया अनुवादो विधेयः—

बालको, प्रातःकाल हो गया, उठो और गङ्गास्नान को जाओ।
अच्छे बालक प्रातः उठकर नित्य गङ्गास्नान करते हैं।
गङ्गास्नान से बुद्धि निर्मल और स्वास्थ्य उत्तम बनता है।
गङ्गा का उद्गम भी भारत के हिमालय प्रदेश में ही है।
प्राचीन आर्यों की उत्पत्ति इसी देश में हुई थी।
कुरुक्षेत्र में भगवान् कृष्ण ने अर्जुन को आत्मतत्त्व का उपदेश दिया था।
यदि मैं झूठ बोलूं तो आप मुझे दण्ड दें।
काशी विद्या की भूमि है।
मैं विद्या पढ़ने को काशी जाऊँगा।
ज्ञानी मनुष्य पाप से सदा डरते हैं (बिभ्यति)।

(१९६२)

अधोलिखितभागानां हिन्दीभाषयाऽनुवादः कार्यः —

(क) अस्माकं भारतदेशः बहुप्राचीनः अतिपवित्रो विशालश्च अस्ति। अत्रैव षड् ऋतवः, नारायणस्य विविधा अवताराश्च भवन्ति। संसारस्य सर्वोच्चशैलः हिमालयोऽपि अस्य शिरसि हेममुकुट इव विराजते। इत एव गङ्गा-यमुनाद्या बह्व्यो नद्यो वहन्ति। अत्रैव काशी-अयोध्या-मथुरा-मायाद्यास्ताः प्राचीनाः सप्तपुर्यः सन्ति।

(ख) पुरैकदा महर्षेः वरतन्तोः शिष्यः कौत्सः चतुर्दशविद्या अधिगत्य स्वगुरवे दक्षिणां दातुकामः रघोः समीपमययौ। रघुः स्वगृहमागतमतिथिं कौत्सं विलोक्य यथाविधपाद्यादिभिस्तमपूजयत्। कुशलप्रश्नानन्तरं कौत्सः गुरुणा सह कृतां सर्वां वार्तां तस्मै विज्ञापितवान्।

(ग) अद्य भोजनालये पाचकः बहुव्यञ्जनानि पचति। चुल्यामग्निः सम्यक् न ज्वलति। धूमोऽपि मन्दं मन्दं बहिः निःसरति। स्थाल्यां बहुमोदकाः पोलिकाश्च सन्ति। कटाहे तप्तं घृतं वर्तते, जलपात्रेषु जलं न दृश्यते। पीठेषु मनुष्या नोपविष्टाः सन्ति। भित्तौ नागदन्तो न लगितः किन्तु काष्ठाधारः अस्ति। तस्योपरि दधिपात्रं विद्यते।

(घ) ये जनाः शिष्टाचारविरुद्धमाचरन्ति, युक्तायुक्तविवेकं विहाय यथेच्छं व्यवहरन्ति, ते सभ्यसमाजे कुत्रापि समादरं न लभन्ते, प्रतिदिनं

नियमपूर्वकमीश्वराराधनेन मनःशान्तिः, चित्तैकाग्रता, धर्मबुद्धिः, आध्यात्मिकशक्तिसमृद्धिः इन्द्रियसंयमश्चेत्यादयो बहवो लाभा भवन्ति। अत एव सज्जनाः सदा प्रातरुत्थाय हृदीश्वरं स्मरन्ति ततोऽन्यकार्येषु संलग्ना भवन्ति।

निम्ननिर्दिष्टहिन्दीवाक्यानां संस्कृतभाषायामनुवादो विधेयः —

यज्ञदत्त प्रतिदिन अपने साथियों के साथ गङ्गास्नान करने जाता है।
यह ध्रुव सत्य है कि नित्य गङ्गा-स्नान से स्वास्थ्य-लाभ होता है।
पञ्चवटी की शोभा देखकर रामचन्द्र बहुत प्रसन्न हुए।
स्वतन्त्र भारत में संस्कृत-प्रचार के लिए हमें प्रयत्न करना चाहिए।
आज सायंकाल हम दोनों विद्यालय से रास्ते में पढ़ते हुए घर आयेंगे।
यदि हम पढ़ेंगे तो परीक्षा में अवश्य सफल हो जायेंगे।
तुम सब भोजन करके शीघ्र यहाँ आओ और अपना पाठ याद करो।

वाराणसेय-संस्कृतविश्वविद्यालये

पूर्वमध्यमपरीक्षायाम्

(१९५७)

सरलसंस्कृतभाषयाऽनूद्यतामधोऽङ्कितो हिन्दीनिबन्धः—

१—धर्म कुछ है ही नहीं, ऐसा मानने वालों की संख्या भगवान् की कृपा से भारत में अभी नगण्य ही है, परन्तु धार्मिक शिक्षा की ओर वह सर्वथा उदासीन है। यदि ऐसा न होता तो वह आधुनिक शिक्षा को, जिसका धर्म से कोई नाता ही नहीं है, एक दिन भी सहन न करती। साधारण जनता की तो बात ही क्या, बड़े-बड़े पण्डितों को, जो धर्म के संरक्षक माने जाते हैं, अपने बच्चों को अंग्रेजी शिक्षा देने की ही चिन्ता रहती है।

निम्ननिर्दिष्टः संस्कृतसंदर्भो हिन्दीभाषयाऽनूद्यताम्—

२—क्षपिता क्षपा, स्मयते सविता सम्प्रति, प्रफुल्ला प्रसूनकलिका, चकम्पिरे लतिकाः, प्रससार मातरिश्वा, चुकूजुर्विहंगमकुलानि, रेजे मेदिनी, शिशुरेकः समुत्पन्नः, प्रसन्नवदनाः परिचारिकाः, सन्तुष्टमनसो द्विजाः, प्रमुदितं याचकवृन्दम्, स्मयमानमालोक्य विदशनं बालमेनं स्मेरानना जननी, उत्फुल्ललोचनो जनकः।

३—एष भगवान् मणिराकाशमण्डलस्य, चक्रवर्ती खेचरचक्रस्य, कुण्डलमाखण्डलदिशः, दीपको ब्रह्माण्डभाण्डस्य, प्रेयान् पुण्डरीकपटलस्य, शोकविमोकः कोकलोकस्य, अवलम्बो रोलम्बकदम्बस्य, सूत्रधारः सर्वव्यवहारस्य, इनश्च दिनस्य। अयमेव अहोरात्रं जनयति, अयमेव वत्सरं द्वादशसु भागेषु विभनक्ति, अयमेव कारणं षण्णामृतूनाम्, एष एवाङ्गीकरोति उत्तरं दक्षिणं चायनम्, एनेनैव सम्पादिता युगभेदाः।

४—सञ्जीवकोऽप्यायुःशेषतया यमुनासलिलमिश्रैः शिशिरतरवातैराप्यायितशरीरः कथञ्चिदप्युत्थाय यमुनातटमुपपेदे। तत्र मरकतसदृशानि बालतृणाग्राणि भक्षयन् कतिपयैरहोभिर्हरवृषभ इव पीनः ककुद्मान्बलवांश्च संवृत्तः। प्रत्यहं वल्मीकशिखराणि शृङ्गाभ्यां विदारयन् गर्जमान आस्ते।

(१९५८)

सरलसंस्कृतभाषयाऽनूद्यताम् अधोऽङ्कितो हिन्दीनिबन्धः—

बालक का मन कच्चे घड़े के समान होता है, कुम्हार अपने चाक के सहारे कच्ची मिट्टी को मनोवाञ्छित रूप देता है। इसी प्रकार शिक्षक शिक्षा के द्वारा बालक के भविष्य का निर्माण करता है। बालक के मन में यह भावना भर देनी चाहिए कि मैं महान् हूँ और अवसर प्राप्त होने पर अपनी शक्तियों का पूरा-पूरा विकास कर सकता हूँ।

निम्ननिर्दिष्टः संस्कृतसन्दर्भो हिन्दीभाषयाऽनूद्यताम्—

(क) किं फलं शिक्षायाः, किमर्थं चेयं सस्नेहमुपदीयते, पुरा भारतीयानामस्मत्पूर्वजानां यादृशी दृष्टिरासीत्, किमधुनापि तादृशी दृष्टिरस्ति? पुरा सुवर्णरजताऽऽकरे भारते शुल्करहिता शिक्षा वितीर्यते स्म। पुरा या प्रणाली भारते शिक्षायाः सा तिरोहिता दौर्भाग्यादस्माकम्। इदानीं बहवः तां प्रणालीं प्रवर्तयितुं बद्धपरिकरा विलोक्यन्ते।

(ख) यावदेष ब्रह्मचारी बटुरलिपुञ्जमुदधूय कुसुमकोरकानवचिनोति, तावत् सतीर्थ्योऽपरस्तत्समानवयाः कस्तूरिकारेणुरूषित इव श्यामः चन्दनचर्चितभालः, कर्पूरागुरुक्षोदाच्छुरितबाहुदण्डः सुगन्धपटलैरुन्निद्रयन्निव निद्रामन्थराणि कोरकनिकरम्बकान्तरालसुप्तानि

(१९५८) कच्चे घड़े के समान—आमघटवत्। चाक के सहारे—चक्रेण।

मिलिन्दवृन्दानि, झटिति समुपसृत्य निवारयन् गौरवद्रुमेवमवादीत्—अलं भो अलम्, मयैव पूर्वमवचितानि कुसुमानि, त्वं तु चिरं रात्रावजागरीरिति क्षिप्रं नोत्थापितः ।

४—(क) भो दमनक, शृणोषि शब्दं दूरान्महान्तम्? सोऽब्रवीत्—स्वामिन्, शृणोमि । ततः किम्? पिङ्गलक आह—भद्र, अहमस्मात् वनात् गन्तुमिच्छामि । दमनक आह—कस्मात्? पिङ्गलक आह—यतोऽद्यास्मद्वने किमप्यपूर्वं सत्त्वं प्रविष्टं यस्यायं महाञ्छब्दः श्रूयते, तस्य च शब्दस्यानुरूपेण सत्त्वेन भाव्यम्, सत्त्वानुरूपेण च पराक्रमेण भाव्यम् इति ।

(१९६२)

अधोलिखितस्य संस्कृतसन्दर्भस्य हिन्दीभाषयाऽनुवादः कार्यः —

पुरा समये प्रजाप्रतिनिधिभूताः परोपकारपरायणाः स्वार्थगन्धशून्या ब्राह्मणा एव नियमनिर्मातार आसन् । राजानस्तु तानेव नियमान् स्वयं परिपालयन्तः प्रजासु प्रचारयन्ति स्म । प्रजापतिनिधयो ब्राह्मणा मन्त्रिपदे न्ययुज्यन्त । मन्त्रिमण्डलपरामर्शमन्तरेण किमपि राज्यकार्यमनुष्ठातुं नाशक्नुवन् राजानः । बौद्धग्रन्थेषु विलोक्यते यत् श्रीमान् अशोकमहाराजो निखिलं स्वीयराज्यं बौद्धसंघाय दातुमैच्छत्, किन्तु तदीयो मन्त्री राधागुप्तस्तमेवं-करणान्न्यषेधत् । प्रजाहितविरुद्धाऽऽचरणात् बहून् वेनप्रभृतीन् शक्तिशालिनोऽपि राज्ञो भारतीयाः साम्राज्यसिंहासनात् पातितवन्त एव ।

अधस्तनो हिन्दीनिबन्धः संस्कृतभाषयाऽनूद्यताम्—

आर्यों ने अनेक कष्ट सह कर बड़े परिश्रम से अपनी इस सर्वोत्कृष्ट संस्कृति की रक्षा की है । इसके सुरक्षित रहने से ही न केवल भारत का वरन् विश्व-भर का अब तक कल्याण हो सका और भविष्य में भी होता रहेगा । इसी आर्यसंस्कृति के कारण समस्त विश्व में भारत विख्यात हो सका । अतः भारतीय शासन-सूत्र के सभी संचालकों का यह कर्त्तव्य है कि वे इसकी विशेष सावधानता से रक्षा करें । ब्रिटिश शासनकाल से इस पर विदेशी संस्कृति की थोड़ी-बहुत धूल पड़ गयी है । हम भारतीयों का कर्त्तव्य है कि इसे अविलंब झाड़-पोंछ कर साफ कर दें, जिससे इस दिव्य संस्कृति के प्रकाश से अखिल विश्व पुनः उज्ज्वल हो उठे ।

उत्तरमध्यमपरीक्षायाम्

(१९५७)

अधोलिखितो हिन्दीगद्यांशः संस्कृतभाषयाऽनूद्यताम्—

गांधीजी पहले पहल साबरमती आश्रम में रहते थे। वह तो युग-द्रष्टा थे। उनका प्रत्येक कार्य महान् होता था। वह जो निश्चय करते थे उसके पीछे उनकी शक्ति होती थी और उस शक्ति से लोगों को स्फूर्ति अथवा प्रेरणा प्राप्त होती थी। *बारह मार्च, उन्नीस सौ तीस ईस्वी को गांधीजी ने यह प्रतिज्ञा की थी कि जब तक स्वराज्य नहीं मिल जायगा तब तक साबरमती आश्रम में आकर न रहूँगा। गांधीजी ने वहीं से डांडी कूच* किया था। उसे उनके निजी सचिव श्री महादेव देसाई ने महाभिनिष्क्रमण कहा है।

अधोलिखितः संस्कृतगद्यांशो हिन्दीभाषयाऽनूद्यताम्—

संस्कृतसंसारे कात्यायननामानः बहवो विद्वांसः श्रूयन्ते। श्रौतसूत्रकारः कात्यायनो महर्षिस्तु प्राचीनतरः। पाणिनेरनन्तरं वार्त्तिककारः कात्यायनःपरनामा वररुचिरासीत्। स एव प्राकृतव्याकरणस्य प्रणेता भवेदिति प्रतीमः। कस्यचन महाकाव्यस्य निर्माता कश्चनापर एव कात्यायनः श्रूयते। नन्दराजस्य मन्त्रिमण्डले कश्चन कात्यायनो वररुचिः पुरोहित आसीत्। अयमेव राजनीतिज्ञो भवेदिति प्रतीयते। कौटिल्यात् किञ्चिदेव प्राचीनस्तत्समकालीनो वा भवेदिति सुव्यक्तमेव।

(१९५८)

संस्कृतभाषयाऽनुवादो विधेयः —

राजा दशरथ धनुर्विद्या में बहुत प्रवीण थे। उन्हें चल तथा स्थिर लक्ष्य को बींधने का बड़ा अभ्यास था। वे शब्द सुनकर भी वन्य प्राणियों को सरलता से अपना लक्ष्य बना लेते थे। एक बार श्रवणकुमार अपने अन्धे माता-पिता के लिए जल लाने गये। जब श्रवणकुमार घड़े को भर रहे थे, हाथी के भ्रम से राजा दशरथ ने तीर चला दिया। श्रवणकुमार का उसी क्षण देहान्त हो गया। श्रवणकुमार के माता-पिता भी पुत्र-शोक

---

*बारह मार्च, उन्नीस सौ तीस ईस्वी को=त्रिंशदुत्तरनवशत्युत्तरसहस्रतमे खिस्ताब्दे मार्चमासस्य द्वादश्यां तिथौ। * कूच किया=प्रतस्थे।

से दिवंगत हो गये। उन्हीं के शाप से राजा दशरथ की मृत्यु भी पुत्र-वियोग से हुई।

हिन्दीभाषयाऽनुवादो विधेयः —

(क) चिरप्रतीक्षितं वाराणसेयसंस्कृतविश्वविद्यालयविधेयकम् उत्तरप्रदेशीय-विधानमण्डलेन पारितम्। महामान्येन राज्यपालेन स्वीकृत्याधिनियमपदवीमारोपितं च। तदनु भाविनः संस्कृतविश्वविद्यालयस्य कार्यप्रणालीं निर्धारयितुं विशेषाधिकारिणो नियुक्तिरपि कृता प्रशासनेन। इत्थं संस्कृतविश्वविद्यालयप्रतिष्ठापूर्वार्द्धं सम्पन्नम्।

(ख) धन्यो महाराजः य एवं प्राणानप्यवगणयन् करुणया आत्मीयानां कुशलं चिन्तयति। एवमेव धर्मो राज्ञां यत् स्वीयानां प्रतिपालनं सम्माननं सदा कुशलचिन्तनं च। भृत्या हि रोदं रोदं वक्षो घ्नतीं मातरं, विलुलितैः केशैर्भूमिविलुण्ठनैश्च रोदसी रोदयन्तीं पत्नीं, तात तातेति कलरवैर्मूर्च्छयतः पटान्तमाकर्षतः पृथुकांश्च तृणवत् विहाय स्वामिकार्यं साधयितुं स्वदेहमर्पयन्ति। तत्कृतज्ञतास्वीकारो हि राज्ञां प्रथमो धर्मः।

(१९६०)

१—अधोलिखितः संस्कृतगद्यांशो हिन्दीभाषयानूद्यताम्—

संस्कृतशिक्षायां प्रथमा बाधा तावदियं, यत् अस्यां शिक्षार्थिनां प्रायेणाऽभाव एव वर्तते। संस्कृतशिक्षाक्षेत्रे वर्तमानस्य शिक्षार्थिनामभावस्य यदा कारणमन्विष्यते, तदाऽस्माभिरेष एव निष्कर्षः प्राप्यते, यत् सम्प्रति शिक्षाया उद्देश्यमेव लोकैरेतत् स्वीकृतं यत् विविधोपभोगसाधनानामभिवृद्धये धनार्जनस्य सामर्थ्यं प्राप्येत। तच्च संस्कृतशिक्षापेक्षया इतरशिक्षाभिरिदानीमनायासेन स्वल्पायासेन वा भवितुं शक्नोति।

२—अधोलिखितहिन्दीगद्यांशः स्वसंस्कृतेनानूद्यताम्—

इस नाटक ने जिस आदर्श का मुझ पर प्रभाव डाला वह यही आदर्श था कि सत्य का अनुसरण करना और कठोर परीक्षाओं में होकर निकलना, जिसमें से हरिश्चन्द्र निकले। मैं हरिश्चन्द्र की कहानी में पूर्णतया विश्वास करता था। अब मेरी सामान्य बुद्धि कहती है कि हरिश्चन्द्र ऐतिहासिक व्यक्ति नहीं हो सकते। फिर भी दोनों हरिश्चन्द्र और श्रवण

मेरे लिए जीवित सत्य हैं और मुझे पूर्ण निश्चय है कि यदि मैं उन नाटकों को आज फिर से पढ़ूँ तो पूर्व की भाँति ही प्रभावित हो जाऊँगा।

अधोलिखितसंस्कृतगद्यांशो हिन्दीभाषयानूद्यताम्—

महात्मनस्तपस्यया परमात्मनोऽनुग्रहेण च वयं स्वराज्यमवाप्नुम। परं स्वराज्यप्राप्तिमनु मोहान्धेनोन्मत्तेन केनापि युवकेन स महात्मा दिवं प्रापितः। स्नेहपूर्णो दीप उपशशाम। येन महापुरुषेण राजनीतौ सत्याहिंसयोः सफलः प्रयोगः कृतः मानवजीवनस्य सर्वेषु विषयेषु अश्रुतपूर्वाः क्रान्तयश्च सम्पादिताः, स महामानव इदानीं लोकहृदयेषु विराजते। यदि मानवाः तत्प्रदर्शितपथेनैव कार्यं करिष्यन्ति तदैव विश्वस्य कल्याणं भविष्यति।

अधोलिखितहिन्दीगद्यांशः स्वसंस्कृतेनानूद्यताम्—

महर्षि दयानन्द राष्ट्र के उद्धारकों में अग्रणी थे। सत्य और ब्रह्मचर्य की मूर्ति थे। इन्हीं गुणों के प्रभाव से वे अपने कर्त्तव्य-पालन में निर्भीक रहते थे। इन महर्षि ने चिरकाल से उपेक्षित वेदों का प्रचार किया। इन्होंने सत्यार्थ-प्रकाश नामक लोकप्रसिद्ध ग्रन्थ की रचना आर्यभाषा में की और उस भाषा को राष्ट्रभाषा पद पर आरोपित करने का प्रयत्न किया। महर्षि ने देववाणी का भी महान् प्रचार किया। स्त्रियों, दलित जातियों तथा गौओं के उद्धार के लिए भी यत्न किया। पहले-पहल इसी महापुरुष ने हम लोगों के हृदय में स्वराज्य की भावना भी जागरित की।

पटना की मैट्रिक्यूलेशन परीक्षा

1937 (Compulsory)

संस्कृत में अनुवाद कीजिए—

(१) राजा इन्द्रद्युम्न अपने हाथी पर चढ़ा और कई एक देशों में भ्रमण करता हुआ अन्त में जगन्नाथ धाम पहुँचा।

(२) मगध में बहुत दिन पूर्व जरासन्ध नाम का राजा रहता था और एक समय कृष्ण के साथ भीमसेन वहाँ आये और उसको मार दिया।

(३) उसके दूसरे दिन गुरु अपने शिष्यों के साथ योगाश्रम में गये और वहाँ गोदावरी नदी के किनारे ध्यान में बैठ गये।

(४) जो धर्म के अनुकूल काम करते और दूसरों की भलाई करने में लगे रहते हैं केवल वे ही ईश्वर के कृपापात्र होते हैं।

(५) उसकी सेना के शत्रु द्वारा पूरी तरह हराये जाने पर कुछ सिपाही पहाड़ों पर चढ़ गये, कुछ समुद्रों में उतर गये और दूसरे एकान्त कन्दराओं में घुस गये।

1937 (Additional)

(१) सब प्रजाओं को खबर दो कि अब चन्द्रगुप्त अपने ही राजकार्यों को देखेंगे।

(२) अपने मां-बाप की आज्ञा मानो, विद्वानों का आदर करो; दूसरों की निन्दा का एक शब्द भी मत बोलो और अपनी अवस्था से सन्तुष्ट रहो।

(३) व्याध को अपनी ओर आते देखकर सब जानवर डर कर भिन्न-भिन्न दिशाओं में भाग गये।

(४) मुझे आशा है कि आपको उस आदमी का स्मरण होगा जिसके बारे में एक महीना पहले आपसे मैंने कहा था।

(५) पुराने समय में असित नाम का एक मुनि था, जिसने अपने धर्माचरण के लिए देवों के देव से देवल की पदवी प्राप्त की।

1938 (Compulsory)

(१) धन से अच्छे और बुरे दोनों काम होते हैं। इसका जैसा व्यवहार करोगे, वैसा ही फल मिलेगा।

(२) तुमको उत्तम पुरुष होना चाहिए। इसके लिए सबकी भलाई करो।

(३) अपने बड़े भाई रामचन्द्र की आज्ञा से लक्ष्मण ने सीता को वन में ले जाकर अकेली छोड़ दिया।

(४) जब कोई तुम्हारे घर पर आ जाय तो उसका आदर करो, उसे बैठने के लिए आसन और पैर धोने के लिए जल दो।

(५) धर्म को छोड़कर सुख पाने का दूसरा कोई उपाय नहीं है। इसीलिए कुछ लोग धर्म के हेतु प्राण तक दे देते हैं।

१९३७ C (५) हराये जाने पर—पराजितायां सति।

१९३७ A (३) भाग गये—पलायिताः।

१९३८ C (१) इसका जैसा व्यवहार करोगे वैसा ही फल पाओगे—अनेन यथा व्यवहरिष्यथ तथैव फलं प्राप्स्यथ (३) अकेली—एकाकिनीम्।

१९३८ C (५) प्राण तक दे देते हैं—प्राणानुत्सृजन्ति।

1938 (Additional)

(१) मन में अत्यन्त उद्विग्न होकर युवा संन्यासी नदी के किनारे टहलने के लिए निकला।

(२) रात बहुत अँधेरी थी; मधुमक्खियाँ ही गूँज रही थीं; सब विश्राम कर रहे थे।

(३) जो हो, युदा संन्यासी को विश्राम न था। उसने मानसिक शान्ति खो दी थी।

(४) राजा अपनी प्रजाओं को पालता है। यदि कोई कुमार्ग पर जाये तो राजा को चाहिए कि उसे दण्ड दे।

(५) यदि बदमाशों को दण्ड नहीं दिया जायगा तो सम्पूर्ण समाज विश्रृंखल हो जायगा।

1947 (Annual)

(१) मनुष्य किसी के साथ शत्रुता न करे।

(२) आचाय लोग धर्म का उपदेश देते हैं।

(३) कवि सज्जनों की प्रशंसा करता है।

(४) बालिका वृक्ष को देखकर बैठ गयी।

(५) मैंने अति दुर्बल बालक को देखा।

(६) मैंने गोदोहन-काल में कृष्ण को देखा।

1947 (Supplementary)

(a) विष्णु ने क्षीरसमुद्र को मथा।

(b) ईश्वर की कृपा का फल सर्वत्र देखा जाता है।

(c) हरिण वन में पानी पीने की इच्छा करता है।

(d) उसने शत्रु से एक सौ गायें जीत लीं।

(e) गुरु छात्रों को पढ़ाते हैं।

(f) तुम कहाँ रहते हो, यह मैं जानना चाहता हूँ।

११३८ A (५) बदमाशों को—धूर्तान्। १९४७ A (२) धर्म का उपदेश देते हैं—धर्मम् उपदिशन्ति। (४) बैठ गयी—उपाविशत्।

1948 (Annual)

(a) पिता की आज्ञा से रामचंन्द्र वन में गये।

(b) कृपया मुझे फल दीजिए।

(c) परमपिता परमेश्वर सर्वत्र है।

(d) श्याम पुत्र के लिए पुस्तक लाता है।

(e) तुम्हारा भाई कहाँ पढ़ता है?

(f) कब काशी जाओगे?

1948 (Supplementary)

(a) कृपया ग्राम चलिए।

(b) तुम्हारा घर कहाँ है?

(c) पिता आज आवेंगे।

(d) कवियों में कालिदास श्रेष्ठ थे।

(e) रामचन्द्र ने रावण को मारा।

(f) मैं स्वयं कार्य करूँगा।

पंजाब मैट्रिक्यूलेशन परीक्षा
(१९५५)

नीचे दिये गये संदर्भों का संस्कृत में अनुवाद करो—

(१) किसी नगर में मित्रशर्मा नाम का एक ब्राह्मण रहता था। एक बार किसी यजमान ने उसे एक पशु दिया। जब वह उसे कंधे पर लिये जा रहा था, तो मार्ग में उसे तीन धूर्त मिले। वे उस पशु को लेना चाहते थे। उनमें से एक ने उसके सामने होकर कहा—'अरे रे, यह कुत्ता कन्धे पर क्यों उठाये लिये जा रहे हो?' उसने क्रोध से कहा—'क्या तुम अन्धे हो जो पशु को कुत्ता बताते हो?' तब दूसरे ने आकर कहा—'अरे भाई, चाहे यह कुत्ता तुझे बहुत प्यारा है, फिर भी यह कन्धे पर चढ़ाने योग्य तो नहीं है।'

(२) किसी नगर में हरिदत्त नाम का एक ब्राह्मण रहता था। एक दिन वह गर्मी से दुःखित हुआ अपने खेत में एक वृक्ष की छाया में सो गया। समीप ही एक सांप को देखकर वह सोचने लगा—'खेत का यह देवता कभी

---

(१) उसे एक पशु दिया—तस्मै छागमेकमददात्। कंधे पर लिये जा रहा था—स्कन्धे कृत्वा गच्छन् आसीत्।

नहीं पूजा गया। इसी लिए मेरा खेती-बाड़ी का काम निष्फल रहा है। तो आज मैं इसकी पूजा करता हूँ। ऐसा सोचकर वह दूध लाया और वहां रख कर चला गया। दूसरे दिन प्रातःकाल आकर उसने दूध के बर्तन में एक मोहर (दीनार) देखी। फिर तो वह प्रतिदिन उसी प्रकार दूध देकर मोहर प्राप्त करने लगा।

(१९५६)

संस्कृत में अनुवाद करो—

(क) (१) मैं पानी पीना चाहता हूँ।

(२) मुझे पके आम अच्छे लगते हैं।

(३) आज शाम को हमारे घर भोजन कीजिए।

(४) मनुष्य-जीवन का उद्देश्य केवल धन कमाना नहीं है।

(५) मैं वहाँ देर तक खड़ा रहा।

(६) आप प्रयाग से कब आये?

(७) इस खेत का मालिक कौन है?

(८) विद्वान् स्वभाव से दयालु होते हैं।

(९) भारत सब देशों का शिरोमणि है।

(१०) संस्कृत पढ़कर मनुष्य अपना चरित्र शुद्ध कर सकता है।

(११) देवों का सा ऊँचा व्यक्तित्व बना सकता है।

(१२) इसीलिए संस्कृत को देवों की भाषा कहा जाता है।

(ख) हजारों वर्ष पुरानी बात है। अयोध्या में महाराज दशरथ राज्य

क्रोध से कहा—सक्रोधमवदत्। कन्धे पर चढ़ाने को—स्कन्धेन वोढुम्। (२) गर्मी से दुःखित—घर्मपीडितः। सो गया—अस्वपत्। खेती का काम निष्फल रहा—कृषिकर्म निष्फलमजायत। रख कर—निधाय। बर्तन में एक मोहर देखी—पात्रे दीनारमेकमपश्यत्।

१९५६ (क) २—मह्यं पक्वानि आम्राणि रोचन्ते। ३—अद्य सायं मम गृहे भुञ्जीत भवान्। ४—मनुष्यजीवनोद्देश्यम्।

९—भारतं सर्वेषु देशेषु श्रेष्ठम्। १०—संस्कृतमधीत्य मानवः स्वचरित्रं पालयितुं शक्नोति। १२—अतः संस्कृतं देववाणीति कथ्यते।

१९५६ (ख) सहस्र वर्ष पुरानी—सहस्रवर्षीया पुराणी गाथा। राज्य करते थे—शशास।

करते थे। उनके चार पुत्र थे—राम, भरत, लक्ष्मण और शत्रुघ्न। राम की माता कौसल्या थी। भरत की माता को कैकेयी कहते थे। लक्ष्मण और शत्रुघ्न की माता का नाम सुमित्रा था। राजा दशरथ अब बूढ़े हो गये थे। उन्होंने राम का राज-तिलक करने का निश्चय किया। इस शुभ समाचार से सब लोग प्रसन्न थे, किन्तु दशरथ की छोटी रानी कैकेयी को यह बात नहीं भायी। उसने महल में दीपक तक न जलाया। वह चाहती थी कि उसका पुत्र भरत राजा बने।

(१९५७)

संस्कृत में अनुवाद करो—

(क) (१) गंगा हिमालय से निकलती है।
(२) काशी यहाँ से दो कोस है।
(३) देर से मिले हो।
(४) धीर पुरुष न्याय के मार्ग को नहीं छोड़ते।
(५) कट सकता नहीं यह शस्त्र से, अग्नि भी नहीं जला सकती।
(६) दूध का जला छाछ फूक फूंक कर पीता है।
(७) ठंडी हवा चल रही है।
(८) आर्य संस्कृति की हँसी उड़ाने वालों को धिक्कार है।
(९) मनुष्य धन का दास है, धन किसी का दास नहीं।
(१०) संस्कृत भाषा और साहित्य का पढ़ना मनुष्य के लिए कल्याण-कारी है।

उन्होंने राम का राजतिलक—स राममभिषेक्तुं निश्चिकाय। न भायी—नारोचत। उसने महल में—सा प्रासादे दीपमात्रमपि न प्राज्वलयत्। उसकी इच्छा थी—सा ऐच्छत्।

१९५७ (क) (२) इतः काशी क्रोशौ अस्ति। (३) चिराद् दृष्टोऽसि।

(४) न्याय्यात् पथः प्रविचलन्ति पदं न धीराः (५) नेदं छिद्यते शस्त्रैः न चापि दह्यतेऽग्निना। (६) पयसा दग्धः तक्रमपि फूत्कृत्य पिबति। (८) धिक् आर्यसंस्कृतिमुपहसन्तम्! (११) परान् अहिंसाधर्मम् उपदिशन्तः स्वयं क्रूरव्यवहारेणापि न संकुञ्चन्ति। (१२) सुचरितं हि श्रेष्ठो गुणः।

(११) दूसरों को अहिंसा की शिक्षा देने वाले स्वयं क्रूर व्यवहार से नहीं झिझकते।

(१२) शुद्ध आचरण ही सब से उत्तम गुण है।

(ख) मैं उस रघुकुल का वर्णन करने लगा हूँ जिसमें जन्म लेने वाले सारा जीवन पवित्रता से बिताते थे। वे प्रारंभ किये हुए कार्य को समाप्त किये विना नहीं छोड़ते थे। उनका राज्य समुद्र के किनारों तक फैला हुआ था। वे विधिपूर्वक यज्ञ करते थे। वे अपराधियों को उचित दण्ड देते थे। वे दान के लिए धन इकट्ठा करते थे। वे सत्यवादी थे। वे केवल यश के लिए विजय प्राप्त करते थे। बचपन में ही विद्या पढ़कर, और यौवन में सुख भोगकर, वृद्धावस्था में तपोवन को चले जाते थे।

(ग) मगध देश में चम्पारण्य नाम का बन था। किसी समय उसमें एक कौआ और एक हिरन रहा करते थे। दोनों दृढ़ मित्र थे। हिरन स्वेच्छा से मन में निश्चिन्त भ्रमण करता था। एक दिन वह घूम रहा था कि एक गीदड़ ने उसको देखा। वह हिरन के पास जाकर बोला—"मित्र, आप कुशल से तो हैं ?" हिरन ने आश्चर्य से पूछा —"तुम कौन हो ? मैं तुम्हें नहीं पहचानता।" गीदड़ ने उत्तर

१९५७(ख) वणन करने लगा हूँ—वर्णयामि। जिसमें जन्म लेने वाले—यस्मिन् जाताः। वे प्रारम्भ किये हुए—ते प्रारब्धं कर्म आफलोदयं नात्यजन्। उनका राज्य—आसमुद्रक्षितीशानाम्। वे विधिपूर्वक—यथाविधिहुताग्नीनाम्। वे अपराधियों को—यथापराधदण्डानाम्। दान के लिए धन—दानाय सम्भृतार्थानाम्। वे केवल यश के लिए—यशसे विजिगीषूणाम्। बचपन में ही विद्या पढ़कर—शैशवेऽभ्यस्तविद्यानां यौवने विषयैषिणाम्। वार्धके मुनिवृत्तीनाम् (रघुवंशे)।

१९५७ (ग) रहा करते थे—न्यवसताम्। हिरन के पास आकर बोला—मृगमुपेत्य प्रोवाच। आप कुशल से तो हैं—अपि कुशली भवान् ? मैं तुम्हें नहीं पहचानता—नाहं त्वां परिचिनोमि। उत्तर दिया—प्रत्यवदत्। कोई साथी नहीं—न कोऽपि सहचरः।

दिया—"श्रीमन्, मैं क्षुद्रबुद्धि नाम का गीदड हूँ।" इस विशाल वन में मेरा कोई साथी नहीं।"

(१६५८)

संस्कृत में अनुवाद करो—

(क) (१) विद्यासागर अपनी श्रेणी में सब विद्यार्थियों से अधिक बुद्धिमान् थे।

(२) आप शीघ्र आइये, अच्छे कामों में देर करना उचित नहीं।

(३) विद्वान् को अपनी विद्या का अहङ्कार कभी नहीं करना चाहिए।

(४) राजा के आने पर सब नगर-निवासी सड़क के दोनों ओर खड़े हो गये।

(५) मैं कल ही बनारस से आया हूँ।

(ख) गौतमी नाम की एक बूढ़ी विधवा स्त्री पुत्र के साथ वन को गयी। वहाँ पर शान्ति प्राप्त कर कन्द-मूल आदि का भोजन करती हुई तप करने लगी। एक दिन वह पुत्र को आश्रम में छोड़कर किसी काम के लिए बाहर गयी। तब अचानक किसी काले साँप ने आकर उसके पुत्र को काट लिया और वह मर गया। वह स्त्री कार्य समाप्त कर जब अपने आश्रम को आयी तो उसने अपने पुत्र को मरा हुआ देखा। उसे पुत्र प्यारा था। तो भी तपस्विनी ने शोक को ज्ञान

१६५८ (क) (१) अधिक बुद्धिमान्—बुद्धिमत्तमः। (३) विदुषा स्वविद्याभिमानः कदापि न कर्तव्यः। (४) आगते नृपे सर्वे पौराः राजमार्गमुभयतः स्थिताः आसन्। (५) अहं ह्यः एव वाराणस्याः आगतोऽस्मि।

१६५८ (ख) गौतमी नाम की—नाम्ना गौतमी। कन्द-मूल आदि का—कन्दमूलादिकं भुञ्जाना।

१६५८ (ख) तप करने लगी—तपःप्रवृत्ता बभूव। तब अचानक किसी काले साँप—तदा अकस्मादेव एकेन कृष्णसर्पेण आगत्य तस्याः पुत्रः दष्टः। उसे पुत्र प्यारा था—सा पुत्रे स्निह्यति स्म। तपस्विनी ने शोक को ज्ञान और तप—सा तपस्विनी निजशोकं ज्ञानेन धैर्येण चावलम्ब्य सामान्यजन इव चीत्कारशब्दं नाकरोत्। पुत्र को गोद में बैठाकर—अङ्काधिरोपितसुता किञ्चित् चिन्तयामास।

और धैर्य के बल से दबाए रखा और साधारण मनुष्य की तरह चिल्ला कर विलाप न किया। माता के प्रेम से खिंची हुई वह पुत्र को गोद में उठाकर कुछ सोचती रही।

(१९५९)

संस्कृत में अनुवाद करो—

(क) (१) माता-पिता की सेवा करो, फल पाओगे।
(२) गुजरी बात का शोक नहीं करना चाहिए।
(३) जो काम किया, उसके कारण वह मरा है।
(४) राम के वन जाने पर सीता और लक्ष्मण भी उनके साथ गये।
(५) धिक्कार है उन दुष्टों को जो शत्रुओं से मिलकर अपने देश को हानि पहुँचाते हैं।

(ख) बोपदेव बचपन में बहुत मन्दबुद्धि था। बार-बार के अभ्यास से भी अपना पाठ स्मरण नहीं कर सकता था। उसने बड़े परिश्रम से व्याकरण के अनेक ग्रन्थ पढ़े, परन्तु जब ज्ञान प्राप्त नहीं हुआ तब पाठशाला त्याग कर एक सरोवर के तट पर जा बैठा और विचार में मग्न हो गया। कुछ काल के पीछे उसने एक युवती को देखा जिसने घड़ा जल से भर कर एक पत्थर पर रखा और स्नान करने लगी। स्नान के बाद वह घर चली। प्रतिदिन घड़े की रगड़ से उस पत्थर में एक गर्त हो गया था। उसे देख कर बोपदेव के हृदय

१९५९ (क) (१) पितरौ सेवध्वम् फलं प्राप्स्यथ। (२) गतं न शोचनीयम्। (३) स यत्कर्माकरोत् तेन सोऽम्रियत। (५) धिक् तान् दुष्टान् ये शत्रुभिः सह मिलित्वा देशाय द्रुह्यन्ति, अपराध्यन्ति वा।

१९५९ (ख) बार-वार के अभ्यास से भी—भूयो भूयोऽभ्यासेनापि स स्वपाठं स्मर्तुं नाशक्नोत्।

१९५९ (ख) सरोवर के तट पर जा बैठा—सरोवरस्य तटं गत्वा उपाविशत्। जिसने घड़ा जल से भर कर—या घटं जलेनापूर्य एकस्मिन् प्रस्तरे स्थापयत् स्वयं च स्नानमाचरितुं प्रवृत्ता। प्रतिदिन घड़े की रगड़ से—प्रतिदिनं घटस्य घर्षणेन तस्मिन् पाषाणे एकं छिद्रमजायत। अवश्य निरन्तर परिश्रम करने से—अवश्यं सततश्रमेण मे बुद्धिरपि तीक्ष्णा भविष्यति।

में एक भाव उदित हुआ और वह प्रसन्नचित्त होकर गुरु के निकट गया और बोला—गुरु जी, यदि घड़े की रगड़ से पत्थर में भी गर्त हो गया है तो अवश्य निरन्तर परिश्रम करने से मेरी बुद्धि भी तीक्ष्ण हो जायगी।

(१९६०)

संस्कृत में अनुवाद करो—

(क) (१) गुरुओं की आज्ञा विचार करने योग्य नहीं होती।

(२) सिंह का गर्जन सुनकर सभी जीव-जन्तु डर गये।

(३) पराधीनता के जीवन से तो मृत्यु भली है।

(४) सुपुत्र कभी अपने वंश को कलंकित नहीं करता।

(५) गुरुजी के आने पर सभी छात्र उठ खड़े हुए।

(ख) श्रीकृष्ण और सुदामा शैशव काल के मित्र थे। वे दोनों बचपन में गुरु संदीपनि के घर में रहते थे। दोनों साथ ही गुरु की सेवा करते थे, साथ ही विद्या पढ़ते थे। एक बार गुरु-पत्नी के कहने पर वे दोनों लकड़ियाँ लाने के लिए वन में गये। वन में लकड़ियां काटते हुए उन दोनों को सूर्य अस्त हो गया। आकाश बादलों से ढक गया। वर्षा जोर से होने लगी। दोनों सहपाठी जंगल के जानवरों के डर से एक पेड़ पर चढ़कर बैठ गये। सहसा अँधेरे में श्रीकृष्ण के कानों

१९६० (क) आज्ञा गुरूणां ह्यविचारणीया। ३—वरं मृत्युः न पुनः परतंत्रं जीवितम्। ४—कलंकित नहीं करता—न कलंकयति। ५—आगते गुरौ सर्वेऽपि छात्राः उदतिष्ठन्।

१९६० (ख) शैशवकाल के मित्र थे—बाल्यादेव सुहृदावास्ताम्। संदीपनि गुरु के—संदीपनिगुरोः। दोनों साथ ही गुरु की सेवा करते थे—उभौ सममेव गुरुम् असेवेताम्। गुरु-पत्नी के कहने के अनुसार—गुरुपत्न्याः आदेशेन। लकड़ियाँ काटते हुए उनके—इन्धनानि छिन्दतोः तयोः। जंगल के जानवरों के डर से—वन्येभ्यः पशुभ्यः भयात् तरुमारुह्य उपविष्टौ। श्रीकृष्ण जी के कानों में—श्रीकृष्णस्य कर्णयोः किञ्चिच्चर्वतः सुदाम्नश्चर्वणध्वनिरपतत्। थोड़ा सा खाद्य पदार्थ—किञ्चिद् भक्ष्यं मह्यमपि दीयताम्। एकाकी किं भक्षयन्नस्ति भवान्।

में सुदामा के कुछ खाने की ध्वनि पड़ी। वे बोले—भाई, थोड़ा-सा खाद्य पदार्थ हमें भी दे दीजिए, अकेले ही क्यों खाये जाते हो ?

(१९६१)

संस्कृत में अनुवाद करो—

(क) (१) कांटे से कांटा निकाला जाता है।
(२) इस स्कूल की दसवीं श्रेणी में पचास छात्र हैं।
(३) शरण में आये हुए की रक्षा करनी चाहिए।
(४) किसी से द्वेष नहीं करना चाहिए।
(५) मैं और मेरी बहिन चित्र-कला में बहुत कुशल हैं।
(६) ज्ञान-हीन मनुष्य का जीवन निष्फल है।
(७) भारत सब देशों का शिरोमणि है।
(८) धीर मनुष्य न्याय का मार्ग नहीं छोड़ते।
(९) क्या तुम इस कार्य को आज ही कर सकते हो ?
(१०) मनुष्य-जीवन का उद्देश्य सभी को सुख पहुँचाना होना चाहिए, न कि केवल धन कमाना।

(ख) बालक ध्रुव की इच्छा पूर्ण हुई। वह आनन्द से घर की ओर चल दिया। चलते-चलते उसने सोचा कि मैं घर पहुंच कर अपनी माता से क्या कहूँगा ! जो मैंने पाया है वह तो मैं नहीं दिखा सकता। जब

१९६१ (क) १—कण्टकेनैव कण्टकम्। दसवीं श्रेणी में पचास छात्र हैं—दशम्यां श्रेण्यां पञ्चाशत् छात्राः। ५—अहं मम भगिनी च चित्रकलायामतीव कुशले स्वः। ७—भारतं सर्वेषु देशेषु श्रेष्ठम्। ८—न्याय्यात् पथः प्रविचलन्ति पदं न धीराः ९—कर सकते हो—कर्तुं शक्नोषि ? १०—मनुष्यजीवनस्य परं लक्ष्यं सर्वेभ्यः सुखप्रदानं स्यात्, न तु धनसंग्रहः।

१९६१ (ख) इच्छा पूर्ण हुई—मनोरथः पूर्णः। आनन्द के साथ—सामोदम्। अपनी माता से क्या कहूँगा—स्वमात्रे किं कथयिष्यामि। जो कुछ मैंने

वह पूछेगी—बेटा, तुम क्या लाये तब मैं उसे क्या उत्तर दूंगा !

इस विचार से दुःखी होकर उसने उसी क्षण एकाग्रचित्त होकर हरि का स्मरण किया। हरि प्रकट हुए।

हरि ने पूछा—बेटा, ध्रुव अब क्या चाहते हो ? ध्रुव बोला—प्रभो, मैं चाहता हूँ कि आप मेरी माता को भी दर्शन दें। जब वह पूछेगी कि मैंने क्या पाया, तो मैं उसे उत्तर नहीं दे सकूंगा।

हरि मुस्कराये। उन्होंने कहा—"अच्छा, तुम्हारी यह इच्छा भी पूर्ण हो !" बालक प्रसन्न होकर घर को लौटा।

(१९६२)

संस्कृत में अनुवाद करो—

(क) (१) अगर तूने कपड़ा अभी नहीं बेचा तो उसे मुझे दे दो।

(२) यदि तूने दरवाजा नहीं खोला तो बता, उसे किसने खोला है ?

(३) पहाड़ों में हिमालय सबसे ऊँचा है।

(४) गुरु विद्यार्थियों को व्याकरण पढ़ाता है।

(५) राजा अपने देश में ही पूजा जाता है, किन्तु विद्वान् की पूजा सब जगह होती है।

(६) कौन सुख को पाना नहीं चाहता ?

(७) फल वाले वृक्ष ही झुकते हैं।

(८) मैं नहीं जानता कि आजकल वह कहाँ है।

(९) विद्या से रहित मनुष्य पशु के समान है।

(१०) किसने कहा है कि वे दोनों आज आयेंगे ?

(ख) किसी गाँव में धर्मदत्त नाम का एक ब्राह्मण रहता था। उसने एक

पाया है—यत्किञ्चिन्मया लब्धं न तद् दर्शयितुं शक्नोमि। जब वह पूछेगी—यदा सा प्रक्ष्यति किं त्वया लब्धं, तदाहं किं प्रतिवदिष्यामि ? हरि मुस्कराये—हरिः स्मयते स्म। अच्छा, तेरी इच्छा भी पूर्ण होगी—अस्तु, तवेयमिच्छापि पूर्णा भविष्यति। बालः सानन्दं गृहं प्रत्यगच्छत्।

१९६२ (क) (१) नहीं बेचा है—न विक्रीतवानसि। (२) यदि त्वं द्वारमपावृतं नाकरोः, तर्हि कथय केनेदमपावृतम्। (५) स्वदेशे पूज्यते राजा विद्वान् सर्वत्र पूज्यते। (८) अद्यत्वेऽसौ कुत्रास्ति इति न जाने। (९) विद्याविहीनः पशुः।

बंदर पाल रखा था, जो अत्यन्त दुष्ट प्रकृति का था। एक बार वह उस बंदर को साथ लेकर किसी उद्देश्य से दूसरे गांव को चला। रास्ते में एक तालाब को देख कर कुछ समय विश्राम करने के लिए वह वहाँ रुका। अपने दही चावल के पात्र को एक वृक्ष के मूल में रख कर जब वह हाथ पैर धोने के लिए तालाब के किनारे पहुँचा तो पीछे से उस दुष्ट बंदर ने सब दही-चावल खा लिया। फिर वह बंदर अपने हाथ में लगे दही को पास खड़ी किसी बकरी के मुँह में लगा कर दूर जाकर ऐसे बैठ गया जैसे कुछ जानता ही न हो। ब्राह्मण ने लौट कर जब बकरी के मुँह में दही लगा देखा तो उसने उसे खूब पीटा। दुष्ट व्यक्ति अपराध तो स्वयं करता है पर दण्ड दूसरों को दिलाता है।

पंजाब की प्राज्ञ परीक्षा
(१९४८)

संस्कृत में अनुवाद कीजिए—

(क) किसी वन में मदोत्कट नाम का सिंह रहता था। चीता, कौआ और गीदड़ उसके नौकर थे। एक बार सिंह ने इधर-उधर घूमते हुए व्यापारी के साथ से बिछुड़े हुए एक ऊँट को देखा। वह बोला, 'आश्चर्य है, यह एक अद्भुत प्राणी है। पता करो, यह वन का है अथवा गांव का है।' यह सुनकर कौआ बोला—'हे स्वामी, यह ऊँट नाम का गांव का प्राणि-विशेष आपके खाने योग्य है अतः इसे मारिये।' सिंह बोला, 'मैं घर में आये को नहीं मारूँगा। इसे अभय का दान देकर मेरे पास ले आओ, जिससे इससे इधर आने का कारण पूछूं।"

---

(१०) तौ अद्य (तावद्य) आगमिष्यतः इति केन कथितम्?

१९६२ (ख) धर्मदत्त नाम का—धर्मदत्ताभिधानः। उस बंदर को साथ लेकर—तं वानरं सह नीत्वा केनचिद् हेतुना। अपने दही-चावल के पात्र को—स्वकीयं दध्योदनपात्रम् एकस्य वृक्षस्य मूले निधाय। जब वह—यावदसौ। हाथ में लगे दही को पास खड़ी किसी बकरी के मुंह में लगा कर—हस्तलग्नं दधि समीपस्थाया अजायाः मुखे आलेप्य। लौट कर—प्रत्यावृत्य। दुष्ट व्यक्ति

(ख) जेठ महीने की पूर्णिमा को पतिव्रता स्त्रियाँ वट वृक्ष की पूजा और उपवास करती हैं। इस तिथि को प्राचीन काल में सत्यवान् की भार्या सावित्री ने यम द्वारा लिये जाते हुए अपने पति सत्यवान् को छुड़ाया था। तभी से इस व्रत का आरम्भ हुआ है। स्त्रियाँ यह मानती हैं कि इस व्रत के करने से उनके पति की आयु दीर्घ होती है। सब सोहागिन स्त्रियाँ इस व्रत को करती हैं।

(ग) (१) धोबी मैले कपड़ों को गाड़ी में भरकर नदी पर ले जायगा।
(२) तू क्या चाहता है, स्पष्ट क्यों नहीं कहता ?
(३) बारह वर्षों में चारों वेद छः अङ्गों सहित पढ़े जाते हैं।
(४) खेलने के समय खेलना और पढ़ने के समय पढ़ना चाहिए।
(५) ब्रह्मचारी भोग-विलास से सदा डरे और पाप से बचे।
(६) यदि तुम परिश्रम करते तो परीक्षा में अवश्य सफल हो जाते।
(७) प्राचीन काल में राजा लोग विद्वानों की सेवा करना अपना कर्त्तव्य समझते थे।
(८) संवत् २००३ में इस मकान में एक पुरुष, दो स्त्रियाँ, तीन बालक और चार कन्याएँ रहती थीं।

(१९४९)

(क) कुछ सोचकर वसिष्ठ ने दिलीप से कहा कि महाराज ! अब चिंता छोड़ो और एक काम करो। मेरे आश्रम में यह गाय है जिसका नाम नन्दिनी है और यह कामधेनु है। अब तुम इसकी सेवा करो। यह तुम्हारे मनोरथ को पूरा करेगी। जहाँ यह जाये, जाने दो। जैसा यह करे, वैसा ही तुम भी करो।

राजा ने अपने गुरु की बात मान ली और उसकी सेवा बड़े

अपराध नो—अपराधन्तु स्वयं करोति परं तद्दण्डेन परान् योजयति।

१९४८ (ख) छुड़ाया था—विमोचितः। सुहागिन स्त्रियाँ—स्त्रियः सधवाः।

(ग) १—धोबी—रजकः। ४—भोगविलास से—सविलासजीवनात्। ८—संवत् २००३ में—त्र्युत्तरद्विसहस्रसंवत्सरे। १९४९ (क) बात मान ली—कथनं स्वीचकार। (ख) बेटा ! उठ बैठो—उत्तिष्ठ वत्स। आंख नहीं उठा सकता—किमपि कर्तुमसमर्थः।

प्रेम और श्रद्धा के साथ की, जिससे वह बहुत प्रसन्न हो गयी।

(ख) नन्दिनी ने मीठे स्वर से कहा—"बेटा! उठ बैठो। यह सब मेरी ही माया थी। ऋषि की तपस्या के बल से यमराज भी मेरी ओर आँख नहीं उठा सकते, साधारण पशुओं की तो बात ही क्या है। मुझे तुम निरे दूध देनेवाली गाय मत समझो। मैं दूध भी देती हूँ और वरदान भी।"

राजा ने कहा—"मैं अपने राज्य का एक उत्तराधिकारी चाहता हूँ।" तो नन्दिनी ने कहा कि तुम मेरा दूध पी लो। देखो, तुम्हारी इच्छा पूर्ण होगी।"

राजा ने उत्तर दिया कि आपके दूध में सबसे पहले बछड़े का भाग है, फिर गुरुजी का और तब मेरा। क्षमा करना, मैं गुरुजी की आज्ञा के बिना दूध नहीं पी सकता।" इस बात को सुनकर नन्दिनी वहुत ही प्रसन्न हुई और उसे असीस दी।

सायंकाल को आश्रम में पहुँचकर महाराज दिलीप ने गुरु वसिष्ठ को सारा संवाद सुनाया और उनकी आज्ञा से दूध पिया। नन्दिनी की कृपा से रानी सुदक्षिणा से रघु उत्पन्न हुए। रघु से अज और अज से महाराज दशरथ उत्पन्न हुए। महाकवि कालिदास ने रघुवंश में इनका वर्णन किया है।

(ग) (१) भले आदमी सदा भला ही काम करते हैं।
(२) सूर्य की गर्मी से जल सूख जाता है।
(३) लोक-सभा में चुपचाप बैठें और भाषण सुनें।
(४) पिताजी! आप जाइये, मैं भी आ जाऊँगा।
(५) यदि वह बात सुननी है तो बैठ जाइये।
(६) विद्या को परिश्रम से पढ़ो, सुख पाओगे।
(७) सन् उन्नीस सौ सैंतालीस में भारत स्वतन्त्र हुआ।
(८) मूर्ख पुत्र को धिक्कार है! वह पढ़ता क्यों नहीं?

१९४९ (ग) १—भले आदमी—सत्पुरुषाः। २—गर्मी से—आतपेन। ७—सन् उन्नीस सौ सैंतालीस में—सप्तचत्वारिंशदधिकैकोनविंशतितमे खृस्ताब्दे। ८—धिक्कार है—धिक्!

(९) माता बच्चे को चाँद दिखाती है।

(१०) हमें सदा सत्य बोलना चाहिए।

(११) इस समय के भारत के प्रधान मंत्री का नाम पं० जवाहरलाल है जो श्रीमती इन्दिरा गाँधी के पिता हैं।

(१२) क्या तुमसे यहाँ ठहरा नहीं जाता ?

(१९५०)

(क) एक समय राजा उशीनर ने यज्ञ करना आरम्भ किया। यज्ञ के लिए सारी सामग्री एकत्र की। जहाँ पर राजा यज्ञ कर रहे थे, वहाँ पर इन्द्र राजा की परीक्षा लेने गये। राजा की जाँघ पर एक कबूतर आकर बैठ गया। इन्द्र ने कहा, राजन् ! यह कबूतर मुझे दे दो। मैं भूख से व्याकुल हूँ। अतएव तुम धर्म के लोभ से इसकी रक्षा मत करो। तुम्हारा धर्म नष्ट हो चुका। राजा ने कहा, तुम्हारे भय से व्याकुल होकर प्राण बचाने की इच्छा से यह कबूतर हमारे पास आया है। हम इसकी रक्षा क्यों न करें ? इसकी प्राण-रक्षा करने में क्या तुमको धर्म नहीं दिखाई पड़ता ? यह कबूतर तड़पता हुआ मेरे पास आया है। शरणागत की रक्षा करना मनुष्य का धर्म है। जो पुरुष शरणागत की रक्षा नहीं करते, वे महापापा हैं।

बाज-रूप इन्द्र ने कहा, राजन् ! आहार से जगत् के सब जीव-जन्तु उत्पन्न होते हैं, आहार से बढ़ते हैं और आहार से जीते हैं। अन्य वस्तुओं के त्याग से मनुष्य कई दिन तक जी सकता है, परन्तु भोजन छोड़कर जीना असम्भव है। इसलिए भोजन न पाने से मेरे प्राण शरीर से निकल जायँगे। मेरे मरने से मेरे स्त्री और पुत्र सब मर जायँगे। आप एक कबूतर की रक्षा करके सब प्राणियों को मारते हैं। जिस धर्म से धर्म का नाश हो, वह धर्म नहीं, अधर्म है।

राजा ने कहा, तुम ठीक कहते हो, परन्तु हम शरणागत को नहीं छोड़ सकते। जिससे तुम इस पक्षी के प्राण छोड़ो, मैं वही करूँगा।

१२—ठहरा नहीं जाता है—स्थातुं न शक्यते।

१९५० (क) यज्ञ करना आरम्भ किया—यज्ञं कर्तुमारेभे। जांघ पर—जंघायाम्। कबूतर—कपोतः। तड़पता हुआ—विह्वलः।

(ख) (१) गंगा हिमालय से निकलती है।
(२) गोपाल गाय का दूध दोहता है।
(३) विद्या सीखने के लिए गुरु की आज्ञा मानना परम आवश्यक है।
(४) विद्यार्थी को सुख कहाँ और सुखार्थी को विद्या कहाँ ?
(५) विदुर की कथा शिक्षा से पूर्ण है।
(६) झूठ बोलना सब पापों का मूल है।
(७) विदुर के कहे उपदेश अनमोल हैं।
(८) जुआ खेलना अच्छा काम नहीं है।
(९) कोई न कोई कला सबको सीखनी चाहिए।
(१०) मित्र वही है जो संकट में साथ देता है।
(११) दुर्जन सदा दूसरे के छिद्र ढूंढ़ता रहता है।
(१२) राजमार्ग के दोनों ओर हरे-हरे वृक्ष हैं।

(१९५१)

(क) एक दिन सुदामा की स्त्री ने पति से विनयपूर्वक कहा—"स्वामिन् ! आप कहा करते हैं कि श्रीकृष्णजी आपके सखा हैं। आप इस समय दीन-अवस्था में हैं। घर में खाने को कुछ नहीं है। अतः आप उनके पास जायें और कुछ ले आयें। सुना है कि वे दीनों पर दया करते हैं। वे अवश्य आपकी सहायता करेंगे। आपको ऐसी अवस्था में मित्र के पास जाते हुए लज्जा नहीं करनी चाहिए। कहते हैं कि विपत्ति में मित्र ही मित्र के काम आता है। आप उनसे सहायता प्राप्त करें, जिससे हमारा निर्वाह भली भाँति हो सके। आशा है कि आप मेरी प्रार्थना पर ध्यान देंगे और वहाँ जायेंगे।

सुदामा अब कुछ न बोल सका और अपनी पत्नी के कथन को युक्तियुक्त जानकर श्रीकृष्ण के पास जाने को प्रस्तुत हो गया। उसके मन में विचार उठा कि मैं मित्र से कई वर्षों के पश्चात् मिलने जा रहा हूँ, भेंट में क्या ले जाऊँ ! वहाँ था ही क्या जो सुदामा ले जाता ?

१९५० (ख) (८) जुआ खेलना—द्यूतक्रीडनम्। (११) छिद्र ढूंढ़ता रहता है—छिद्राणि अन्विष्यति।

१९५१ (क) कहते हैं—कथयन्ति (कथ्यते)। भेंट—उपहारः।

पर सुदामा की स्त्री ने झट पुराने कपड़े में थोड़े से चावल बांध कर पति को दिए और वह उन्हें लेकर अपने सखा के पास द्वारका को चल पड़ा।

(ख) (१) वह क्यों व्यर्थ दुःख सहता है ?

(२) मैं तो देश की रक्षा के लिए कष्ट सहूँगा।

(३) हम से गर्म दूध नहीं पिया जाता।

(४) हे प्रभु ! मेरी विपदा हरो।

(५) तू गुणियों के साथ रह।

(६) विद्वानों का सर्वत्र आदर होता है।

(७) हमें गुरुओं की आज्ञा माननी चाहिए।

(८) जो दान देना चाहता है दे।

(९) वर्षा होती तो सुभिक्ष होता।

(१०) तुम शीघ्र चले जाओ।

(१९५३)

(क) धर्म में लगा हुआ अशोक दिन-प्रतिदिन अधिकाधिक दान करता रहता था। एक बार जब वह पुनः दान करने लगा तब मन्त्रि-मण्डल ने उसे रोक दिया। खिन्न अशोक ने मन्त्रियों से पूछा—अब पृथ्वी का स्वामी कौन है ? मन्त्री बोले—देव भूमि के अधिपति हैं ? अश्रुपूर्ण नेत्रों से अशोक ने फिर कहा—क्यों आप असत्य कहते हैं ? हम राज्य से भ्रष्ट हो चुके हैं। मन्त्रिमण्डल जानता था कि यदि कोष समाप्त हो गया तो इतना बड़ा साम्राज्य क्षण भर में नष्ट हो जाएगा। राजा और मंत्री दोनों एक-दूसरे को समझते थे। राजा ने राज्य त्यागने का निश्चय कर लिया, परन्तु मंत्रियों की निर्भयता कितनी विस्मयोत्पादक है। भला संसार में कितने विश्वविजयी राजा हुए हैं और कितनों के मन्त्री इतने निर्भीक थे ?

झट—सपदि। पुराने कपड़े में—जीर्णवस्त्रे। चावल—तण्डुलान्। चल पड़ा—प्रस्थितः।

(ख) (९) वर्षा होती तो सुभिक्ष होता—वृष्टिश्चेदभविष्यत्तदा सुभिक्षमभविष्यत्।

१९५३ (क) धर्म में लगा हुआ—धर्मनिरतः। रोक दिया—रुद्धः।

(ख) (१) यह आपका अपना ही घर है।
(२) श्याम खेल रहा होगा।
(३) कथा तो होती है, पर कोई सुने भी !
(४) क्या बाबूजी यहाँ आये थे ?
(५) चलो, मैं अभी आता हूँ।
(६) मुझ में इतनी अक्ल कहाँ ?
(७) क्षमा कीजिए, फिर ऐसा नहीं करूँगा।
(८) तुम्हारे-जैसे बहुतेरे देखे हैं।
(९) वह इधर से आया और उधर चला गया।
(१०) आपके बिना यह काम नहीं बनेगा।

यू० पी० शिक्षा-बोर्ड की इण्टरमीडियेट-परीक्षा

(१९५५)

Translate into Sanskrit—

The wife of Pandu was known as Pritha or Kunti and became the mother of five Pandavas. They were Yudhishthira, Bhima, Arjuna and the twins Nakula and Sahadeva. Every one loved these boys, for they were full of great qualities. The heart of Bhima was glad, for he saw that Yudhishthira, the eldest of all the princes had in him the making of a perfect king. Prince Pandu, the father, died suddenly in the forest, and Dhritarashtra declared that the young Yudhishthira should be regarded henceforth as the heir to both the kingdoms.

(ख)(३) कथा तो होती है, पर कोई सुने भी—कथा तु भवति, परं कश्चित् शृणोत्वपि। (४) क्या बाबूजी यहाँ आये थे ?—अपि 'बाबूजी' अत्र आगतः ? (६) अक्ल—बुद्धिः। (७) क्षमा कीजिए, फिर ऐसा नहीं करूँगा—क्षम्यताम्, पुनरेवं न करिष्ये। (८) तुम्हारे जैसे बहुतेरे देखे हैं—भवादृशाः बहवो दृष्टाः। (९) वह इधर से आया और उधर चला गया—स इत आगतस्ततश्च गतः।

अथवा

पाण्डु की स्त्री पृथा अथवा कुन्ती के नाम से प्रसिद्ध थी और वह पाँच पाण्डवों की माँ हुई। ये युधिष्ठिर, भीम, अर्जुन तथा जुड़वाँ नकुल और सहदेव थे। सब लोग उनसे स्नेह करते थे, क्योंकि वे महान् गुणों से पूर्ण थे। भीम का हृदय प्रसन्न था, क्योंकि उन्होंने देखा कि सब राजकुमारों में ज्येष्ठ युधिष्ठिर में उत्तम राजा बनने के गुण विद्यमान हैं। उनके पिता महाराज पाण्डु की वन में अकस्मात् मृत्यु हो गयी और धृतराष्ट्र ने घोषित किया कि आज से राजकुमार युधिष्ठिर को दोनों राज्यों का उत्तराधिकारी समझना चाहिए।

(१६५६)

To follow truth and to go through all the ordeals Harish Chandra went through, was the one ideal this play inspired in me. I literally believed in the story of Harish Chandra. The thought of it all often made me weep. My common sense tells me today that Harish Chandra could not have been a historical character. Still both Harish Chandra and Shravana are living realities for me and I am sure I should be moved as before if I were to read those plays again today.

अथवा

इस नाटक ने जिस आदर्श का मुझ पर प्रभाव डाला, वह यही आदर्श था कि सत्य का अनुसरण करना और कठोर परीक्षाओं में होकर निकलना, जिनमें से हरिश्चन्द्र निकले। मैं हरिश्चन्द्र की कहानी में पूर्णतया विश्वास करता था। इन सबका विचार प्रायः मुझे रुला देता था। अब मेरी सामान्य बुद्धि कहती है कि हरिश्चन्द्र ऐतिहासिक व्यक्ति नहीं हो सकते थे। फिर भी दोनों हरिश्चन्द्र और श्रवण मेरे लिए जीवित सत्य हैं और मुझे पूर्ण निश्चय है कि यदि मैं उन नाटकों को आज फिर से पढ़ूं तो पूर्व की भाँति प्रभावित हो जाऊँगा।

(१६५७)

Gokhale was a real patriot. He loved India, His great desire was to help it to become a great country. His life was very simple and unselfish. He cared neither for fame. The height of his ambition was to do his duty. As a speaker he won fame in his day. But above all, he was a man of action. He did not believe in words alone. He wanted to do things. Whatever he undertook he carried out in a spirit of unselfishness and that was an example to all his countrymen.

गोखले सच्चे देशभक्त थे। वे भारतवर्ष से प्रेम करते थे। उनकी प्रबल इच्छा थी कि वे उसे एक महान् देश बनाने में सहायक हों। उनका जीवन अतिसरल और स्वार्थरहित था। वे न तो धन की परवाह करते थे और न ख्याति की। उनकी सबसे बड़ी महत्त्वाकांक्षा थी कि वे अपने कर्त्तव्य का पालन करें। अपने समय में उन्होंने वक्ता के रूप में ख्याति प्राप्त की, किन्तु सर्वोपरि वे क्रियाशील मनुष्य थे। वे केवल शब्दों में विश्वास नहीं करते थे, वे कार्यों को करना चाहते थे। जो काम उन्होंने अपने ऊपर लिया ऐसी निःस्वार्थ भावना से कार्यान्वित किया और वे अपने देशवासियों के लिए एक उदाहरण बन गये।

(१९६०)

चार ब्राह्मणों ने ज्ञान प्राप्त करने के लिए दूसरे देश जाने का निश्चय किया। तदनुसार वे सब कन्नौज को गये और वहाँ बारह वर्ष तक अध्ययन किया। उन सब ने सभी शास्त्रों को पढ़ा और अपने घर लौटने का निश्चय किया। अपने आचार्य से अनुमति लेकर वे कन्नौज से चल पड़े। रास्ते में उन्हें दो यात्री मिले, उनमें से एक ने कहा—"हे भद्र लोगो, हम लोग अयोध्या जा रहे हैं, किस रास्ते हम सब जायँ ?" उन चारों ब्राह्मणों में से एक ने झट से अपनी पुस्तक को खोला और उत्तर दिया—"आप लोगों को आज अयोध्या नहीं जाना चाहिए। आप सब को या तो यहीं पाँच दिन ठहरना चाहिए या लौट कर अपने घर चला जाना चाहिए, क्योंकि आप सब के ग्रहों की स्थिति आज अच्छी नहीं है।"

(१९६१)

राजा जीमूतवाहन नर्मदा नदी के किनारे धर्मपुर में राज्य करता था।

(१९६०) बारह वर्ष तक—द्वादशवर्षाणि। लौटने का—प्रत्यागन्तुम्। किस रास्ते से—केन पथा। खोला—उदघाटयत्। उत्तर दिया—प्रत्यवदत्। नहीं जाना चाहिए—न गन्तव्यम्। लौट कर—परावर्त्य। अच्छी नहीं है—न शुभा।

१९६१—राज्य करता था—शशास। आठ बच्चों को—अष्टौ शिशून्।

एक दिन उसने एक स्त्री का विलाप सुना। जाँच करने पर ज्ञात हुआ कि वह स्त्री सर्पों की माता है। उसके आठ बच्चों को पक्षियों के राजा गरुड़ ने खा लिया है। वह इसलिए रो रही है कि गरुड़ उसके आखिरी बच्चे को भी खाना चाहता है। राजा ने उसके बच्चे को बचाने का वचन दिया और बच्चे के बदले अपना शरीर गरुड़ को दे दिया। जब गरुड़ ने उसके शरीर का वाम भाग खा लिया तब राजा ने दाहिना हिस्सा भी उसके सम्मुख कर दिया। यह देखकर गरुड़ ने अत्यन्त पश्चात्ताप किया और राजा के शरीर को पुनः सर्वाङ्गपूर्ण करने के विचार से अमृत लाने के लिए वह पाताल लोक चला गया और अमृत ले आया। ज्योंही गरुड़ राजा के शरीर पर अमृत छिड़कने वाला था कि राजा ने गरुड़ से सर्पिणी के आठों बच्चों को भी पुनः जीवित करने के लिए कहा जिनको वह पहले मार चुका था।

(१९६२)

संस्कृत का सबसे अच्छा व्याकरण लिखने वाले महर्षि पाणिनि के बारे में हमें अधिक मालूम नहीं है। महाभाष्य के अनुसार उनकी माँ का नाम दाक्षी था। इसी तरह कथासरित्सागर के अनुसार वे उपवर्ष के शिष्य और व्याडि कात्यायन तथा इन्द्रदत्त के समय के कहे जा सकते हैं। पञ्चतन्त्र के एक पद्य के अनुसार उनकी मृत्यु बाघ के द्वारा बताई जाती है। सुना जाता है कि ये बचपन में बहुत बुद्धिमान् नहीं थे। पढ़ने-लिखने से निराश होकर उन्होंने भगवान् शिव की आराधना की और उनसे चौदह प्रत्याहार सूत्रों को पाया। उन्हीं के आधार पर उन्होंने अष्टाध्यायी की रचना की।

(१९६३)

गंगा के तट पर स्थित बनारस एक महत्त्वपूर्ण स्थान है। रेशम, मन्दिर और अपने घाटों के लिए यह सम्पूर्ण भारत में प्रसिद्ध है, किन्तु हिन्दुओं के पवित्र नगर के रूप में यह अधिक विख्यात है। यह पीढ़ियों से हिन्दुओं का आश्रय-स्थान रहा है, और सम्भवतः भारत का सर्वप्राचीन नगर है। प्रत्येक धार्मिक हिन्दू इस पवित्र धार्मिक स्थान के दर्शन करने की आकांक्षा रखता है। वह अपने पापों को इस पुण्य सरिता में बहाने और अनन्त काल तक स्वर्ग में परम सुख पाने की कामना करता है। नदी के किनारे के प्रासाद ऐसे वृद्ध जनों से भरे रहते हैं जो भारत के सभी भागों से आते हैं। वे धैर्यपूर्वक अपनी मृत्यु की प्रतीक्षा करते हैं, क्योंकि बनारस उनके लिए स्वर्ग का प्रवेशद्वार है।

निबन्धरत्नमाला*

१—अस्माकं भू० पू० राष्ट्रपतिः
(दिवंगताः श्रीमन्तो देशरत्नराजेन्द्रप्रसादाः)

विपदि धैर्यमथाभ्युदये क्षमा
सदसि वाक्पटुता युधि विक्रमः ।
यशसि चाभिरुचिर्व्यसनं श्रुतौ
प्रकृतिसिद्धमिदं हि महात्मनाम् ॥

पद्येऽस्मिन् वर्णिताः सर्वेऽपि गुणा एकत्र देशरत्नराजेन्द्रप्रसादमहानुभावेषु विद्यन्ते स्म । ते खलु महानुभावा बाल्यादेव प्रखरबुद्धयः जनसेवानिरताः क्षमाशीला नम्रस्वभावा गम्भीराश्च आसन् । तेषां खलु कृषकस्येव सरलः स्वभावः । अतः कृषकबहुलेऽस्मिन् देशे तेषां राष्ट्रपतिपदे सन्निवेशः समुचित एवासीत् । तत्रभवन्तो डाक्टरोपाधिभूषिता धीरा वीराः कर्मठास्त्यागमूर्तयो राजेन्द्रप्रसादा भारतीयलोकसभया राष्ट्रपतिरूपेण निर्वाचिता आसन् । इमे महाभागाः सर्वथा तत्स्थानायोपयुक्ताश्चासन् । इमे महापुरुषा जन्मना विहारभूमिम् अलंकुर्वन्ति स्म । स्वराज्यप्राप्तिमनु दश वर्षाणि इमे राष्ट्रपतिपदमङ्गीकृत्य नवदिल्लीनाम्न्यां भारतराजधान्यां राष्ट्रपतिभवने न्यवसन्, ततो निवृत्तिं लब्ध्वा स्वजन्मभूमौ पुनः सदाकताश्रममागत्य अचिरादेव सुरपुरं प्रययुः । इमे खलु भारतीयसंस्कृतेर्हिन्दीभाषायाश्च परमुपासका आसन् । अत एव इमे महानुभावा देशवासिनां परमादरभाजनं भूत्वा तेषां हृदयेषु व्यराजन्त ।

२—ऋतुराजो वसन्तः

वसन्तः ऋतूनां राजा कथ्यते । चैत्रवैशाखोपेतः ऋतुराजः समशीतोष्णः भवति । तदा न करालशिशिरस्य शैत्यं, नापि प्रचण्डस्य ग्रीष्मस्यौष्ण्यम् । कालोऽयमतिसुखदः प्रतिभाति । वसन्ते सौन्दर्यस्याभिनवं साम्राज्यं समुल्लसति । सर्वे प्राणिनः सुखमनुभवन्ति । उद्यानेषु पुष्पाणां शोभा, फलानां समृद्धिः,

* आद्याः सरलातिसरलाः पञ्च निबन्धा मुख्यतो हाईस्कूलपरीक्षार्थिनां कृते सन्निवेशिताः ।

क्षेत्रेषु च सस्यसम्पत्तिः दृश्यते। निर्मलासु चैत्रनिशासु नक्षत्राणां प्रोज्ज्वलः प्रकाशो रमणीयः प्रतीयते। तडागानां सरितां च सुषमापि दर्शनीया। सर्वत्र सलिलं प्रसन्नम्, कमलानि च विकसितानि प्रतिभान्ति। यत्र तत्र विहगानां सुमनोहरो विरावः। मन्दं मन्दं प्रवहमाणस्य पवनस्य सञ्चरणम्। सर्वत्रैव हरीतिम्नः साम्राज्यम्। सचेतसः कस्य नेदं नयनानन्दकारि दृश्यम्?

३—देशाटनम्

देशाटनस्य बहवो गुणाः भवन्ति। नानादेशजल-वायु-प्रभावेणास्माकं स्वास्थ्यलाभो भवति। देशान्तरकला-कौशलज्ञानेन वयं स्वदेशमपि कलाकौशल-सम्पन्नं कुर्मः। अधिकोन्नतस्य देशस्य नागरिकाः प्रायः पर्यटनप्रिया भवन्ति। ब्रिटिशशासनकाले शासका भारतीयानां देशाटनरुचिं नोत्साहयन्ति स्म। भारतीयाश्च प्रेरणां विना न किमपि कुर्वन्तीति सर्वविदितम्। परमधुना न वयं परतन्त्राः, अतः शासकानामेतत् कर्त्तव्यमापद्यते यत्ते भारतीयानां देशाटनं प्रत्यभिरुचिं प्रोत्साहयेयुः। अधुना बहवो भारतीयाश्छात्रा अमरीका-इङ्गलैण्ड-रूसप्रभृतिदेशेषु विविधकलाकौशलज्ञानार्जनाय गताः सन्ति। स्वदेशमागत्य ते स्वोपार्जितज्ञानेन स्वदेशमवश्यमेवोन्नमयिष्यन्तीति जानीमः।

४—उद्यानम्

इदमाम्रोद्यानम्। अत्राम्रस्य वृक्षाः, येषु विकसिता मञ्जर्यः शोभन्ते। वसन्ते मञ्जर्यः फुल्लन्ति, मञ्जरीणां गन्धः मनोहरो जायते। आभ्यो मञ्जरीभ्यः फलान्युद्भवन्ति। पक्वानि चाम्रफलानि मधुराणि भवन्ति। गन्धेन मुग्धा भ्रमरा उपवनमायान्ति, मञ्जरीणामुपरि भ्राम्यन्ति गुञ्जन्ति च। मञ्जरीणां ते मधु पिबन्ति।

मधूकस्य वृक्षोऽपि विद्यतेऽत्र। वसन्तसमयेऽस्मिन्नपि पीतानि पुष्पाणि जायन्ते। अस्य शाखायां कोकिला उपविशन्ति। ते मधुरेण स्वरेण कूजन्ति। पाटलकुसुमानि चापि सन्त्यत्र। पाटलवृक्षेषु कण्टकाः सन्ति, परं प्रसूनानि नूनं सुन्दराणि हृद्यानि च भवन्ति।

५—जन्तुशाला

जन्तुशालायां बहवो जन्तवो विद्यन्ते। तत्र चित्र-विचित्राः पक्षिणः, सर्पाः, मत्स्याः, पशवश्च सन्ति। खरनखस्य करालदंष्ट्रस्य सिंहस्य गर्जनं भयमुत्पा-

दयति दर्शकस्य । सर्वेषु चतुष्पदेषु बलवत्तमः सिंहः सत्यं वनराज इति कथ्यते । तत्र महाकायो गजोऽपि विद्यते । तस्य द्वौ दीर्घौ दन्तौ स्तः, अतः स दन्तीति कथ्यते । तत्र पारसीकाः काम्बोजा विविधा अश्वा विद्यन्ते । केचन घोटका रथहारकाः केचन चाश्ववारहारकाः । वन्या गावो मृगाश्चापि तत्र वर्तन्ते । अफ्रीकादेशादागतः शुतरकुक्कुटोऽपि तत्र द्रष्टव्यः । लघु-स्थूलकायाः हरित-पीत-कृष्णाः सर्पा नूनं विस्मयमुत्पादयन्ति । वानरस्य वृत्तमति विचित्रम् । एको मर्कटस्तत्र बहुविधाः क्रीडाः प्रदर्शयति । अन्ये च बहवः रक्तमुखाः, कृष्णमुखाः लांगूलिनः वन्यमानुषाश्च तत्र विद्यन्ते । पक्षिणां तु गणनापि कर्तुं न पार्यते । बहुविधाः शुका अपि तत्र विद्यन्ते ।

६—सत्यम् (सत्यमेव विजयते नानृतम्)

अथ विचार्यते—किं नाम सत्यम् । सते (मङ्गलाय) हितं सत्यं भवति, यत् लोकहिताय भवति तत् सत्यम् । यद् वस्तु यथा वर्तते तस्य तथैव कथनं, लेखनं, प्रकाशनं वा सत्यमित्युच्यते । विधात्रा अस्मभ्यं जिह्वा सदुपयोगायैव दत्ता, तस्याश्च सदुपयोगः सत्यभाषणेनैव भवति । अत एवोच्यते—

अश्वमेधसहस्रं च सत्यं च तुलया धृतम् ।
अश्वमेध-सहस्राद् हि सत्यमेव विशिष्यते ॥

यादृक् सत्यस्य महत्त्वं न तादृग् अन्यस्य कस्यापि वस्तुनः । सत्येनैव जगतः स्थितिः वर्तते । सत्यस्यैव महिम्ना मानवाः परस्परं विश्वसन्ति । यदि सर्वेऽपि जना असत्यवादिनः स्युस्तदा न कोऽपि कस्मिंश्चित् विश्वसेत् । लोकस्थितिः क्षणभंगुरा निर्मर्यादा च स्यात् ।

सत्यभाषणेन निर्भीका भवामः । सत्यभाषणेन चास्माकं यशः, प्रतिष्ठा गौरवं च वर्धन्ते । सत्यव्रतो न कस्मिंश्चिदपि पापे प्रवर्तते । स 'यद्यहमसत्यं वदेयं तदाहं पतितो भवेयम्' इति विचार्य सर्वेभ्यः पापेभ्यः विरमति ।

महाराजो दशरथः सत्यस्य पालनायैव प्राणेभ्योऽपि प्रियं पुत्रं रामं वनं प्रेषयामास । युधिष्ठिरः सत्यवचःप्रभावेणैव विजयं लेभे । महाराजो हरिश्चन्द्रः सत्यस्य पालनायैव विविधानि दुःखानि सहते स्म । महात्मा गान्धिः सत्य-पालनायैव प्रियान् प्राणानत्यजत् । "नहि सत्यात्परो धर्मो नानृतात् पातकं महत् ।" 'सत्यमेव विजयते नानृतम्' इति तन्मतमद्यापि प्रशस्यते जनैः ।

सत्यस्य प्रतिष्ठयैव लोक-कल्याणस्य, उन्नतेरभ्युदयस्य च सम्भवः । अत

एवोच्यते—'सर्वं सत्ये प्रतिष्ठितम् ।' यः सत्यमाश्रयति सफलं तस्य जीवितम्; यश्चासत्यं भजते स महत्पापं कुरुते, पापवशाद् नश्यति च । असत्यभाषणेन जगतः देशस्य, समाजस्य च विनाशः सम्पद्यते । अत एवास्माभिः सदा सत्यवादिभिर्भवितव्यम् ।

७—विद्याधनं सर्वधनप्रधानम्

"विद्याधनं सर्वधनप्रधानम्" इति यदुक्तं तत्सत्यमेव । विद्याधनस्येदं वैशिष्ट्यं वर्तते यत् सर्वं धनं व्ययात् क्षयमाप्नोति, परं विद्याधनं व्ययाद् वृद्धिं गच्छति, सञ्चयाद् नाशमायाति । कुबेरस्यापि असीमः कोशो व्ययात् केषुचित् दिनेषु निश्चितमेव रिक्तो भविष्यति, परम् अहो विद्याधनस्य वैचित्र्यं यदिदं मुहुर्मुहुर्व्ययादपि न क्षयं गच्छति ।

सम्यगेवोक्तं केनचित् कविना—

> अपूर्वः कोऽपि कोशोऽयं दृश्यते तव भारति !
> व्ययतो वृद्धिमायाति क्षयमायाति सञ्चयात् ॥

ज्ञानार्थकस्य विद्-धातोर्विद्याशब्दः । कस्यचिदपि पदार्थस्य सम्यक् ज्ञानं विद्येति कथ्यते । विद्यया वयं स्वं कर्त्तव्यं जानीमः । विद्ययैव धर्मज्ञानं भवति । कर्त्तव्याकर्त्तव्ययोः पापपुण्ययोश्च ज्ञानमपि विद्ययैव । विद्यारहितो हि मानवः कर्त्तव्याकर्त्तव्ययोरज्ञानात् पशुवत् आचरति । अतः "विद्याविहीनः पशुः" इति कथ्यते ।

विद्ययैव मानवः सर्वत्र प्रतिष्ठां लभते । नृपतयोऽपि विदुषः पुरस्तात् नतशिरसो भवन्ति । विद्या मानवस्य दिक्षु कीर्तिं विस्तारयति । विद्ययैव रवीन्द्र-वेङ्कटेशरमणप्रभृतयः जगत्प्रसिद्धाः जाताः । विद्ययैव च कालिदास-भवभूति-बाण-हर्षप्रभृतयः कवयो जगति ख्यातिं गताः ।

विद्या मानवस्य सदा बन्धुवत् साहाय्यं करोति । विविधेन प्रकारेण सास्य उपकारं कुरुते । मातेव रक्षति, पितेव हितकार्ये नियोजयति । राजसभायां विद्वानेव गौरवं कीर्तिं च लभते । विद्याधनमेव जगति श्रेष्ठं धनम् । न हि कश्चित् विद्यां चोरयितुं समर्थः, न कश्चित् वण्टयितुं शक्तः । विद्या कुरूपस्य रूपम् । सा निम्नपदस्थमपि पुरुषम् उच्चपदे स्थापयति ।

> विद्या विनयोपेता हरति न चेतांसि कस्य मनुजस्य ।
> काञ्चनमणिसंयोगो नो जनयति कस्य लोचनानन्दम् ॥

चतुर्वर्गफलप्राप्तिरपि विद्ययैव संभवति। विद्यया विनयो जायते। विनयेन योग्यतां गच्छति, योग्यतया धनं प्राप्नोति, धनेन दानं ददाति, दानेन पुण्यमर्जयति, पुण्येन धर्मं संचिनोति। धनेन इच्छा पूर्यते। धनेन अभ्रंलिहं प्रासादं निर्माति, स्वादूनि भक्ष्याणि भुङ्क्ते, बहुमूल्यानि वस्त्राणि धत्ते। एवं कामान् अर्जयति। आत्मपरमात्मनोरैक्यञ्च पश्यति—ब्रह्मविद् ब्रह्मैव भवति। अनेन त्रिविधा स्वजीवनस्य चतुर्वर्गात्मकं समग्रं फलं लभते। अत एवोक्तम्—

मातेव रक्षति पितेव हिते नियुङ्क्ते कान्तेव चाभिरमयत्यपनीय खेदम्।
लक्ष्मीं तनोति वितनोति च दिक्षु कीर्तिं किं किं न साधयति कल्पलतेव विद्या ॥

८—आचारः परमो धर्मः (सदाचारः)

सताम् आचारः सदाचारः। सत्पुरुषाः स्वानीन्द्रियाणि वशीकृत्य परस्परं सदाक्षिण्यं व्यवहरन्ति। सत्यं वदन्ति, गुरुजनान् वृद्धांश्च आद्रियन्ते, तेषामाज्ञां पालयन्ति, सत्कार्य एव प्रवर्तन्ते। सदाचरणेन सदाचारिणः विनीताः बुद्धिमन्तश्च च जायन्ते।

आहारनिद्रादयो भावाः पशौ मानवे च समानाः। अस्ति खलु कश्चिद् विलक्षणो भावो यो हि मानवं पशोर्विशिनष्टि। सोऽयं धर्म एव, येन मानवो ध्रियते, यो वा मानवं धरति। दशाङ्गो धर्मः मनुस्मृतौ एवं वर्णितः—

धृतिः क्षमा दमोऽस्तेयं शौचमिन्द्रियनिग्रहः।
धीर्विद्या सत्यमक्रोधो दशकं धर्मलक्षणम् ॥

दशाङ्गेन धर्मेण सम्पन्न एव मानवः 'मानव' इति शक्यते वक्तुम्। धर्माचरणेन च शुद्धं जायतेऽन्तःकरणम्। धर्म एव जगतः प्रतिष्ठा, धर्म एव सर्वेषामाधारः, सर्वं चेदं धर्मे प्रतिष्ठितम्। "यथाहुस्तैत्तिरीयाः—धर्मो विश्वस्य जगतः प्रतिष्ठा, लोके धर्मिष्ठं प्रजा उपसर्पन्ति, धर्मेण पापमपनुदन्ति, धर्मे सर्वं प्रतिष्ठितम्, तस्माद् धर्मं परमं वदन्ति।" धर्माचरणमेव पुंसां वास्तविकं परमात्मपूजनं येन सर्वा सांसारिकी व्यवस्था, पुरुषस्य वैयक्तिकं जीवनं च सर्वोच्चतरं भवितुमर्हन्ति।

मानवजन्मैवास्ति सर्वोत्तमः अवसरः यत्र समग्रमपि कल्याणमभ्युदयो निःश्रेयसं वा साधयितुं शक्यते। मनुष्यः कर्मणि स्वतन्त्रः, शुभमशुभं वा यथेच्छं कर्तुं पारयति। तत्रायं धर्माचरणेन अभ्युदयं निःश्रेयसं वा अधिगन्तुं क्षमते, अन्यथा च नीचान्नीचतरं जडभावमपि प्रयाति। सर्वशास्त्रेषु च मूलभूतो वेदः, स एव विस्तरेण मानवकर्त्तव्यमाचरणीयं वा सर्वतोभावेन शिक्षयति।

मनुष्यो हि सामाजिकः प्राणी, समाजाश्रितं तस्य जीवनम् । सदाचरणेनैव तस्य उन्नतिर्भवति। सदाचरणेन मानवा ब्रह्मचारिणो भवन्ति, सदाचरणेन तेषां बुद्धिः वर्धते, शरीरं च पुष्यति । सदाचारिणो बुद्धिः शुध्यति, स मनसापि पापानि न चिन्तयति । स सदैव लोकस्य, देशस्य वा हिताय प्रवर्तते । सदाचारिणः सर्वत्रैव आदरं लभन्ते ।

९—सन्तोष एव पुरुषस्य परं निधानम्

अस्मिन् जगति सर्वे जनाः सुखमीहन्ते परं सन्तुष्ट एव जनः सुखी, नेतरः—"सन्तोषमूलं हि सुखं दुःखमूलं विपर्ययः" इत्याह मनुः । सुखं शान्तिश्च तदैव सम्भाव्यते यदा वयं सन्तुष्टाः स्मः । यत्किञ्चिदपि स्वकीयेन श्रमेण प्राप्नुमः यदि तस्मिन्नेव सुखानुभवं कुर्मस्तदा वयं सन्तुष्टाः । ये खलु असन्तुष्टाः ते धनलाभेऽपि अतिलोभाद् अधिकं धनं प्राप्तुमिच्छन्तः इतस्ततो भ्रमन्तः, न कदापि सुखमनुभवन्ति । तेषां जीवनं नित्यं दुःखमयं शान्तिहीनं च । उक्तं च—

सन्तोषामृततृप्तानां यत्सुखं शान्तचेतसाम् ।
कुतस्तद्धनलुब्धानामितश्चेतश्च धावताम् ॥

संसारे न हि कश्चित् परमबुद्धिमानपि, वीरः पराक्रमी अपि सर्वान् कामानधिगन्तुं शक्तः । अधिकाधिकं सुखोपकरणं लब्ध्वाऽपि न कश्चित् परमार्थतः सुखी भवति । सन्तोषभावनयैव ऋषयो मुनयश्च जगद्वन्द्या जाताः । सन्तोष एव सुखमस्ति न चासन्तोषे ।

नायमर्थः सन्तोषस्य यद्वयं सर्वं कर्म त्यजेम। सन्तोषस्य तु अयमेवार्थः यद्वयं यत्किञ्चिद्वस्तु श्रमेण प्राप्नुयाम तेनैव तुष्येम अनुचितधनार्जने न प्रयतेमहि । धनार्थे न निजं स्वास्थ्यं विनाशयेम, न च सर्वेषामप्रिया भवेम । सुखाय शान्त्यै च धनं भवति । धनं तावत् अस्माकं कृते अस्ति, न वयं धनार्थे स्मः । अतोऽस्माभिः सुखशान्तिप्राप्त्यर्थं सन्तोष एव उपादेयः । सन्तोषे हि महती श्रीर्वर्तते । तथा हि—

सर्पाः पिबन्ति पवनं न च दुर्बलास्ते
शुष्कैस्तृणैर्वनगजा बलिनो भवन्ति ।
कन्दैः फलैर्मुनिवरा गमयन्ति कालं
सन्तोष एव पुरुषस्य परं निधानम् ॥

१०—परोपकाराय सतां विभूतयः (परोपकारः)

परेषाम् उपकारः परोपकारो वर्तते । अन्यप्राणिनां हिताय यत्किञ्चित् दीयते तेषां सहायता वा क्रियते तत् सर्वं परोपकारपदेन व्यवह्रियते । शास्त्रेषु परोपकारस्य बहु महत्त्वं वर्णितमस्ति । परोपकारेण संसारस्य कल्याणं जायते; मानवानां शान्तिः सुखं च वर्धते । परोपकारः सर्वेषामुपदेशानां सारभूतः । उक्तं च—

अष्टादशपुराणेषु व्यासस्य वचनद्वयम् ।
परोपकारः पुण्याय पापाय परपीडनम् ॥

परोपकारः एवैको स गुणः येन प्राणिषु सुखं वर्धते । एतदस्य माहात्म्यं यत् मानवेषु समाजसेवाभावना, देशभक्तिभावना, दीनोद्धरणभावना, सहानुभूतिश्च वर्तंते । यः खलु परोपकारं करोति तस्य मानसं पवित्रं, विनयोपेतं, सदयं, सरसं च जायते । परोपकारिणः अन्येषां कष्टं स्वकीयं कष्टं मत्वा तन्नाशाय चेष्टन्ते । ते खलु बुभुक्षितेभ्योऽन्नं, पिपासितेभ्यो जलं, वस्त्रहीनेभ्यो वस्त्रं, निर्धनेभ्यो धनम्, अशिक्षितेभ्यश्च शिक्षां ददति । सत्पुरुषाः स्वकीयं दुःखं विस्मृत्य परोपकारकरणे प्रसन्ना भवन्ति । तथा हि—

श्रोत्रं श्रुतेनैव न कुण्डलेन दानेन पाणिर्न तु कङ्कणेन ।
विभाति कायः खलु सज्जनानां परोपकारेण न चन्दनेन ॥

न केवलं मानवेष्वेव देवेषु पशुपक्षिवृक्षादिष्वपि परोपकार-भावना वर्तते । केन स्वार्थेन रात्रिंदिवं पवनो वाति ? किंनिमित्तं भगवान् भास्करः सततं प्रकाशते ? किं कारणं निशानाथश्चन्द्रो नैशमन्धकारमपनयति ? न हि गावो महिष्यश्च स्वार्थाय अमृतोपमं दुग्धं ददति । परोपकारपरा वृक्षा ओषधयश्च प्रत्यहं छायाप्रदानेन आरोग्योपनयेन च स्वापकारिणमप्युपकुर्वन्ति ।

परोपकारभावनयैव महाराजः शिबिः कपोतपरित्राणाय स्वहस्ताभ्यां नैजं मांसमुत्कृत्य श्येनाय प्रददौ । जीमूतवाहनो भूपतिः शङ्खचूडं नागं त्रातुं स्वदेहं गरुत्मते प्रायच्छत् । महाराजो दधीचिश्च देवहिताय स्वानि अस्थीनि प्रादात् । अस्मिन् युगेऽपि मदनमोहनमालवीय-बालगङ्गाधरतिलक-गान्धिप्रभृतयः देशस्य कृते महान्ति कष्टानि अन्वभूवन्, किंबहुना, स्वान् प्रियान् प्राणानपि प्रादुः । अतोऽस्माभिरपि सर्वदा परोपकारो विधेयः । उक्तं च—

पिबन्ति नद्यः स्वयमेव नाम्भः स्वयं न खादन्ति फलानि वृक्षाः ।
धाराधरो वर्षति नात्महेतोः परोपकाराय सतां विभूतयः ॥

११—अहिंसा परमो धर्मः

निरपराधानां प्राणिनां हिंसनं न कर्तव्यम्, इत्यहिंसायाः भावः। अस्माकं धर्मेऽहिंसायाः स्थानं बहुमहत्त्वपूर्णमस्ति। अहिंसाधर्मस्यैव पालनेन भगवतो बुद्धस्य गणना दशावतारेषु क्रियते। भगवान् महावीरोऽपि अहिंसाधर्मस्यैव पालनेन सर्वेषां पूजास्थानमासीत्। भगवान् मनुरपि दशलाक्षणिकधर्मगणनायाम् अहिंसायाः प्राथम्यमुदघोषयत्।

अहिंसा सत्यमस्तेयं शौचमिन्द्रियनिग्रहः।
धीर्विद्या सत्यमक्रोधो दशकं धर्मलक्षणम्॥

निरपराधस्य कस्यापि जन्तोः हिंसनं नूनं निन्दनीयम्। अहिंसायाः पालनं मनसा वाचा कर्मणा च कर्त्तव्यम्। कस्यापि विषये दुर्भावः कटुवाक्प्रयोगश्च हिंसैव गण्यते।

भारतीयसंस्कृतौ केवलं धार्मिकक्षेत्रे अहिंसापालनस्य महिमा गीतः, न हि राजनीतिके व्यवहारे। स्मृतिकृता भगवता मनुना स्पष्टमेवोल्लिखितं यत् गुरुं, बालं वृद्धं वा आततायिरूपेणायान्तम् अविचारयन्नेव हन्यात्।

गुरुं वा बालवृद्धं वा ब्राह्मणं वा विपश्चितम्।
आततायिनमायान्तं हन्यादेवाविचारयन्॥

धर्मशास्त्रेषु ब्राह्मणोऽवध्यः इत्युक्तम्, परं यदि ब्राह्मण आततायी स्यात् तर्हि सोऽपि वध्यः स्मृतः।

तथाहि भगवता श्रीरामचन्द्रेणापि देशकालानुरूपं हिंसामार्गोऽवलम्बितः। तेन खलु वृक्षान्तर्हितेन बालिवधः कृतः। यदा लङ्काधिपतिः रावणः सीतां प्रत्यर्पयितुं नोद्यतो बभूव तदा तस्य संहारः कृतः।

एभिरुदाहरणैः स्पष्टमेवेदं प्रतिभाति यत् राजनीतिके, व्यावहारिके च क्षेत्रे यथास्थिति हिंसा श्रेयस्करी। अत्र अहिंसाधर्मः नाभिमतः विपश्चिताम्। युधिष्ठिर मुपदिशन्त्या द्रौपद्या सम्यगुक्तं यत् शमेन अहिंसया च मुनयः सिद्धिं व्रजन्ति, न तु राजानः। अतः नीतिरियं यत् क्षेत्रानुरूपं यथावसरं हिंसायाः मार्गोऽपि श्रेयान्।

१२—सत्सङ्गतिः कथय किं न करोति पुंसाम्

सतां सङ्गतिः सत्सङ्गतिरुच्यते। सतां सङ्गत्या मानवः सज्जनो विनीतः शिष्टश्च भवति, असतां च सङ्गत्या स एव दुर्जनो जायते, अधश्च पतति। मानवः यादृशैः पुरुषैः सह सङ्गतिं करोति तादृश एव भवति। यादृशैः जनैः सह

उपविशति, खादति, पिबति, निवसति च स तादृश एव जायते। तथा चोच्यते—"संसर्गजा दोषगुणा भवन्ति।"

सत्सङ्गत्या मानवः उन्नतिपदं याति। सत्सङ्गत्या मानवस्य प्रतिष्ठा कीर्तिश्च वर्धते। अत एवोच्यते—

सद्भिरेव सहासीत सद्भिः कुर्वीत संगतिम्।
सद्भिर्विवादं मैत्रीं च नासद्भिः किञ्चिदाचरेत्॥

सङ्गत्याः प्रबलः प्रभावो वर्तते। बालकस्य कोमलं शरीरम् अपरिपक्वं च मस्तिष्कं भवति। स यादृशैः बालकैः सह पठति, क्रीडति, गच्छति तादृश एव जायते। असतां संसर्गेण बहूनि कष्टान्यापतन्ति। असतां सङ्गतिर्बालकैः कदापि न विधेया। असतां संसर्गेण नरः असद्वृत्तः दुर्विचारवांश्च जायते, तस्य बुद्धिर्दूषिता भवति। दूषितबुद्धिश्चासौ दुर्व्यसनग्रस्तः क्षीणशरीरश्च सम्पद्यते। तस्य यशो नश्यति, स सर्वत्रानाद्रियते। अतः विद्यायशोबलसुखवृद्धये सत्सङ्गः ग्राह्यः, दुर्जनसङ्गश्च हेयः। साधूक्तं केनापि कविना—

पापान्निवारयति योजयते हिताय
गुह्यं निगूहति गुणान् प्रकटीकरोति।
आपद्गतं च न जहाति ददाति काले
सत्सङ्गतिः कथय किं न करोति पुंसाम्॥

१३—उद्यमेन हि सिध्यन्ति कार्याणि न मनोरथैः

भूलोके परमेश्वरः समस्तमपि भूतजातम् उद्योगनिरतं निर्मितवान्। तथा हि पृथ्वी चक्रवत् भ्रमति, वसन्तादीन् ऋतूंश्च चालयति। सूर्यो द्वादशराशिषु भ्रमन् जगत् प्रकाशयति। वायुः सर्वेषां जीवनं सञ्चारयति। जलं नदीनदादिभिः सेचनक्रियाभिः सस्यकार्यं करोति। सत्यमेतत् यत् भूतजातं स्वभावत एव उद्योगनिरतं वर्तते।

सर्वेषामेव कार्याणां कृते उद्यमः परमावश्यकः। केवलेन मनोरथेन न कोऽपि जनः कामपि सिद्धिं लभते, पुरुषार्थहीना जना न किमपि कर्तुं शक्ताः। पुरुषार्थं विना सकलोऽपि समाजः निष्क्रियः निरर्थकश्च भवेत्।

सर्व एव मानवाः सुखमिच्छन्ति। तत् हि उद्योगेन विना नैव सिध्यति। उद्योगेनैव जनः जगति विद्यां धनं प्रतिष्ठां वा लभते। उद्योगेन विना न कोऽपि सुखं प्राप्नोति। उक्तं च—

उद्यमेन हि सिध्यन्ति कार्याणि न मनोरथैः ।
न हि सुप्तस्य सिंहस्य प्रविशन्ति मुखे मृगाः ॥
न दैवमिति संचिन्त्य त्यजेदुद्योगमात्मनः ।
अनुद्योगेन तैलानि तिलेभ्यो नाप्तुमर्हति ॥

अनुद्योगः मानवस्य बलीयान् रिपुः, स खलु सदैव दुःखस्य कारणम् । तथा हि—

आलस्यं हि मनुष्याणां शरीरस्थो महान् रिपुः ।
नास्त्युद्यमसमो बन्धुः यं कृत्वा नावसीदति ॥

अतोस्माभिः नितराम् उद्योगपरैर्भाव्यम् । परमेश्वरेण अस्मभ्यम् उद्योगः समर्पितः, दैवं तु तेन स्वायत्तीकृतम् । उद्योगमाश्रित्य स्वयमेव भगवता रामेण सुग्रीवः सुहृत् कृतः, रावणश्च निहतः । उद्योगेनैव पाण्डवा नष्टं राज्यम् उपलब्धवन्तः । निर्धना धनिनः, निर्बलाः सबलाः, अज्ञानिनो ज्ञानिनः भवन्ति । उद्योगेनैव महाकविः कालिदासः कविकुलचूडामणिर्वृत्तः, आदिकविर्वाल्मीकिश्च कविवरः सञ्जातः । को न जानाति लोकमान्यतिलक-गोखले-गान्धिप्रभृतिभिः देशभक्तैः पुरुषार्थेनैव वैदेशिकपारतन्त्र्यात् मातृभूमिः स्वतन्त्रीकृता । उद्योगेनैव सर्वं सिध्यति, अनुद्योगेन च नश्यति । सम्यगुक्तं केनचित्कविना—

उद्योगिनं पुरुषसिंहमुपैति लक्ष्मीर्दैवेन देयमिति कापुरुषा वदन्ति ।
दैवं निहत्य कुरु पौरुषमात्मशक्त्या यत्ने कृते यदि न सिध्यति कोऽत्र दोषः ॥

१४—जननी जन्मभूमिश्च स्वर्गादपि गरीयसी

अस्ति यद्यपि सर्वत्र नीरं नीरजराजितम् ।
रमते न मरालस्य मानसं मानसं विना ॥

माता, मातृभूमिश्च द्वे एवैते श्रेष्ठे । बालकस्य कृते मातुः सहजं प्रेम वर्तते । बालकस्य कृते सा सर्वमपि वस्तुजातं त्यक्तुं शक्नोति । तस्याः सदैवायमभिलाषः यन्मम बालकः सदा सुखी, गुणवान् विद्वांश्च भवेत् । तत्कृते सा स्वकष्टं नैवं चिन्तयति, सा स्वप्राणानपि दातुं समर्था । पुत्रोऽपि बाल्यादेव मातरं सर्वाधिकं मन्यते । यथा माता बालकं स्वसर्वस्वं मन्यते, तथैव पुत्रोऽपि मातरं स्वसर्वस्वं मन्यते । मानवः कदाचिदपि मातुरानृण्यं गन्तुं न समर्थः ।

यत्र मानवः जन्म लभते सैव तस्य जन्मभूमिः । सा मानवस्य सर्वदैव आदरणीया जायते । मानवः विदेशे महान्तमादरं सम्मानं वा लभेत, किन्तु

जन्मभूमिं सदा स्मरत्येव। स्वदेश-दर्शनलालसा तस्य हृदये सर्वदैव जागर्ति। भारतभूरस्माकं देशः, स्वदेशं प्रति अस्माकमनुरागः, आदरश्च स्वाभाविक एव। सर्वोपि जनः अद्यत्वे स्वदेशोन्नत्यै संलग्नः दृश्यते। स्वदेशोन्नयनम् अस्माकं परमो धर्मः। अद्यास्माकं देशः स्वतन्त्रोऽस्ति। तस्योन्नतिः, रक्षा च अस्माकं परमो धर्मः।

देशं प्रति भक्तिर्देशोन्नत्याः मूलकारणम्। देशभक्तिभावनया प्रेरितो मानवो देशोन्नयनाय चेष्टते, समाजोद्धाराय प्रयतते, देशदारिद्र्यं दूरीकरोति अशिक्षितान् शिक्षयति, व्यापारमुन्नयति, मातृभूमिरक्षणाय च स्वप्राणान् त्यजति। ये हि स्वार्थसिध्यर्थं देशस्योपकुर्वाणा इव दृश्यन्ते ते हि मिथ्याभक्ता देशापकारिणः। अतो निस्स्वार्था देशभक्तिभावना भव्या न तु विपरीता। महाराणाप्रतापस्य, दुर्धर्षाया लक्ष्मीदेव्याः, तेजस्विन्या दुर्गावत्याश्च पराक्रमवृत्तान्ता अस्मान्नुत्साहयन्ति। ते खलु अस्माकं पथप्रदर्शनायालम्।

१५—संस्कृतभाषाया महत्त्वम्

व्याकरणसम्बन्धिदोषादिरहिता व्यवस्थित-क्रियाकारक-विभागसमन्विता या भाषा सा संस्कृतभाषेति कथ्यते। इयं हि भाषा सर्वदोषशून्या अस्ति, अतः देववाणी, गीर्वाणभारती, अमरभाषा इत्यादिभिः शब्दैः व्यवह्रियते। भाषागतमुदारत्वं मार्दवं मनोज्ञत्वं चास्याः वैशिष्ट्यम्।

सेयं संस्कृतभाषा जगतः सर्वासु भाषासु प्राचीनतमा, सर्वोत्कृष्ट-साहित्य-संयुक्ता च वर्तते। अनन्तानन्तवर्षेषु व्यपगतेष्वपि अस्या माधुर्यम्, उदारत्वं च नाद्यापि विकृतम्। पाश्चात्यदेशीया विचारशीलाः कीलहार्न-मैक्समूलर-मैकडानाल्ड-कीथादयः विद्वांसः संस्कृतभाषायाः प्रशंसामकुर्वन्। सर्वासामार्यभाषाणामुत्पत्तिः अत एव बभूव। पुरा सर्वे जनाः संस्कृतभाषयैवाभाषन्त। अतः सर्वमपि प्राक्तनं साहित्यं संस्कृतभाषायामेव उपलभ्यते। सर्वे प्राचीनग्रन्थाः चत्वारो वेदाश्च संस्कृतभाषायामेव सन्ति। वेदेषु मानवकर्तव्याकर्तव्ययोः सम्यक् निर्धारणमस्ति। ततो वेदानां व्याख्यानभूता ब्राह्मणग्रन्थाः वर्तन्ते। तदनु अध्यात्मविषयप्रतिपादिका उपनिषदो विद्यन्ते, यासां गरिमा पाश्चात्यबहुज्ञैरपि गीयते। ततोऽस्माकं गौरवग्रन्थाः षड्दर्शनानि सन्ति। एषामद्यापि विश्वस्य साहित्ये महत्त्वं वर्तते। ततः श्रौतसूत्राणां, गृह्यसूत्राणां वेदव्याख्यानभूतानां षडङ्गानां गणनास्ति। महर्षिवाल्मीकिरचितस्य रामायणस्य, महर्षिव्यासरचितस्य महा-

भारतस्य निर्माणमपूर्वघटनैव वर्तते विश्वसाहित्ये। तत्र दुर्लभस्य कवित्वस्य, नैसर्गिकसौन्दर्यस्य, अध्यात्मज्ञानस्य नीतिशास्त्रस्य च दर्शनं जायते। ततो भासाश्वघोष-कालिदास-भवभूति-दण्डि-बाण-सुबन्धु-हर्षप्रभृतयो महाकवयो नाट्यकाराश्च समायान्ति, येषामुदयेन न केवलमार्यावर्तः, अपि तु सकलमेतत् जगत् धन्यमात्मानं मन्यते। कविवराणामेतेषां वर्णने विद्वांसोऽपि न क्षमाः श्रीमद्भगवद्गीता, स्मृतिग्रन्थाः पुराणानि च संस्कृतसाहित्यस्य माहात्म्यं प्रकटयन्ति।

संस्कृतसाहित्यं भारतस्य गौरवमुद्घोषयति। समस्तं देशं च एकतासूत्रे बध्नाति तत्। अस्य साहित्यस्य प्रचारः प्रसारश्च नितान्तं लाभप्रदः, एतज्ज्ञानविहीनस्तु पशुरेव। तदुक्तम्—

साहित्यसंगीतकलाविहीनः साक्षात् पशुः पुच्छविषाणहीनः।

१६—कः परः प्रियवादिनाम्

लोकेऽस्मिन् कठोरभाषणं शत्रुतां वर्धयति, प्रियभाषणेन परकीया अपि जनाः स्वकीया भवन्ति। इदं हि अमन्त्रतन्त्रं वशीकरणम्। परमस्ति कोऽपि जगति तादृशः पुण्यभाक् यस्य सर्वे मित्राण्येव स्युः, येन सर्वे सहानुभूतिमेव कुर्युः यं च सर्वे प्रशंसेयुः? उच्यते आम्, अस्ति तादृशोऽपि। विचित्रेऽस्मिन् संसारे नास्ति किमपि दुर्लभम्। "प्रियवादी" एव जनस्तादृशोऽस्ति यः निजवचनामृतेन सर्वेषामपि प्रीतिभाजनं भवति, यः सर्वदा प्रफुल्लवदनः प्रसन्नमनाः सर्वेषामानन्दसाधनं जायते।

एतत् खलु विचारणीयं यत् यदि ज्ञानहीनस्य कोकिलस्य अर्थहीना वाक् अस्माकं मनांसि वशयति तदा उच्चैर्ज्ञानवतां प्रियभाषणशीलानां मनुष्याणामर्थवती मधुरा वाक् यद्येवं कुर्यात् तदा नैतद् आश्चर्यम्। प्रिया वाक् शत्रूनपि अनुकूलान् करोति, चिन्ताग्रस्तानां चिन्तामपनयति, अशान्तानां शान्ति जनयति। परानपि स्वान् करोति, सर्वाणि कार्याणि साधयति। अतः अमृतं स्वादु प्रियं वचः प्रयोक्तव्यम्। सत्यमपि अप्रियं न वाच्यं यदुक्तमसुखावहं भवति। उक्तं च—

ब्रूतेऽप्रियं योऽत्र वचो विमूढधीर्न तद्वचः स्याद्विषमेव तद्वचः।

सर्व एव जानन्ति यत् कोकिलः काकश्च द्वावपि कालिम्ना तुल्यौ, एकस्यामेव शाखायां तिष्ठतः। यावद् वाचं नोच्चारयतः तावत्तयोः भेदो न ज्ञायते।

परं वागुच्चारणसमकालमेव कोकिलः सादरं सस्नेहञ्च ईक्ष्यते प्रशस्यते च, वराकः काकस्तु 'कां कां' इति रुवन् एव प्रस्तरशकलैः ताड्यते। प्रियभाषणे हि न कश्चिद् व्ययो भवति, न कष्टं चापतति, प्रत्युत प्रियवचसा वशंगता लोकास्तमनुमोदन्ते। प्रियवचसि अपूर्वैवाकर्षणशक्तिः। प्रियभाषिणां नास्ति कोऽपि परः। अतोऽस्माभिः प्रियवादिभिर्भाव्यम्।

१७—संघे शक्तिः कलौ युगे

एकत्वभावनया यत् कार्यं क्रियते तद् 'एकता' इति कथ्यते। एकतया मानवो बलवान् भवति। एकतया समाजः, राष्ट्रं, जगच्च उन्नतिपथमधिरोहति।

अद्यत्वे लोके एकताया अतीवावश्यकता वर्तते। यस्मिन् देशे एकताया अभावोऽस्ति स देशः निजस्वातन्त्र्यं रक्षितुं नैव शक्तः। अस्माकमपि देशः एकताया अभावात् चिरं परतन्त्र आस्त। परं यदा भारते एकत्वभावना समुदैत् तदा देशः स्वातन्त्र्यमलभत। अहो एकतायाः प्रभावः! तन्तुसमूहेन सुदृढः पटो जायते। जलबिन्दुसमूहेन महानदी सागरश्च भवति। क्षुद्राणि तृणानि यदा रज्जुरूपं धारयन्ति तदा तैः बलवान् गजोऽपि बध्यते। अत एवोक्तम्—

अल्पानामपि वस्तूनां संहतिः कार्यसाधिका।
तृणैर्गुणत्वमापन्नैर्बध्यन्ते मत्तदन्तिनः॥

जगति आदित एव एकताया माहात्म्यं गीतम्। श्रुतौ स्मृतौ च एकताया महिमा वर्णितोऽस्ति। ऋग्वेदस्यान्तिमे सूक्ते एकताया महत्त्वं पठ्यते। सर्वे मानवा एकत्वभावनया प्रेरिता भवेयुः। तेषां विचाराः, मनांसि, गमनं, भाषणं सङ्कल्पाश्चैकत्वभावनया ग्रथिताः स्युः। इत्थं जगति सुखं शान्तिश्च जायते। तथा हि—

संगच्छध्वं संवदध्वं सं वो मनांसि जानताम्।
समानो मन्त्रः समितिः समानी समानं मनः सह चित्तमेषाम्॥
समानं मन्त्रमभिमन्त्रये वा समानेन वो हविषा जुहोमि।
समानमस्तु वो मनो यथा वः सुसहासति॥

अतः सत्यमेतत् यत् यत्रैकता तत्र सुखशान्तिसमृद्धयो जायन्ते, यत्र नैकता तत्र हानिः विनाशश्च समुत्पद्यते।

१८—व्यायामः

व्यायामपुष्टगात्रस्य बुद्धिस्तेजो यशो बलम्।
प्रवर्धन्ते मनुष्यस्य तस्माद् व्यायाममाचरेत्॥

सर्वसम्मतोऽयं सिद्धान्तः यदस्माकं शरीरं प्रतिक्षणं क्षीयते, अतस्तस्य पूर्तिरपि परमपेक्ष्यते। नियमतः क्रियमाणो व्यायामः नितरां फलप्रदो भवति। यथा शयनासनविहारादिषु तथैव व्यायामेऽपि वयं नियमान् पालयेम।

द्विप्रकारो व्यायामो भवति—शारीरो मानसश्च। भ्रमण-धावन-क्रीडनादिकं शारीरो व्यायामः। मनन-कल्पन-निदिध्यासनादिकं च मानसो व्यायामः। परमद्यत्वे व्यायामशब्देन प्रायः शारीरिकश्रम एव ज्ञायते। स्वस्थे शरीरे मस्तिष्कस्यापि व्यापारः परिचलति। परं कालनियमरहितः कादाचित्को व्यायामः नेष्टफलाय कल्पते। व्यायामेन शरीरस्य सर्वेषु भागेषु रक्तसंचारो जायते, मनसि स्फूर्तिरुदेति, रोगाः पलायन्ते, जीवनमाह्लादमयं जायते, सर्वावयवेषु कर्मण्यता, ऊर्जस्विता, सहिष्णुता चायाति। परिपाकशक्तिर्वर्धते यतश्च मनोऽपि प्रसीदति। मनःप्रसादेन सर्वाण्यपि कार्याणि सिध्यन्ति। स्वस्थः मानवो रोगशून्यावयवः सदा प्रसन्नमुख उत्साहवांश्च दृश्यते।

इह जगति यावन्तः प्रसिद्धा महापुरुषा जाताः, ते सर्वे व्यायामप्रिया आसन्। हिन्दुकुलदिवाकरः कीर्तनीयचरितः श्रीराणाप्रतापसिंहः व्यायामस्य परमोपासक आसीत्। तन्महिम्नैव तस्य वक्षःस्थलं विशालं, बाहू पीनौ, कन्धरा च सुदृढा समजायत। तस्य नेत्रयोर्दुर्दर्शं तेजो व्यायामेन समुत्पादितम्। महाराष्ट्रकेसरी श्रीशिववीरोऽपि व्यायामबलेनैव स्वशरीरं स्फूर्तेः अदम्योत्साहस्य च केन्द्रमकरोत्। तस्य सर्वे सैनिका अश्वारोहणनिपुणा बभूवुः।

व्यायामस्य अनेके भेदोपभेदाः सन्ति; केनचित् सर्वाङ्गीणः श्रमो जायते, केनचिच्चावयवविशेष एव पुष्टो भवति, यथा जलक्रीडया हाकीक्रिकेटादिक्रीडनेन वा। एषु मानवः स्वरुचिं विचार्य एकतममाश्रयेत्। ये व्यायामं कर्तुं न पारयन्ति ते भ्रमणमेव कुर्वन्तु। भ्रमणं हि नाम सर्वोत्कृष्टो व्यायामः। अनेन मनोविकासः, शक्तिवृद्धिः, पाचनसामर्थ्यं च जायते। नगराद् बहिः शुद्धवायुयुते क्षेत्रे धावनमपि बहुलाभकारि वर्तते।

१६—अस्माकं विद्यालयः

अस्माकं विद्यालयः समया नगरमेकस्मिन् सुरम्ये स्थले स्थितोऽस्ति। विद्यालयस्याकर्षकाणि अभ्रंकषाणि भवनानि बलाद् हरन्ति दर्शकानां चेतांसि। अस्माकं विद्यालयः रम्योद्यानमध्ये वर्तते, यस्य तुङ्गे मुखद्वारे दोधूयमाना पताका दूरादेव दृश्यते।

अस्माकं विद्यालयेऽध्यापकानां संख्या षष्टिः, छात्राणां संख्या पञ्चाशदधिकं सहस्रं वर्तते। विद्यालयस्याध्यापकाः विविधविद्याप्रवीणाः शिक्षणकलानिपुणाश्च सन्ति। सर्वे एव स्वस्वविषये पारङ्गताः। तेषां मनोरमया शिक्षापद्धत्या आकृष्टाश्छात्रा घंटानादसमाप्तावपि बहिर्गन्तुं नोत्सुकाः। छात्रा अपि व्युत्पन्नधियः सन्ति। शिक्षायामस्माकं विद्यालयः समग्रप्रदेशे ख्यातिं गतः, अतो दूरतोऽपि छात्रा अत्राध्ययनार्थमागच्छन्ति। अत्र न केवलं पुस्तकानामेव पठनं, पाठनम्, अपि तु सदाचारस्य पाठोऽपि पाठ्यते, विनयस्यानुशासनस्यापि शिक्षणं भवति; देशभक्तेः समाजसेवायाश्चापि शिक्षा दीयते, कर्त्तव्याकर्त्तव्ययोरपि सम्यग् ज्ञानं जायते। प्रतियोगिता-परीक्षासु अस्मद्विद्यालयीयाश्छात्राः प्रदेशे सदैव विशिष्टं स्थानं प्राप्नुवन्ति। ते खलु न केवलं पठन एव निपुणतमाः अपि तु क्रीडने, वादने, तरणे, भाषणप्रतियोगितास्वपि। देशसेवायां समाजसेवायामपि च ते विशिष्टं स्थानं लभन्ते।

अत्र छात्राणां क्रीडनाय सुविस्तृतं क्रीडाक्षेत्रं विद्यते। अत्र सैनिकशिक्षाया अपि प्रबन्धो वर्तते। क्रीडनादिप्रतियोगितासु योग्यतमाश्छात्राः पारितोषिकमपि प्राप्नुवन्ति। विविधभाषासु वाक्पाटवार्थं विविधाः परिषदः प्रवर्तन्ते। विद्यार्थिनां स्वास्थ्यवृद्धय्चै व्यायामस्यापि प्रबन्धोऽस्ति। अत्र प्रायेण सर्वे छात्रा हृष्टपुष्टशरीरा विकसितवदना भद्रवेषाश्च सन्ति।

अस्माकं विद्यालयः सर्वत्रैव स्वगुणानुरूपां ख्यातिं प्राप्तः। अस्माकमपि कर्त्तव्यमेतदस्ति यद् वयम् अस्य कीर्त्तिं चतुर्दिक्षु विस्तारयेम।

२०—ग्रामोत्सवः

अपदेशेन केनचित् प्रमुदितचेतसां ग्रामीणानामेकत्र सम्पातः ग्रामोत्सवो जायते। कदाचित् कस्याश्चिद् ग्रामाधिदेवताया गुणानुवर्णनाय, कदाचित् कस्यचिद् वीरप्रवरस्य यशःकीर्तनाय, कदाचित् कस्यचित् साधोः दर्शनायोपदेशग्रहणाय च, कदाचित् कस्यचिद् महापुरुषस्य चरित्रोपवर्णनाय ग्रामीणा एकत्र सम्मिलन्ति। यथा यथा चायमुत्सवः समीपमागच्छति तथा तथा लोकानामौत्सुक्यं वर्धते। उत्सवदिने पुरुषा उज्ज्वलवस्त्राणि परिधाय नारीभिः सह मोदमानाः प्रहृष्टाः गृहेभ्यः निष्क्रामन्त उच्चावचैराक्रन्दैः हृदयोल्लासं प्रकटयन्ति।

उत्सवेऽस्मिन् आपूपिका मौदकिका अन्ये च मिष्टान्नविक्रेतारः अपूपान् मोदकान् अन्यानि च मिष्टान्नानि सम्पाद्य आगन्तुकान् प्रलोभयन्ति। येऽपि आपणिकाः लवणमयानि चणकचूर्णादीनि खाद्यान्नानि विक्रीणते तेभ्योऽपि

बहवो ग्रामीणाः क्रेतुं समायान्ति । इत्थं ग्रामोत्सवे चिन्ताविरहितानां ग्रामीणानां खादमोदोल्लासः आविर्भवति ।

अत्रोत्सवे अनेकत्र बालविनोदाय मण्डलपरिवर्तीनि प्रेङ्खणानि विद्यन्ते, येषु बालाः पौनःपुन्येनारुह्यापि न तृप्यन्ति । क्वचिदैन्द्रजालिकाः प्रेक्षकाणां कुतूहलमुत्पादयन्ति, क्वचिदाहितुण्डिका आश्चर्यकरीः खेलाः प्रदर्श्य धनमर्जयन्ति, क्वचित् कितवाः ग्रामीणान् प्रतारयितुं द्यूतमाचरन्ति । अत्र दीव्यन्तो मूर्खा ग्रामीणा यत्नार्जितं चिरसंचितं धनं क्षणेनैव हापयन्ति । सुरापायिनश्चापानमुपेत्य सुरां पीत्वा मत्ताः स्खलद्गतयः कथं कथमपि स्वान् स्वान् ग्रामान् प्रयान्ति ।

इत्थमस्तं जिगमिषति सूर्ये मेलको भवति समाप्तः । प्रमुदितचेतसो जनाः त्वरया गृहान् यान्ति । गृहं गतास्ते मोदमानाः स्वानुभवानुकूलं परस्परं सम्भाषन्ते ।

२१—दीपमाला

दीपमालोत्सवोऽवश्यमेव पूर्वघटितघटनया सम्बद्धो वर्तते । श्रूयते यदस्मिन् दिने पुरा श्रीरामचन्द्रो जगद्रावणं रावणं हत्वा अयोध्यामाययौ । तदा रामदर्शनोत्सुकैरयोध्यावासिभिः प्रहृष्टैः गृहा रथ्या राजमार्गाश्च परिमार्जिताः । स्थाने स्थाने दीपाः प्रज्वालिताः, विप्रेभ्योऽर्थिभ्यो बालेभ्यश्च मिष्टान्नं वितीर्णम् ।

अयमुत्सवः प्रतिवर्षं कार्तिककृष्णामावास्यायां महता समारोहेण सम्पाद्यते । सर्वतः प्रहृष्टैः जनैर्बहवो दीपाः प्रज्वाल्यन्ते, अत एवास्योत्सवस्य दीपमालेति नाम प्रसिद्धम्

एवमप्यनुश्रूयते यदस्मिन्नेव दिने बलिना बन्दीकृता लक्ष्मीः भगवता वामनरूपमास्थाय मोचिता । अत एवास्मिन्दिने लक्ष्मीपूजनं क्रियते यत्ततो मुक्ता लक्ष्मीरस्माकं गृहमागच्छेत् । अस्मिन्नेव दिने जैनतीर्थङ्करस्य भगवतो महावीरस्य निर्वाणं बभूव । अयमेव च आर्यसमाजप्रवर्तकस्य स्वामिनो दयानन्दस्य महाप्रयाणदिवसः ।

किञ्च भारतं हि कृषिप्रधानो देशः । क्षेत्रेभ्यो यदाऽन्नराशिर्गृहे समायाति, तं दृष्ट्वा हृष्टाः कृषिगोरक्षा-वाणिज्यकर्माणो वैश्या मोदन्ते । अयं तेषां मोदोत्सवः । तथा च शरत्पूर्णिमा प्रकाशेन विशिष्यते सर्वासु रात्रिषु, तथैव कार्तिकामावास्या तिमिरेण विशिष्यते सर्वासु रजनीषु ।

चिराय जना उत्सवेऽस्मिन् व्याप्रियन्ते । धनत्रयोदशी, नरकचतुर्दशी एतस्यो-

त्सवस्य द्वे अङ्गे । प्रथमदिने त्रयोदश्यां जनाः पात्राणि क्रीणन्ति । द्वितीयदिने नरकचतुर्दशी जायते । अस्यां तिथौ भगवता श्रीकृष्णेन नरकासुरो हतः । लोका अपि मलरूपिणं नरकं गृहान्निःसारयन्ति । रात्रौ यमप्रीत्यर्थं च दीपदानं क्रियते ।

अस्योत्सवस्य प्रधानो दिवसोऽमावास्या वर्तते । अस्मिन् दिने सर्वे जनाः प्रसन्नमुखमुद्रा दृश्यन्ते । सर्वे गृह-द्वार-रथ्या-शालामार्गान् सशोधयन्ति, नरा नार्यश्च शरीरं विभूषयन्ति, बालानां मनांसि मिष्टान्नानि दृष्ट्वा प्रमोदन्ते । पण्यवीथयः पक्वान्नद्रव्यैः अलङ्क्रियन्ते । रात्रौ तु स्वर्गायते मर्त्यलोकः ।

अस्य महोत्सवस्य 'द्यूतक्रीडा' महान् कलंकः । महतीयं कुप्रथा चिरादागता । अतिनिन्द्यं कर्मैतत्, महदपकारिणीयं प्रथा देशस्य, जनस्य सर्वस्वसंहारकरी, सर्वथा हेया । एतत्स्थाने रामायण-महाभारतकथाकीर्तनं युज्यते, येन देशस्य लाभो भवेत् ।

२२—महामना मदनमोहनमालवीयः

आङ्ग्लशिक्षाप्रणालीं भारतीयसंस्कृतेः अननुकूलामहितकरीं च विलोक्य उत्तमशिक्षाप्रसाराय श्रीमान् मदनमोहनमालवीयमहोदयः १९१६ खिस्ताब्दे भारतीयपुण्यभूमौ काश्यां हिन्दूविश्वविद्यालयं संस्थापितवान्, तत्पीठे कुलपति-पदं चालञ्चकार । प्रायेणार्धशताब्दीपर्यन्तं राजनीतिक्षेत्रे सामाजिकक्षेत्रे धार्मिकक्षेत्रे च महामनाः चिरस्मरणीयाः सेवा अकरोत् ।

श्रीमान् मदनमोहनः दिसम्बरमासस्य २५ तारिकायां १८६१ खिस्ताब्दे प्रयागोपवर्तिनि ग्रामे ब्राह्मणकुले जनिमुपलेभे । स प्रयागस्थ-म्योर-सेण्ट्रलमहा-विद्यालये शिक्षामवाप । १८८४ खिस्ताब्दादारभ्य १८८७ पर्यन्तं गवर्नमेण्ट-हाई-स्कूलेऽधीत्य कालाकांकरस्य राज्ञः मन्त्रित्वकार्यं कुर्वन् 'दैनिकहिन्दुस्तान' इतिवृत्तपत्रस्य, 'इण्डियन ओपीनियन' इति साप्ताहिकस्य च सम्पादकत्व-मकरोत् ।

१८८५ खिस्ताब्दतः प्रचलन्त्या राष्ट्रियमहासभायाः स प्रथमसञ्चालकेषु प्रमुखतमो बभूव । १९३२-३३ खिस्ताब्दयो राष्ट्रियमहासभाधिवेशनयोः अध्यक्षपदे निर्वाचितोऽयमधिवेशनात्पूर्वमेव शासकवर्गेण निगृहीतोऽभूत् । १९२२-२३ खिस्ताब्दयोर्हिन्दूमहासभाया अध्यक्षो बभूव स महाभागः । १९२४ खिस्ताब्दे समुद्रतटकरावधानस्य विरोधप्रदर्शनार्थं केन्द्रियविधानसभायाः सदस्यतामत्यजत् । १९३०-३३ खिस्ताब्दाभ्यां पूर्वमनेन देशनायकत्वमङ्गीकृत्य

कारावासयात्रापि कृता । परमस्मै राष्ट्रियमहासभायाः (कांग्रेसस्य) मुस्लिम-तोषिणी नीतिर्न कदापि रोचते स्म ।

महामनाः सदैव हिन्दूनामुत्थानाय दुराचाराणां प्रतिविधानाय सर्वस्वमपि समर्पयितुं सन्नद्ध आसीत् । अन्ततो यवनप्रायेषु नवाखालीप्रभृतिषु स्थानेषु मुस्लिमलीगक्रियायाः परिणामानि धर्मान्धयवनानां निरपराधहिन्दुषु हत्याकांडसतीत्वभ्रंशादिदुर्वृत्तानि आकर्ण्य दुःखितहृदयो वृद्धत्वेन जर्जरितगात्रः १९४६ खिस्ताब्दस्य नवम्बरमासे द्वादशतारिकायां देशवासिनः शोकेनाकुलयन् पञ्चत्वं गतः ।

२३—मातरः सर्वभूतानां गावः सर्वसुखप्रदाः (गौः)

गावो ममाग्रतः सन्तु गावो मे सन्तु पृष्ठतः ।
गावो मे सर्वतः सन्तु गवां मध्ये वसाम्यहम् ॥

मानवजीवनस्य नास्ति कोऽप्यंशो यत्र गोभिर्नोपक्रियते । यथा माता पुत्रं रक्षति पालयति, तथैव गौरपि रक्षति पालयति दुग्धादिना । अतिसरला मुग्धा चास्या आकृतिः । तृणानि चरित्वा अमृतमयं दुग्धं ददाति मानवेभ्यः । अस्या वत्सा बलीवर्दा भूत्वा हलशकटादिषु युज्यन्ते । गावो हि श्वेताः, कृष्णाः, कपिलाः, पीताः, कर्बुराश्चेति नैकविधाः । कृषिप्रधानस्य भारतस्य गाव एव सर्वस्वम् । गोजाता वृषा हलैर्भूमिं कर्षन्ति, उर्वराञ्च कुर्वन्ति । तैरेव क्षेत्राणि सिच्यन्ते कूपेभ्यो जलमुद्धृत्य । परिपक्वं च सस्यं तैरेव संशोध्यते गृहमानीयते च ।

ऐहलौकिक-पारलौकिकश्रेयःसाधनस्य धर्मस्य गावः प्रधानमङ्गम् । गोदुग्ध-दधि-घृतैः पुष्टानि भवन्ति शरीराणि । आयुर्वेदशास्त्रेषु दुग्धेषु गोदुग्धमेव उत्तममुद्घुष्टम्, सर्वरोगेषु गोदुग्धस्यैवोपयोगः क्रियते । गव्यं घृतं बलं ददाति । गवां श्वासैरनन्ता रोगा विनश्यन्ति । गवां मूत्रं गोमयं च रोगाणां परममौषधम् । गोमूत्रेणोदररोगा विनश्यन्ति । गोमूत्रस्य पानेन स्नानेन च कुष्ठं विलीयते । गोमयं हि चर्मरोगाणां सिद्धमौषधम् । गोमयस्य गन्धेन संक्रामकरोगाणामसंख्याः कीटाणवो नश्यन्ति । गोजातानां बलीवर्दानां कृपया उपलब्धानामिक्षुरस-सितशर्करागुडादीनां संमिश्रणेन प्रगुणीकृतैर्गव्यैरेव पायसघृतादिभिः निर्मितैरनेकविधैर्मिष्टान्नैः प्रतिदिनं रसास्वादानन्दमनुभवन्ति जनाः । अन्तःकालेऽपि गोदानमेव पारलौकिकश्रेयःसाधनं मन्यन्ते हिन्दुधर्मानुयायिनः ।

यत्र भारते पुरा दुग्धदधि-घृतानां नद्यः प्रवहन्ति स्म तत्र हा ! गोरुधिरस्य नद्यः प्रवहन्ति, दुग्धदधिघृतादयो हि दुर्लभा सञ्जाताः। कथमद्य वयं बलिनो भवेम, शुष्कभोजनाशिनामस्माकं कथं दीर्घम् आयुः स्यात्। अद्यत्वे स्वतन्त्रे देशे आशास्महे यद् गोवंशस्य रक्षा क्रियेत राष्ट्रं च समृद्धं स्यात्। पुनः शोभनानि दिनानि पश्येम।

गवां सेवया लौकिकं श्रेयः लभ्यते इतीतिहास एवात्र प्रमाणम्। को न जानाति यद्रघुवंशावतंसो राजा दिलीपो गोसेवया पुत्ररत्नं लेभे। गौतमशिष्यस्य सत्यकामस्यापि गोसेवयैव तत्त्वज्ञानं बभूव।

भारतसंस्कृतिर्गां मातरं मन्यते। वस्तुतः सा मातैव। सा सर्वाण्यपि साम्येन पालयति। न केवलं गोरक्षकेभ्य एव ददाति सुखानि, अपि तु गोघातकेभ्योऽपि तथैव सुखानि वितरति। कुपुत्रो जायेत क्वचिदपि कुमाता न भवति।

२४—विज्ञानं वैज्ञानिका आविष्काराश्च

विचारशक्तिः केवलं मानवस्यैव स्वत्वम्। वस्तुतः सामान्यज्ञानानन्तरं मानवस्य प्रवृत्तिः विशेषज्ञानाय जायते। प्राकृततत्त्वानां प्रत्यहमेधमानेन ज्ञानेन मानवमस्तिष्के सामाजिकभावोत्पत्त्या शनैः शनैः मानवस्यावश्यकता अपि वृद्धिं गता। तत्पूर्त्यै बहव आविष्कारा विज्ञानवेत्तृभिः कृताः। यत आवश्यकता हि आविष्काराणां जननी।

विज्ञानप्रधानं युगमिदं, नास्त्यत्र सन्देहः। वर्षशतद्वयात् विज्ञानाविष्काराणां वेगेन प्रगतिर्जाता। परं मानवस्य प्रबलया लिप्सया, लोलुपतया, स्वार्थपरायणतया च आधुनिकं विज्ञानम् आविष्कारजातं च रचनात्मकं सम्पद्य विध्वंसात्मकमभवत्। तथापि मानवेन स्वलाभाय प्राकृतिकशक्तीनां वशीकरणे यत्साफल्यं प्राप्तं तदपि विस्मर्तुं न शक्यते।

कतिपये आविष्काराः—

(१) पत्रप्रेषणप्रणाली—पुरा सूचनाप्रेषणं समाचारज्ञानं दुर्लभं दुष्करञ्चासीत्, परमद्य द्विचक्रिकाणां, मोटराणां, वाष्पशकटीनां साहाय्येन स्वल्प एव काले दूरतोऽपि समाचारज्ञानं समुपजायते। अधुना जगतः प्रतिकोणं वृत्तपत्रवितरणकेन्द्राणि संस्थापितानि वर्तन्ते।

(२) टेलिफोन-टेलिग्राफौ—एतत् द्वयमपि विद्युत्साहाय्येन कार्यं करोति। दूरदेशस्था अपि मानवाः परस्परं वार्तालापं कर्तुं शक्नुवन्ति। इत्थमद्यत्वे व्यापारप्रसारः, सुरक्षाप्रबन्धश्च सुकरः सञ्जातः।

(३) विद्युच्छक्तिः—अद्य प्रत्येकमपि कार्यं विद्युच्छक्त्या अल्पव्ययेन सम्पादयितुं पार्यते। शकटीगमनं, यन्त्रसञ्चालनं, प्रकाशः गृहाणामुष्णीकरणं शैत्योत्पादनं, भोजनपक्तिः, गृहपरिमार्जनं विद्युच्छक्त्या सम्पादयितुं शक्यते।

(४) यातायातप्रणाली—अद्यत्वे बाष्पेण विद्युता च चाल्यमानानां मोटर-शकटीनां, समुद्रपोतानां, विमानानां चाविष्कारेण प्रसारेण च संसारभ्रमणं सुकरं जातम्।

(५) चित्रकला—पुरा महता श्रमेण स्वहस्तेन चित्रं निर्मीयते स्म, परमधुना सपदि चित्रं ग्रहीतुं शक्यते।

(६) मुद्रणकला—अद्य मुद्रणयन्त्रप्रभावेण अतिदुर्लभमपि ग्रन्थरत्नम् अल्पमूल्येन लब्धुं शक्यते। समाचारपत्राणि च अधुना प्रतिगृहं पठ्यन्ते।

(७) अणुवीक्षणयन्त्राणां-दूरवीक्षणयन्त्राणां पारदर्शकयन्त्राणां चाविष्कारेण कीटाणुज्ञाने, खगोलविद्यायां, शल्यचिकित्सायां च चमत्कारो जातः।

(८) चित्रपटः—अद्य चित्रपटस्य समाजे यादृशः प्रभावः न तादृशोऽन्यस्य कस्यापि वस्तुनः। बहवो जना अद्य भोजनं त्यक्तुं समर्थाः, न पुनः चित्रपटावलोकनमिति महदाश्चर्यम्।

(९) विमानानां, समुद्रपोतानां, जलान्तर्गामिनीनां नौकानां चाविष्कारेण अधुना विदेशयात्रा सुकरा जाता, परं युद्धं नितरां भीषणं जातम्।

(१०) टैङ्कप्रभृतीनामाविष्कारेण शान्तिमयं जीवनं सङ्घर्षजीवने परिणतम्।

(११) ध्वनिप्रसारकयन्त्राणां टेलीविजनयन्त्राणां चाविष्कारेण मानव-समाजोऽपूर्वमुन्नतिपथमारूढः। नूनं मानवः सहस्रक्रोशेभ्योऽपि वृत्तं गीतादिकं च शृणोति। टेलीविजनसाहाय्येन च वक्तुर्गायकस्य च आकृतिरपि दृष्टिपथमायाति।

(१२) अणुबम्बोऽणुशक्तिश्च—अणुबम्बो विनाड्यामेव लक्षशो मानवान् हन्तुं समर्थः, उद्‌जनबम्बस्तु अशीतिक्रोशपर्यन्तं हन्तुं क्षमः। अधुना संसारस्य प्रतिकोणं मानवो मृत्युमुख इवात्मानमनुभवति।

(१३) कृषियन्त्राणाम् आविष्कारेण विज्ञानप्रधानेऽस्मिन् युगे उत्पादन-कर्मणि महती प्रगतिरवलोक्यते।

परं महानयं खेदस्य विषयो यदियं विज्ञानप्रगतिः मानवस्य कृते असुखावहा। यतोऽत्र विज्ञानं विध्वंसात्मकं सञ्जातम्, अनादिकालतः उन्नतिपथं गच्छन्त्याः संस्कृतेः सभ्यतायाश्च कृते मानवद्वारैव इयं महती बिभीषिका उत्पन्ना।

संक्षिप्त धातु-पाठ

इस धातु-पाठ में मुख्य-मुख्य धातुओं के रूप दिये हैं। प्रत्येक धातु के बाद कोष्ठ में निर्दिष्ट है कि वह किस गण की है और किस पद (परस्मैपद, आत्मनेपद अथवा उभयपद) में उसके रूप चलेंगे। यह धातु-पाठ अकारादि क्रम से रखा गया है।

प्रत्येक धातु के रूप लट्, लोट्, लङ्, विधिलिङ् और लृट् में दिये गये हैं। अन्त में कोष्ठ के भीतर कर्मवाच्य भाववाच्य के प्रथम पुरुष एकवचन में रूप दिये हैं। संकेतों का प्रयोग संक्षेप में इस प्रकार किया गया है—

१—भ्वादिगण। २—अदादिगण। ३—जुहोत्यादिगण। ४—दिवादिगण। ५—स्वादिगण। ६—तुदादिगण। ७—रुधादिगण। ८—तनादिगण। ९—क्र्यादिगण। १०—चुरादिगण। क—कण्ड्वादिगण।

प०=परस्मैपद। आ०=आत्मनेपद। उ०=उभयपद। यदि सोपसर्ग (यथा आ+गम्) धातु का प्रयोग लङ् में करना हो तो अ अथवा आ शुद्ध धातु के पहले लगाना चाहिए, उपसर्ग के पूर्व नहीं; जैसे—नि+अवसत =न्यवसत्।

प्रत्येक लकार का प्रथम पुरुष के एकवचन में ही रूप दिया है। जो धातु जिस गण की है, उस धातु के रूप उस गण की धातुओं के समान चलेंगे। जो उभयपद की धातुएँ परस्मैपद में ही अधिक प्रचलित हैं उनके परस्मैपद के ही रूप दिये हैं।

अत् (निरंतर चलना, १ प०) अतति, अततु, आतत्, अतेत्, अतिष्यति। (अत्यते)

अद् (खाना, २ प०) अत्ति, अत्तु, आदत्, अद्यात्, अत्स्यति। (अद्यते)

अय् (जाना, १ आ०) अयते, अयताम्, आयत, अयेत, अयिष्यते। (अय्यते)

अर्च् (पूजना, १ प०) अर्चति, अर्चतु, आर्चत्, अर्चेत्, अर्चिष्यति। (अर्च्यते)

अर्ज् (कमाना, १ प०) अर्जति, अर्जतु, आर्जत्, अर्जेत्, अर्जिष्यति। (अर्ज्यते)

अश् (खाना, ९ प०) अश्नाति, अश्नातु, आश्नात्, अश्नीयात्, अशिष्यति। (अश्यते)

अस् (फेंकना, ४ प०) अस्यति, अस्यतु, आस्यत्, अस्येत्, असिष्यति। (अस्यते)

अस् (होना, २ प०) अस्ति, अस्तु, आसीत्, स्यात्, भविष्यति। (भूयते)

असूय् (दुख देना, क०उ०) असूयति, असूयतु, आसूयत्, असूयेत्, असूयिष्यति। (असूय्यते)

आप् (पाना, ५ प०) आप्नोति, आप्नोतु, आप्नोत्, आप्नुयात्, आप्स्यति। (आप्यते)

आप् (पहुँचाना, १० प०) आपयति, आपयतु, आपयत्, आपयेत्, आपयिष्यति। (आप्यते)

आस् (बैठाना, २आ०) आस्ते, आस्ताम्, आस्त, आसीत, आसिष्यते। (आस्यते)

इ (पढ़ाना २आ०) अधीते, अधीताम्, अध्यैत, अधीयीत, अध्येष्यते। (अधीयते)

इ (जाना २ प०), एति, एतु, ऐत्, इयात्, एष्यति। (ईयते)

इष् (चाहना ६ प०) इच्छति, इच्छतु, ऐच्छत्, इच्छेत्, एषिष्यति। (इष्यते)

ईक्ष् (देखना १ आ०) ईक्षते, ईक्षताम्, ऐक्षत, ईक्षेत, ईक्षिष्यते। (ईक्ष्यते)

ईर् (प्रेरणा करना १० उ०) ईरयति, ईरयतु, ऐरयत्, ईरयेत्, ईरयिष्यति। (ईर्यते)

ईर्ष्य् (ईर्ष्या करना १ प०) ईर्ष्यति, ईर्ष्यतु, ऐर्ष्यत् ईर्ष्येत्, ईर्ष्यिष्यति। (ईर्ष्यते)

ईह् (चाहना १ आ०) ईहते, ईहताम्, ऐहत, ईहेत, ईहिष्यते। (ईह्यते)

कथ् (कहना १० उ०) प०—कथयति, कथयतु, अकथयत्, कथयेत्, कथयिष्यति।
आ०—कथयते, कथयताम्, अकथयत, कथयेत, कथयिष्यते। (कथ्यते)

कम्प् (कांपना १आ०) कम्पते, कम्पताम्, अकम्पत, कम्पेत, कम्पिष्यते। (कम्प्यते)

क्लृप् (समर्थ होना १आ०) कल्पते, कल्पताम्, अकल्पत, कल्पेत, कल्पिष्यते। (कल्प्यते)

कुप् (क्रोध करना ४प०) कुप्यति, कुप्यतु, अकुप्यत्, कुप्येत्, कोपिष्यति। (कुप्यते)

कूर्द् (कूदना १ आ०) कूर्दते, कूर्दताम्, अकूर्दत, कूर्देत, कूर्दिष्यते। (कूर्द्यते)

कृ (करना ८ उ०) प०—करोति, करोतु, अकरोत्, कुर्यात्, करिष्यति।
आ०—कुरुते, कुरुताम्, अकुरुत, कुर्वीत, करिष्यते। (क्रियते)

कृष् (खींचना १ प०) कर्षति, कर्षतु, अकर्षत्, कर्षेत्, कर्क्ष्यति। (कृष्यते)

कॄ (बिखेरना ६ प०) किरति, किरतु, अकिरत्, किरेत्, किरिष्यति। (कीर्यते)

कृत् (नाम लेना १० उ०) कीर्तयति, कीर्तयतु, अकीर्तयत, कीर्तयेत्, कीर्तयिष्यति। (कीर्त्यते)

क्रन्द् (रोना १ प०) क्रन्दति, क्रन्दतु, अक्रन्दत्, क्रन्देत्, क्रन्दिष्यति। (क्रन्द्यते)

क्रम् (चलना १ प०) क्रामति, क्रामतु, अक्रामत्, क्रामेत्, क्रमिष्यति। (क्रम्यते)

क्री (खरीदना ९ उ०) प०—क्रीणाति, क्रीणातु, अक्रीणात्, क्रीणीयात्, क्रेष्यति
आ०—क्रीणीते, क्रीणीताम्, अक्रीणीत, क्रीणीत, क्रेष्यते। (क्रीयते)

क्रीड् (खेलना १ प०) क्रीडति, क्रीडतु, अक्रीडत्, क्रीडेत्, क्रीडिष्यति। (क्रीड्यते)

क्लम् (थकना ४ प०) क्लाम्यति, क्लाम्यतु, अक्लाम्यत्, क्लाम्येत्, क्लमिष्यति। (क्लाम्यते)

क्लिश् (खिन्न होना ४ आ०) क्लिश्यते, क्लिश्यताम्, अक्लिश्यत, क्लिश्येत, क्लेशिष्यते। (क्लिश्यते)

क्लिश् (दुःख देना ९ प०) क्लिश्नाति, क्लिश्नातु, अक्लिश्नात्, क्लिश्नीयात्, क्लेशिष्यति। (क्लिश्यते)

क्षम् (क्षमा करना १ आ०) क्षमते, क्षमताम्, अक्षमत, क्षमेत, क्षमिष्यते। (क्षम्यते)

क्षल् (धोना १० उ०) प० क्षालयति, क्षालयतु, अक्षालयत्, क्षालयेत्, क्षालयिष्यति।
आ०—क्षालयते, क्षालयताम्, अक्षालयत, क्षालयेत, क्षालयिष्यते। (क्षाल्यते)

क्षिप् (फेंकना, ६ उ) क्षिपति, क्षिपतु, अक्षिपत्, क्षिपेत्, क्षेप्स्यति। (क्षिप्यते)

क्षुभ् (क्षुब्ध होना १ आ०) क्षोभते, क्षोभताम्, अक्षोभत, क्षोभेत, क्षोभिष्यते। (क्षुभ्यते)

खण्ड् (खण्डन करना १० उ०) खण्डयति, खण्डयतु, अखण्डयत्, खण्डयेत् खण्डयिष्यति। (खण्ड्यते)

खन् (खोदना १ उ०) खनति, खनतु, अखनत्, खनेत्, खनिष्यति। (खन्यते)

खाद् (खाना १ प०) खादति, खादतु, अखादत्, खादेत्, खादिष्यति। (खाद्यते)

गण् (गिनना १० उ०) गणयति, गणयतु, अगणयत्, गणयेत्, गणयिष्यति। (गण्यते)

गम् (जाना १ प०) गच्छति, गच्छतु, अगच्छत्, गच्छेत्, गमिष्यति। (गम्यते)

गर्ज् (गरजना १ प०) गर्जति, गर्जतु, अगर्जत्, गर्जेत्, गर्जिष्यति। (गर्ज्यते)

गर्ह् (निन्दा करना १० उ०) गर्हयति, गर्हयतु, अगर्हयत्, गर्हयेत्, गर्हयिष्यति। (गर्ह्यते)

गवेष् (खोजना १० उ०) गवेषयति, गवेषयतु, अगवेषयत्, गवेषयेत्, गवेषयिष्यति। (गवेष्यते)

गाह् (घुसना १ आ०) गाहते, गाहताम्, अगाहत, गाहेत, गाहिष्यते। (गाह्यते)

गुप् (निन्दा करना १ आ०) जुगुप्सते, जुगुप्सताम्, अजुगुप्सत, जुगुप्सेत, जुगुप्सिष्यते। (जुगुप्स्यते)

गॄ (निगलना ६ प०) गिरति, गिरतु, अगिरत्, गिरेत्, गिरिष्यति। (गीर्यते)

गै (गाना १ प०) गायति, गायतु, अगायत्, गायेत्, गास्यति। (गीयते)

ग्रस् (खाना १ आ०) ग्रसते, ग्रसताम्, अग्रसत, ग्रसेत, ग्रसिष्यते। (ग्रस्यते)

ग्रह् (पकड़ना ९ उ०) प०—गृह्णाति, गृह्णातु, अगृह्णात्, गृह्णीयात्, ग्रहीष्यति।
आ०—गृह्णीते, गृह्णीताम्, अगृह्णीत, गृह्णीत, ग्रहीष्यते। (गृह्यते)

घट् (लगना १ आ०) घटते, घटताम्, अघटत, घटेत, घटिष्यते। (घट्यते)

घुष् (घोषित करना १० उ०) घोषयति, घोषयतु, अघोषयत्, घोषयेत्, घोषयिष्यति। (घोष्यते)

घ्रा (सूंघना १ प०) जिघ्रति, जिघ्रतु, अजिघ्रत्, जिघ्रेत्, घ्रास्यति। (घ्रायते)

चर् (चलना १ प०) चरति, चरतु, अचरत्, चरेत्, चरिष्यति। (चर्यते)

चल् (चलना १ प०) चलति, चलतु, अचलत्, चलेत्, चलिष्यति। (चल्यते)

चि (चुनना ५ उ०) चिनोति, चिनोतु, अचिनोत्, चिनुयात्, चेष्यति। (चीयते)

चिन्त् (सोचना १० उ०) प०—चिन्तयति, चिन्तयतु, अचिन्तयत्, चिन्तयेत्, चिन्तयिष्यति। आ०—चिन्तयते, चिन्तयताम्, अचिन्तयत, चिन्तयेत, चिन्तयिष्यते। (चिन्त्यते)

चुर् (चुराना १० उ०) प०—चोरयति, चोरयतु, अचोरयत्, चोरयेत्, चोरयिष्यति।
आ०—चोरयते, चोरयताम्, अचोरयत, चोरयेत, चोरयिष्यते। (चोर्यते)

चेष्ट् (चेष्टा करना १ आ०) चेष्टते, चेष्टताम्, अचेष्टत, चेष्टेत, चेष्टिष्यते। (चेष्ट्यते)

छिद् (काटना ७ उ०) छिनत्ति, छिनत्तु, अच्छिनत्, छिन्द्यात्, छेत्स्यति। (छिद्यते)

जन् (पैदा होना ४ आ०) जायते, जायताम्, अजायत, जायेत, जनिष्यते। (जायते)

जप् (जपना १ प०) जपति, जपतु, अजपत्, जपेत्, जपिष्यति। (जप्यते)

जि (जीतना १ प०) जयति, जयतु, अजयत्, जयेत्, जेष्यति। (जीयते)

जीव् (जीना १ प०) जीवति, जीवतु, अजीवत्, जीवेत्, (जीविष्यति। (जीव्यते)

जॄ (वृद्ध होना ४ प०) जीर्यति, जीर्यतु, अजीर्यत्, जीर्येत्, जरिष्यति। (जीर्यते)

ज्ञा (जानना ९ उ०) प०—जानाति, जानातु, अजानात्, जानीयात्, ज्ञास्यति।
आ०—जानीते, जानीताम्, अजानीत, जानीत, ज्ञास्यते। (ज्ञायते)

ज्वल् (जलना १ प०) ज्वलति, ज्वलतु, अज्वलत्, ज्वलेत्, ज्वलिष्यति। (ज्वल्यते)

डी (उड़ना ४ आ०) डीयते, डीयताम्, अडीयत, डीयेत, डयिष्यते। (डीयते)

तड् (पीटना १० उ०) ताडयति, ताडयतु, अताडयत्, ताडयेत्, ताडयिष्यति। (ताड्यते)

तन् (फैलाना ८ उ०) प०—तनोति, तनोतु, अतनोत्, तनुयात्, तनिष्यति।
आ०—तनुते, तनुताम्, अतनुत, तन्वीत, तनिष्यते (तायते, तन्यते)

तप् (तपना १ प०) तपति, तपतु, अतपत्, तपेत्, तप्स्यति। (तप्यते)

तर्क् (सोचना १० उ०) तर्कयति, तर्कयतु, अतर्कयत्, तर्कयेत्, तर्कयिष्यति। (तर्क्यते)

तर्ज् (डाटना १० उ०) तर्जयति-ते, तर्जयतु, अतर्जयत्, तर्जयेत्, तर्जयिष्यति। (तर्ज्यते)

तुद् (दुःख देना ६ उ०) तुदति-ते, तुदतु, अतुदत्, तुदेत्, तोत्स्यति। (तुद्यते)

तुल् (तोलना १० उ०) तोलयति, तोलयतु, अतोलयत्, तोलयेत्, तोलयिष्यति। (तोल्यते)

तुष् (तुष्ट होना ४ प०) तुष्यति, तुष्यतु, अतुष्यत्, तुष्येत्, तोक्ष्यति। (तुष्यते)

तृप् (तृप्त होना ४ प०) तृप्यति, तृप्यतु, अतृप्यत्, तृप्येत्, तर्पिष्यति। (तृप्यते)

तृप् (तृप्त करना १० उ०) तर्पयति, तर्पयतु, अतर्पयत्, तर्पयेत्, तर्पयिष्यति। (तर्प्यते)

तॄ (तैरना १ प०) तरति, तरतु, अतरत्, तरेत्, तरिष्यति। (तीर्यते)

त्यज् (छोड़ना १ प०) त्यजति, त्यजतु, अत्यजत्, त्यजेत्, त्यक्ष्यति। (त्यज्यते)

त्रप् (लजाना १ आ०) त्रपते, त्रपताम्, अत्रपत, त्रपेत, त्रपिष्यते। (त्रप्यते)

त्रै (बचाना १ आ०) त्रायते, त्रायताम्, अत्रायत, त्रायेत, त्रास्यते। (त्रायते)

त्वर् (जल्दी करना १ आ०) त्वरते, त्वरताम्, अत्वरत, त्वरेत, त्वरिष्यते। (त्वर्यते)

दण्ड् (दंड देना १० उ०) दण्डयति-ते, दण्डयतु, अदण्डयत्, दण्डयेत्, दण्डयिष्यति। (दण्ड्यते)

दम् (दमन करना ४ प०) दाम्यति, दाम्यतु, अदाम्यत्, दाम्येत्, दमिष्यति। (दम्यते)

दह् (जलाना १ प०) दहति, दहतु, अदहत्, दहेत्, धक्ष्यति। (दह्यते)

दा (देना ३ उ०) प०—ददाति, ददातु, अददात्, दद्यात्, दास्यति।
आ०—दत्ते, दत्ताम्, अदत्त, ददीत, दास्यते। (दीयते)

दिव् (जुआ खेलना ४ प०) दीव्यति, दीव्यतु, अदीव्यत्, दीव्येत्, देविष्यति। (दीव्यते)

दिश् (देना, कहना ६ उ०) दिशति-ते, दिशतु, अदिशत्, दिशेत्, देक्ष्यति। (दिश्यते)

दीक्ष् (दीक्षा देना १ आ०) दीक्षते, दीक्षताम्, अदीक्षत, दीक्षेत, दीक्षिष्यते। (दीक्ष्यते)

दीप् (चमकना ४ आ०) दीप्यते, दीप्यताम्, अदीप्यत, दीप्येत, दीपिष्यते।। दीप्यते)

दुह् (दुहना २ उ०) दोग्धि, दोग्धु, अधोक्, दुह्यात्, धो[illegible]ति। (दुह्यते)

दृ (आदर करना ६ आ०) आ+द्रियते, आद्रियताम्, आद्रियत, आद्रियेत, आदरिष्यते। (आद्रियते)

दृश् (देखना १ प०) पश्यति, पश्यतु, अपश्यत्, पश्येत्, द्रक्ष्यति। (दृश्यते)

द्युत् (चमकना १ आ०) द्योतते, द्योतताम्, अद्योतत, द्योतेत, द्योतिष्यते। (द्योत्यते)

द्रुह् (द्रोह करना ४ प०) द्रुह्यति, द्रुह्यतु, अद्रुह्यत्, द्रुह्येत्, द्रोहिष्यति। (द्रुह्यते)

धा (धारण करना ३ उ०) प०—दधाति, दधातु, अदधात्, दध्यात्, धास्यति। आ०—धत्ते, धत्ताम्, अधत्त, दधीत, धास्यते। (धीयते)

धाव् (दौड़ना १ उ०) धावति-ते, धावतु, अधावत, धावेत्, धाविष्यति। (धाव्यते)

धृ (पहनना, रखना १० उ०) धारयति, धारयतु, अधारयत, धारयेत्, धारयिष्यति। (धार्यते)

ध्यै (ध्यान करना १ प०) ध्यायति, ध्यायतु, अध्यायत्, ध्यायेत्, ध्यास्यति। (ध्यायते)

ध्वंस् (नष्ट होना १ आ०) ध्वंसते, ध्वंसताम्, अध्वंसत, ध्वंसेत, ध्वंसिष्यते। (ध्वंस्यते)

नम् (झुकना १ प०) नमति, नमतु, अनमत्, नमेत्, नंस्यति। (नम्यते)

नश् (नष्ट होना ४ प०) नश्यति, नश्यतु, अनश्यत्, नश्येत्, नशिष्यति (नश्यते)

निन्द् (निन्दा करना १ प०) निन्दति, निन्दतु, अनिन्दत्, निन्देत्, निन्दिष्यति। (निन्द्यते)

नी (लेजाना १ उ०) प०—नयति, नयतु, अनयत्, नयेत्, नेष्यति। आ०—नयते, नयताम्, अनयत, नयेत, नेष्यते। (नीयते)

नुद् (प्रेरणा देना ६ उ०) नुदति-ते, नुदतु, अनुदत्, नुदेत्, नोत्स्यति। (नुद्यते)

नृत् (नाचना ४ प०), नृत्यति, नृत्यतु, अनृत्यत्, नृत्येत्, नर्तिष्यति। (नृत्यते)

पच् (पकाना १ उ०) पचति-ते, पचतु, अपचत्, पचेत्, पक्ष्यति। (पच्यते)

पठ् (पढ़ना १ प०) पठति, पठतु, अपठत्, पठेत्, पठिष्यति। (पठ्यते)

पत् (गिरना १ प०) पतति, पततु, अपतत्, पतेत्, पतिष्यति। (पत्यते)

पद् (जाना ४ आ०) पद्यते, पद्यताम्, अपद्यत, पद्येत, पत्स्यते। (पद्यते)

पा (पीना १ प०) पिबति, पिबतु, अपिबत्, पिबेत्, पास्यति। (पीयते)

पा (रक्षा करना २ प०) पाति, पातु, अपात्, पायात्, पास्यति। (पीयते)

पाल् (रक्षा करना १० उ०) पालयति-ते, पालयतु, अपालयत्, पालयेत्, पालयिष्यति। (पाल्यते)

पीड् (दुःख देना १०उ०) पीडयति, पीडयतु, अपीडयत्, पीडयेत्, पीडयिष्यति। (पीड्यते)

पुष् (पुष्ट करना ४ प०) पुष्यति, पुष्यतु, अपुष्यत्, पुष्येत्, पोक्ष्यति। (पुष्यते)

पृ (पालना १० उ०) पारयति-ते, पारयतु, अपारयत्, पारयेत्, पारयिष्यति। (पूर्यते)

प्रच्छ् (पूछना ६ प०) पृच्छति, पृच्छतु, अपृच्छत्, पृच्छेत्, प्रक्ष्यति। (पृच्छ्यते)

प्रथ् (फैलना १ आ०) प्रथते, प्रथताम्, अप्रथत, प्रथेत, प्रथिष्यते। (प्रथ्यते)

प्र+ईर् (प्रेरणा देना १० उ०) प्रेरयति, प्रेरयतु, प्रैरयत्, प्रेरयेत्, प्रेरयिष्यति। (प्रेर्यते)

बन्ध् (बाँधना९प०)बध्नाति, बध्नातु, अबध्नात्, बध्नीयात्, भन्त्स्यति।(बध्यते)

बाध् (पीड़ा देना १ आ०) बाधते, बाधताम्, अबाधत, बाधेत, बाधिष्यते (बाध्यते)

बुध् (जानना ४आ०) बुध्यते, बुध्यताम्, अबुध्यत, बुध्येत, भोत्स्यते। (बुध्यते)

ब्रू (बोलना २ उ०) ब्रवीति, ब्रवीतु, अब्रवीत्, ब्रूयात्, वक्ष्यति। (उच्यते)

भक्ष्(खाना १०उ०)प०—भक्षयति, भक्षयतु, अभक्षयत्, भक्षयेत्, भक्षयिष्यति। आ०—भक्षयते, भक्षयताम्, अभक्षयत, भक्षयेत, भक्षयिष्यते। (भक्ष्यते)

भज् (सेवा करना १ उ०) भजति-ते, भजतु, अभजत्, भजेत्, भक्ष्यति। (भज्यते)

भा (चमकना २ प०) भाति, भातु, अभात्, भायात्, भास्यति। (भायते)

भाष्,(बोलना१आ०) भाषते, भाषताम्, अभाषत, भाषेत, भाषिष्यते।(भाष्यते)

भास्(चमकना१आ०)भासते, भासताम्, अभासत, भासेत, भासिष्यते।(भास्यते)

भिक्ष् (माँगना १ आ०) भिक्षते, भिक्षताम्, अभिक्षत, भिक्षेत, भिक्षिष्यते। (भिक्ष्यते)

भिद् (तोड़ना७उ०) भिनत्ति, भिनत्तु, अभिनत्, भिन्द्यात्, भेत्स्यति। (भिद्यते)

भी (डरना ३ प०) बिभेति, बिभेतु, अबिभेत्, बिभीयात्, भेष्यति। (भीयते)

भुज् (पालना ७उ०) प०—भुनक्ति, भुनक्तु, अभुनक्, भुज्यात्, भोक्ष्यति। (भुज्यते)

भुज् (खाना ७ आ०) आ०—भुङ्क्ते, भुङ्क्ताम्, अभुङ्क्त, भुंजीत, भोक्ष्यते। (भुज्यते)

भू (होना १ प०) भवति, भवतु, अभवत्, भवेत्, भविष्यति,। (भूयते)

भृ (पालन करना १ उ०) भरति-ते, भरतु, अभरत्, भरेत्, भरिष्यति। (भ्रियते)

भृ (धारण पोषण क० ३ उ०) बिभर्ति, बिभर्तु, अबिभः, बिभृयात्, भरिष्यति। (भ्रियते)

भ्रम् (घूमना १ प०) भ्रमति, भ्रमतु, अभ्रमत्, भ्रमेत्, भ्रमिष्यति। (भ्रम्यते)

भ्रम् (घूमना ४ प०) भ्राम्यति, भ्राम्यतु, अभ्राम्यत्, भ्राम्येत्, भ्रमिष्यति। (भ्रम्यते)

भ्रंश् (गिरना १ आ०) भ्रंशते, भ्रंशताम्, अभ्रंशत, भ्रंशेत, भ्रंशिष्यते। (भ्रश्यते)

भ्राज् (चमकना १ आ०) भ्राजते, भ्राजताम्, अभ्राजत, भ्राजेत, भ्राजिष्यति। (भ्राज्यते)

मण्ड् (मंडन करना १० उ०) मण्डयति, मण्डयतु, अमण्डयत्, मण्डयेत्, मण्डयिष्यति। (मण्ड्यते)

मथ् (मथना १ प०) मथति, मथतु, अमथत्, मथेत्, मथिष्यति। (मथ्यते)

मद् (खुश होना ४ प०) माद्यति, माद्यतु, अमाद्यत्, माद्येत्, मदिष्यति। (मद्यते)

मन् (मानना ४ आ०) मन्यते, मन्यताम्, अमन्यत, मन्येत, मंस्यते। (मन्यते)

मन्त्र् (मंत्रणा करना १० उ०) आ०—मन्त्रयते, मन्त्रयताम्, अमन्त्रयत, मन्त्रयेत, मन्त्रयिष्यते।

(परस्मै०) मन्त्रयति, मन्त्रयतु, अमन्त्रयत्, मन्त्रयेत्, मन्त्रयिष्यति। (मन्त्र्यते)

मन्थ् (मथना ९ प०) मथ्नाति, मथ्नातु, अमथ्नात्, मथ्नीयात्, मन्थिष्यति। (मथ्यते)

मा (नापना २ प०) माति, मातु, अमात्, मायात्, मास्यति। (मीयते)

मुच् (छोड़ना ६ उ०) प०—मुञ्चति, मुञ्चतु, अमुञ्चत्, मुञ्चेत्, मोक्ष्यति।

आ०—मुञ्चते, मुञ्चताम्, अमुञ्चत, मुञ्चेत, मोक्ष्यते। (मुच्यते)

मुद् (खुश होना १ आ०) मोदते, मोदताम्, अमोदत, मोदेत, मोदिष्यते। (मुद्यते)

मुष् (चुराना ९ प०) मुष्णाति, मुष्णातु, अमुष्णात्, मुष्णीयात्, मोषिष्यति। (मुष्यते)

मूर्च्छ् (मूर्च्छित होना १ प०) मूर्च्छति, मूर्च्छतु, अमूर्च्छत्, मूर्च्छेत्, मूर्च्छिष्यति। (मूर्च्छ्यते)

मृ (मरना ६ आ०) म्रियते; म्रियताम्, अम्रियत, म्रियेत, मरिष्यते। (म्रियते)

म्लै (मुरझाना १ प०) म्लायति, म्लायतु, अम्लायत्, म्लायेत्, म्लास्यति।(म्लायते)

यज् (यज्ञ करना १ उ०) यजति-ते, यजतु, अयजत्, यजेत्, यक्ष्यति। (इज्यते)

यत् (यत्न करना १ आ०) यतते, यतताम्, अयतत, यतेत, यतिष्यते।(यत्यते)

या (जाना २ प०) याति, यातु, अयात्, यायात्, यास्यति। (यायते)

याच् (मांगना १ उ०) प०—याचति, याचतु, अयाचत्, याचेत्, याचिष्यति।
आ०—याचते, याचताम्, अयाचत, याचेत, याचिष्यते। (याच्यते)

याप् (विताना णिच्, १० प०) यापयति, यापयतु, अयापयत्, यापयेत्, यापयिष्यति। (याप्यते)

युज् (लगाना १० उ०) योजयति, योजयतु, अयोजयत्, योजयेत्, योजयिष्यति। (योज्यते)

युध् (लड़ना ४ आ०) युध्यते, युध्यताम्, अयुध्यत, युध्येत, योत्स्यते। (युध्यते)

रक्ष् (रक्षा करना १ प०) रक्षति, रक्षतु, अरक्षत्, रक्षेत्, रक्षिष्यति। (रक्ष्यते)

रच् (बनाना १० उ०) रचयति-ते, रचयतु, अरचयत्, रचयेत्, रचयिष्यति। (रच्यते)

रञ्ज्(खुश होना ४उ०) रज्यति-ते, रज्यतु, अरज्यत्, रज्येत्, रंक्ष्यति।(रज्यते)

रम्(रमना १ आ०) रमते, रमताम्, अरमत, रमेत, रंस्यते। (रम्यते)
(वि+रम्, प०) विरमति,विरमतु,व्यरमत्, विरमेत्,विरंस्यति (विरम्यते)

राज्(चमकना १ उ०) प०—राजति, राजतु, अराजत्, राजेत्, राजिष्यति।
आ०—राजते, राजताम्, अराजत, राजेत्, राजिष्यते। (राज्यते)

रुच् (अच्छा लगना, १आ०) रोचते, रोचताम्, अरोचत, रोचेत, रोचिष्यते। (रुच्यते)

रुद् (रोना २प०) रोदिति, रोदितु, अरोदीत्, रुद्यात्, रोदिष्यति। (रुद्यते)

रुध् (रोकना, ७उ०)प०—रुणद्धि, रुणद्धु, अरुणत्, रुन्ध्यात्, रोत्स्यति।
आ०—रुन्धे, रुन्धाम्, अरुन्ध, रुन्धीत, रोत्स्यते। (रुध्यते)

रुह् (उगना १ प०) रोहति, रोहतु, अरोहत्, रोहेत्, रोक्ष्यति। (रुह्यते)

लङ्घ् (लांघना १ आ०) लङ्घते, लङ्घताम्, अलङ्घत, लङ्घेत, लङ्घिष्यते (लङ्घ्यते)

लप् (बोलना १ प०) लपति, लपतु, अलपत्, लपेत्, लपिष्यति। (लप्यते)

लभ् (पाना १ आ०) लभते, लभताम्, अलभत, लभेत, लप्स्यते। (लभ्यते)

लम्ब् (लटकना १ आ०) लम्बते, लम्बताम्, अलम्बत, लम्बेत, लम्बिष्यते। (लम्ब्यते)

लष् (चाहना १ उ०) लषति-ते, लषतु, अलषत्, लषेत्, लषिष्यति। (लष्यते)

लिख्(लिखना ६ प०) लिखति,लिखतु,अलिखत्,लिखेत्, लेखिष्यति। (लिख्यते)

लिप् (लीपना ६ उ०) लिम्पति-ते, लिम्पतु, अलिम्पत्, लिम्पेत्, लेप्स्यति। (लिप्यते।

ली (लीन होना ३आ०) लीयते, लीयताम्, अलीयत, लीयेत, लेष्यते।(लीयते)

लुप्(नष्ट करना ६उ०)लुम्पति-ते, लुम्पतु, अलुम्पत्,लुम्पेत्,लोपिष्यति।(लुप्यते)

लोक्(देखना१ आ०)लोकते,लोकताम्,अलोकत, लोकेत, लोकिष्यते। (लोक्यते)

लोच् (देखना१० उ०) लोचयति-ते, लोचयतु, अलोचयत्, लोचयेत्, लोचयिष्यति। (लोच्यते)

वद् (बोलना १ प०) वदति, वदतु, अवदत्, वदेत्, वदिष्यति। (उद्यते)

वन्द् (प्रणाम करना १ आ०) वन्दते, वन्दताम्, अवन्दत, वन्देत, वन्दिष्यते। (वन्द्यते)

वप् (बोना १ उ०)वपति-ते, वपतु, अवपत्, वपेत्, वप्स्यति। (उप्यते)

वस् (रहना १ प०) वसति, वसतु, अवसत्, वसेत्, वत्स्यति। (उष्यते)

वह् (ढोना १ उ०) वहति-ते, वहतु, अवहत्, वहेत्, वक्ष्यति। (उह्यते)

वा (हवा चलना २ प०) वाति, वातु, अवात्, वायात्, वास्यति। (वायते)

विद् (जानना २प०) वेत्ति, वेत्तु, अवेत्, विद्यात्, वेदिष्यति। (विद्यते)

विद् (होना ४ आ०) विद्यते, विद्यताम्, अविद्यत, विद्येत, वेत्स्यते। (विद्यते)

विद् (पाना६उ०) विन्दति-ते, विन्दतु, अविन्दत्, विन्देत्, वेदिष्यति। (विद्यते)

विद्(कहना १०आ०)वेदयते, वेदयताम्, अवेदयत, वेदयेत, वेदयिष्यते। (वेद्यते)

विश् (घुसना ६ प०) विशति, विशतु, अविशत्, विशेत्, वेक्ष्यति। (विश्यते)

वृ (चुनना ५ उ०) वृणोति, वृणोतु, अवृणोत्, वृणुयात्, वरिष्यति। (व्रियते)

वृत् (होना १ आ०) वर्तते, वर्तताम्, अवर्तत, वर्तेत, वर्तिष्यते। (वृत्यते)

वृध् (बढ़ना १ आ०) वर्धते, वर्धताम्, अवर्धत, वर्धेत, वर्धिष्यते। (वृध्यते)

वृ (बरसना १ प०) वर्षति, वर्षतु, अवर्षत्, वर्षेत्, वर्षिष्यति। (वृष्यते)

वे (बुनना १ उ०) वयति-ते, वयतु, अवयत्, वयेत्, वास्यति। (ऊयते)

वेप् (कांपना १ आ०) वेपते, वेपताम्, अवेपत, वेपेत, वेपिष्यते। (वेप्यते)

व्यथ् (दुःखित होना १ आ०) व्यथते, व्यथताम्, अव्यथत, व्यथेत, व्यथिष्यते। (व्यथ्यते)

व्यध् (वेधना ४ प०) विध्यति, विध्यतु, अविध्यत्, विध्येत्, वेत्स्यति। (विध्यते)

शक् (सकना ५ प०) शक्नोति, शक्नोतु, अशक्नोत्, शक्नुयात्, शक्ष्यति। (शक्यते)

शङ्क् (शंका करना १ आ०) शङ्कते, शङ्कताम्, अशङ्कत, शङ्केत, शङ्किष्यते। (शङ्क्यते)

शप् (शाप देना १ उ०) शपति-ते, शपतु, अशपत्, शपेत्, शप्स्यति। (शप्यते)

शम् (शान्त होना ४ प०) शाम्यति, शाम्यतु, अशाम्यत्, शाम्येत्, शमिष्यति। (शम्यते)

शास्(शिक्षा देना२ प०) शास्ति, शास्तु, अशात्, शिष्यात्, शासिष्यति। (शिष्यते)

शिक्ष् (सीखना १ आ०) शिक्षते, शिक्षताम्, अशिक्षत, शिक्षेत, शिक्षिष्यते। (शिक्ष्यते)

शी (सोना २ आ०) शेते, शेताम्, अशेत, शयीत, शयिष्यते। (शय्यते)

शुच् (शोक करना १ प०) शोचति, शोचतु, अशोचत, शोचेत्, शोचिष्यति। (शुच्यते)

शुध् (शुद्ध होना४प०) शुध्यति, शुध्यतु, अशुध्यत्, शुध्येत्, शोत्स्यति। (शुध्यते)

शुभ् (अच्छा लगना १ आ०) शोभते, शोभताम्, अशोभत, शोभेत, शोभिष्यते। (शुभ्यते)

शुष् (सूखना ४ प०) शुष्यति, शुष्यतु, अशुष्यत्, शुष्येत्, शोक्ष्यति। (शुष्यते)

शॄ (नष्ट होना ९ प०) शृणाति, शृणातु, अशृणात्, शृणीयात्, शरिष्यति। (शीर्यते)

श्रि (आश्रय लेना१उ०) श्रयति-ते, श्रयतु, अश्रयत्, श्रयेत्, श्रयिष्यति।(श्रीयते)

श्रु (सुनना १ प०) शृणोति, शृणोतु, अशृणोत्, शृणुयात्, श्रोष्यति। (श्रूयते)

श्लिष् (आलिंगन करना ४ प०) श्लिष्यति, श्लिष्यतु, अश्लिष्यत्, श्लिष्येत्, श्लेषिष्यति। (श्लिष्यते)

श्वस् (साँस लेना २ प०) श्वसिति, श्वसितु, अश्वसीत्, श्वस्यात्, श्वसिष्यति। (श्वस्यते)

सद् (बैठना १ प०) सीदति, सीदतु, असीदत्, सीदेत्, सेत्स्यति। (सद्यते)

सह् (सहना १ आ०) सहते, सहताम्, असहत, सहेत, सहिष्यते। (सह्यते)

सान्त्व् (धैर्य बँधाना १० उ०) सान्त्वयति, सान्त्वयतु, असान्त्वयत्, सान्त्वयेत्, सान्त्वयिष्यति। (सान्त्व्यते)

सिञ्च् (सींचना ६ उ०) सिञ्चति,-ते सिञ्चतु, असिञ्चत्, सिञ्चेत्, सेक्ष्यति। (सिच्यते)

सिव् (सीना ४ प०) सीव्यति, सीव्यतु, असीव्यत्, सीव्येत्, सेविष्यति। (सीव्यते)

सु (निचोड़ना ५ उ०) प०—सुनोति, सुनोतु, असुनोत् सुनुयात्, सोष्यति। आ०—सुनुते, सुनुताम्, असुनुत, सुन्वीत, सोष्यते। (सूयते)

सृ (चलना १ प०) सरति, सरतु, असरत्, सरेत्, सरिष्यति। (स्रियते)

सृज् (बनाना ६ प०) सृजति, सृजतु, असृजत्, सृजेत्, स्रक्ष्यति। (सृज्यते)

सेव् (सेवा करना १ आ०) सेवते, सेवताम्, असेवत, सेवेत, सेविष्यते। (सेव्यते)

सो (नष्ट होना ४ प०) स्यति, स्यतु, अस्यत्, स्येत्, सास्यति। (सीयते)

स्तु (स्तुति करना २ उ०) स्तौति, स्तौतु, अस्तौत्, स्तूयात्, स्तोष्यति (स्तूयते)

स्था (रुकना १ प०) तिष्ठति, तिष्ठतु, अतिष्ठत्, तिष्ठेत्, स्थास्यति। (स्थीयते)

स्ना (नहाना २ प०) स्नाति, स्नातु, अस्नात्, स्नायात्, स्नास्यति। (स्नायते)

स्निह् (स्नेह करना ४ प०) स्निह्यति, स्निह्यतु, अस्निह्यत्, स्निह्येत्, स्नेहिष्यति। (स्निह्यते)

स्पन्द् (हिलना १ आ०) स्पन्दते, स्पन्दताम्, अस्पन्दत, स्पन्देत, स्पन्दिष्यते। (स्पन्द्यते)

स्पर्ध् (स्पर्धा करना १ आ०) स्पर्धते, स्पर्धताम्, अस्पर्धत, स्पर्धेत, स्पर्धिष्यते। (स्पर्ध्यते)

स्पृश् (छूना ६ प०) स्पृशति, स्पृशतु, अस्पृशत्, स्पृशेत्, स्पर्क्ष्यति। (स्पृश्यते)

स्पृह् (चाहना १० उ०) स्पृहयति, स्पृहयतु, अस्पृहयत्, स्पृहयेत्, स्पृहयिष्यति। (स्पृह्यते)

स्मृ (याद करना १ प०) स्मरति, स्मरतु, अस्मरत्, स्मरेत्, स्मरिष्यति। (स्मर्यते)

स्रंस् (गिरना १ आ०) स्रंसते, स्रंसताम्, अस्रंसत, स्रंसेत, स्रंसिष्यते। (स्रस्यते)

स्वद् (स्वाद लेना १० उ०) आस्वादयति, आस्वादयतु, आस्वादयत्, आस्वादयेत्, आस्वादयिष्यति। (आस्वाद्यते)

स्वप् (सोना २ प०) स्वपिति, स्वपितु, अस्वपत्, स्वप्यात्, स्वप्स्यति। (सुप्यते)

हन् (मारना २ प०) हन्ति, हन्तु, अहन्, हन्यात्, हनिष्यति। (हन्यते)

हस् (हँसना १ प०) हसति, हसतु, अहसत्, हसेत्, हसिष्यति। (हस्यते)

हा (छोड़ना ३ प०) जहाति, जहातु, अजहात्, जह्यात्, हास्यति । (हीयते)

हु (यज्ञ करना ३ प०, जुहोति, जुहोतु, अजुहोत्, जुहुयात्, होष्यति । (हूयते)

हृ (ले जाना, चुराना १ उ०) प०—हरति, हरतु, अहरत्, हरेत्, हरिष्यति ।
आ०—हरते, हरताम्, अहरत, हरेत, हरिष्यते । (ह्रियते)

हृष् (प्रसन्न होना ४ प०)हृष्यति, हृष्यतु, अहृष्यत्, हृष्येत्, हर्षिष्यति ।(हृष्यते)

ह्रेष् (हिनहिनाना १ आ०) ह्रेषते, ह्रेषताम्, अह्रेषत, ह्रेषेत, ह्रेषिष्यते । (ह्रेष्यते)

ह्लाद् (आनन्दित होना १ आ०) ह्लादते, ह्लादताम्, अह्लादत, ह्लादेत, ह्लादिष्यते । (ह्लाद्यते)

ह्वे (पुकारना १ उ०) आह्वयति-ते, आह्वयतु, आह्वयेत्, आह्वयिष्यति । (आहूयते)

———